Friedrich Wintzer

Praktische Theologie

Unter Mitarbeit von
Manfred Josuttis
Dietrich Rössler
Wolfgang Steck

4. Auflage 1993

Neukirchener Verlag

© 1982 – 4. Auflage 1993
Neukirchener Verlag des Erziehungsvereins GmbH,
Neukirchen-Vluyn
Alle Rechte vorbehalten
Umschlagentwurf: Kurt Wolff, Düsseldorf
Gesamtherstellung: Breklumer Druckerei Manfred Siegel KG
Printed in Germany – ISBN 3-7887-0679-1

Die Deutsche Bibliothek – CIP-Einheitsaufnahme

Wintzer, Friedrich:
Praktische Theologie / Friedrich Wintzer. Unter Mitarb. von
Manfred Josuttis . . . – 4. Aufl. – Neukirchen-Vluyn:
Neukirchener Verl., 1993
   (Neukirchener Arbeitsbücher)
   ISBN 3-7887-0679-1

Inhalt

Verfasser der einzelnen Paragraphen sind: D. Rössler (1–3 u. 11), M. Josuttis (4–7), F. Wintzer (8–10 u. 12–13) und W. Steck (14–17)

Vorwort

Dieses Arbeitsbuch ist, wie das vor einigen Jahren erschienene Neukirchener Arbeitsbuch zum Neuen Testament von J. Roloff, nach dem Leitbild des ›problemorientierten, exemplarischen Studierens‹ konzipiert. Dieses problemorientierte Studieren will allerdings nicht mit einer Einengung des Studiums der Praktischen Theologie auf ein einziges praktisch-theologisches Teilgebiet verwechselt werden. So fällt bei den Examina gegenwärtig immer wieder eine ungenügende Orientierung über das Fachgebiet Praktische Theologie auf. Dieser Befund ist zum einen Ausdruck einer Vernachlässigung der Frage nach der Einheit der Praktischen Theologie. Zum anderen spiegelt sich in ihm ein theorieloser Eklektizismus bei der Rezeption praktisch-theologischer Forschungsergebnisse wider.

Mit dem vorliegenden Arbeitsbuch wird im Zusammenhang mit dem problemorientierten Studieren kein Kompendium der Praktischen Theologie vorgelegt, obwohl neue Gesamtdarstellungen der Praktischen Theologie gerade das Problem der Einheit der Praktischen Theologie vor dem Hintergrund der einzelnen Teilgebiete und der verschiedenen Forschungsansätze bearbeiten könnten. In diesem Band der Neukirchener Arbeitsbücher werden vielmehr an 17 ausgewählten Themen Grundprobleme der Praktischen Theologie dargestellt und mit Hilfe von Arbeitsschritten erörtert, die auch bei der Bearbeitung anderer Themen angewandt werden können. Das trifft, um nur einige Beispiele zu nennen, für die Beschäftigung mit den Kasualien der Kirche genauso zu wie für die Themen, die sich aus der Seelsorge an bestimmten Zielgruppen oder aus den Grundfragestellungen der Religionspädagogik ergeben. Mit diesen 17 ausgewählten Themen soll deshalb Anleitung sowohl zur Erarbeitung eines Spezialgebietes (mit intensiver Weiterarbeit unter Benutzung der angegebenen Literatur) als auch zum Erwerb von schwerpunktorientiertem Grundwissen anhand *ausgewählter* Probleme aus den *verschiedenen* Einzelgebieten der Praktischen Theologie gegeben werden.

Die Auswahl der Themen dieses Arbeitsbuches bezieht sich auf die fünf herkömmlichen Bereiche der Praktischen Theologie: Grundprobleme der Praktischen Theologie – Liturgik – Homiletik – Seelsorge – Religionspädagogik und Katechetik. Andere Einteilungen der Praktischen Theologie werden gegenwärtig vor allem in stark praxisorientierten Werken der Erprobung unterzogen. Sie führen nicht immer zu einer besseren Übersichtlichkeit. Allerdings stellt die gegenseitige Zuordnung übergreifender Fragestellungen in den einzelnen Teilgebieten der Praktischen Theologie ein Thema dar, dem mehr Aufmerksamkeit geschenkt werden sollte.

Die Themen dieses Arbeitsbuches berücksichtigen sowohl den Einbezug *sozialwissenschaftlicher Forschungsrichtungen*, die *theologische Grundlegung* praktisch-theologischer Theoriebildung als auch den *historischen Hintergrund* des gegenwärtigen

Christentums und des kirchlichen Handelns. Die Akzente werden innerhalb dieser drei
Fragestellungen je nach Art des Themas verschieden gesetzt.

Der ähnliche und vergleichbare Aufbau der Themen soll die Einarbeitung in die einzelnen Arbeitsschritte erleichtern. Am Anfang steht jeweils eine *Einführung* in Gestalt einer Problemskizze. Den ausführlichsten Teil bildet die *Entfaltung* des Themas. Sie enthält die notwendigen Sachinformationen, wobei aufgrund der jeweiligen Problemstellung die sozialwissenschaftlichen und die historischen bzw. wissenschaftsgeschichtli-
chen Fragestellungen besonders ausführlich behandelt werden können. Die Gesichtspunkte für die theologische Beurteilung sind damit verbunden. In dem Abschnitt *Vertiefung* werden in der Regel Fragen zur Weiterarbeit genannt, die den Benutzern Anregungen und Hinweise für die eigene Beschäftigung mit dem Thema geben wollen. In
dem Literaturverzeichnis wird dazu wichtige Literatur genannt. Es ist jeweils eine Auswahl getroffen worden, um die Schaffung eines Überblicks zu erleichtern.

November 1981   F. Wintzer   M. Josuttis   D. Rössler   W. Steck

Abkürzungen der Autorennamen: Manfred Josuttis = M. J.; Dietrich Rössler = D. R.; Wolfgang
Steck = W. S.; Friedrich Wintzer = F. W.

I

Grundprobleme der Praktischen Theologie

§ 1
Praktische Theologie – Begriff und Aufgabe (D.R.)

1
Einführung

1.1

Der Begriff »Praktische Theologie« dient zur Bezeichnung der theologischen Beschäftigung mit den Lebensäußerungen der Kirche und den Tätigkeiten ihrer Funktionsträger. Selbständige Disziplin innerhalb der Theologischen Fakultäten ist die Praktische Theologie seit Beginn des 19. Jahrhunderts. Den Kern ihrer Aufgaben und Fächer bilden Predigtlehre (Homiletik) und Gottesdienstlehre (Liturgik), Seelsorgelehre (Poimenik) und Unterrichtslehre (Katechetik oder Religionspädagogik). Dazu ist seit ihren Anfängen eine wechselnde Zahl weiterer praktisch-theologischer Fächer getreten. Einige von ihnen, wie Missionswissenschaft, Kirchenkunde (Kirchensoziologie), Kirchenrecht und Diakoniewissenschaft, werden inzwischen selbständig wahrgenommen. Andere, wie etwa Hymnologie und Kirchliche Kunst, haben leider an Interesse und Aktualität verloren. Zu den auch heute in der Regel behandelten Fächern gehören die Praktisch-theologische Ekklesiologie und die Beschäftigung mit den Amtshandlungen.

In der Katholischen Theologie ist der Begriff »Pastoraltheologie« weithin beibehalten, neuerdings aber stark kritisiert worden. Der Sache und dem Aufgabengebiet nach gibt es keine grundsätzlichen konfessionsspezifischen Unterschiede mehr.

1.2

Praktische Theologie ist als Begriff zur Bezeichnung einer theologischen Disziplin von Schleiermacher eingeführt worden. Freilich ist das eine ganz formale und äußerliche Bestimmung geblieben. Denn Gegenstand, Methoden und Zielsetzungen der Praktischen Theologie sind nicht in gleicher Weise eindeutig wie in den historischen und systematischen Fächern. Die Frage: »Was ist Praktische Theologie?« ist seit Schleiermacher sehr verschieden beantwortet und ständig diskutiert worden.

Zu den wichtigsten der umstrittenen Fragen gehört zunächst die, ob der Praktischen Theologie als selbständiger theologischer Disziplin überhaupt ein Existenzrecht zukomme: Ist nicht die ganze Theologie *praktische* Wissenschaft? Und führt nicht jede ihrer Disziplinen zu Ergebnissen, die für den christlichen Glauben und das christliche Leben bedeutungsvoll und also »praktisch« sind und es sein sollen? Liegt nicht in solcher unmittelbar »praktischen« Relevanz von exegetischer und systematischer Theologie bereits eine kritische Anfrage an die Legitimität der praktischen? Wenn aber der Praktischen Theologie eine sachnotwendige und begründete Stellung innerhalb der theologischen Disziplinen zukommt und wenn damit ihr *theologischer* Charakter feststeht, dann tritt die andere Grundfrage auf: In welchem Sinne ist die Praktische Theologie eine *Wissenschaft*? Offenbar ist ihr Gegenstand nicht ohne weiteres mit denen der anderen theologischen Fächer zu vergleichen – und damit ebensowenig die Art ihrer Wissenschaftlichkeit. Ist Praktische Theologie also überhaupt eine Wissenschaft? Ist sie nicht vielmehr nur eine Sammlung von Regeln und von durch Erfahrung bewährten Methoden für Verhaltens- und Verfahrensweisen bei der Ausübung des kirchlichen Dienstes?

1.3

In jüngster Zeit ist die Praktische Theologie zu einem zentralen Thema in der Diskussion über die Ausbildung zum Pfarrerberuf geworden. Dabei hat sich ein Verständnis von Praktischer Theologie herausgebildet, das von ihr konkrete, effiziente und kontrollierbare Leistungen für die Berufsausbildung im engeren Sinne erwarten läßt. Zu den Gründen für diese Entwicklung gehört sicher ein Wandel in der Einschätzung der wissenschaftlichen Theologie, eine gewisse »Abkehr von historischer und systematischer Theologie« (G. Ebeling, Studium der Theologie, 1975, 114), aber auch eine anspruchsvollere Auffassung von den beruflichen Erfolgen des Pfarrers, von den tatsächlichen Wirkungen seiner Tätigkeit und von den Bedürftigkeiten, denen sie gilt. Mit diesem Verständnis von Praktischer Theologie sind jedoch Fragen aufgeworfen, die sich einer allgemeingültigen Antwort einstweilen entziehen. In welchem Sinn ist beim Pfarrerberuf von »Berufsausbildung« zu sprechen? Welche Bedeutung kommt dafür dem Studium der Theologie zu? Wie ist das Verhältnis zu den Methoden und Verfahrensweisen zu beurteilen, die aus der Praxis von Psychologie und Sozialwissenschaft dabei übernommen werden?

2
Entfaltung

2.1

Der Begriff »Praxis« ist nicht erst durch die neuzeitliche Bildung »Praktische Theologie« in die Kirchen- und Theologiegeschichte eingebracht worden. Er hat vielmehr seinen festen Ort bereits in traditionellen theologischen Zusammenhängen.

2.1.1

Die Scholastische Theologie hat bei der Definition des Theologiebegriffs die aristotelische Unterscheidung zwischen spekulativer und praktischer Wissenschaft aufgenommen: Spekulative Wissenschaft ist Sache der Vernunft und führt zum Erkennen, praktische Wissenschaft ist Sache des Willens und führt zum Handeln. In der Scholastik ist die Theologie sowohl als spekulative (Thomas von Aquin) wie als praktische (Duns Scotus), aber auch als »simul speculativa et practica« begriffen worden. Die altprotestantische Orthodoxie hat die Fragestellung aufgenommen, aber hier ist sie nicht strittig gewesen. In diesem Zusammenhang stehen die Formulierung von D. Hollaz (1648–1713), die

Theologie sei eine »scientia eminens practica«, und ähnliche der Reformierten Dordrechter Synode (1618–1619). Zum modernen Sinn von »Praxis« haben diese Diskussionen keine unmittelbare Beziehung. Sie gehören in den Zusammenhang und in die Vorgeschichte der wissenschaftstheoretischen Erörterung. Mit dem Aristotelismus hat auch diese Fragestellung in der Theologie zunächst aufgehört.

2.1.2

Im Pietismus – und schon vor Spener innerhalb der Reformorthodoxie – wurden die Begriffe Praxis und theologia practica nicht selten programmatisch gebraucht. Hier bezeichnen sie die Absicht, der Theologie wie dem Glauben unmittelbare und sichtbare Wirkungen im Leben des einzelnen Christen wie der Kirche zu geben. Sie stehen deshalb gleichwertig etwa neben »praxis pietatis« und »vita spiritualis«. Den Inhalt von Schriften zu diesen Themen und unter solchen Titeln bilden in der Regel Predigten, Paränesen und erbauliche Texte. Ein »wissenschaftliches« Interesse auch im zeitgenössischen Sinn liegt ihnen fern. Diese Praktische Theologie wurde vielmehr nicht selten einer bloß akademischen Theologie gegenübergestellt.
Als Beispiele seien genannt:

Christoph Scheibler (1569–1653), Manuale ad theologiam practicam, d.i. Tractat vom ewigen Leben, höllischen Verdammniss, Tod und jüngstem Gericht, 1630
ders., Theologia practica per omnes articulos fidei (ungedr.)
ders., Aurifodina theologica Oder Theologische und geistliche Goldgrube, Das ist Teutsche Theologia-Practica, Darinnen alle geistliche Bergleute antreffen können, was da dient
  I. Zu ihres Glaubens Bewehrung.
  II. Zu ihrer Liebe Vermehrung.
  III. Zu ihrer Hoffnung Ernehrung usw., Frankfurt a.M. 1664
Henr. Nyssen, Ethica christiana oder Unterricht von der Christlichen wiedergeburt und dem newen leben, Darin die Theologia practica, das newe leben eines Christen, und welcher gestalt lehr und leben beysamen seyn müssen, und die lehre ohne das leben dem menschen nichts früchte u.s.w., Wesel 1642
Hermann Witsius (1636–1708), Schediasma theologiae practicae, quo veri ac interioris Christianismi exercitium ac generalia saltem atque universaliora pietatis officia exponuntur, Groningen 1729
Campegius Vitringa d.Ä. (1659–1722), Typus theologiae practicae sive de vita spirituali eiusque affectibus commentatio, 1714

2.2

Unter wechselnden geschichtlichen Bedingungen sind unterschiedliche Modelle von Praktischer Theologie entstanden. Für das Auftreten einer praktisch-theologischen Literatur, die zwar nicht den Namen verwendet, aber einzelnen Aspekten der Sache entspricht, lassen sich in der Regel deutliche Bedürfnisse aus der kirchlichen Situation oder dem theologischen Interesse namhaft machen. Diese Faktoren: »kirchliches Bedürfnis« und »gesamttheologisches Interesse« bestimmen Anlage und Ausrichtung der Praktischen Theologie bis zur Gegenwart.

2.2.1

Ein fundamentales Bedürfnis entsteht bereits in vormittelalterlicher Zeit aus dem Sachverhalt, daß die große Menge der Pfarrer ohne jede Bildung war. Diese niederen Geistlichen (später: Plebanen) wurden für ihre Tätigkeit am Altar »angelernt«. Als eine der frühesten Erscheinungen praktisch-theologischer Literatur dürfen die aus der altbritischen Kirche stammenden Bußbücher angesehen werden, die (seit dem 7. Jahrhundert) den Umgang mit Beichte und Absolution auf Regeln bringen. In engem Anschluß daran entsteht vom frühen Mittelalter an eine reiche Literatur mit Titeln wie »manuale« oder »directorium plebanorum«. In diesen Schriften ist die Anleitung auf den Umgang mit den Sakramenten erweitert. Für die Verbreitung solcher Anleitungen zeugt zum Beispiel der »manipulus curatorum« des Guido de Monte, der allein im 15. Jahrhundert 68 Auflagen erlebte.

Die reformatorischen Kirchen mußten die Trennung zwischen sacerdotes simplices (die fast ohne Schul- oder Hochschulbildung waren) und den sacerdotes literati (die nach absolviertem Studium Anrecht auf hervorgehobene Stellen hatten) übernehmen. Deshalb ist die anleitende Literatur reichlich auch auf evangelischem Boden zu finden. Hierher gehören zum Beispiel Zwinglis »Hirt« (1525), Bucers »De cura animarum« (1538) und das »Hirtenbuch« des Erasmus Sarcerius (1559). Diese Literatur blieb bis ins 18. Jahrhundert hinein wirksam. Für sie ist charakteristisch, daß sie   1. von der Existenz allgemeiner und allgemeingültiger Regeln ausgeht, durch deren Aneignung eine sachgemäße Pfarramtsführung ermöglicht wird, und   2. die Aufstellung solcher Regeln und den Unterricht darin nicht mit der akademischen Theologie verbunden sieht. Hier gleicht Praktische Theologie einer handwerklichen Berufslehre.

2.2.2
Ein wissenschaftliches Interesse zur Behandlung von Fragen der Lebenspraxis in Bildung und Religion findet sich im Humanismus. Von humanistischen Theologen wird deshalb zum Beispiel die klassische Rhetorik aufgenommen und im akademischen Unterricht behandelt, obwohl – wie bei Melanchthon – damit keineswegs eine unmittelbare Verbindung zur Predigtpraxis hergestellt wird. Weitere Themen aus diesem Kreise sind: Erziehungslehre, Ethik, (Kirchen-)Recht. Besondere Beachtung verdient das Werk von Andreas Hyperius (1511–1564): De Theologo seu de ratione studii Theologici libri III (²1559, ¹1556). In dieser zusammenfassenden Darstellung der Themen des akademischen Studiums der Theologie geht der letzte Teil auf Aspekte der »Kirchenleitung« (gubernatio ecclesiastica) ein. Leitend bleibt jedoch auch für Hyperius mehr das humanistische Bildungsideal als etwa unmittelbare praktische Absicht.

2.2.3
Mit Pietismus und Aufklärung entsteht ein neues Modell von Praktischer Theologie: die Pastoraltheologie. Sie nimmt die Tradition der »Anleitungsliteratur« auf. Grundlegend neu ist jedoch, daß   1. die empirischen Verhältnisse in Kirche, Gemeinde und Pfarrerschaft einbezogen werden und daß   2. Pastoraltheologie das akademische Studium nicht mehr ersetzen, sondern ergänzen und vervollständigen soll. Auf diesen – gemeinsamen – Grundlagen betont der Pietismus die Bedeutung der persönlichen Frömmigkeit (zum Beispiel A.H. Francke, monita pastoralia theologica, 1712; collegium pastorale, 1743), während die Aufklärung sich an volks- und religionspädagogischen Zielsetzungen orientiert (zum Beispiel S.J. Baumgarten, Kasuistische Pastoraltheologie, 1752). Diese Akzente trugen dazu bei, daß als »Pastoraltheologie« später vor

allem seelsorgerliche Themen und Fragen der persönlichen Berufs- und Lebensführung des Pfarrers bezeichnet wurden.

Als den hinsichtlich der Vollständigkeit unübertroffenen Vertreter einer solchen kasuistischen Pastoraltheologie nennt Chr. Palmer in seiner eigenen Pastoral-Theologie von 1860 den sächsischen Konsistorialrat Christian Wilhelm Oemler. Von dessen Scharfsinn in der Beobachtung pfarramtlicher Praxis, der sich schließlich in einem vierbändigen »Repertorium über Pastoraltheologie und Casuistik für angehende Prediger nach alphabetischer Ordnung« auf über 5000 Seiten niederschlug, wie vom Charakter dieser Art Pastoraltheologie überhaupt soll der folgende Auszug aus dem Inhaltsverzeichnis der Oemlerschen »Beyspiele der Pastoralklugheit für angehende Geistliche«, Jena 1784, zeugen:

»1. Bearbeitung einer schwermütigen Person, welche sich wegen falsch verstandener Sprüche heiliger Schrift große Unruhe machte.
 2. Pastoralklugheit für junge Prediger, die in Gesellschaft gehen müssen.
 3. – gegen die, die den Geistlichen beleidigen
 4. – gegen die, die sich einbilden, als wären sie vom Teufel besessen
 5. – gegen die Verächter des heiligen Abendmahls
 6. – gegen unglückliche Eheleute
 7. – wenn ihm bereits ausgeübte Verbrechen entdeckt werden
 8. – gegen seine Collegen . . .
10. – gegen die Separatisten in seiner Gemeinde . . .
12. – gegen die, die ihre Sünden beschönigen . . .
15. – bey den Wohltaten, die er von seiner Gemeinde bekommt . . .
18. Kann man ohne Verletzung seines Gewissens um ein geistliches Lehramt anhalten?
20. Ueber die allgemeine Erbauung eines Geistlichen in seiner Gemeinde.«

Nicht selten wurde »Pastoraltheologie« zum Titel für die Selbstdarstellung pastoraler Berufserfahrung und deren theologische Erörterung (z. B. C. Harms, Pastoraltheologie, 1830).

2.2.4

Schleiermachers Einführung der Praktischen Theologie steht im Zusammenhang seiner Neufassung der Theologie im ganzen. Er hat der Theologie – erstmals – ein zusammenhängendes und sämtliche Elemente verbindendes System gegeben. Theologie ist eine »positive Wissenschaft« (Kurze Darstellung, § 1). Sie verdankt sich nicht der »Idee des Wissens« (wie die »reinen« Wissenschaften: zum Beispiel Dialektik, Physik, Ethik), sondern einer Aufgabe: der Kirchenleitung. Deshalb sind die Fächer der Theologie aus anderen Wissenschaften entlehnt und werden nur zum gemeinsamen Zweck sinnvoll zusammengestellt. So entstehen historische und philosophische Theologie. Die Praktische Theologie ist nicht im gleichen Sinne Wissenschaft. Sie ist es insofern, als auch hier Denken und Erfahrung aufeinander bezogen werden (wie in jeder Wissenschaft). Aber ihre Aufgabe ist unmittelbar praktischer Art. Darin gehört die Praktische Theologie mit zum Beispiel der Pädagogik oder der Politik zusammen: Sie ist ein »regelgebendes« oder »technisches« Verfahren, das unter vorgegebenen Umständen den jeweils sachgemäßen Umgang ermöglichen soll. »Die Praktische Theologie will nicht die Aufgaben richtig fassen« lehren, sondern »hat es nur zu tun mit der richtigen Verfahrungsweise« bei deren Lösung (Kurze Darstellung, 100). Für Schleiermacher ist die Theologie für ihre kon-

stitutive Aufgabe ohne die praktisch-theologische Reflexion von Verfahren unzureichend ausgebildet. –
Schleiermacher teilt die Praktische Theologie in den »Kirchendienst« als Aufgabenkreis
des Gemeindepfarrers – und behandelt hier Liturgik und Homiletik (als gottesdienstliche) sowie Katechetik und Seelsorge (als ordnende Tätigkeit) – und in das »Kirchenre-
giment« mit den Themenkreisen Kirchenverfassung, Kirchenrecht, Kirche und Öffentlichkeit. – Schleiermachers Bedeutung für die Praktische Theologie kann dahin zusammengefaßt werden, daß er   1. die Praktische Theologie als Gebiet selbständiger wissenschaftlicher Tätigkeit begründet und sie   2. zur Theologie im Ganzen und   3. zum
theologischen Studium in sachgemäße Beziehungen gesetzt hat.

2.2.5
C.I. Nitzsch ist über Schleiermacher hinausgegangen und hat den Unterschied zwischen
Theologie und Praktischer Theologie gänzlich aufgegeben: Die Theologie, durch die die
Kirche »zu ihrem wissenschaftlichen Selbstbewußtsein« gelangt, »vollendet sich« als
»Theorie der kirchlichen Ausübung des Christentums« – als Praktische Theologie
(Prakt. Theologie I, [2]1859, 1). Damit wird   1. die Praktische Theologie integrierender
Bestandteil der Theologie als Wissenschaft,   2. die Kirche als Träger des Selbstbewußt-
seins auch (»actuoses«) Subjekt allen kirchlichen Handelns (also vor allen einzelnen
Funktionsträgern) und deshalb   3. die Ekklesiologie zum fundamentalen Thema der
Praktischen Theologie.

2.2.6
Weniger von Schleiermacher als vielmehr von Nitzsch ist die richtungweisende Wirkung auf die folgende Entwicklung der Praktischen Theologie ausgegangen. Vor allem
ist der Grundsatz, die Praktische Theologie sei Teil der wissenschaftlichen Theologie,
aufgenommen worden: Themenkreis und Darstellungsweise der Praktischen Theologie
wurden zunächst der Systematischen Theologie angeglichen (zum Beispiel C.A.G. v.
Zezschwitz, System der Praktischen Theologie, 1876–1878), im letzten Drittel des 19.
Jahrhunderts kam es dann immer mehr zum Ausbau der historischen Perspektiven der
Praktischen Theologie (z.B. E.Chr. Achelis, Lehrbuch der Praktischen Theologie, 3
Bde, 1890–91, [3]1911).

2.2.7
Das Ergebnis dieser Entwicklung war zu Beginn des 20. Jahrhunderts eine vielfältig aus-
gerufene »Krise der Praktischen Theologie« (So urteilte P. Drews, Das Problem der
Praktischen Theologie, 1910). Die Beziehung zur kirchlichen Wirklichkeit schien verloren und die praktisch-theologische Arbeit bloße Verdoppelung von Systematischer und
Historischer Theologie. Dem wurde eine Wendung zur Praxis entgegengestellt: Praktische Theologie ist in psychologischen und sozialwissenschaftlichen Analysen der wirklichen Gemeinde zu begründen, in deren Dienst der Pfarrer steht (F. Niebergall, Praktische Theologie, 2 Bde, 1918–1919).

2.2.8

Diesem Programm wiederum ist die Dialektische Theologie entgegengetreten: Nicht Hilfe und Erziehung aus empirischen Analysen sei die erste Aufgabe der Kirche, sondern die Predigt des Evangeliums. Die kritische Prüfung der Verkündigung der Kirche ist Auftrag der ganzen Theologie; und darin ist die Praktische begründet durch die Frage, ob die Verkündigung von Jesus Christus zu ihm hinführe (K. Barth, KD I/1, 3). Diese Konzentration auf das unverwechselbar Eigene in Kirche und Theologie relativiert notwendig die historischen und empirisch-praktischen Perspektiven.

Seit etwa zwei Jahrzehnten wird der Dialektischen Theologie und dem von ihr inspirierten kirchlichen Bewußtsein gegenüber geltend gemacht, daß der Pfarrerberuf heute nur dann verantwortlich wahrgenommen werden könne, wenn alle methodischen und praktischen Möglichkeiten, die gegenwärtig auch außerhalb der Kirche zur Verfügung stehen, in uneingeschränktem Gebrauch genommen würden. Das hat zur Intensivierung und zur Ausweitung vor allem auf den Gebieten der Seelsorge, der Predigtarbeit und der Religionspädagogik geführt. Eine zusammenhängende Konzeption von Praktischer Theologie ist daraus noch nicht entstanden. Es ist vielmehr zu fragen, ob eine solche Konzeption unter den Bedingungen der Gegenwart überhaupt möglich sein wird. Kirchliches Bedürfnis und theologisches Interesse würden dann allerdings in der Praktischen Theologie auseinandertreten.

2.3

Die Frage nach dem enzyklopädischen Ort und nach der Einheit der Praktischen Theologie, nach ihrer wissenschaftlichen Struktur und ihrem Aufgabenfeld ist in neuester Zeit in verschiedenen Zusammenhängen behandelt worden.

2.3.1

W. Pannenberg hat das Wissenschaftsproblem der Theologie im Zusammenhang der allgemeinen wissenschaftstheoretischen Diskussion behandelt (Wissenschaftstheorie und Theologie, 1973). Im Durchgang durch die »innere Gliederung der Theologie« findet sich die Praktische Theologie an ihrem klassischen Ort als abschließende Disziplin. Pannenberg definiert die Praktische Theologie als »eine Theologie des kirchlichen Handelns, die der gegenwärtigen Wirklichkeit der Kirche nicht mit irgendeinem dogmatischen Normbegriff von Kirche unvermittelt gegenübertritt, sondern sich (dem in der christlichen Geschichte angelegten Praxisbezug entsprechend) als Moment« einer durch sie selbst hindurchgehenden Bewegung geschichtlicher Praxis begreift« (ebd., 440). Hier ist die Praktische Theologie Wissenschaft, nicht obwohl, sondern weil sie *Theologie* ist, für deren Wissenschaftlichkeit vorher Kriterien aufgeführt worden sind (ebd., 348). Zudem aber ist die Praktische Theologie nicht grundsätzlich von dem Handeln, das ihren Gegenstand bildet, verschieden: Sie begreift sich als Moment einer durch sie selbst hindurchgehenden geschichtlichen Praxis. Diese Praxis ist die Vollendung der Wirklichkeit, auf die alle geschichtliche Bewegung zuläuft. Praktische Theologie geht also keineswegs in einer pastoraltheologischen Anleitung für den kirchlichen Berufsträger auf. »Praxis« ist vielmehr ein Fundamentalbegriff des christlichen Glaubens (ebd., 438f) und er bringt die Praktische Theologie, die er bestimmt, im Vergleich mit der traditionellen Gegenüberstellung von Theorie und Praxis, in eine andere Dimension.

2.3.2

G. Ebelings Thema (Studium der Theologie, 1975) ist die Enzyklopädie: also sowohl das Verhältnis der theologischen Fächer zueinander wie die Konstitution jeder einzelnen Disziplin. Neu ist bereits, daß der Kanon der behandelten Fächer erweitert ist (um Religionswissenschaft, Philosophie, Natur- und Geisteswissenschaften, Humanwissenschaften); neu ist auch der Ort der Praktischen Theologie: Sie steht nach den Humanwissenschaften und vor Dogmatik, Ethik und Fundamentaltheologie. Ebeling begründet diese Stellung mit dem Schwellencharakter des Ortes vor der Dogmatik: »Es beginnt nun diejenige Phase, in der es sich herausstellen muß, was denn bei dem Umgang mit dem reichen geschichtlichen Material der Theologie in den biblischen Disziplinen und der Kirchengeschichte unter gleichzeitiger Präsenz der anderen Wissenschaften schließlich herauskommt: worauf dieser gewaltige Aufwand hinausläuft, wie es mit der Wahrheit als dem Wirklichkeitsbezug der Theologie steht und ob sie etwas erbringt, wovon und wofür ein Mensch leben kann« (ebd., 115). Ebeling ist bestrebt, auch in der Praktischen Theologie in alle Aspekte und Elemente einzuführen, die erst zusammengenommen das Gegenwartsproblem des Faches ausmachen. Als Zusammenfassung der praktisch-theologischen Aufgabe können die folgenden Sätze angesehen werden: »Mit der Ausrichtung auf die Gegenwart von Kirche legt aber die Praktische Theologie . . . den Schwerpunkt in die Besinnung auf den bestimmten Bereich geschichtlich geformter Gegenwart, der die authentische Repräsentation christlichen Glaubens zu sein beansprucht und unter allen nur denkbaren Hinsichten – auch politischer, gesellschaftlicher oder wirtschaftlicher Art – in die gegenwärtige Lebenswirklichkeit verwickelt ist. Wie unter diesen Bedingungen der erhobene Anspruch zu verantworten und inmitten solcher Verflechtung zu praktizieren sei, macht das Problemfeld Praktischer Theologie aus« (ebd., 124).

2.3.3

In der Einführung, die J. Henkys im »Handbuch der Praktischen Theologie« (Band I, 1975) gibt, findet sich der Leitsatz: »Die Praktische Theologie erörtert kritisch und konstruktiv den aktuellen Aspekt derjenigen Handlungen, Einrichtungen und Beziehungen, in denen lebend eine gegebene christliche Kirche ihre Mission, Kirche Gottes für die Menschen ihrer Gegenwart zu sein, entweder wahrnehmen oder preisgeben wird« (ebd., I,14). Danach könnte es scheinen, als sei die Praktische Theologie der aktuelle und gegenwartsbezogene Teil der Kirchengeschichte. In einem späteren Leitsatz aber wird deutlich, daß die Praktische Theologie einerseits prinzipiell der Theologie zugerechnet wird – sie ist »theoretisch« –, daß sie aber andererseits durch eine besondere Praxisbeziehung konstituiert ist: »Die Praktische Theologie ist ein Fachbereich wissenschaftlich-theologischer Bildung, Lehre und Forschung und in diesem Sinne – wie auch die anderen theologischen Disziplinen – notwendigerweise theoretisch. Die theologischen Disziplinen insgesamt erhalten ihre Begründung erst durch das kritisch zu erhebende Bedürfnis der handelnden Kirche und zielen in diesem Sinne – wie im besonderen die Praktische Theologie – notwendigerweise auf Praxis. Der Unterschied zwischen der praktisch genannten und den anderen Disziplinen liegt nicht in der Tatsache, sondern in der Art der Praxisbeziehung« (ebd., 37). Hier bleibt offen, worin die Eigentümlichkeit der praktisch-theologischen »Praxisbeziehung« besteht. Soll die Praktische Theologie –

als Theorie – schon die Aufgaben richtig fassen lehren, dann ist zu fragen, ob sie nicht an die Stelle anderer theologischer Disziplinen tritt; soll sie sich dagegen auf Handlungsprogramme und Dienstanweisungen konzentrieren, dann scheint sich für sie das Praktische zum Pragmatischen zu verändern.

2.3.4

Für R. Zerfaß (»Praktische Theologie als Handlungswissenschaft«, in: Klostermann/Zerfaß, Praktische Theologie heute, 1974) steht dagegen gerade die Definition der Praxisbeziehung im Zentrum seines Begriffs von Praktischer Theologie. Diese habe »ihre eigentliche und im Ganzen der Theologie unverzichtbare Aufgabe« in einer »wie immer geartete(n) theologische(n) und humanwissenschaftliche(n) Reflexion des konkreten Handlungsgeflechts christlich-kirchlicher Praxis« (ebd., 165). Sie müsse »die Überlieferung als kritische Potenz in den Streit um die Gegenwart und Zukunft einbringen«, »die Bedürfnisse der Gegenwart ernstnehmen, theologisch identifizieren und als Anfrage an die Überlieferung vermitteln« und »Impulse zur konstruktiven Veränderung kirchlicher Praxis, wie sie sich aus dieser Konfrontation ergeben mögen, in ihrer Realisierungsphase kritisch begleiten« (ebd., 170). Ihren Wissenschaftscharakter erhalte die Praktische Theologie durch die Organisation ihrer Methoden »in Analogie zu den modernen Handlungswissenschaften« (ebd., 171), wodurch sich ein qualitativer methodischer Unterschied zu den anderen theologischen Disziplinen ergebe, die »methodologisch auf die Rekonstruktion und Interpretation von Zeugnissen der christlichen Überlieferung festgelegt« seien (ebd., 171). Es bleibt jedoch (auch für Zerfaß, s. ebd., 173) die Frage offen, wie bei einer solchen deutlichen methodischen Differenzierung dennoch humanwissenschaftliche und theologische Reflexion in einer praktisch-theologischen Theorie zusammengefaßt werden könnten.

3
Vertiefung
Fragen zur Weiterarbeit

1. Praktische Theologie oder Pastoraltheologie – Welche Probleme sind mit der Alternative bezeichnet und welche Lösungen werden angeboten? (P. Drews, Das Problem der Praktischen Theologie, 1910; G. Krause, Hat die Praktische Theologie wirklich die Konkurrenz der Pastoraltheologie überwunden? ThLZ 95, 1970, Sp. 721ff; W. Steck, Der Pfarrer zwischen Beruf und Wissenschaft, ThEx 183, 1974)
2. Theorie und Praxis – Inwiefern ist ihr Verhältnis ein Problem der Theologie? (G. Ebeling, Studium der Theologie, 1975; W. Pannenberg, Wissenschaftstheorie und Theologie, 1973; I. Kant/F. Gentz/A.W. Rehberg, Über Theorie und Praxis, Einleitung von D. Henrich, 1967)
3. Ist die Praktische Theologie eine einheitliche theologische Disziplin oder eine Sammlung praktischer Arbeitsverfahren nach dem Vorbild der Anleitungsliteratur? (J. Henkys, Handbuch der Praktischen Theologie, Bd 1, S. 45ff; M. Josuttis, Der Ansatz der Praktischen Theologie, in: Praxis des Evangeliums zwischen Politik und Religion, 1974, S. 237ff; K.F. Daiber, Grundriß der Praktischen Theologie als Handlungswissenschaft, 1977. Dazu: G. Krause, Praktische Theologie als Handlungswissenschaft?, ThLZ 106, 1981, Sp. 9–14)

Literatur

Neuere Literatur:
K. Barth, Die Kirchliche Dogmatik, I/1, 1932, [12]1989
P.C. Bloth, Praktische Theologie, in: G. Strecker (Hg.), Theologie im 20. Jahrhundert, 1983, 389–493
V. Drehsen, Neuzeitliche Konstitutionsbedingungen der Praktischen Theologie, 2 Bde, 1988
G. Ebeling, Studium der Theologie, 1975, [2]1977
W. Gräb, Dogmatik als Stück der Praktischen Theologie. Das normative Grundproblem in der praktisch-theologischen Theoriebildung, ZThK 85, 1988, 474–492
W. Gräb / D. Korsch, Selbsttätiger Glaube. Die Einheit der Praktischen Theologie in der Rechtfertigungs-lehre, 1985
A. Grözinger, Praktische Theologie und Ästhetik. Ein Beitrag zur Grundlegung der Praktischen Theologie, 1987
Handbuch der Praktischen Theologie, bearb. von H. Ammer, J. Henkys, G. Holtz, H.H. Jenssen u.a., 3 Bde, 1975–78. Darin: J. Henkys, Die Praktische Theologie (Einführung), Bd 1,11ff, und E. Winkler / G. Kretz-schmar, Der Aufbau der Kirche zum Dienst, Bd 1, 133ff
Handbuch der Praktischen Theologie, hrsg. von P.C. Bloth, K.-F. Daiber u.a., bisher Bde 2–4, 1981–87
E. Hübner, Theologie und Empirie der Kirche. Prolegomena zur Praktischen Theologie, 1985
M. Josuttis, Praxis des Evangeliums zwischen Politik und Religion, 1974, [4]1988
I. Kant / F. Gentz / A.W. Rehberg, Über Theorie und Praxis, Einleitung von D. Henrich, 1967
G. Krause, Hat die Praktische Theologie wirklich die Konkurrenz der Pastoraltheologie überwunden?, ThLZ 95, 1970, Sp. 721ff
Ders., Praktische Theologie. Texte zum Werden und Selbstverständnis der praktischen Disziplin der evange-lischen Theologie, 1972
G. Lämmermann, Praktische Theologie als kritische oder als empirisch-funktionale Handlungstheorie?, 1981
N. Mette, Theorie der Praxis. Wissenschaftsgeschichtliche und methodologische Untersuchungen zur Theo-rie-Praxis-Problematik innerhalb der praktischen Theologie, 1978
G. Otto, Grundlegung der Praktischen Theologie. Praktische Theologie 1, 1986
Ders., Handlungsfelder der Praktischen Theologie. Praktische Theologie 2, 1988
W. Pannenberg, Wissenschaftstheorie und Theologie 1973, [2]1977 (Neuausgabe 1987)
Praktische Theologie heute, hrsg. von F. Klostermann und R. Zerfaß, 1974
G. Rau, Pastoraltheologie, 1970
D. Rössler, Grundriß der Praktischen Theologie, 1986. Darin: Einleitung (§§ 1–4), 1–61
W. Steck, Der Pfarrer zwischen Beruf und Wissenschaft, ThEx 183, 1974

Ältere Darstellungen:
E.Chr. Achelis, Lehrbuch der Praktischen Theologie, 3 Bde, 1890/91, [3]1911
P. Drews, Das Problem der praktischen Theologie, 1910
C. Harms, Pastoraltheologie, 3 Bde, 1830–34
F. Niebergall, Praktische Theologie, 2 Bde, 1918/19
C.I. Nitzsch, Praktische Theologie, 3 Bde, 1847–72
F.D.E. Schleiermacher, Die praktische Theologie (hrsg. von J. Frerichs), 1850 (Neudruck 1983 der Ausgabe von 1950)
Ders., Kurze Darstellung des theologischen Studiums, 1811, [2]1830 (hrsg. von Heinrich Scholz), 1969, [5]1982 (Nachdruck der Ausgabe von 1910)
C.A.G. v. Zezschwitz, System der praktischen Theologie, 2 Bde, 1876/78

§ 2
Amt und Beruf des Pfarrers (D.R.)

1
Einführung

1.1

Amt und Beruf des Pfarrers stehen im Schnittpunkt unterschiedlicher Bestimmungen und Erwartungen. Das sind   1. die kirchlichen Definitionen des Amtes und seines Auf-trages unter Einschluß des einschlägigen Rechts;   2. die theologischen Entwürfe von Amt und Gemeinde sowie die Maßstäbe und Normen der jeweils eigenen Frömmigkeit, die den Pfarrer prägen; und 3. die Erwartungen und Anschauungen der Öffentlichkeit und die herrschenden Einstellungen der Gemeinde. Diese Leitlinien, die von jeweils anderen und ungleichartigen Voraussetzungen und Zusammenhängen ausgehen, halten durch ihre Verschiedenheit und durch manche Gegensätze das Berufsbild des Pfarrers offen und machen es variabel. Es wird deutlich, daß dieser Beruf und seine Aufgaben nicht eindeutig und in einer überall gleichen Weise definiert und festgelegt werden können. Die kirchlich-theologischen Bestimmungen und Ordnungen des Amtes stellen vielmehr nur einen Rahmen dar, der auf sehr verschiedene Weise ausgefüllt werden kann und der Spielraum läßt für unterschiedliche Berufsprofile: Akzente und Schwerpunkte können ganz auf die Arbeit mit der Kerngemeinde und mit Gemeindekreisen, auf Bibel- und Gebetsstunden gelegt werden oder aber auf die Gemeinwesenarbeit, auf die Beteiligung an öffentlichen Aufgaben und auf die Erwachsenenbildung. In dieser Offenheit ist der Beruf des Pfarrers kaum mit anderen Berufen zu vergleichen. Allerdings liegt darin auch eine Aufgabe, die nur schwer überschätzt werden kann: Der Spielraum muß ausgefüllt werden, der Pfarrer kann sich nur wenig darauf verlassen, daß die vorgesehenen Strukturen des Amtes ihn von der Suche nach dem eigenen Berufsprofil entlasten.

1.2
Diese Verfassung des Pfarrerberufs ist das Ergebnis geschichtlicher Wandlungsprozesse und nur in diesem Zusammenhang zu verstehen. Ursprünglich haben andere Probleme im Vordergrund gestanden. In urchristlicher Zeit war es die Alternative »Charisma oder Institution«, die dem »einzigartigen Vollmachtsbewußtsein Jesu« folgte und die nach der einen wie nach der anderen Seite zu »Entartungen« führen konnte; oder es war das Gegenüber von persönlichem Apostolat nach Paulus und presbyterialer Gemeindeleitung nach Lukas und der folgende Verschmelzungsprozeß beider (H. v. Campenhausen, Kirchliches Amt und geistliche Vollmacht in den ersten drei Jahrhunderten, 1953, 325ff). Die Reformationszeit war beherrscht von der Kontroverse zwischen dem katholischen Bischofsamt und der darin institutionalisierten Verwaltung des Heils auf der einen und Luthers Auffassung vom Amt als dem Mandat der Gemeinde auf der anderen Seite. Später wandelten sich die Probleme noch mehr: Die persönlichen Voraussetzungen für den Pfarrerberuf wurden diskutiert, die Frömmigkeit des Pfarrers und seine Befähigung zum Vorbild, dann die Frage der Lehrfreiheit in Predigt und Unterricht oder die der Ordinationsverpflichtung. Die neuzeitliche Welt hat den Pfarrerberuf auch in Grundsatzfragen vor neue Aufgaben gestellt: Mit der Unterscheidung von Kirchlichkeit und Unkirchlichkeit und damit, daß große Teile der Bevölkerung in distanziertem Verhältnis zur Kirche leben, ist der Pfarrer immer deutlicher zur Repräsentationsfigur für die Institution geworden: Für das öffentliche Bewußtsein ist die Kirche weniger in ihren Veranstaltungen oder in ihrer Lehre oder im Glauben der Gemeinde präsent als in der Person des Pfarrers.

2
Entfaltung

2.1
Das Amt in Kirchenlehre und Theologie

2.1.1

Luther. – Die wichtigsten Schriften Luthers für den Amtsbegriff sind: An den christlichen Adel deutscher Nation, 1520; De captivitate Babylonica, 1520; De instituendis ministris Ecclesiae, 1523; Daß eine christliche Versammlung oder Gemeine Recht und Macht habe, alle Lehre zu urteilen . . ., 1523; Der 82. Psalm ausgelegt, 1530; Predigt bei der Einweihung der Schloßkirche zu Torgau, 1544.

Nach katholischer Auffassung ist das »Amt« eine objektive Institution göttlichen Rechts, in das der einzelne Bischof oder Pfarrer durch die Weihe eintritt. Durch diese Weihe (sacramentum ordinis) wird dem Priester ein character sacramentalis (indelebilis) verliehen, der ihn zur Sakramentsverwaltung bevollmächtigt. Dagegen hat Luther das evangelische Amtsverständnis in den Zusammenhang mit dem allgemeinen Priestertum der Gläubigen gestellt: Jeder Christ hat das Recht und die Aufgabe, das Wort Gottes zu verkündigen und die Sakramente zu verwalten. Aber die Ordnung, die der Kirche wie allen menschlichen Lebensgestalten nötig ist, verlangt, daß die öffentliche Wortverkündigung und Sakramentsverwaltung nicht von jedermann wahrgenommen werden, sondern allein von dem, der dazu förmlich berufen ist. Andererseits aber hat Luther das »Amt« der Kirche auch im Zusammenhang der allgemeinen Ordnungen der Lebenswelt gesehen: Alle legitimen Ämter verdanken sich dem Willen Gottes und haben von daher Notwendigkeit und Bestand. Diese Objektivität des kirchlichen Amtes (wie die der Ämter in anderen Institutionen) hat Luther vor allem gegen die Schwärmer hervorgehoben. Danach ist das Amt auch mit einer anderen Autorität ausgestattet als nur mit der aus »Befehl und Verwilligung der andern« (Torgauer Predigt). Eine Gemeinde ohne geordnetes Amt ist für Luther, außer in Zeiten höchster Not, keine christliche Gemeinde.

2.1.2

Die lutherischen Bekenntnisschriften haben diese Prinzipien aufgenommen. Die grundlegenden Formeln aus der Confessio Augustana lauten: »Ut hanc fidem consequamur, institutum est ministerium docendi evangelii et porrigendi sacramenta« (Art. V), und: »De ordine ecclesiastico docent, quod nemo debeat in ecclesia publice docere aut sacramenta administrare nisi rite vocatus« (Art. XIV). Auslegungsfragen ergeben sich hier vor allem beim Begriff »ministerium«: Er kann im Sinne des objektiven und durch göttliche Ordnung gestifteten Amtes (»institutum est«) in Anspruch genommen oder aber »funktional« verstanden und als »Dienst« übersetzt werden, so daß Akt und Leistung im Vordergrund stehen, nicht aber die formale Autorität des Amtes.

2.1.3

In der späteren lutherischen Theologie ist immer wieder die Tendenz zur Betonung der Objektivität des Amtes hervorgetreten. Das war besonders in der Epoche der Orthodoxie im 16. und 17. Jahrhundert und im Luthertum des 19. Jahrhunderts der Fall. Leitend war dabei die Absicht, das Amt – wie die Institution Kirche im ganzen und damit die Heilsvermittlung – nicht an zufällige Erfolge oder Mißerfolge der geschichtlichen Situation oder an individuelle Fähigkeiten eines einzelnen Pfarrers auszuliefern. Die Kirchengeschichte verzeichnet entsprechende Gefährdungen des kirchlichen Auftrags: einen unzureichend gebildeten und nicht selten korrumpierten Pfarrerstand im 16. und 17. Jahrhundert und weltanschauliche Verflachungen und Parzellierungen im 19. Jahrhundert.

2.1.4

Nach reformierter Lehre sind für die Ordnung der Gemeinde neben dem Predigtamt noch andere Ämter nötig: die Ämter des Lehrers, des Presbyters, des Diakonen (Calvin). Aber das gilt nicht als starres System. Johannes à Lasco kennt nur drei Ämter. Lebensnotwendig für die Gemeinde ist vor allem der Dienst am Wort. Weil es Gottes Wille ist, die Kirche nicht unmittelbar durch den Geist zu sammeln, hat auch das Amt seinen Ursprung in Gott. Gott selbst beruft daher letztlich in dieses Amt, so daß dieser Berufung auch der Charakter einer Erwählung zugeschrieben werden kann. Die Wahl durch die Gemeinde ist »Anerkennung des von Gott berufenen Dieners« (W. Niesel, Was heißt reformiert?, 1934, 56). Die Grundlinien der Institutionalisierung durch Gott einerseits und der Mandatsverleihung der Gemeinde an eines ihrer Glieder andererseits haben durchaus Ähnlichkeit mit der lutherischen Lehre. Das reformierte Amtsverständnis ist jedoch von Anfang an stärker auf die Person des Amtsträgers bezogen (zum Amtsverständnis Calvins: Institutio IV, 8,2ff).

2.1.5

Konsequenzen aus dem Amtsverständnis zeigen sich in der Auffassung von der Ordination. Ordination war für die Reformatoren zunächst die Berufung und Einsetzung des Pfarrers in das Amt in seiner bestimmten Gemeinde. Erst später (seit 1535) wurde die Ordination unabhängig vom Amtsantritt vollzogen. In evangelischem Sinne ist Ordination die öffentliche Feier, mit der die Rechte (Wortverkündigung und Sakramentsverwaltung) und Pflichten des Amtes grundsätzlich übertragen werden, nicht aber eine »Weihehandlung«, aus der ein Unterschied zwischen dem Pfarrer und dem Laien folgte. In der Ordination wird die vocatio externa, die Berufung durch die Kirche, begangen. (Eine vocatio interna spielt im Pietismus eine Rolle.) Der Ordinand wird auf die Bekenntnisse seiner Landeskirche verpflichtet. In der Ordinationsfeier bekennt er seine Bereitschaft zum Dienst im Rahmen der kirchlichen Ordnungen. Die Handauflegung wird wie bei der Konfirmation als Vergewisserung verstanden. Die liturgischen Formulare sind in den Landeskirchen nicht einheitlich. Ein unterschiedliches Amtsverständnis kommt daran zum Ausdruck, ob an der Ordination mehr die bloße Initiation oder das Handeln Gottes am Ordinanden hervorgehoben wird.

2.2
Der Pfarrerberuf in Geschichte und Gegenwart

2.2.1

Die reformatorischen Kirchen haben einen Pfarrerstand vorgefunden und übernommen, dessen Ansehen äußerst gering war. Nur wenige Pfarrer waren akademisch gebildet (sacerdotes literati) und hatten gut dotierte und einflußreiche Stellen in Städten und an Höfen. Der größte Teil der Pfarrerschaft konnte kaum lesen und schreiben und war nur eben in der Lage, liturgisch zu agieren (Plebanen). Armut und Abhängigkeit von Patronaten führten weithin zu katastrophalen sittlichen Verhältnissen. Die evangelischen Kirchen haben durch Intensivierung der Visitationsaufgaben, durch Unterricht und durch entsprechende Literatur (Postillen, Großer Katechismus, Trau- und Taufbüchlein, Kirchenordnungen) das zu bessern gesucht, jedoch mit geringem Erfolg. Obligatorisch und allgemein wurden theologische Bildung und entsprechende Examina erst gegen Ende des 17. Jahrhunderts. Bis dahin waren auch die evangelischen (Land-) Pfarrer nur äußerst notdürftig ausgebildet, und oft nicht einmal das. Sie blieben weithin auf Nebenverdienste (Landwirtschaft, Ausschank) angewiesen, mußten beim Adel als Knechte aushelfen und kamen in eine Pfarrstelle nicht selten nur durch die Heirat mit der Witwe des Vorgängers. Sie waren das Ziel von Volkskritik, Spott und Verachtung. Erst im Laufe des 18. Jahrhunderts kam es durch Pietismus und Aufklärung zu wirklichen Reformen und Veränderungen. Mit der Verbreitung von persönlicher Frömmigkeit und akademischer Bildung unter den Pfarrern wuchsen ihr Ansehen und ihr öffentlicher Einfluß. Der Unterschied zu den gebildeten Theologen in akademischen und Leitungsämtern schwand. Im 19. Jahrhundert wurden die Pfarrstellen fest, wenn auch sehr unterschiedlich, dotiert. Die Vereinheitlichung der Pfarrerbesoldung wurde erst vor wenigen Jahrzehnten erreicht.

2.2.2

Die Reformatoren haben als die Aufgaben des Pfarrers Predigt, Sakramentsverwaltung und Katechismusunterricht vorgesehen. Freilich wurde kaum erwartet, daß der Großteil der Pfarrerschaft zu selbständiger Erfüllung dieser Aufgaben in der Lage war. Ihre Berufstätigkeit bestand im Verlesen von Postillenpredigten, in der Durchführung der gottesdienstlichen, der Sakraments- und Kasualliturgie und im Einüben des Katechismustextes; und selbst bei diesen minimalen Anforderungen gab es katastrophale Mängel. Dagegen waren die theologisch gebildeten Pfarrer vielfach entscheidende Berater in ihren Städten und bei ihren Regierungen, und ihnen standen die Ämter an Gymnasien und Hochschulen offen. Schon die Reformorthodoxie und vollends die sich ausbreitende pietistische Bewegung haben darin tiefgreifende Veränderungen bewirkt. Als wesentliche Berufsaufgaben traten jetzt die seelsorgerliche Leitung des einzelnen Christen sowie die persönlich verantwortete und spontane Bibelauslegung im kleinen Kreise hinzu. Hier, und parallel dazu in der Aufklärung, gewann der Unterricht immer mehr an Bedeutung. Der aufgeklärte Pfarrer wuchs in die Rolle eines öffentlichen Ratgebers, der in Predigten und in den verschiedensten anderen Aktivitäten die religiöse Bildung und die Vertiefung der Frömmigkeit begründet und fördert. Die Entwicklung drückt sich auch in der wechselnden Titulatur des Pfarrers aus: Er wird zum »Pastor«, zum »Lehrer der christlichen Religion« oder zum »Geistlichen«. Mit dem ausgehenden 18. Jahrhundert wird die mündige und in allen Lebensfragen selbständige Persönlichkeit zum allgemeinen Ideal und auch zum Arbeitsziel des Pfarrers. Von ihm selbst wird vor allem erwartet, daß er diesem Bild entspricht. Damit treten die objektiven Funktionen des geistlichen Amtes zurück, und die Leistungen der Persönlichkeit werden zum Maßstab für den Pfarrerberuf. Das Amt als Institution verliert an Bedeutung für die Tätigkeit des Pfarrers: Er »sieht sich darauf hingewiesen, das Amt als ›Chance‹ für sein persönliches Wirken zu ergreifen« (T. Rendtorff, in: G. Wurzbacher u.a., Der Pfarrer in der modernen Gesellschaft, 1960, 90). Die klassischen Aufgaben des kirchlichen Amtes sind unverändert erhalten in Predigt und Gottesdienst, in Seelsorge und Unterricht. Aber die Bedeutung, die ihnen in der Öffentlichkeit und in der Gemeinde zukommt, ihr Gewicht und ihr Einfluß sind immer mehr abhängig geworden von der Person dessen, der sie ausübt.

2.2.3
Die Entwicklung, in der die ursprünglichen Aufgaben des evangelischen Pfarrers immer deutlicher durch ihre individuelle Wahrnehmung bestimmt werden, begründet damit auch die Differenzierung und die Erweiterung dieser Aufgaben. Der Pfarrer konnte jetzt besondere Fähigkeiten hervortreten lassen und vornehmlich Seelsorger oder Prediger oder Religionslehrer sein. Die allgemeinen Veränderungen der Lebenswelt im industriellen Zeitalter kamen dieser Entwicklung entgegen. Pfarrämter mit speziellen Aufträgen oder mit einem speziellen Verständnis des Gesamtauftrages wurden eingerichtet. Zu den frühesten Sonderpfarrämtern zählt der Militärpfarrer. Durch Theodor Fliedner und Johann Hinrich Wichern erhielten Diakonie und Seelsorge ein neues und eigentümliches Gewicht und wurden als Kranken-, Gefährdeten- und Gefangenenseelsorge auch institutionell unterschieden. Die verschiedenen Lebensbedingungen in Stadt und Land führten zur Entstehung der »Dorfkirchenbewegung« und zu einem besonderen Selbstverständnis für den Landpfarrer.
Heute bestehen Sonder- und Spezialpfarrämter in großer Zahl. Nach Y. Spiegel ergibt sich folgende Einteilung: »1. Pfarrer, die mit Erziehungs- und Bildungsaufgaben beschäftigt sind: Religionslehrer, Berufsschulpfarrer, Jugendpfarrer, Studentenpfarrer, Leiter von Evangelischen Akademien, Stadtakademien und Landakademien, Dozenten an Schulen für kirchliche Berufe; diese Gruppe macht etwa 30 % der Sonderpfarrämter aus,   2. Pfarrer in der speziellen Seelsorge: Krankenhausseelsorger (etwa 150), Gefängnisseelsorger (86), Pfarrer an Beratungsstellen, Anstaltspfarrer (rund 300), die jedoch zum Teil mit Verwaltungsaufgaben beschäftigt sind; Anteil an der Gesamtgruppe etwa 20 %.   3. Pfarrer für bestimmte Berufsgruppen: Sozialpfarrer (49), Militärseelsorger (rund 150), Polizeipfarrer, Pfarrer für Männer- und Frauenarbeit.   4. Pfarrer für Öffentlichkeitsarbeit: Öffentlichkeitspfarrer, Rundfunk- und Fernsehbeauftragte, volksmissionarische Dienste (zus. rd. 150).   5. Pfarrer in der kirchlichen und diakonischen Verwaltung.   6. Missionare und Missionspfarrer (rund 870), Auslandspfarrer (rund 440)« (in PThH, hrsg. von G. Otto, [2]1975, 471f).

2.2.4
Unterschiedliche theologische Konzeptionen des Pfarrerberufs und seiner Aufgaben haben sich mit den Richtungen in der neuzeitlichen Theologie herausgebildet. Diese Ent-

wicklung nahm ihren Anfang mit den Differenzen zwischen orthodoxer, pietistischer und aufgeklärter Pfarrerschaft. Seit dem 19. Jahrhundert spielte vor allem das Gegenüber von »altgläubig« und »modern« eine Rolle, also die Pfarramtsführung im Rahmen strenger Bibel- und Bekenntnisgläubigkeit einerseits und die Berufsauffassung im Zusammenhang des zeitgenössischen Wahrheitsbewußtseins unter Betonung moralischer, sozialethischer und diakonischer Aufgaben andererseits. Aber diese Unterscheidungen können nur idealtypische Bedeutung haben. Die Wirklichkeit kennt allenfalls unterschiedliche Akzente in solchem Sinn und sonst überall fließende Übergänge. Mit diesen Vorbehalten lassen sich gegenwärtig vier Programme für den Pfarrerberuf skizzieren.

2.2.4.1

Die »klassische Konzeption« unternimmt den Versuch, das reformatorische Pfarrerbild in die Gegenwart zu übertragen, ohne seine grundlegenden Züge zu verändern. »Der Pfarrer ist ein theologisch besonders qualifiziertes Gemeindeglied mit dem Auftrag, das Wort Gottes in einer bestimmten Gemeinde durch Verkündigung, Seelsorge, Unterricht und persönliches Zeugnis des Wortes und der Tat weiterzugeben. In Zusammenarbeit mit anderen Dienstträgern arbeitet er stimulierend und koordinierend am Gemeindeaufbau mit und nimmt insofern eine Leitungstätigkeit in der Gemeinde wahr« (Winkler/Kretzschmar, in: Handbuch der Praktischen Theologie, Bd I, 1975, 146). Im Vordergrund steht hier der Pfarrer als der von der Gemeinde beauftragte theologische Fachmann, der durch seine Ausbildung dazu qualifiziert ist, die Verkündigung der biblischen Botschaft in Predigt, Seelsorge und Unterricht als Amt in der Gemeinde wahrzunehmen (vgl. ebd., 150f): ein auch durch den Verweis auf Gemeindeaufbau und kooperative Aufgaben akzentuiertes und für die heutige Situation neu formuliertes klassisches Bild des kirchlichen Amtes. In ihm sind die Elemente enthalten, an denen das theologische Amtsverständnis anderer Programme sich messen lassen muß.

2.2.4.2

Einen ganz anderen Ausgangspunkt nimmt die von K.W. Dahm vertretene »funktionale Theorie« des kirchlichen Handelns (K.W. Dahm, Beruf Pfarrer, [3]1974, 97ff). Christliche Verkündigung und Diakonie haben sich von Anfang an »im Aktionsraum von gesellschaftlichen Funktionen vollzogen« (ebd., 135): Sie haben zur »Wertvermittlung« in Gesellschaft und Kultur beigetragen oder das, was gelten sollte, geradezu erst begründet, und sie haben die Aufgaben ›helfender Begleitung‹ in Krisensituationen wahrgenommen, wie sie vor allem in der Kasual- und Seelsorgepraxis auftreten (ebd., 135ff). Diese Grundfunktionen: »Wertvermittlung« und »helfende Begleitung« sind als Berufsfeld des Pfarrers zu akzeptieren. Dabei wird die theologische Reflexion sowenig suspendiert wie die unverwechselbare Besonderheit des Evangeliums: Die kirchliche Identität des Handelns in gesellschaftlichen Aktionsräumen darf nicht fraglich sein. »Es ist also das ganze weite Feld der kirchlichen Praxis, das unter dem Gesichtspunkt einer sachgerechten Erfüllung der alten, durch die Herausforderungen einer neuen Zeit aber neu profilierten Aufgaben mit neuen Instrumenten analysiert und gleichsam mit neuen Geräten beackert werden muß. Nicht sachgerecht wäre es nach unserem Verständnis des Evangeliums, wenn es bei der Erfüllung der Aufgaben lediglich darum ginge, einen möglichst reibungslosen oder effizienten, sozusagen technisch perfekten, aber inhaltlich unreflektierten Vollzug von Dienstleistungen zu gewährleisten. Sachgerecht nach unserem Verständnis des Evangeliums ist es vielmehr, die im kirchlichen Handeln vermittelten Inhalte und Werte sowie seine Arbeits- und Kommunikationsformen daraufhin zu prüfen, ob sie den Menschen helfen, ihr Leben im Sinne der in Jesus offenbarten menschenfreundlichen Liebe Gottes zu gestalten und zu bewältigen« (ebd., 145f).

2.2.4.3

Unter dem Einfluß psychologischer Theorien und Methoden und insbesondere der amerikanischen Seelsorgebewegung hat sich ein neues Bild nicht nur von bestimmten Aufgaben des Pfarrers, sondern von seinem Beruf und seiner Person im ganzen entwickelt. »Für viele hat der Pfarrer gefühlsmäßig einen Platz in einer archetypischen Struktur: Er muß sich auf eine bestimmte Art und Weise verhalten, er verfügt über eine bestimmte Weisheit, er weckt numinose Gefühle. Aufgrund dieser Struktur hat er im Leben der Gemeinschaft einen bestimmten Platz: Als ›Eingeweihter‹ kann er die Gemeinschaft auf ihr letztes Geheimnis hinweisen – er ist der Liturg, der der Gemeinschaft die Teilhabe am Geheimnis ermöglicht; und er ist der Lehrer, der als Prophet oder Verkündiger . . . Einsicht in das Geheimnis vermitteln kann. Innerhalb der Gemeinschaft hat er häufig die Sorge für den Einzelnen, für den er in Notsituationen ein ›Ratgeber‹ – gemeint ist: ein Begleiter zu einem tieferen Verständnis des Lebens – sein kann. Der Pfarrer ist derjenige, in dem die Verantwortung der Gemeinschaft für alle ihre Glieder sichtbar wird. Man darf behaupten, daß der Pfarrer innerhalb der christlichen Gemeinschaft ein Repräsentant Christi ist, der deshalb Christi Sorge für die Menschen am Rande der Gesellschaft, für die Diskriminierten verkörpern muß. Vom Exodus-Gedanken aus führt dies dann direkt zu der Überzeugung, daß es seine Aufgabe ist, für die Lebensqualität eines jeden Einzelnen Sorge zu tragen« (H. Faber, Profil eines Bettlers?, 1976, 76f). Dieses Pfarrerbild geht nicht nur auf die psychologische Deutung der zeitgenössischen Lebensverhältnisse zurück, sondern zugleich auf ein psychologisches Verständnis von Religion und Christentum. Dadurch freilich soll dem theologischen Verständnis nicht widersprochen, es soll ergänzt werden. Religiöse Erfahrung und theologische Erkenntnis, die bisher in das Bild vom »Vaterhaus« gefaßt waren, werden in der veränderten Welt richtiger durch die Metapher vom Exodus zu verstehen gesucht: Die Welt wird nicht mehr von den Erfahrungen des kleinen Kindes, sondern von denen der Adoleszenten bestimmt. Entsprechend verändert sich die Identität des Pfarrers vom institutionell gebundenen objektiven Typ zu dem des Begleiters und Beraters (ebd., 74ff).

2.2.4.4

Die mannigfaltigen und unterschiedlichen Strömungen, die den christlichen Glauben, die Theologie und das kirchliche Handeln unter politischem Aspekt verstehen, haben in einigen Ansätzen auch ein entsprechendes und spezifisches Pfarrerbild entstehen lassen. Breiter freilich ist zunächst die Praktische Theologie im politischen Zusammenhang erörtert worden (vgl. G. Otto, in dem von ihm hrsg. PThH, [2]1975, 9ff). Als Beispiel für ein konsequentes Programm zur Transformation des Pfarrerberufs in politische Funktionen kann der sich auf die zeitgenössischen Ereignisse beziehende Text von H.J. Benedict gelten (Die »Pastorenkirche« als Demokratisierungsfaktor in der bundesrepublikanischen Gesellschaft, in: Th. Ebert/H.J. Benedict (Hg.), Macht von unten, 1968, 179ff). »Es ist also unbedingt notwendig, daß der Pfarrer aus seiner politischen Einsicht und seiner beruflichen Frustration solche Konsequenzen für seine Tätigkeit zieht, die diese zum Demokratisierungsfaktor machen« (ebd., 193). Die politische Einsicht, von der der Pfarrer ausgehen soll, bezieht sich einerseits auf die Defekte des Systems in der Bundesrepublik, auf die »Diskrepanz zwischen Verfassungsnorm und Verfassungswirklichkeit« (ebd., 190), andererseits aber auch auf die politischen Möglichkeiten gerade dieses Berufs: Er gehört zu jener Elite, die für den Demokratisierungsprozeß ›multiplikatorische‹ Funktionen haben kann (ebd., 192). »Die Nötigung zur Ausübung von Amtshandlungen, die nur noch traditionell beansprucht werden, und der Zwang zu praktisch folgenlosen Predigten vor einem gleichbleibend apathischen Publikum wirken frustrierend auf den Pfarrer . . . Der Pfarrer wird mit sozial determiniertem Leid konfrontiert, vor dem er mit seinem herkömmlichen Instrumentarium von Trost und Vergebung kapitulieren muß, weil es den Arzt oder Psychotherapeuten braucht und auf lange Sicht strukturelle Reformen der Gesellschaft« (ebd., 192f). In dieser Berufswirklichkeit werden die Gründe gesehen, die den Pfarrer veranlassen sollen, zur politischen Aktivität überzugehen: »Die neue Gemeindepraxis als Fundamentaldemokratisierung« (ebd., 193). Mit einem weitgehenden Verzicht auf die traditionellen und erfolglosen Tätigkeiten, also etwa einer drastischen »Reduzierung des volkskirchlichen Kultgottesdienstes« (ebd., 194), soll Raum geschaffen werden für Aktionen in der politischen Gemeinde: »In prinzipieller Anerkennung der Tatsache, daß die gesamte kommunale Einheit sein Arbeitsgebiet ist, wird er versuchen, dort, wo meist sehr verdeckt die Ungerechtigkeiten des Systems sich manifestieren, Methoden und Organisationsformen zu entwickeln, mit deren Hilfe die Betroffenen eine Besserung der Verhältnisse erreichen, und zwar so, daß sie selbst an dem Lösungsprozeß entscheidend beteiligt sind« (ebd., 195f). Zur theologischen Legitimation dient der Verweis, daß erst dieses Programm »den biblischen Verheißungsgehalten gerecht« werde (ebd., 199).

2.2.5

In diesen vier Konzepten für das Pfarrerbild repräsentieren sich die Erwartungen, die dem Beruf gegenwärtig entgegengebracht werden. Freilich sind die Träger dieser Erwartungen und die Zusammenhänge, von denen sie ausgehen, nicht in jedem Fall gleich. Das »klassische« Pfarrerbild ist vor allem in den Kirchenleitungen und in den traditionellen Gemeinden verbreitet, es wird aber auch von Kritikern der Kirche geteilt und polemisch gebraucht. Die funktionale Theorie enthält diejenigen Erwartungen, die in der breiten und der Kirche gegenüber distanzierten Öffentlichkeit erhoben werden können. Es ist das Pfarrerbild, das jedenfalls auch durch das kirchliche Handeln entstanden und mitgeprägt ist und in dem sich gleichsam Ergebnis und Erfolg dieser Tätigkeit widerspiegeln. Der Pfarrer begegnet ihm in der Praxis auf Schritt und Tritt. Die psychologisch orientierte Berufsauffassung ist dagegen in erster Linie von den Pfarrern selbst entworfen. Hier spricht sich die Tendenz aus, für den eigenen Beruf handgreiflichere Beteiligungen an der alltäglichen Lebenswelt der Zeitgenossen zu suchen und konkreter heilenden Einfluß auf ihre Konflikte und Krisen nehmen zu können. Diese Berufsvorstellung findet sich vor allem in den Institutionen der kirchlichen Aus- und Fortbildung. Ähnlich ist das politische Pfarrerbild Ausdruck einer Kritik an der unzureichenden Wirkungsmöglichkeit des Gemeindepfarrers im traditionellen Sinn, verbunden mit Zielsetzungen elitärer parteipolitischer Gruppierungen. Alle vier Konzeptionen gemeinsam prägen, zusammen mit ihren Bindegliedern und Übergängen, wenn auch mit sehr unterschiedlichen Akzenten, das Bild des Pfarrerberufs in der Gegenwart.

3
Vertiefung
Fragen zur Weiterarbeit

1. Wie ist eine neutestamentliche Begründung des kirchlichen Amtes möglich? (E. Käsemann, Amt und Gemeinde im Neuen Testament, in: Exegetische Versuche und Besinnungen, I, 1960; R. Leuenberger, Berufung und Dienst, 1966)
2. Welche Ansätze zum Verständnis des Pfarrerberufs finden sich bei Ernst Lange? (E. Lange, Predigen als Beruf, 1976)
3. Ist der Pfarrerberuf eine »profession« im Sinne der Berufssoziologie? (H. Daheim, Der Beruf in der modernen Gesellschaft, [2]1970)
4. Wie unterscheidet sich das Amtsverständnis der röm.-kath. Kirche von den protestantischen Auffassungen vom Amt? (Vgl. dazu auch das Studienmodell »Gottesdienstreform im Katholizismus«.)

Literatur

Neuere Literatur:
H.D. Bastian (Hg.), Kirchliches Amt im Umbruch, 1971
H.J. Benedict, Die »Pastorenkirche« als Demokratisierungsfaktor in der bundesrepublikanischen Gesellschaft, in: Th. Ebert / H.J. Benedict (Hg.), Macht von unten, Konkretionen V, 1968, 179–203
H. Daheim, Der Beruf in der modernen Gesellschaft, [2]1970
K.W. Dahm, Beruf: Pfarrer, 1971, [3]1974
V. Drehsen, Die angesonnene Vorbildlichkeit des Pfarrers, PTh 78, 1989, 88–109
H. Faber, Profil eines Bettlers? Der Pfarrer im Wandel der modernen Gesellschaft, 1976
M. Greiffenhagen (Hg.), Das evangelische Pfarrhaus, 1984
Handbuch der Praktischen Theologie, bearb. von H. Ammer, J. Henkys, G. Holtz, H.H. Jenssen u.a., Bd 1, 1975
H. Hild, Wie stabil ist die Kirche? – Bestand und Erneuerung. Ergebnisse einer Meinungsbefragung, 1974
J. Hanselmann / H. Hild / E. Lohse (Hg.), Was wird aus der Kirche? Ergebnisse der zweiten EKD-Umfrage über Kirchenmitgliedschaft, 1984
M. Josuttis, Der Pfarrer ist anders. Aspekte einer zeitgenössischen Pastoraltheologie 1, 1982, [3]1987
Ders., Der Traum des Theologen. Aspekte einer zeitgenössischen Pastoraltheologie 2, 1988
P. Krusche, Der Pfarrer als Krisenagent. Gesichtspunkte zur Präzisierung der pastoralen Berufsrolle, ThPr 9, 1974, 277–291
E. Lange, Predigen als Beruf, 1976, [2]1987
R. Leuenberger, Berufung und Dienst, 1966
B. Möller, Der Pfarrer als Bürger, 1972
H.M. Müller, Das evangelische Amtsverständnis und die Pfarrerrolle der Gegenwart, in: Vom Amt, das die Versöhnung predigt, hrsg. vom Ev. Kirchenamt für die Bundeswehr, 1984, 5–21
Praktisch-theologisches Handbuch, hrsg. von G. Otto, 1970, [2]1975. Darin: Y. Spiegel, Art. »Pfarrer«, 459ff
R. Riess (Hg.), Haus in der Zeit. Das evangelische Pfarrhaus heute, 1979
D. Rössler, Grundriß der Praktischen Theologie, 1986. Darin: Kap. 2 (Person), Kap. 4 (Amtshandlungen), Kap. 6 (Amt), Kap. 10 (Beruf)
R. Schmidt-Rost, Seelsorge zwischen Amt und Beruf, 1988
Y. Spiegel, Der Pfarrer im Amt. Gemeinde – Kirche – Öffentlichkeit, 1970
Ders., Pfarrer ohne Ortsgemeinde. Berichte, Analysen und Beratung, 1970
TRE 2, 500ff, Art. »Amt/Ämter/Amtsverständnis«; TRE 5, 654ff, Art. »Beruf«
H. Wulf, Pfarrer – wie lange noch? Die Frage nach der Zukunft eines alten Berufs, 1971
G. Wurzbacher u.a., Der Pfarrer in der modernen Gesellschaft, 1960

Ältere Darstellungen:
E. Chr. Achelis, Lehrbuch der Praktischen Theologie, 3 Bde, 1890/91, [3]1911
P. Drews, Der evangelische Geistliche in der deutschen Vergangenheit, 1905, [2]1924
A. Hardeland, Pastoraltheologie, 1907

Historische Darstellungen:
H. v. Campenhausen, Kirchliches Amt und geistliche Vollmacht in den ersten drei Jahrhunderten, 1953, [2]1963
E. Käsemann, Amt und Gemeinde im Neuen Testament, in: ders., Exegetische Versuche und Besinnungen, Bd 1, 1960, [6]1970, 109–134
J. Rohde, Urchristliche und frühkatholische Ämter, 1976

§ 3
Kirche – Christentum – Gesellschaft (D.R.)

1
Einführung

1.1

Seit C.I. Nitzsch zählt die Ekklesiologie zu den ersten und wichtigsten Themen der Praktischen Theologie. Die Begründung der Kirche, ihr Wesen und das kirchliche Handeln bilden die inzwischen traditionellen Gegenstände der Erörterung. Die Praktische Theologie und ihr Programm für die Gestaltung der kirchlich-christlichen Verhältnisse ist deshalb in der Regel eine Funktion der zugrundeliegenden Ekklesiologie. Unterschiedliche Auffassungen bringen sich hier deutlich zur Geltung. In jüngster Zeit steht die Debatte über die Volkskirche im Vordergrund: Ist die Volkskirche bloßes Residuum? Ist sie im Begriff, zu zerfallen? Ist die Kirchenmitgliedschaft bloße Formsache? Und ist nicht deshalb eine ganz andere Organisation der Kirche – etwa als Gemeindekirche (wie ein Verein) – sachgemäßer? Oder aber ist gerade die Volkskirche, weil ihr die Eindeutigkeit der Grenzen fehlt, die sachgemäße Kirchengestalt?

1.2

Eng mit den ekklesiologischen Grundfragen verknüpft ist die Frage nach dem Verhältnis zwischen Kirche und Gesellschaft. Mit dem Begriff »Säkularisierung« ist in der Regel die Vorstellung verbunden, daß die ursprünglich kirchlich und christlich begründete und bestimmte Gesellschaft in der Neuzeit nach und nach immer weitere Bereiche ihres Lebens in ein Stadium überführt hat, das frei ist von Kirche und Christentum, in eine »nachchristliche« Epoche also, in der Vernunft und menschliche Autonomie, nicht aber die Religion mehr, eine ausschlaggebende Rolle spielen. Aber diese Vorstellung ist durchaus nicht unbestritten. F. Gogarten hatte in der Säkularisierung eine positive, in der christlichen Verkündigung begründete und ihr sachgemäße Entwicklung gesehen. H. Blumenberg dagegen hat die Legitimität des Begriffs überhaupt in Frage gestellt: Für ihn ist die Neuzeit aus eigenen und selbständigen Gründen hervorgegangen und nicht aus der »Säkularisierung« von geistigem Kirchengut. H. Lübbe hat die Geschichte des Begriffs nachgezeichnet und seinen vielfältigen »ideenpolitischen« Gebrauch beschrieben. Wie aber soll es dazu gekommen sein, daß Theologie und Kirche ihre eigene Isolierung betrieben haben? J. Matthes hat die These von der »Emigration der Kirche aus der Gesellschaft« aufgestellt. (Vgl. die Literaturangaben unter 3.) Nach welchen Kriterien kann dieses Problem diskutiert werden?

1.3

Die Frage nach dem Verhältnis von Kirche und Gesellschaft schließt die nach dem Begriff des »Christentums« ein. Gibt es »Christentum« allein in der Kirche? Oder gibt es ein Christentum, das gerade »außerhalb der Kirche« angesiedelt und durch diese Differenz bestimmt ist? Diese Fragestellungen teilt die Theologie mit der Religionssoziologie. Die neuere Religionssoziologie ist dabei von der Einsicht bestimmt, daß Religion eine offensichtlich unverzichtbare Rolle im Aufbau und im Leben der Gesellschaft spielt. Es läßt sich nicht zwischen »rein« gesellschaftlichen Prozessen einerseits und »religiösen« Elementen darin unterscheiden. Diese Einsicht verdankt sich nicht allein theoretischen Gründen, sondern auch empirischen Untersuchungsergebnissen. Für die Praktische Theologie wird auf diese Weise die Frage noch einmal formuliert, in welchem Verhältnis sie ihrerseits Kirche und Religion sieht. Wie ist die Beziehung zwischen den Aufgaben kirchlichen Handelns einerseits und den religiösen Erfordernissen im Leben des neuzeitlichen Menschen andererseits zu bestimmen?

2
Entfaltung

2.1
Zur Ekklesiologie

2.1.1
Im Neuen Testament gibt es keinen einheitlichen Begriff von Kirche oder Gemeinde und keine übereinstimmenden Vorstellungen, die sich als repräsentativ für die urchristliche Literatur im ganzen zusammenfassen ließen. Vielmehr haben die neutestamentlichen Schriftsteller offenbar an diesem Thema besonders deutlich die eigenen Anschauungen und die ihrer Gruppen ins Spiel gebracht. E. Schweizer (Gemeinde und Gemeindeordnung im Neuen Testament, ²1962) ordnet deshalb seine Untersuchung nach den neutestamentlichen Schriften und stellt jeweils deren Verständnis von Kirche und Gemeinde dar. Daraus ergibt sich ein sehr differenziertes und unterschiedliches Bild. 1. Jesus selbst hat keine organisierte Religionsgemeinschaft zum Ziel gehabt; 2. die Jerusalemer Urgemeinde versteht sich als das wahre Volk Gottes in der Nachfolge Israels; 3. nach Matthäus ist die Gemeinde durch die neue Weise der Gesetzeserfüllung begründet; 4. für Lukas bleibt es bei einer »frommen Schar«, die von Juden wie Heiden verschieden ist; 5. für die Pastoralbriefe ist es der »Wesenszug der Gemeinde, Garant der ›Wahrheit‹« als der Überlieferung und »der rechten Lehre« zu sein; 6. für Paulus ist die Gemeinde als das wahre Israel der Leib Christi; 7. im Kolosser- und Epheserbrief ist das paulinische Verständnis erweitert durch das betonte Gegenüber von Christus und Kirche sowie von Gemeinde und Welt; 8. der 1. Petrusbrief verbindet paulinische und urgemeindliche Vorstellungen und ist an straffer Gemeindeordnung interessiert; 9. im Hebräerbrief ist die Gemeinde das »wandernde Gottesvolk«, das auf dem priesterlichen Dienst Christi gründet und keiner eigenen Ämter bedarf; 10. bei Johannes liegt alles Gewicht auf dem persönlichen Glauben an den Offenbarer, so daß die Gemeinschaft der Glaubenden nicht zum Thema wird, obwohl die Scheidung zwischen Glauben und Welt radikal ist. –
Für die neutestamentlichen Begründungen späterer ekklesiologischer Konzepte haben aus diesem Vorstellungskreis nur wenige Texte eine Rolle gespielt. Solche Begründungen gehen vielmehr auf einzelne neutestamentliche Begriffe und auf Vorstellungen in deren Umkreis und Auslegung zurück. 1. Zentraler ekklesiologischer Begriff ist die paulinische Formel »Leib Christi« geworden, und zwar in der vom Kolosser- und Epheserbrief geprägten Gestalt. Diese Texte sind, organologisch verstanden, Hauptbelege

für das katholische Bild der Kirche als Heilsanstalt. 2. Die Pfingstgeschichte (Act 2,
1ff), für Lukas eine Parallele zur Geisttaufe Jesu, ist als »Geburtsstunde der Kirche« angesehen und in das institutionelle Kirchenverständnis einbezogen worden. 3. Kirche
als zur Diakonie an der Welt beauftragte Gemeinde beruft sich auf den neutestamentlichen Sprachgebrauch von Diakonie und Haushalterschaft (z.b. 1 Kor 4,1; 1 Petr
4,10). 4. Besonderes Interesse hat die Gemeinde als »wanderndes Gottesvolk« dort gefunden, wo in Krisensituationen oder auf dem Boden einer Aufbruchsmentalität ein
Kirchenverständnis mit starker Gemeinschaftsbeziehung nach innen und deutlicher
Abgrenzung nach außen zu begründen war. –
Die urchristliche Entwicklung in nachneutestamentlicher Zeit pflegt gerade in bezug auf
das Kirchenverständnis als Übergang zum Frühkatholizismus bezeichnet zu werden.

2.1.2

Für das Kirchenverständnis Luthers sind folgende Schriften wichtig: Von den Konzilien
und Kirchen, 1539; Wider Hans Worst, 1541; – eine Zusammenfassung gibt Luther im
Großen Katechismus BSLK, 657, 25–38: »Das ist aber die Meinung und Summa von
diesem Zusatz: Ich gläube, daß da sei ein heiliges Häuflein und Gemeine auf Erden eite-
ler Heiligen unter einem Häupt, Christo, durch den heiligen Geist zusammenberufen,
in einem Glauben, Sinne und Verstand, mit mancherlei Gaben, doch einträchtig in der
Liebe, ohn Rotten und Spaltung. Derselbigen bin ich auch ein Stück und Gelied, aller
Güter, so sie hat, teilhaftig und Mitgenosse, durch den heiligen Geist dahingebracht
und eingeleibet dadurch, daß ich Gottes Wort gehört habe und noch höre, welchs ist der
Anfang hineinzukommen«. Hier ist, neben den einzelnen Momenten, die den Kirchenbegriff konstituieren, besonders dessen Grundstruktur hervorgehoben: Kirche ist ein
funktionaler Begriff. Das ist zunächst in der Abwehr des römisch-katholischen Ver-
ständnisses der Kirche als einer objektiven Heilsanstalt formuliert, bringt aber gleichwohl die Absicht der reformatorischen Ekklesiologie zu eigenem Ausdruck. Danach ist
Kirche eine Gemeinschaft, deren Gründe, Ziele und das, was sie verbindet und zusam-
menhält, »im Glauben« liegen. Dieser Glaube unterliegt nicht der menschlichen Kontrolle. Die klassischen Formulierungen der CA besagen dasselbe: »Est autem ecclesia
congregatio sanctorum, in qua evangelium pure docetur et recte administrantur sacramenta« (Art. VII). Darüber hinaus verweist die CA ausdrücklich auf die empirische
Wirklichkeit der Kirche als eines corpus mixtum (Art. VIII). Kirche ist Glaubensgemeinschaft und nicht mehr. – Die reformierte Lehre stimmt in diesen Grundzügen
durchaus mit der lutherischen überein, wenngleich mit dem Hinweis auf die Erwählung
(Heidelberger Katechismus, Frage 54) und auf die Verpflichtung der Christen (Frage 55)
gewisse weitere Akzente hinzutreten.

2.1.3

Den ekklesiologischen Grundsätzen der Reformation haftet nun freilich an, daß sie immer wieder als unzureichend empfunden worden sind. Schon die unmittelbar an die Re-
formationsepoche anschließende lutherische Orthodoxie hat den Anstaltscharakter der
Kirche wieder deutlicher betont, während im Gegensatz dazu dann der Pietismus eine
ursprüngliche Gemeinschaft von Christen herstellen will, die, unter Zurücksetzung des
Gedankens vom corpus mixtum, eindeutiger und identifizierbarer das christliche Leben

in der Welt zur Darstellung bringt. Für die Aufklärung gewinnt die Kirche vor allem pädagogische Züge. Im 19. Jahrhundert entsteht jedoch, offenbar unter Einfluß der Romantik, ein überhöhtes und verklärendes Bild der Kirche. Theologisch schlägt es sich in einer Ekklesiologie nieder, die den objektiven und heilsvermittelnden Charakter der Kirche betont und sie dem einzelnen Christen mit seinem Glauben und seiner Entscheidung vorordnet (z.B. W. Löhe, Drei Bücher von der Kirche, 1845). In dieselbe Epoche fällt, begleitet von zahlreichen Konversionen, eine Hochschätzung der katholischen Kirche. W. Trillhaas hat die unaufgelöste Spannung im Kirchenbegriff als »das protestantische Problem« bezeichnet (Dogmatik, [3]1972, 511ff). Bereits die pietistische Auffassung verdeutlicht es: »Die wahre Christengemeinde, die Schar der Kinder Gottes, ist einerseits kleiner als die verfaßte Kirche, weil sie nur die wahrhaft Gläubigen, die mit Ernst Christen sein wollen, umfaßt. Sie ist andererseits größer als die verfaßte Kirche; denn sie reicht über die Konfessionsgrenzen hinaus« (ebd., 512). Diese Tendenz setzt sich fort und bewirkt den Gegensatz zwischen »Geistkirche« und »Anstaltskirche«, der zu außer- und überkirchlichen Vereinsgründungen führt und, auf der anderen Seite, zur Verfestigung des Institutionsgedankens in den Landeskirchen bis ins 20. Jahrhundert.

2.1.4
Dieser Widerspruch hat eine für die evangelischen Kirchen wichtige und folgenreiche Parallele auf dem Gebiet des Kirchenrechts hervorgebracht. Das evangelische Kirchenrecht war im Zeitalter der Orthodoxie entstanden (B. Carpzov, 1595–1666) und hatte wesentlichen Einfluß auf die Entwicklung von Verfassungen und Organisationen der Landeskirchen genommen. R. Sohm stellte dann 1892 die These auf: »Das Kirchenrecht steht mit dem Wesen der Kirche im Widerspruch« (Kirchenrecht I/1, 700). Dieser Satz folgt aus einer konsequenten Anwendung der Unterscheidung von sichtbarer und unsichtbarer Kirche: Die wahre Kirche, die tatsächliche Gemeinschaft der Heiligen, ist unsichtbar, und für sie kann keine Rechtsordnung nötig oder auch nur möglich sein. Für die verfaßte sichtbare Kirche dagegen ist das Recht unabdingbar; diese Kirche ist jedoch eine staatliche oder gesellschaftliche Einrichtung und trägt den Namen »Kirche« zu Unrecht. Mit dieser These wird das Programm einer »Geistkirche« und einer eindeutigen christlichen Bruderschaft, wie es schon der Pietismus formulierte, aufgenommen und auf Kirchenrecht und -verfassung übertragen. Freilich hat sich gezeigt, daß die Kirche mit solchen Grundsätzen ihrem eigenen Auftrag nicht gerecht werden kann. Vor allem der Kirchenkampf hat bewiesen, daß die Kirche dem Staat ein ihr entsprechendes Recht entgegensetzen können muß. Prominentester Widerspruch gegen die Sohm'sche These ist deshalb die Barmer Erklärung geworden, nach der für die Kirche eine Scheidung der äußeren Ordnung vom Bekenntnis nicht möglich ist (III. These).

2.1.5
Die Auffassung von der Kirche als objektiver Heilsanstalt wird heute im Bereich der evangelischen Theologie nur noch sehr selten vertreten. Dagegen sind institutionskritische Tendenzen bei religiösen Bewegungen und Gruppen nie verstummt, und sie haben auch in der Ekklesiologie ihren Ausdruck gefunden. So hat E. Brunner die verfaßte und organisierte Kirche geradezu als ein Mißverständnis bezeichnet, das dem Charakter der

biblischen Botschaft nicht entspricht. Diese Kirchen haben nur in begrenztem Sinn eine Funktion ausüben können und sind je länger, je weniger sachgerechte Instanz der Verkündigung. Die eigentliche Christengemeinde als Bruderschaftskirche soll jetzt an ihre Stelle treten, denn nur von ihr sind wirkliche Impulse für die Mission und für das kirchlich-christliche Leben überhaupt zu erwarten (E. Brunner, Das Mißverständnis der Kirche, 1951). Ähnlich sieht J. Moltmann den öffentlichen Funktionsverlust, die Mitgliederapathie und die Schwerfälligkeit als Krisenzeichen der traditionellen Kirchen und als Chance für den Aufbau einer Gemeinschaftskirche. Die Verunsicherung der Tradition macht die neue Zuwendung zum Ursprung in Jesus und den neuen Aufbruch nötig. Will die Kirche in der Gegenwart theologisch verantwortlich das Evangelium verkündigen, dann muß der Satz gelten: »Von der pastoralen Betreuungskirche für das Volk zur Gemeinschaftskirche des Volkes im Volk« (J. Moltmann, Kirche in der Kraft des Geistes, 1975). Die Kritik dieses ekklesiologischen Programms richtet sich, wie parallel die Strömungen in der Frage der Kindertaufe, gegen die »Volkskirche«. Präzise ist dieser Begriff freilich nicht ohne weiteres zu bestimmen. Für die Kritik daran steht im Vordergrund eine Anzahl von Mängeln und Defizienzen im kirchlichen Leben und Denken: der Mangel an Verpflichtung, an Beteiligung, an Opferbereitschaft, an Bereitschaft zum Engagement bei kultisch oder sozialethisch ausgerichteten Aktionen, an Einsatz zu Dokumentation und Demonstration für die Gemeinschaft. An solcher Kritik zeigt sich, daß sie für eine kleine Gruppe und gegen den großen Verband argumentiert, in dem der Ausbildung der skizzierten Verhaltensformen breite Widerstände entgegenstehen.

2.1.6
Die Argumentation für die Volkskirche geht davon aus, daß Kirche nicht nur durch eine einzige kirchliche Gruppierung allein vertreten werden kann. Volkskirche wird hier in ihrem neuzeitlichen Sinn verstanden, also nicht als das corpus christianum des Mittelalters; dabei ist die Existenz verschiedener Gruppierungen von Frömmigkeit und theologischer Absicht vorausgesetzt. Danach wird befürchtet, daß die Auflösung der Volkskirche nicht eine, sondern viele und sich immer mehr voneinander entfernende religiöse Gemeinschaften zur Folge hätte. Zudem wird geltend gemacht, daß die Volkskirche die Institution sei, die von den zwar getauften, aber einem intensiveren Engagement distanziert gegenüberstehenden Mitgliedern auf vielfältige Weise in Anspruch genommen wird, und daß die Träger der Institution kein Recht hätten, sich diesen Aufgaben zu entziehen. Freilich wird die volkskirchliche Auffassung nirgendwo so vertreten, daß die waltenden Verhältnisse als sachgemäß und im Sinne des Grundauftrages der Kirche als unabänderlich angesehen werden. Im Gegenteil wird immer wieder die Reformbedürftigkeit der Volkskirche betont, ebenso aber ihre Reformfähigkeit (vgl. dazu T. Rendtorff/E. Lohse, Kirchenleitung und wissenschaftliche Theologie, 1974).

2.2.
Kirche und Gesellschaft

2.2.1
Das Problem entsteht erst in einer Epoche, in der die mittelalterliche Einheit der Welt – und also auch die Einheit von religiösen, kirchlichen, politischen, gesellschaftlichen,

wirtschaftlichen und geistigen Aspekten – nicht mehr selbstverständlich ist. Auch für Luther war die Welt zusammenfassend geordnet in den drei Ständen: Obrigkeit, Geistlichkeit, Familie. Zu Auflösungserscheinungen in dieser festgefügten Einheit kam es durch Kritik an den kirchlichen und sittlichen Verhältnissen. Anlaß dazu bot das ausgehende 16. Jahrhundert und vor allem das 17. Jahrhundert des Dreißigjährigen Krieges genug. Die Theologen der Orthodoxie hatten diese Probleme zunächst ganz und gar – aus theologischen Gründen – der Obrigkeit überlassen. Erst Reformorthodoxie und Pietismus haben die nötigen Wandlungen auch als Aufgaben der Kirche aufgefaßt. Christliche Lebensgestaltung konnte mit den herrschenden Zuständen nicht in Einklang gesehen werden, christliche Frömmigkeit und Sittlichkeit folgten anderen Maßstäben, als sie an Höfen und Universitäten, in den Städten wie auf dem Lande gang und gäbe waren. Damit ist eine erste Differenz zwischen öffentlichem und kirchlichem Bewußtsein angekündigt, auch wenn sie nicht beabsichtigt war: Das christliche Verhalten derer, die zur Kirche gehören, orientiert sich an rigoroseren Kriterien als die weltliche Allgemeinheit. Ausgeweitet wurde diese Differenz allerdings erst im Übergang der Theologie von Orthodoxie und Pietismus zur Aufklärung.

Mit der Aufnahme des evangelischen Naturrechtsbegriffs haben sich die Grundlagen der Theologie und zumal die der Ekklesiologie gewandelt (vgl. E. Hirsch, Geschichte der neuern evangelischen Theologie, Bd II, 1951, 329ff). Als Ursprung der öffentlichen Sittlichkeit gilt jetzt nicht mehr der christliche Glaube, sondern die allgemeine und natürliche Religion und das aus ihr fließende Naturrecht. Der elementare Gottesglaube und das für Gesellschaft und Staat nötige Gemeinbewußtsein bilden die Basis des öffentlichen Lebens. Von ihrer Förderung wurde eine zunehmende Besserung der allgemeinen sittlichen Verhältnisse erwartet. Der christliche Glaube und die Bedeutung der Kirchen treten demgegenüber zurück: Die Beteiligung daran wird in dem Maße »Privatsache«, wie die Erledigung der öffentlichen Aufgaben Sache der natürlichen Religion wird. Der Begriff der Kirche wird parallel zu dem des Staates formuliert: Wie der Staat die Institution zur Erhaltung des irdischen Lebens ist, so die Kirche zur Erlangung des künftigen. Damit ist nicht nur die Trennung von Kirche und Staat begründet, sondern auch die von Kirche und Gesellschaft (vgl. D. Rössler, Die Vernunft der Religion, 1976, 90ff). Das ist die historische Situation, in der die Gegenüberstellung von »Kirchlichkeit« und »Unkirchlichkeit« ihren Ursprung hat. Die aus dieser Konstellation resultierenden Probleme haben sich bis zur Gegenwart hin fortgesetzt. Schleiermacher hatte demgegenüber eine einheitliche Konzeption entfaltet, in der Staat und Kirche, Religion und Vernunft in gleicher Ursprünglichkeit und Relevanz für das Ganze des Lebens ihren Ort finden. Aber die älteren Probleme haben sich dadurch nicht erledigt. Es gehört nach wie vor zu den Grundfragen der theologisch-ekklesiologischen Diskussion, ob der Kirche die Zuständigkeit für die Gesamtheit des religiös-gesellschaftlichen Lebens mit allen Problemen der Identifizierbarkeit des Christlichen aufgegeben ist oder ob sie sich auf eine elitäre Gruppierung rein religiöser oder sozialethischer Zielsetzung, aber von eindeutiger Identität zu konzentrieren und darin zu bescheiden hat.

2.2.2
Die Trennung zwischen dem allgemeinen Bewußtsein und einem besonderen kirchlichen Bewußtsein ist mit dem beginnenden 19. Jahrhundert zu einem konstitutiven Fak-

tor eben des besonderen kirchlichen Bewußtseins selbst geworden. Die Kirche und wer zu ihr sich zählt findet sich im Gegenüber zur Öffentlichkeit und zum Gesamtbereich des gesellschaftlichen Lebens. Ausdruck dieses Bewußtseins sind die Aufgaben, in denen die Kirche dieser Epoche ihr Verhältnis zur Gesellschaft zu formulieren begann. Das ist vor allem das Programm der »Inneren Mission«. J.D. Falk, der den Begriff im fortan gebräuchlichen Sinn geprägt hat, schreibt dazu: »Der seit 11 Jahren verfolgte Hauptzweck unsers Vereins scheint eine Art Missionsgeschäft, eine Seelenrettung, eine Heidenbekehrung zu sein, aber nicht in Asien oder Afrika, sondern in unserer Mitte, in Sachsen, Preußen . . .« (zit. bei E. Chr. Achelis, Lehrbuch der Praktischen Theologie, Bd 3, 1911, 198). Der Begriff »Mission« ist das Symbol für die Tiefe des Grabens, der zwischen kirchlichem Bewußtsein und der Gesellschaft – die unverändert aus bereits Getauften bestand – empfunden wurde, und zugleich dafür, daß der Beitritt zum kirchlichen Verhalten einer Bekehrung (wenn nicht einer erneuerten Taufe) gleichgeachtet wurde. Es zeigt sich im Verständnis der eigenen Lebenswelt als »Missionsland« freilich auch, daß die eigene Existenzform als Verpflichtung und Aufgabe begriffen wurde: Neben die Mission tritt als deren Auslegung die Diakonie. Die diakonische Arbeit wurde zu einem der bedeutendsten kirchlichen und sozialen Faktoren im letzten Jahrhundert (vgl. dazu R. Leudesdorff, in: PThH, ²1975, 121ff). Seither sind diese kirchlichen Initiativen und Organisationen allerdings immer mehr vom Staat aufgegriffen und übernommen worden. Diese Entwicklung spielt eine bevorzugte Rolle bei der Einführung und Auslegung des Begriffs der Säkularisierung. Sie hat hier, wie an vielen anderen Stellen, zur Folge, daß die Aktionen und Projekte, die ursprünglich das besondere kirchliche Bewußtsein zum Ausdruck brachten, heute nur schwer unterscheidbar in einer Reihe mit ähnlichen oder gleichen Institutionen stehen: Die kirchliche Identität ist zum Problem geworden. Deshalb wird in diesen Fällen von einer Verschiebung oder Veränderung in den Begründungen und Zielen dieser kirchlichen Aktivitäten gesprochen: Die Aufgabe der Diakonie »verschiebt sich« zu »einer am Evangelium orientierten und zugleich gesellschaftskritischen Lebens- und Bewußtseinsgestaltung« (Leudesdorff, ebd., 122). Die Wahrnehmung einer besonderen kirchlichen Aufgabe im Gegenüber zur Welt zeigt sich in prinzipieller Weise in der Formel »Kirche für andere« (vgl. z.B.: Kirche für andere, hrsg. von W. Pabst, 1970). Dieser Grundsatz kann allerdings sehr verschieden ausgelegt werden. Er umfaßt politische Zielsetzungen, die in der Kirche die »Speerspitze« des politischen Fortschritts sehen, ebenso wie das traditionelle volksmissionarische Konzept oder soziale Aufgaben.

2.2.3

Die soziologische Fragestellung, die diesem Kirchenbewußtsein entspricht, ist die der Gemeinde-, Pastoral- oder Kirchensoziologie. Thema der Untersuchung ist hier die Kirche als die Gruppe derjenigen, die signifikant an den kirchlichen Veranstaltungen teilnehmen. Nach der Beschaffenheit dieser Gruppe, nach ihrer Zielsetzung, ihren Einstellungen und ihren besonderen Merkmalen wird gefragt. Die Untersuchung der »Kerngemeinde« oder der »Kirchentreuen« (R. Köster, Die Kirchentreuen, 1959) ist freilich in ihren Ergebnissen begrenzt. Es kommt heraus, daß es sich zumeist um ältere Menschen, um Desintegrierte und Sicherheitsbedürftige handelt (vgl. W.D. Marsch, in: PThH 343). Die Kirche spielt hier die Rolle etwa eines »Clubs«. Über die Bedeutung von

Glauben oder Religion ergibt sich daraus wenig oder nichts, nicht bei den »Kirchentreu-en« und erst recht nicht bei denen, die von solchen Untersuchungen nicht erfaßt werden. Die Kirchensoziologie im Sinne solcher empirischen Untersuchungen ist nach kurzer Blüte in den Hintergrund gerückt. Stattdessen hat sich die Soziologie wieder der Religion und damit einer langen wissenschaftlichen Tradition zugewandt. Ihre gegenwärtige Fragestellung läßt sich so zusammenfassen: »In dem Maße, wie Religion in die theoretische Perspektive der Gesamtgesellschaft rückt, geht die Kirchlichkeit als Ausgangspunkt verloren; denn diese kann nicht Einstieg einer soziologischen Betrachtung sein, welche die ganze Gesellschaft anvisiert. Die Bedeutung der Religion erschließt sich vielmehr erst, wenn man den strategischen Punkt ihrer Erforschung in jenem Handeln ansiedelt, das so etwas wie Gesellschaft konstituiert und am Leben erhält. Gesellschaft gründet aber, einer Bestimmung von Max Weber zufolge, auf dem intentionalen Gefüge aus solchen Handlungen, die sinnhaft aufeinander bezogen sind; das heißt: Es ist jenes menschliche Handeln, das sich aus dem Bewußtsein übergreifender Bedeutungszusammenhänge leiten läßt, was letztlich das Gesellschaftliche ausmacht. Ist nun die Religiosität darin zentral verankert? Und zwar auch, ja gerade, wenn sie sich nicht als kirchlich bestimmte Bewußtseinsform oder kirchlich normiertes Verhalten zu erkennen gibt? Kann man aus sozialem Handeln schlechthin so etwas wie einen ›religiösen Faktor‹ herausdestillieren, der in diesem Handeln selbst virulent ist und nicht gleichsam als verzichtbares oder auswechselbares Superadditum hinzutritt? Religion also als ureigenes Erfordernis menschlich-sozialen Handelns? – Tatsächlich haben nahezu alle Gesellschaftstheorien, in denen Religion einen zentralen Platz einnahm, die Frage positiv beantwortet: ›Gesellschaft ist‹ – so lautet durchgängig ihr Axiom – ›ohne Religion nicht denkbar, und zwar nicht ohne die Religion, die sie hat, sondern die . . . sich in jedem Handeln realisiert‹« (V. Drehsen, in: Das Jenseits der Gesellschaft, 1975, 300). Mit dem letzten Satz wird J. Matthes zitiert, der die Grundlagen der neueren Religionssoziologie dargestellt hat (J. Matthes, Religion und Gesellschaft, 1967; ders., Kirche und Gesellschaft, 1969). Besonderes Interesse hat die Religion im systemtheoretischen Zusammenhang auf sich gezogen (N. Luhmann, Funktion der Religion, 1977).

Eine Theologie, die nicht von der Trennung zwischen kirchlichem und allgemeinem Bewußtsein ausgeht, findet sich in neuerer Zeit vor allem bei P. Tillich und seinen Nachfolgern. Als Beispiel für die Prinzipien der Tillichschen Theologie kann der folgende Satz gelten: »Beim Gebrauch der Methode der Korrelation schlägt die systematische Theologie folgenden Weg ein: Sie gibt eine Analyse der menschlichen Situation, aus der die existentiellen Fragen hervorgehen, und sie zeigt, daß die Symbole der christlichen Botschaft die Antworten auf diese Fragen sind« (P. Tillich, Systematische Theologie I, [3]1956, 76). Die Auffassung der menschlichen Existenz als Frage und der christlichen Botschaft als Antwort führt über die Differenz zwischen Kirche und Gesellschaft hinaus, insofern die Bedeutung der christlichen Botschaft für jeden Menschen dieselbe bleibt und durch Kirchenzugehörigkeiten nicht verändert wird. Tillichs Theologie hat daher gerade in der Praktischen Theologie breite Aufnahme gefunden, nicht zuletzt, weil sie als umfassende Begründung einer allgemeinen diakonischen Aufgabe im Rahmen der christlichen Botschaft verstanden werden kann.

3
Vertiefung
Fragen zur Weiterarbeit

1. Von welchen Hauptproblemen ist Dietrich Bonhoeffers Schrift »communio sanctorum« geleitet?
2. Wie ist das Verhältnis von Kirche und Gesellschaft nach »Christengemeinde und Bürgergemeinde« von K. Barth zu verstehen?
3. Aus welchen Gründen gilt der Begriff »Religion« in der Theologie als Problem, und worin ist das unterschiedliche Verständnis dieses Begriffs begründet?

Literatur

E.Chr. Achelis, Lehrbuch der Praktischen Theologie, 3 Bde, 1890/91, [3]1911
H. Blumenberg, Die Legitimität der Neuzeit, 1966 (Neuausgabe 1987)
E. Brunner, Das Mißverständnis der Kirche, 1951, [3]1988
A. Burgsmüller (Hg.), Kirche als Gemeinde von Brüdern (Barmen III), 1981
K.W. Dahm / V. Drehsen / G. Kehrer, Das Jenseits der Gesellschaft, 1975
K.F. Daiber / Th. Luckmann (Hg.), Religion in den Gegenwartsströmungen der deutschen Soziologie, 1983
M. Doerne, Luthers Kirchenverständnis, in: Fragen zur Kirchenreform, 1964, 10–41
V. Drehsen, Neuzeitliche Konstitutionsbedingungen der Praktischen Theologie, 2 Bde, 1988
F. Fürstenberg (Hg.), Religionssoziologie, 1964, [2]1970
F. Gogarten, Verhängnis und Hoffnung der Neuzeit, 1953 (1987, Nachdruck der 2. Auflage von 1958)
E. Hübner, Theologie und Empirie der Kirche. Prolegomena zur Praktischen Theologie, 1985
H. Dietzfelbinger u. a., Kirchentreu und kirchenfern, 1967
R. Köster, Die Kirchentreuen, 1959
W. Löhe, Drei Bücher von der Kirche, 1845
W. Lohff / L. Mohaupt (Hg.), Volkskirche – Kirche der Zukunft?, 1977
E. Lohse / T. Rendtorff, Kirchenleitung und wissenschaftliche Theologie, ThEx 179, 1974
H. Lübbe, Säkularisierung, 1965, [2]1975
Ders., Religion nach der Aufklärung, 1986
N. Luhmann, Funktion der Religion, 1977, [2]1982
W.D. Marsch, Institution im Übergang, 1970
J. Matthes, Die Emigration der Kirche aus der Gesellschaft, 1964
Ders., Einführung in die Religionssoziologie, Bd 1: Religion und Gesellschaft, 1967; Bd 2: Kirche und Gesellschaft, 1969
Ders., Kirchenmitgliedschaft im Wandel. Untersuchungen zur Realität der Volkskirche, 1989
J. Moltmann, Kirche in der Kraft des Geistes, 1975, [2]1989
C.I. Nitzsch, Praktische Theologie, 3 Bde, 1847–72
W. Pabst (Hg.), Kirche für andere, 1970, [2]1974
Praktisch-theologisches Handbuch, hrsg. von G. Otto, 1970, [2]1975. Darin: Art. »Diakonie« (R. Leudesdorff), 121ff, und Art. »Kirche« (W.D. Marsch), 340ff
T. Rendtorff, Die soziale Struktur der Gemeinde, 1958
Ders., Säkularisierung als theologisches Problem, NZSTh 4, 1962, 318ff
Ders., Christentum außerhalb der Kirche, 1969
Ders., Gesellschaft ohne Religion?, 1975
D. Rössler, Grundriß der Praktischen Theologie, 1986. Darin: Kap. 1 (Religion), Kap. 5 (Kirche), Kap. 9 (Institution)
D. Rössler, Die Vernunft der Religion, 1976
E. Schweizer, Gemeinde und Gemeindeordnung im Neuen Testament, 1959, [2]1962
R. Sohm, Kirchenrecht, 2 Bde, 1923 (Neudruck der Ausgabe von 1892)
P. Tillich, Systematische Theologie, Bd 1, 1955 (1987, Nachdruck der 8. Auflage von 1984)
TRE 12, 1984, 741ff / TRE 13, 1984, 1ff, Art. »Gesellschaft/Gesellschaft und Christentum«
W. Trillhaas, Dogmatik, 1962, [4]1980
E. Troeltsch, Die Soziallehren der christlichen Kirchen und Gruppen, Ges. Schr. Bd 1, 1977 (3. Neudruck der Ausgabe von 1922)
F. Wagner, Was ist Religion?, 1986
M. Weber, Die Protestantische Ethik, Bd 1 (hrsg. von J. Winckelmann), [2]1969

II

Zur Liturgik

§ 4
Theologie des Gottesdienstes bei Luther (M.J.)

1
Einführung

I. Kant hat die religiösen Rituale hart kritisiert. »Der Wahn, durch religiöse Handlungen des Cultus etwas in Ansehung der Rechtfertigung vor Gott auszurichten, ist der religiöse *Aberglaube;* so wie der Wahn, diesen durch Bestrebung zu einem vermeintlichen Umgange mit Gott bewirken zu wollen, die religiöse *Schwärmerei*« (I. Kant, Die Religion innerhalb der Grenzen der bloßen Vernunft, [2]1794, zit. nach der Ausgabe Weischedel, Bd IV, 1956, 846). Der Gottesdienst ist in dieser Betrachtung sinnlos, weil er sein Ziel, Gott durch fromme Handlungen zu beeinflussen oder durch fromme Erhebung zu erreichen, auf keinen Fall verwirklichen kann. Kants Kritik kann als typisch gelten für die Einstellung des aufgeklärten Bewußtseins gegenüber liturgischen Handlungen. Auch wenn die Existenz Gottes nicht radikal bestritten wird, scheint der Gottesdienst als ungeeignet, um eine Beziehung zu Gott vermitteln zu können.
Demgegenüber hat Luther in seiner Predigt zur Einweihung der Schloßkapelle in Torgau am 5. 10. 1544 die Aufgabe des Gottesdienstes folgendermaßen beschrieben: »das nichts anders darin geschehe, denn das unser lieber Herr selbs mit uns rede durch sein heiliges Wort, und wir widerumb mit jm reden durch Gebet und Lobgesang« (WA 49, 588). Das ist das Fazit einer Theologie, die auch die liturgischen Fragen im Rahmen der Rechtfertigungslehre zu lösen und in Auseinandersetzung mit dem zeitgenössischen Katholizismus wie den innerprotestantischen Kontrahenten zu profilieren versucht hat. Bedeutung für die Gegenwart wird diese Theologie nur gewinnen, wenn es gelingt, gegenüber Kants Einspruch den anthropologischen Sinn dieser theologischen Aussagen verständlich zu machen. Inwiefern hilft der reformatorische Ansatz, das Phänomen religiöser Ritualität sachgemäß zu verstehen?

Luther ist nicht der erste gewesen, der eine Neugestaltung des herkömmlichen Meßformulars versucht hat. Karlstadt in Wittenberg 1521, Weißenberger in Basel 1522, Kantz in Nörtlingen 1522, Müntzer in Allstedt 1523 haben vor ihm und manchmal auch radikaler als er Formen einer »deutschen Messe« entwickelt (J. Smend, Die Evangelischen Deutschen Messen bis zu Luthers Deutscher Messe, 1896; vgl. auch A. Niebergall, Art. Agende, TRE I, 1977, 755ff). Die theologischen Grundlagen für seine Meßrevision hatte Luther schon 1520 in den Schriften »Ein Sermon von dem Neuen Testament, d.i. von der Heiligen Messe« (WA 6, 349ff) und »De captivitate Babylonica ec-

clesiae praeludium« (6, 484ff) gelegt. Ostern 1523 betonte er sehr stark die zentrale Bedeutung der
Predigt (»Von ordenung gottis diensts ynn der gemeyne«, 12, 35ff). Im Dezember 1523 folgte
dann sein erster praktischer Vorschlag zur Neugestaltung in der Schrift »Formula Missae et Communionis«, 12, 205ff). Sehr viel stärker mit der überlieferten Gestalt des Gottesdienstes hat dann
die »Deutsche Messe« von 1526 (19, 72ff) gebrochen (die wichtigsten liturgischen Texte Luthers
sind zusammengefaßt bei U. Altmann, Hilfsbuch zur Geschichte des christlichen Kultus, Heft 3,
1947, 5ff; J. Beckmann, Quellen zur Geschichte des christlichen Gottesdienstes, 1956, 121ff; W.
Herbst, Quellen zur Geschichte des evangelischen Gottesdienstes von der Reformation bis zur Gegenwart, 1968, 15ff). Die folgende Darstellung von Luthers Konzeption ist nicht historisch, sondern systematisch orientiert; sie geht deshalb auf die praktischen Veränderungen am Gottesdienst-
ablauf, die Luther veranlaßt hat, nur am Rande ein und fragt vornehmlich nach den theologischen
Prinzipien, die er in der Auseinandersetzung mit seinen liturgischen Gegnern zur Geltung gebracht hat.

2
Entfaltung

2.1
Sacrificium oder beneficium – Die Abgrenzung gegen Rom

»Wen der mensch soll mit gott zu werck kumen und von yhm ettwas empfahen / ßo
muß es also zugehen / das nit der mensch anheb und den ersten steyn lege / sondern gott
allein on alles ersuchen und begeren des menschen muß zuvor kummen / und yhm ein
zusagung thun. / Dasselb wort gottis / ist das erst / der grund / der felß / darauff sich er-
noch alle werck / wort / gedancken / des menschen bawen / wilchs wort der mensch muß
danckbarlich auffnehmen und der gotlichen zusagung trewlich gleuben und yhe nit dran
zweyffeln / es sey und gescheh also / wie er zusagt« (6,356). Diesen Ansatz des liturgischen Denkens bei der Rechtfertigungslehre hat V. Vajta in seinem grundlegenden
Werk über »Die Theologie des Gottesdienstes bei Luther« (²1954; eine ausführliche
Rezension dazu bei G. Harbsmeier, Daß wir die Predigt und sein Wort nicht verachten.
Eine Aufsatzsammlung zur Theologie und Gestalt des Gottesdienstes, 1958, 93ff) durch
das Gegensatzpaar sacrificium – beneficium charakterisiert und in seiner Stoßrichtung
folgendermaßen zusammengefaßt: »der Gottesdienst ist die Heilsgabe des schenkenden
Gottes durch den menschgewordenen und leidenden Christus an seine Gemeinde, die
im Glauben der Gabe teilhaftig und so in die Gemeinschaft Gottes aufgenommen wird«
(113). In diesem durch die Rechtfertigungslehre bestimmten Ansatz sind mehrere Abgrenzungen gegen Gottesdiensttheorie und -praxis des spätmittelalterlichen Katholizismus enthalten, wobei die Entscheidung über den Sinn des Gottesdienstes vor allem in
der Interpretation des Herrenmahls fällt (vgl. die neueren katholischen Darstellungen
bei E. Iserloh, Der Kampf um die Messe in den ersten Jahren der Auseinandersetzung
mit Luther, 1952; H.B. Meyer SJ, Luther und die Messe. Eine liturgiewissenschaftliche
Untersuchung über das Verhältnis Luthers zum Meßwesen des späten Mittelalters,
1965).

2.1.1
Luthers Gottesdienstverständnis ist *antimeritorisch*. Zu den Verfallserscheinungen der
Kirche im Zeitalter ihrer babylonischen Gefangenschaft zählt er den Versuch, das Sa-

krament als gutes Werk des Menschen Gott gegenüber anzusehen. »Tertia captivitas eiusdem sacramenti Est longe impiissimus ille abusus, quo factum est, ut fere nihil sit hodie in Ecclesia receptius ac magis persuasum, quam Missam esse opus bonum et sacrificium« (6,512). Aus Gründen der Anthropologie wie der Theologie kann der Gottesdienst nicht sacrificium sein. Weil der Mensch nämlich total und radikal Sünder ist, kann er sich durch keine Leistung, auch nicht durch das liturgische Werk, die Gnade Gottes erringen. Weil auf der anderen Seite Gott in Jesus Christus dem Menschen zugut gehandelt hat und im Gottesdienst handeln will, braucht der Mensch aber auch sich die Gnade Gottes durch liturgische Übungen nicht zu verdienen. Was Kant später den »religiösen Aberglauben« nennen wird, hat Luther von der Rechtfertigungslehre her kritisiert.

Für ihn wird die Gegenwart Gottes faßbar im testamentum Christi, das die Einsetzungsworte des Abendmahls enthalten. »Nu sehen wir / wie vil stueck yn dißem testament odder messe sein. Es ist zum ersten der testator / der das testament macht / Christus / zum andernn die erben / den das testament bescheyden wirt / das sein wir Christen / zum dritten das testament an ym selbs / das sein die wort Christi« (6,359; gegen Vajta, 67, der den Begriff des Testaments nicht auch juridisch, sondern zu einseitig vom Bundesgedanken des AT her verstehen will). Weil aber in diesem letzten Willen Christi »furwar ein grosser / ewiger / unaussprechlicher schatz / nemlich vorgebung aller sund« (6,358) aufbewahrt und zugesprochen wird, kann das Abendmahl nicht als meritorische Wiederholung des Opfers Christi betrachtet werden. Konsequenterweise hat Luther in seinen agendarischen Vorschlägen den Canon missae, der die göttliche Gnadengabe zur menschlichen Opferhandlung erklärt (12,207f), gestrichen. In einer Welt, die vom Gesetz der Vergeltung und damit vom Leistungsprinzip geprägt ist, soll der Gottesdienst ein Ort sein, an dem das Evangelium herrscht. Das Evangelium wird in Wort und Sakrament aktuell – die Beziehung zwischen beiden Größen ist freilich problematisch.

2.1.2
Luthers Gottesdienstverständnis ist *antisakramentalistisch,* wenn auch nicht antisakramental. In der Anfangszeit der Reformation ist in der Wittenberger Pfarrkirche (vgl. A. Boës, Die reformatorischen Gottesdienste in der Wittenberger Pfarrkirche von 1523 an, JLH 4, 1958/59, 1ff, und 6, 1961, 49ff) nur ein gravierender Unterschied zur herkömmlichen Meßfeier zu konstatieren: Die Einsetzungsworte werden nicht leise über den Elementen, sondern laut zur Gemeinde gesprochen. Sie sollen nicht eine substantielle Wandlung bewirken, sondern die Verheißung der Sündenvergebung austeilen. Obwohl Luther an der Realpräsenz Christi, nach andeutend symbolischen Aussagen in der Anfangszeit, in der Auseinandersetzung mit der reformierten Position zunehmend härter festgehalten hat, hat er gleichzeitig die scholastische Transsubstantiationslehre abgelehnt. Das Sakrament wirkt nicht ex opere operato Heil, indem es Gnade auf substantielle Weise vermittelt. Vielmehr zielt es durch die Ansage des Wortes auf den Glauben des Menschen: »es ligt alles an den worten dißes sacraments / die Christus sagt / die man furwar solt mit golt und eytel edel gesteyn fassenn unnd nichts fleyssiger fur den augen des hertzen habenn / den glaubenn dran tzu ueben« (6,360).

Während ein sakramentalistisches Verständnis des Abendmahls von Luther abgewehrt wird, betont er auf der anderen Seite die sakramentale Kraft des Wortes. E. Bizer hat

darin sogar den Sinn der reformatorischen Entdeckung gesehen (E. Bizer, Fides ex audi-
tu. Eine Untersuchung über die Entdeckung der Gerechtigkeit durch Martin Luther,
³1966; K. Aland, Der Weg zur Reformation, ThEx 123, 1965; B. Lohse (Hg.), Der
Durchbruch der reformatorischen Erkenntnis bei Luther, 1968). »omnia verba, omnes
historie Euangelice sunt sacramenta quedam, hoc est sacra signa, per que in credentibus
deus efficit, quicquid ille historie designant . . . Ita verba Christi sunt sacramenta, per
que operatur salutem nostram« (Predigten Luthers gesammelt von Joh. Poliander
[1519–1521], WA 9,440). Das Wort Gottes im Akt der Predigt wirkt, was es sagt: es
macht gerecht, es spricht frei, es schenkt Leben – das wäre in der Terminologie der modernen Linguistik als performativer Sprechakt zu bezeichnen (vgl. O. Bayer, Was ist
das: Theologie? Eine Skizze, 1973).

Selbstverständlich bedeutet das für den Gottesdienst, daß die Predigt in das Zentrum gerät, auch
wenn das Abendmahl dadurch für Luther selber nicht herausgedrängt wird. »Aber die Summa sey
die / das es ia alles geschehe / das das wort ym schwang gehe . . . Es ist alles besser nach gelassen /
denn das wort. Und ist nichts besser getrieben denn das wort« (12,37). Nicht zuletzt weil sie diesem
verbalen und personalen Charakter des Gottesdienstes widersprechen, müssen die Pfaffen- und
Winkelmessen, die ohne Bezug zur Gemeinde gehalten werden, für die Reformation entfallen.

2.1.3
Luthers Gottesdienstverständnis ist *antihierarchisch*. Weil ohne Einsetzung und Verheißung durch Christus, hat Luther das Sakrament der Priesterweihe bestritten und
durch die Anschauung vom allgemeinen Priestertum aller Gläubigen ersetzt. Mit Verweis auf die Taufe behauptet er: »Quare omnes sumus sacerdotes, quotquot Christiani
sumus« (6,564). Neben dieser allgemeinen Priesterschaft gibt es dann eine spezielle, die
in der Verkündigung des Evangeliums besteht und zu der man durch die Berufung seitens der Obrigkeit oder der Gemeinde delegiert wird. »Esto itaque certus et sese agnoscat
quicunque se Christianum esse cognoverit, omnes nos aequaliter esse sacerdotes, hoc
est, eandem in verbo et sacramento quocunque habere potestatem, verum non licere
quenquam hac ipsa uti nisi consensu communitatis aut vocatione maioris« (6,566). Die
Rechtfertigungslehre impliziert ein bruderschaftlich-demokratisches Gemeindever-
ständnis, und dazu gehört, wie es Luther im Titel seiner Schrift postuliert, »das eyn
Christliche versamlung odder gemeyne recht und macht habe / alle lere tzu urteylen /
und lerer tzu beruffen / eyn und abtzusetzen« (Das eyn Christlich versammlung odder
gemeyne recht und macht habe, alle lere tzu urteylen, WA 11,408ff).

Für die Praxis ergibt sich daraus die Forderung, die Gemeinde am Gottesdienstvollzug möglichst
partizipieren zu lassen. Das geschieht z.B. durch die Einführung der Muttersprache. Zwar will
Luther auch die lateinische Messe, in gereinigter Form, erhalten wissen. »Ich halte es gar nichts
mit denen / die nur auff eyne sprache sich so gar geben und alle andere verachten« (19,74), aber
»umb der eynfeltigen leyen willen« (ebd.) hat er dann doch die »Deutsche Messe« entworfen. Der
Beteiligung der Gemeinde am Gottesdienst dient auch die Entwicklung des deutschen Lieds. »Can-
tica velim etiam nobis esse vernacula quam plurima, quae populus sub missa cantaret, vel iuxta
gradualia, item iuxta Sanctus et Agnus dei. Quis enim dubitat, eas olim fuisse voces totius populi,
quae nunc solus Chorus cantat vel respondet Episcopo benedicenti?« (12,218). Um aber die einzelnen Gemeindeglieder für diese Aufgaben zu befähigen, ist die Einführung eines regelmäßigen Ka-
techismus-Unterrichts und die Einrichtung öffentlicher Schulen erforderlich (An die Burgermeyster und Radherrn allerley stedte ynn Deutschen Landen, WA 15,27ff).

2.2
Freiheit und Ordnung – die Abgrenzung gegen die Schwärmer

Schon Melanchthon hat konstatiert, daß Luther bei der liturgischen Realisierung seiner theologischen Prinzipien sehr zurückhaltend verfahren ist. »Nec Lutherus tunc in ritibus quidquam mutabat, imo tetricus disciplinae custos inter suos erat, nec miscuerat aliquid opiniorum horridiorum« (CR VI,161). Daß der Reformator, dessen Aufbruch im Zeichen der christlichen Freiheit stand, sich in gottesdienstlichen Fragen zum custos disciplinae entwickelt hat, läßt sich nur zum Teil aus seiner im ganzen konservativen Grundeinstellung erklären. Auch der Hinweis darauf, daß er im Zug der Auseinandersetzung mit Rom nur mit großem Zögern an die Organisation eines neuen Kirchengebildes heranging, reicht zur Begründung nicht aus. Der Hauptgrund für seine reformerische Vorsicht in liturgischen Fragen dürfte in der Tatsache liegen, daß er sich je länger je mehr gegen Anhänger in den eigenen Reihen abgrenzen mußte, die aus der christlichen Freiheit ein neues Gesetz machen wollten und die ihm eben dadurch diese Freiheit zu gefährden schienen. Der Streit mit den sog. Schwärmern wurde deshalb für das liturgische Schicksal der Lutherischen Reformation mindestens ebensowichtig wie die Frontstellung gegen Rom.

2.2.1
Luthers Gottesdienstverständnis ist *antireformistisch*, gerade weil es sich der Freiheit des Glaubens verpflichtet weiß.

Die Vorrede zur »Deutschen Messe« ist charakteristisch dafür, wie Luther seine Reformvorschläge verstanden wissen will. »Vor allen dingen wil ich gar freundlich gebeten haben / auch umb Gottis willen / alle die ienigen / so diese unser ordnunge ym Gottis dienst sehen odder nach folgen wollen / das sie ja keyn noettig gesetz draus machen noch yemands gewissen damit verstricken odder fahen / sondern der Christlichen freyheyt nach yhres gefallens brauchen / wie / wu / wenn und wie lange es die sachen schicken und foddern« (19,72). Und am Schluß derselben Schrift schärft er die Relativität aller Ordnungen ein: »Ordnung ist eyn eusserlich ding / sie sey wie gut sie will / so kan sie ynn misbrauch geratten. Denn aber ists nicht mehr eyn ordnung / sondern eyn unordnung / darumb stehet und gilt keyne ordnung von yhr selbs etwas / wie bis her die Bepstliche ordnunge geachtet sind gewesen / sondern aller ordnunge leben/ wirde / krafft und tugent ist der rechte brauch« (19,113). In den Bereich dieser relativen, durch ihre Verabsolutierung freilich gefährdeten Ordnung gehören auch die kultischen Zeremonien. »Sihe, das ist der rechte gottis dienst, datzu man keyner glocken, keyner kirchen, keineß gefeß noch tzyerd, keyner lichte noch kertzen, keyner orgelln noch gesang, keyniß gemelds noch bildniß, keyner taffellnn noch altar, keyner blatten noch kappen, keyneß reuchernn noch bsprengen, keyner proceß noch creutzgangß, keiniß ablaß noch brieffs bedarff. Denn das sind alliß menschen fundle und auffsetz, die gott nit acht, und den rechten gottisdienst mit yhrem gleyssen vordunckeln. Es darff nur eynerley, des Euangeli, das man das wol treybe, vnd darauß solchen gottis dienst dem volck bekand mache, das ist die rechte glock und orgelln tzu dießem gottis dienst« (Jhesus. / Ad Titum II, WA 10/I, 1,39).

Weil nur das Evangelium, das den Glauben schenkt, heilsnotwendig ist, haben alle Fragen der rituellen Gestaltung sekundäre Bedeutung; sie sind notwendig um des äußeren Menschen willen, aber sie zählen, um eine moderne Unterscheidung aufzugreifen, für Luther zu den vorletzten, nicht zu den letzten Dingen. Wenn nur die Reinheit des Evangeliums, etwa durch die Tilgung des Canon missae, gewährleistet ist, kann auch der evangelische Gottesdienst weitgehend dem überlieferten Schema folgen, gerade um der Schwachen in der Gemeinde willen, die eine radikale Änderung nicht zu tolerieren vermögen. Wer auch im Zeremoniell einen grundlegenden Wandel fordert, der droht in Luthers Augen die christliche Freiheit aufzuheben, weil er sie zum neuen Gesetz deklariert. Letztlich geraten deshalb der Papst und die Schwärmer für ihn wieder auf eine Stufe. »Sie (Bapst unnd rottengeyst) brechen beyde die christliche freyheyt und sind beyde widderchristisch / Aber der Bapst thuts durch gepot / D. Carlstad durch verbot / Der Bapst heysst thun / D. Carlstad heyst lassen« (Wider die himmlischen Propheten, 1525, WA 18,111). So führt Luther gerade sein Freiheitsverständnis dazu, die überlieferten Ordnungen weitgehend bestehen zu lassen, wobei freilich immer eine spezifische Bestimmung des Verhältnisses von Glaube und Verhalten (der innere und der äußere Mensch), Inhalt und Form, Theorie und Praxis vorausgesetzt wird.

2.2.2

Luthers Gottesdienstverständnis ist *antispiritualistisch*, weil er eine Verwechslung zwischen göttlichem und menschlichem Geist vermeiden will. Auch in dieser Hinsicht sieht er eine sachliche Nähe zwischen dem Papst und den Schwärmern; beide stellen sie nämlich den Geist – und das ist dann immer ihr eigener Geist – über das geschriebene Wort. »Nam satis acre mihi bellum isto anno fuit et adhuc est cum istis Phanaticis, qui scripturas suo spiritui subiiciunt interpretandas, quo nomine et Papam hactenus insectatus sum, in cuius regno hac voce nihil vulgatius aut receptius est, Scripturas esse obscuras et ambiguas, oportere spiritum interpretem ex sede Apostolica Romae petere, cum nihil perniciosius dici possit, quod hinc homines impii sese supra Scripturas extulerint et ex ipsa fecerint, quicquid collibitum fuit« (De servo arbitrio, 1525, WA 18,653). Das kirchliche Lehramt wie die private Behauptung individueller Erleuchtung treten mit dem Anspruch auf, über die Schrift hinaus direkte Offenbarungsquelle zu sein, und verfallen damit in Luthers Augen einer gefährlichen Illusion. Demgegenüber betont er je länger je mehr, daß der Geist an das Wort gebunden ist und durch das Wort wirkt. »Das Wort ist Werkzeug des Geistes oder: der Geist wird im Wort, durch das Wort oder mit ihm gegeben. Die Ausdrücke für das Verhältnis zwischen dem Geist und seinen Werkzeugen variieren nahezu unbegrenzt. Aber eben diese große Mannigfaltigkeit der Formeln, durch die Luther die Verbindung des Geistes mit dem Wort (und dem Sakrament) ausdrückt, zeigt bereits mit aller Deutlichkeit, daß er sich diese Verbindung nicht als ein inneres metaphysisches Band vorstellt« (R. Prenter, Spiritus creator. Studien zu Luthers Theologie, 1954, 254f). Der Geist wirkt durch das Wort, aber die Kraft dieser Wirkung beruht nicht auf einer anthropologischen Gesetzmäßigkeit und führt deshalb auch nicht in den Mechanismus einer neuen religiösen Heilsgarantie, sondern bleibt angewiesen auf die Aktualisierung der Zusage Gottes.

Für den Gottesdienst bedeutet das, daß Luther auch gegenüber den Schwärmern an der Zentralstellung des äußeren Wortes der Predigt festhält. »Diesen spruch mercket wohl wider die Widderteuffer und Rottengeister oder schendtliche lesterer des mundlichen worts / die dohin arbeiten / der Geist und Glaube sej inwendig / drumb mus es das geistliche wortt thun / das / wen got nicht trostet / so sej das eusserliche wortt nichts / wie den der Bapst auch furgeben hat / und schneiden uns die leibliche stimme oder das leibliche wortt von unsern ohren / sagen/ die Predigt sej nur ein arm geschrej auff der Cantzel« (Die achte predigt / uber das siebendt / Capittel Ioannis, WA 33,437). Die

Predigt selbst aber kann dann auf keinen Fall dazu dienen, die eigenen Ideen oder frommen Gefühle des Predigers auszubreiten, sondern ist streng als Auslegung der Schrift zu vollziehen, bei Luther meist auch formal konsequent in der Gestalt der Homilie (vgl. G. Ebeling, Evangelische Evangelienauslegung. Eine Untersuchung zu Luthers Hermeneutik, ²1962, 469ff). Diese Bindung an die Schrift soll in Luthers Verständnis die christliche Freiheit nicht einschränken, sondern gegen die gesetzliche Willkür modischer Geistesblitze verteidigen helfen. Dabei geht Luther in seiner Treue zur Tradition so weit, daß er trotz erheblicher Vorbehalte vor allem gegen die Epistel-Lektionen die überlieferte Perikopenordnung beibehält.

2.2.3

Luthers Gottesdienstverständnis ist *antisubjektivistisch*. Die Vollmacht zum Vollzug von Predigt und Gottesdienst wird zwar nicht durch eine besondere Weihehandlung vermittelt – Luther lehnt also die katholische Priesteranschauung weiterhin ab. Aber gegenüber den Schwärmern betont er, daß diese Vollmacht gebunden ist an die ordentliche öffentliche Berufung. »Also mus ein prediger erstlich gewiss sein / nicht allein / das ehr Gottes wort hab / sondern das ehr auch das ampt hab / Den dohehr kompt sonst alles ungluck / das man die zwej stuck als ampt und wortt itzt ubertritt und uberhinlauffet / und das sihet man itzt wohl an den Schwermern / die kommen von sich selbst / niemandts hat sie gebeten / schmeissen umb sich / schleichen herein und sagen / sie seind beruffen vom heiligen geist / Ja vom Teuffel / Ich will keinen prediger alhier leiden im ampt / ob ehr schön wunderzeichen thette / ehr sej dan gewiss / das ehr eine gewisse lehre und wort und ein gewiss ampt hab / das ehr wisse / ehr sej gesanth« (Die dritte Predigt uber das siebende Capittel Ioannis, WA 33, 359). Indem so der Vollzug des Gottesdienstes an die Berufung ins Amt gebunden wird, bleibt die Gemeinde sicher vor subjektivistischer Willkür geschützt. Auf der anderen Seite erhält das entstehende Landeskirchentum auf diese Weise die Möglichkeit, die Amtsträger bei Ordination und Visitation hinsichtlich ihrer theologischen Rechtgläubigkeit wie politischen Zuverlässigkeit zu kontrollieren. Unabhängig davon hat die Betonung des Amtes bei Luther aber auch die Funktion der seelsorgerlichen Vergewisserung. Die Amtlichkeit der Verkündigung soll die Glaubwürdigkeit ihres Inhaltes, vor allem der Sündenvergebung, stützen. Der Antisubjektivismus dient in dieser Hinsicht also einer evangelischen Intention.

Deshalb hat H. Østergaard-Nielsen in diesem Zusammenhang unterstrichen, daß das Amt für Luther die personale Relevanz und aktuelle Lebendigkeit des Wortes repräsentiert. »Durch das Amt hört der einzelne das lebendige Wort, das zu ihm gesprochene Wort, weil der Redende hier nicht ›das anonyme Subjekt‹ ist, sondern ein Mensch, mit dem der Angeredete in verantwortlicher Gemeinschaft verbunden ist« (H. Østergaard-Nielsen, Scriptura sacra et viva vox. Eine Lutherstudie, 1957, 195). Für Luther hat die ständische Ordnung seiner Gesellschaft auch jenseits des kirchlichen Raumes theologische Qualität. »Darumb so du wilt Gottes wort hoeren / so hoere / was dein Vatter unnd Mutter / dein Prediger oder Pfarrherr unnd letzlich auch dein Fuerst / Burgermeyster und Richter dir sagt / Wenn du dieselben hoerest / so hoerest du Gott / On wenn sie jr Ambt mißbrauchen unnd wider Gottes wort etwas heyssen unnd gebieten wolten / da soll mans nicht hoeren« (Hauspostille, 1544, WA 52, 454). Für die Gemeinde ergibt sich daraus die Verpflichtung zum ständigen Gottesdienstbesuch beim jeweiligen amtlich verordneten Pastor loci. »Weyl denn die prediger das ampt / namen und ehre haben / das sie Gottes mithelffer sind / soll niemand so gelert odder so heylig seyn / der die aller geringste predige verseumen odder verachten wollte / syntemal er nicht weys / wilche zeyt das stuendlein komen werde / darynn Gott seyn werck an yhm thu durch die prediger« (Fastenpostille, 1525, WA 17/II, 179).

Daß Luthers Amtstheologie auch in liturgischer Hinsicht eine Reihe von Fragen provoziert, liegt gerade für die Gegenwart auf der Hand. Zu klären bleibt das Verhältnis von Amt und allgemeinem Priestertum (vgl. R. Prenter, Die göttliche Einsetzung des Predigtamtes und das allgemeine Priestertum bei Luther, ThLZ 86, 1961, Sp. 321ff). Umstritten bleibt das Verständnis von Ordination (vgl. E. Wolf, Zur Frage der Ordination, in: F. Viering (Hg.), Gemeinde – Amt – Ordination, 1970, 63ff) und Visitation (vgl. M. Josuttis, Visitation und Kommunikation, WPKG 64, 1975, 43ff). Zu prüfen ist schließlich, ob das der Gemeinde vorgeordnete Predigtamt mit dem von der Kirche organisierten Pfarramt identifiziert werden muß (vgl. D. Bonhoeffer, Finkenwalder Homiletik, Gesammelte Schriften IV, 1965, 247ff).

2.3
Zur Beurteilung

Luthers theologische Prinzipien wie praktische Vorschläge sind für die liturgische Entwicklung im deutschen Protestantismus maßgeblich geworden. Schon die fast gleichzeitigen Reform-Entwürfe stehen weitgehend unter seinem Einfluß (vgl. P. Brunner, Die Wormser deutsche Messe, in: Kosmos und Ecclesia, Festschrift W. Stählin, 1953, 106ff; W. Schmidt, Die Bremer Evangelische Messe 1525, in: Hospitium Ecclesiae, Forschungen zur Bremer Kirchengeschichte I, 1954, 52ff; B. Klaus, Die Nürnberger Deutsche Messe 1524, JLH 1, 1955, 1ff). Die lutherischen Kirchenordnungen des 16. Jahrhunderts folgen dann entweder im Anschluß an Bugenhagen der »Deutschen Messe«, indem sie das Herrengebet vor die Einsetzungsworte plazieren; oder sie sind, wie als erste die Brandenburg-Nürnberger-Kirchenordnung, stärker der »Formula Missae« verpflichtet und lassen das ›Unser Vater‹ vor der Austeilung stehen; daneben hat sich, besonders im süddeutschen Raum, ein Predigtgottesdienst herausgebildet, der seine Gestalt weniger reformiertem Einfluß als der spätmittelalterlichen Pronaus verdankt.

Luthers Autorität als Liturgiker wirkt auch in späteren Jahrhunderten nach. So beruft sich der Pietismus bei seiner Betonung des Priestertums aller Gläubigen auch auf ihn (vgl. M. Schmidt, Wiedergeburt und neuer Mensch. Gesammelte Studien zur Geschichte des Pietismus, 1969, 145ff, 165ff). Die Liturgie der Aufklärungszeit gründet ihre Kritik an der Tradition und ihr Bemühen um eine zeitgemäße Gestaltung auch mit seinen theologischen Zielen (vgl. P. Graff, Geschichte der Auflösung der alten gottesdienstlichen Formen in der evangelischen Kirche Deutschlands, Bd II, 1939, 34f; sowie O. Jordahn, G.-F. Seiler – Der Liturgiker der deutschen Aufklärung, JLH 14, 1969, 45ff). Ebenso versuchen die restaurativen Tendenzen des 19. Jahrhunderts selbst da, wo sie zur frühmittelalterlichen Messe zurückkehren wollen, sich der Zustimmung des Reformators zu versichern (vgl. H. Kreßel, Die Liturgik der Erlanger Theologie. Ihre Geschichte und ihre Grundsätze, ²1948, 81ff). Und noch die derzeit gültigen Agenden der VELKD, in der Nachkriegszeit eingeführt, sind um die Rezeption des Lutherschen Erbes bemüht (vgl. E. Hertzsch, Luthers Theologie des Gottesdienstes und die ›Lutherische Agende‹ Bd I, ThLZ 89, 1964, Sp. 802ff).

Luther hat den Gottesdienst im Rahmen der Rechtfertigungslehre interpretiert, und das bedeutet für ihn: jenseits der Alternative zwischen »religiösem Aberglauben« und »religiöser Schwärmerei«. Der Gottesdienst ist nicht Werk des Menschen, weil weder die religiöse Institution die Gnade Gottes kraft der magisch wirkenden Weiheworte herbeizaubern noch das religiöse Individuum sich auf göttliche Geisterleuchtung berufen kann.

Im Zentrum des Gottesdienstes steht die Anrede Gottes an den Menschen, die durch die Auslegung der Heiligen Schrift und die Austeilung der Sakramente erfolgt und die auf den Glauben zielt, indem sie ihn schafft. Die aktuelle Frage ist: Inwiefern ist diese Überwindung der Kantischen Alternative durch Luther in der Gegenwart verständlich zu machen? Was impliziert die Rechtfertigungslehre im Blick auf die Ritualität des Menschen?

Anthropologisch gesehen soll der Gottesdienst jene Ursituation wiederholen, die die Basis für die künftige Identitätsbildung legt. Der Mensch erhält sein Leben nicht nur biologisch von außen, sondern empfängt sich selbst durch den Namen, bei dem das Wort der Eltern ihn ruft (verbum externum). Bevor er selbst etwas zu leisten vermag, ist er durch ihre Zuwendung und Liebe als Person akzeptiert (iustitia passiva). Gegen die Übermacht ihrer Autorität hat der Mensch keine freie Willensentscheidung (de servo arbitrio) und fühlt er sich mit jedem Aufbegehren von Grund auf schuldig (peccatum originale). Aber andererseits schenkt sich ihm die Mutter in Essen und Trinken ganz (Realpräsenz) und kann er auf die Erfahrung der Gnade nur mit Bitte und Dank reagieren (Gebet und Lobgesang). Die Rechtfertigungslehre versteht den Gottesdienst als Wiederholung jener Welterfahrung, die der Mensch in der frühesten Kindheit macht und die ihn auch im Erwachsenen-Dasein begleitet. Insofern die Religion überhaupt die symbolische Verarbeitung früh-kindlicher Erfahrungen im Erwachsenenalter darstellt, ist die Rechtfertigungslehre als die reinste Ausprägung von Religion zu bezeichnen. Auf der anderen Seite lassen sich Sinn und Notwendigkeit des religiösen Rituals auch in der Interpretation durch die Rechtfertigungslehre nur behaupten, wenn es zu zeigen gelingt, daß es dabei nicht einfach um die unfruchtbare Repetition psychischer und sozialer Zwänge geht, sondern um eine symbolische Interaktion, die der Tatsache Rechnung trägt, daß auch der erwachsene Mensch jemand bleibt, der einmal Kind gewesen ist (Ansätze dazu in: Y. Spiegel (Hg.), Erinnern – Wiederholen – Durcharbeiten. Zur Sozialpsychologie des Gottesdienstes, 1972). Recht verstanden ist jeder Gottesdienst Kinder-Gottesdienst.

Luther hat also aus dem liturgischen Zentrum religiöser Praxis das Leistungsprinzip verbannt. Das Opfer Christi ist am Kreuz einmal geschehen und braucht deshalb im Gottesdienst nicht wiederholt zu werden. Der protestantische Stolz über diese Entdeckung muß sich freilich einige Fragen gefallen lassen, die ihre geschichtlich-gesellschaftlichen Konsequenzen betreffen. Ist es purer Zufall, daß ausgerechnet in jenem Kulturkreis, den dieses Erbe geprägt hat, das Leistungsprinzp in Wirtschaft und Gesellschaft, in Wissenschaft und Sport auf bisher einmalige Weise wirksam geworden ist? Liegt ein Mißverständnis oder ein Mißbrauch der Rechtfertigungslehre vor, wenn ausgerechnet in der westlich-protestantischen Welt die Gerechtigkeit nach den Werken von Arbeit und Geld zur objektiv notwendigen Lebensmaxime wurde? Oder ist diese Entwicklung mindestens zu einem Teil auch zwangsläufige Folge des reformatorischen Erbes, hypothetisch etwa so zu formulieren: Wenn der Mensch nicht mehr Gelegenheit hat, sein Opferbedürfnis in der Religion zu agieren, hat er dann eine andere Wahl, als es in Welt und Gesellschaft gegen sich selber zu kehren?

Daß gerade der protestantische Gottesdienst den partiell regressiven Charakter der liturgischen Situation auch in anderer Hinsicht auf eine fragwürdige Weise repräsentiert, hängt sicher auch mit Entscheidungen Luthers zusammen. Die Konzentration auf das

Wort, einerseits sinnvoll, um die überlieferten verbalen und nonverbalen Symbole ins Bewußtsein zu heben und damit für die Lebenspraxis fruchtbar zu machen, hat andererseits vor allem in der nachreformatorischen Zeit fast alle symbolischen Handlungen eliminiert und damit dem Gottesdienst viele spielerische Aspekte genommen. Die kirchenjuristische Fixierung der Agenden, im Rahmen der kirchlichen Neuorganisation verständlich, hat die Variabilität und Spontaneität der Teilnehmer eingeschränkt mit der Folge, daß besonders die Gemeindeglieder im Gottesdienst zur totalen Passivität verurteilt sind. Die Privilegierung des Amtsträgers und die angstbedingte Abwehr der Laien, in der Sorge um das Konservieren der evangelischen Lehrtradition begründet, verhindern bis heute, daß es im Gottesdienst zu einem tiefreichenden Austragen von Emotionen kommt. Natürlich sind Rezeptivität und Passivität, Konzentration auf das Wort und Wiederholung von Ordnung sinnvolle Bestandteile liturgischer Praxis. Aber das Ausschalten von Kreativität und Expressivität verändert nicht nur mögliche Lerneffekte, sondern schränkt den potentiellen Teilnehmerkreis auf solche Besucher ein, die auch in dieser genormten Situation Angstreduktion und Sinnstiftung erleben.

Man kann die Problematik des Gottesdienstes im Gefolge der Reformation auch theologisch beschreiben. Luther hat immer behauptet, daß das Evangelium dem Menschen ein freies Leben im gottesdienstlichen Alltag der Welt eröffnet. Aber der Zuspruch der Freiheit soll vermittelt werden im Medium eines Rituals, das in der Beschränkung der interaktionalen und emotionalen Vollzugsmöglichkeiten seinerseits durch extreme Normierung strukturiert wird. Es ist dem Protestantismus, auch wegen der gegebenen historischen Ausgangskonstellation in der Spannung zwischen Rom und den Schwärmern, bisher nicht gelungen, die Freiheit des Evangeliums in liturgischer Praxis zu realisieren. Gerade Luthers Insistieren auf dem evangelischen Inhalt des Wortes hat zu einer Vernachlässigung der Formproblematik geführt und damit eine Entwicklung erleichtert, die die liturgische Ordnung entweder als zwanghafte Einschränkung spielerischer, spontaner, auch emanzipatorischer Antriebe ablehnen oder als Verstärkung auch gesellschaftlich verursachter Passivität wirken läßt. Luthers Größe als Theologe der Liturgie besteht zweifellos darin, daß es ihm mit Hilfe der Rechtfertigungslehre gelungen ist, den anthropologischen Sinn des religiösen Rituals, »die Erfahrung gegenwärtigen Heils« (E.H. Erikson), freizulegen. Seine Grenzen werden wohl darin sichtbar, daß er in verständlicher Abwehr von Magie und Schwärmerei nicht zu verhindern vermochte, daß das lebendige Ritual zu einem toten Zeremoniell erstarren konnte. Eben dieser Erstarrungsprozeß hat dann wiederum dazu geführt, daß auch im Protestantismus der Vollzug der liturgischen Handlung mit superstitiösen Anschauungen von Zwang und Angst besetzt werden konnte, die Kants Kritik bis heute als nicht unberechtigt erscheinen lassen.

3
Vertiefung
Fragen zur Weiterarbeit

1.   Inwiefern unterscheiden sich Luthers Entwürfe zur Gottesdienstreform hinsichtlich der theologischen Grundlagen und praktischen Konsequenzen von gleichzeitigen

Vorschlägen zur Veränderung der Meßordnung (vgl. A. Niebergall, Art. Agende, TRE 1, 777ff, und 2, 1ff)?

2. Inwieweit sind die theologischen Prinzipien der Rechtfertigungslehre, die Luther bei der Gestaltung des Gottesdienstes zur Geltung bringen will, auch Ausdruck einer Veränderung im zeitgenössischen Bewußtsein, das im Prozeß der neuzeitlichen Zivilisation das Lebenszentrum des Menschen aus dem Verhaltens- in den Einstellungsbereich verlagert (vgl. E.H. Erikson, Der junge Mann Luther. Eine psychoanalytische und historische Studie, 1958, und N. Elias, Über den Prozeß der Zivilisation. Soziogenetische und psychogenetische Untersuchungen, 2 Bände, suhrkamp taschenbuch wissenschaft 158/159, 1978)?

3. Inwieweit können die theologischen Prinzipien Luthers als adäquate Kriterien zur Beurteilung neuerer Gottesdienst-Experimente herangezogen werden (vgl. etwa D. Sölle/F. Steffensky [Hg.], Politisches Nachtgebet in Köln, 2 Bde, o.J. [1969], und: Arbeitskreis für Gottesdienst und Kommunikation [Hg.], Liturgische Nacht. Ein Werkbuch, 1974)?

Literatur

U. Altmann, Hilfsbuch zur Geschichte des christlichen Kultus, Heft 3, 1947

J. Beckmann, Quellen zur Geschichte des christlichen Gottesdienstes, 1956, 121ff

A. Boës, Die reformatorischen Gottesdienste in der Wittenberger Pfarrkirche von 1523 an, JLH 4, 1958/59, 1ff, und 6, 1961, 49ff

P. Brunner, Die Wormser Deutsche Messe, in: Hospitium Ecclesiae, Forschungen zur Bremer Kirchengeschichte I, 1954, 52ff

G. Ebeling, Evangelische Evangelienauslegung. Eine Untersuchung zu Luthers Hermeneutik, [2]1962

E.H. Erikson, Der junge Mann Luther. Eine psychoanalytische und historische Studie, 1958

P. Graff, Geschichte der Auflösung der alten gottesdienstlichen Formen in der evangelischen Kirche Deutschlands, Bd 2, 1939

G. Harbsmeier, Daß wir die Predigt und sein Wort nicht verachten. Eine Aufsatzsammlung zur Theologie und Gestalt des Gottesdienstes, 1958

W. Herbst, Quellen zur Geschichte des christlichen Gottesdienstes, 1956, 121ff

E. Hertzsch, Luthers Theologie des Gottesdienstes und die ›Lutherische Agende‹ Bd I, ThLZ 89, 1964, Sp. 802ff

E. Iserloh, Der Kampf um die Messe in den ersten Jahren der Auseinandersetzung mit Luther, 1952

H. Kreßel, Die Liturgik der Erlanger Theologie. Ihre Geschichte und ihre Grundsätze, [2]1948, 81ff

B. Lohse (Hg.), Der Durchbruch der reformatorischen Erkenntnis bei Luther, 1968

M. Luther, De captivitate Babylonica ecclesiae praeludium, WA 6,484–496

ders., Ein Sermon von dem Neuen Testament, d.i. von der Heiligen Messe, WA 6,349–352

ders., Von ordenung gottis diensts ynn der gemeyne, WA 12,35–37

ders., Formula Missae et Communionis, WA 12,205–220

ders., Deutsche Messe, WA 19,72–113

H.B. Meyer SJ, Luther und die Messe. Eine liturgiewissenschaftliche Untersuchung über das Verhältnis Luthers zum Meßwesen des späten Mittelalters, 1965

A. Niebergall, Art. Agende, TRE, Bd 1, 1977, 755ff, und 2,1ff

H. Østergaard-Nielsen, Scriptura sacra et viva vox. Eine Luther-Studie, 1957

R. Prenter, Die göttliche Einsetzung des Predigtamtes und das allgemeine Priestertum bei Luther, ThLZ 86, 1961, Sp. 321ff

ders., Spiritus creator. Studien zu Luthers Theologie, 1954

Y. Spiegel (Hg.), Erinnern – Wiederholen – Durcharbeiten. Zur Sozialpsychologie des Gottesdienstes, 1972

V. Vajta, Die Theologie des Gottesdienstes bei Luther, [2]1954

§ 5
Der Gottesdienst als Ritual (M.J.)

1
Einführung

Man kann die Liturgik historisch ansetzen und die aktuellen Probleme des Gottesdienstes unter dem Gesichtspunkt seiner Entwicklung entfalten. Man kann im Rahmen einer dogmatischen Theorie das »Wesen« des Gottesdienstes darlegen und auf dieser Basis Prinzipien für seine Gestaltung begründen. Man kann schließlich auch die empirischen Sozialwissenschaften befragen, welchen Beitrag sie für das Verständnis des Gottesdienstes zu liefern vermögen, und von da aus eine theologische Theorie des Gottesdienstes zu entwerfen versuchen. Der dritte Weg soll im folgenden ansatzweise beschritten werden, und zwar aus verschiedenen Gründen. Auf der einen Seite ist die Praktische Theologie auch an diesem Punkt bisher vorwiegend historisch und dogmatisch orientiert gewesen. Und auf der anderen Seite kann man die Entstehung und die Bestimmung des Gottesdienstes nicht verstehen, wenn man die empirischen Aspekte unberücksichtigt läßt. Vor allem aber zwingt das verbreitete Desinteresse am Gottesdienst, wie es sich in der Besucherstatistik, aber auch in der Skepsis mancher Theologen ausdrückt, zu der Frage, welche anthropologische Dimension mit dem Phänomen Gottesdienst zur Debatte steht.

Die grundlegende Voraussetzung für die folgenden Ausführungen ist der Satz: Der Gottesdienst ist ein Ritual. Wer diesen Satz interpretieren und dabei eine theologische Lehre vom Gottesdienst entwerfen will, wird sich demgemäß mit außertheologischen Ritual-Theorien beschäftigen müssen. Aus dem umfangreichen Material, das in Tiefen- und Sozialpsychologie, in Soziologie und Verhaltensforschung zu diesem Begriff vorliegt, sollen hier drei Konzeptionen vorgestellt werden, die die verschiedenen Aspekte des Phänomens exemplarisch zu erhellen vermögen.

2
Entfaltung

2.1
Ritual und Zwangsneurose

Ein folgenreiches Neuverständnis des Rituals hat S. Freud mit seiner Schrift: »Zwangshandlungen und Religionsübungen« (Gesammelte Werke VII, [3]1955, 127ff) vorgelegt. Darin versucht er zu zeigen, daß es eine fundamentale Verwandtschaft zwischen dem pathologischen Zeremoniell eines Zwangsneurotikers und den Ritualen einer religiösen Gemeinschaft gibt. In der abschließenden Zusammenfassung formuliert er das wechselseitige Verhältnis so: Es sei »die Neurose als eine individuelle Religiosität, die Religion als eine universelle Zwangsneurose zu bezeichnen« (139).

2.1.1

Freud ist auf die Symptome des Zwangsneurotikers in der therapeutischen Praxis gestoßen und beschreibt dessen ritualisiertes Verhalten folgendermaßen: »Das neurotische Zeremoniell besteht in kleinen Verrichtungen, Zutaten, Einschränkungen, Anordnungen, die bei gewissen Handlungen des täglichen Lebens in immer gleicher oder gesetzmäßig abgeänderter Weise vollzogen werden« (130).

Als Beispiele für solche Zwangsrituale, die besonders häufig erscheinen, kann man etwa Wasch- und Reinigungshandlungen anführen, aber auch das umständliche, genau festgelegte Zeremoniell, das manche Menschen beim Aufstehen oder beim Zubettgehen einhalten müssen. Die Kleidung wird glatt gefaltet immer an demselben Platz abgelegt, die Schuhe müssen in einem bestimmten Winkel zum Fußende stehen, und erst, nachdem der Körper immer an derselben Stelle des Bettes dieselbe Lage eingenommen hat, kann der Betreffende allmählich zur Ruhe kommen. Viele solcher Zwangsrituale mögen zunächst als harmlose Marotten erscheinen; in manchen Fällen werden sie aber derart beschwerlich, daß sie die Beziehung zur sozialen Umwelt beeinträchtigen und sich der Kranke in ärztliche Behandlung begeben muß.

Freud führt verschiedene Kennzeichen für den pathologischen Charakter dieser Handlungen an. Zunächst verweist er auf »die besondere Gewissenhaftigkeit der Ausführung« (ebd.). Es scheint ein ungeschriebenes Gesetz zu geben, nach dem der Kranke die einzelnen Schritte der Handlung in perfekter Regelmäßigkeit wiederholen muß; auch die kleinsten Einzelheiten werden peinlich genau beachtet. Dahinter steht »die Angst bei der Unterlassung« (ebd.). Der Kranke kann es sich einfach nicht leisten, auch nur einen Teil im Element des gesamten Ablaufes zu übergehen oder zu modifizieren, weil das sofort Schuldgefühle bei ihm hervorruft. Schließlich verweist Freud auf die »Isolierung von allem anderen Tun« (131), das diese Verhaltensrituale charakterisiert. Sie vollziehen sich in der Privatsphäre des Individuums und stehen scheinbar in keinem Zusammenhang mit allen anderen Handlungen seiner alltäglichen Lebenspraxis.

2.1.2

Wenn man das Zeremoniell des Zwangsneurotikers mit den religiösen Ritualen vergleicht, kann man nach Freud leicht einsehen, daß die angeführten Kennzeichen der anankastischen Handlung auch für die Religionsübungen gelten. Auch religiöse Handlungen müssen äußerst gewissenhaft ausgeführt werden, indem etwa der Wortlaut bestimmter Texte auf keinen Fall verändert werden darf. Auch für religiöse Handlungen gilt, daß ihre Unterlassung bei einzelnen Individuen unter Umständen erhebliche Schuldängste auslöst. Und auch bei religiösen Handlungen ist eine »Isolierung von allem anderen Tun« anzutreffen; weder dürfen sie von außen gestört werden, noch leuchtet ihr Zusammenhang mit anderen Lebensvollzügen ohne weiteres ein.

Natürlich will Freud auch die Unterschiede nicht leugnen, die zwischen beiden Bereichen bestehen. Erstens gibt es bei den Zwangshandlungen eine »größere individuelle Mannigfaltigkeit« (ebd.). Während solche Zwangshandlungen sich in allen Lebensbereichen entwickeln können, ist das Aktionsrepertoire des religiösen Zeremoniells auf einige wenige Akte wie Gebete, Opfer, Bewegungen eingeschränkt. Zweitens spielt sich die Zwangshandlung im privaten Bereich eines Individuums ab; die Religion dagegen wird öffentlich und gemeinschaftlich praktiziert. Und drittens erscheinen die Einzelheiten der neurotischen Handlung häufig »läppisch und sinnlos« (132), während der symbolische Charakter der religiösen Zeremonie durchaus in die Augen springt. »Die Zwangsneurose liefert hier ein halb komisches, halb trauriges Zerrbild einer Privatreligion« (ebd.), und erst die analytische Therapie vermag die Entstehung und die symbolische Funktionalität der scheinbar sinnlosen Symptome aufzuhellen.

2.1.3

Was nun die Entstehung solcher Zwangshandlungen betrifft, so folgen auch sie durchaus einer Gesetzmäßigkeit, die dem Kranken freilich verborgen bleibt. Die psychoanalytische Therapie drückt das so aus, »daß die Zwangshandlung *unbewußten* Motiven und Vorstellungen zum Ausdruck diene« (135). Dabei rechnet Freud mit einer »Verkettung« (ebd.) solcher Motive. Zunächst steht der Leidende offensichtlich »unter der Herrschaft eines Schuldbewußtseins, von dem er allerdings nichts weiß« (ebd.), das ihn jedoch zur sorgfältigen Verrichtung seiner Handlungen zwingt. Dabei wehrt er zweitens eine permanente »Versuchung« ab, die sich für ihn mit einer Erwartungsangst vor dem Einbruch von Unheil paart, so daß das Zeremoniell zur »Abwehr- oder Versicherungshandlung« (136) wird. Fragt man nach den Hintergründen für Schuldbewußtsein und Erwartungsangst, stößt man in der Regel auf »die Verdrängung einer Triebregung«, meist sexueller Natur (ebd.). Auf dieser Basis ist das Zwangsritual dann als Kompromiß zu verstehen, als Kompromiß, der teils der Abwehr der Versuchung, teils zum Schutz gegen das erwartete Unheil, teils aber auch zur freilich modifizierten Erfüllung der unterdrückten Triebregungen dient.

Hinter der Zwangsneurose steht also für Freud in der Regel ein Triebverzicht, was die Neurose wiederum mit der Religion verbinde. »Auch der Religionsbildung scheint die Unterdrückung, der Verzicht auf gewisse Triebregungen zugrunde zu liegen; es sind aber nicht wie bei der Neurose ausschließlich sexuelle Komponenten, sondern eigensüchtige, sozialschädliche Triebe, denen übrigens ein sexueller Beitrag meist nicht versagt ist« (137).

2.1.4

Freuds Theorie kann erklären, warum religiöse Handlungen mit starken Emotionen besetzt sind. Sie kann darüber hinaus das Schuldbewußtsein verständlich machen, das ihre Unterlassung hervorruft. Sie kann die Genauigkeit begründen, mit der solche Handlungen wiederholt werden. Sie kann auch verständlich machen, warum Störungen der liturgischen Handlung als Bedrohung empfunden werden. Schließlich ist anzuführen, daß Freuds Theorie auch die soziale Bedeutung von Religion zu erfassen vermag. Religion ist notwendig, damit die Gesellschaft existieren kann, weil die Religion sozialschädliche, vor allem aggressive Ichregungen durch ihre Normen einschränkt und, wie er in seinen späteren religionskritischen Schriften ausführen wird, Triebe sublimiert. So heißt es z.B. in »Das Unbehagen in der Kultur«: »durch gewaltsame Fixierung eines psychischen Infantilismus und Einbeziehung in einen Massenwahn gelingt es der Religion, vielen Menschen die individuelle Neurose zu ersparen« (Ges. Werke XIV, 443f). Insofern ist für Freud die Religion und mit ihr das Ritual durchaus eine notwendige Durchgangsstufe in der Entwicklung der Menschheit. Aber eben nur eine Durchgangsstufe. Wie die individuelle Zwangsneurose zu heilen ist, damit das Individuum in erweiterter Freiheit zu leben lernt, so muß nach Freuds späteren Aussagen auch die Gesellschaft von ihrer kollektiven Zwangsneurose geheilt werden. Ob Vernunft und Wissenschaft dieses Ziel jemals erreichen werden, darüber denkt Freud eher skeptisch. Aber das Ziel steht für ihn fest: Religion und Ritual sind vorvernünftige, zum Teil sogar pathologische Lebensformen, die zu überwinden sind, weil sie, wie die Neurose selbst, nur illusionäre Scheinlösungen der dahinter stehenden Konflikte darstellen.

Freuds Ritualverständnis ausführlich kritisch zu diskutieren ist hier nicht der Ort. *Bedenken* sind auf der *tiefenpsychologischen* und auf der *theologischen* Ebene anzumelden. Auf der einen Seite ist die Frage zu stellen: Ist der Wiederholungscharakter des Rituals nur negativ, nur als Ausdruck eines inneren Zwangs zu interpretieren? Könnte er nicht auch als Ausdruck eines fundamentalen Bedürfnisses nach Regelmäßigkeit und Geordnetheit des menschlichen Lebens verstanden werden? Im Falle des Anankasten schränkt das Ritual den Handlungsspielraum des Individuums völlig ein. Enthält das Ritual nicht aber auch Aspekte, die Kommunikation mit der Umwelt und damit die Beförderung von Freiheit überhaupt erst ermöglichen? Muß also das Ritual immer zwanghaft sein? Und die theologische Grundfrage lautet: Muß Religion immer zwanghaft sein? Daß sie das überall und immer wieder auch im Christentum faktisch gewesen ist, darüber braucht man mit Freud nicht zu streiten. Aber wie steht es mit der Ritual- und Gesetzeskritik in der Religion selbst? Wenn die Propheten, wenn Jesus und Paulus die Heilserwartung in Frage stellen, die sich auf den rituellen Vollzug als solchen bezieht, geht es dann um die Überwindung von Religion oder um die Freilegung ihres wahren Wesens? (Vgl. J. Scharfenberg, Sigmund Freud und seine Religionskritik als Herausforderung an den christlichen Glauben, 1968, 140ff.)

2.2
Ritual und Urvertrauen

Ein anderes tiefenpsychologisch orientiertes Verständnis des Rituals und der menschlichen Fähigkeit zur Ritualisierung hat E.H. Erikson in seinem Aufsatz »Die Ontogenese der Ritualisierung« (Psyche 22, 1968, 481ff) entwickelt. Erikson nennt seine Methode »epigenetisch«. Während Freud sein Material durch klinische Beobachtungen gewonnen hat, stützt sich Erikson auf Ergebnisse der Verhaltensforschung und der Entwicklungspsychologie. Epigenetisch nennt er dabei »ein Vorgehen, das die einzelnen Stufen beschreibt, die für die Entwicklung des Individuums in seinem Lebenszyklus bestimmend sind, wobei jede Stufe auf allen vorhergehenden fußt« (481). Erikson will also die Entwicklungsgeschichte der Fähigkeit zur Ritualbildung und zum Ritualvollzug beim Individuum nachzeichnen. (Zur Stellung dieses Aufsatzes im Werk Eriksons vgl. R. Coles, E.H. Erikson. Leben und Werk, 1974, 310ff.)

2.2.1
Auch für sein Ritualverständnis gibt es eine Grundsituation, die alle wesentlichen Elemente enthält und gleichzeitig den Beginn der Ritualbildung darstellt. Das ist die Beziehung zwischen Mutter und Kind in der frühesten Säuglingszeit. Wenn die Mutter jeden Morgen ihr Baby begrüßt, dann entwickelt sich bald eine feste Folge von Anschauen, Lächeln und Streicheln, dann werden auch die Fütterungs- und Reinigungsakte bald in ein regelmäßiges Verhaltensmuster gefaßt. Im Blick auf diesen elementaren Vorgang, der zu jedem Menschenleben gehört, definiert Erikson, »daß ein Verhalten, das Ritualisierung genannt werden kann, aus einem in gegenseitigem Einverständnis stattfindenden Wechselspiel zwischen wenigstens zwei Personen besteht und von diesen in sinnvollen Intervallen und wiederkehrenden Kontexten wiederholt wird; und ferner, daß dieses Wechselspiel für das Ich beider Partner einen Anpassungswert besitzt« (482).

Eriksons Definition schließt mindestens drei wichtige Gesichtspunkte ein. Zunächst enthält die Ritualisierung ein »Wechselspiel zwischen wenigstens zwei Personen«; sie ist also eine Form interpersonaler Kommunikation und nicht etwa, wie bei Freud, der Privat-Tick eines einzelnen, der in der sozialen Isolation vollzogen wird. Weiter spielt sich die Ritualisierung »in sinnvollen Intervallen und wiederkehrenden Kontexten ab«; sie findet also nicht nur in regelmäßigen Abständen statt, sondern setzt, wenn sie der Kommunikation dienen soll, einen jeweils analogen situativen Kontext voraus, ist also, anders als bei Freud, gerade nicht ein Verhalten, dessen Zusammenhang mit anderen Verhaltensformen verborgen scheint. Und schließlich impliziert die Ritualisierung nach Erikson einen »Anpassungswert«; das Individuum erfährt also mit Hilfe der Ritualbildung eine Integration in seine soziale Umwelt. Auch darin liegt ein bedeutsamer Unterschied zu Freud, für den das Ritual des Zwangsneurotikers die Beziehung zur Umwelt im Extremfall blockiert. Nachdrücklich betont Erikson deshalb auch gleich zu Beginn, die Ritualisierung habe »keineswegs etwas mit Pathologie zu tun« (ebd.).

2.2.2

Erikson betrachtet die Ritualisierung »als eine Sonderform des normalen alltäglichen Verhaltens« (483). Ja, er vermutet sogar, »daß dem Menschen das Bedürfnis nach einer solchen regelmäßigen gegenseitigen Bestätigung und Sicherung angeboren ist« (484).

Die Ausbildung der Ritualisierung vollzieht sich im Lebenszyklus des Einzelmenschen in einer Folge von Etappen, die von der Säuglingszeit über frühe Kindheit, Spielalter, Schulalter, Adoleszenz bis in die Reifezeit führt und in der der heranwachsende Mensch das gegenseitige Erkennen, die Unterscheidung von Gut und Böse, den dramatischen Ausbau, die vorschriftsmäßige Leistung, die Solidarität der Überzeugung und die generationale Weihe erfährt. Entscheidend für Eriksons Meinung ist, daß in der frühesten Beziehung zwischen Mutter und Kind die Grundlage für alle späteren Ritualphänomene gelegt wird und daß der ontogenetischen Entwicklung institutionelle Formen wie Religion, Recht, Theater, Schule und Ideologie entsprechen. So kann er behaupten, »daß dieses beiderseitige Erkennen, das ja an die allerfrühesten Überlebensbedürfnisse geknüpft ist, die ontogenetische Wurzel eines die ganze menschliche Ritualisierung durchziehenden Elementes ist und sich bis in das echte Ritual hinein erstreckt« (ebd.).

Was sich bei einer nicht gestörten Beziehung zur Mutter in dieser Zeit bildet, ist das Urvertrauen. Erikson nennt es den »Eckstein der gesunden Persönlichkeit« und beschreibt es »als ein Gefühl des Sich-Verlassen-Dürfens . . ., und zwar in Bezug auf die Glaubwürdigkeit anderer wie die Zuverlässigkeit seiner selbst« (Identität und Lebenszyklus, suhrkamp taschenbuch wissenschaft 16, 1973, 62f). Indem das Kind die regelmäßige Zuwendung der Mutter erfährt, indem es seinen Namen hört und die Mutter erkennen lernt, bildet sich das Vertrauen, daß die Welt in Ordnung und daß das eigene Leben geborgen ist, ein Vertrauen, das für das Gelingen der weiteren Zukunft unbedingt notwendig ist. »So wird die erste, noch dämmernde bejahende Bestätigung ein Grundelement allen Rituals; ich möchte es das *numinose* Element, das Gefühl gegenwärtigen Heils nennen . . . Die emotionale Wirkung ist ein Gefühl transzendierter Trennung und zugleich ein Gefühl der Bestätigung als herausgehobenes Einzelwesen« (484).

2.2.3

Diese Ritualisierung, die sich im Lebenszyklus jedes Menschen entwickelt, erfüllt nach Erikson »mindestens vier lebenswichtige Funktionen« (488).
»Ritualisierung bindet Triebenergie in einem gemeinschaftlichen Tun, das gefährlich komplexe Vorgänge in eine überzeugende Einfachheit kleidet« (ebd.). Vorausgesetzt ist, daß Beziehungen zwischen Menschen immer ambivalent sind; »das, was geliebt und bewundert wird, ist ja zugleich bedrohlich« (485). Das Kind erlebt die Mutter nicht nur

als fürsorgliche, sondern auch als übermächtiges Wesen. Und die Mutter erlebt das Kind nicht nur als Bereicherung, sondern auch als Einschränkung ihrer Lebensmöglichkeit. Durch die Ritualisierung werden also aggressive Triebregungen kanalisiert; aber ebenso wird die mütterliche Fürsorglichkeit in die Bahnen vorgeformter Verhaltensmuster gelenkt.

»Die Ritualisierung erlaubt der Mutter, ›sie selbst‹ und zugleich gehorsame Vertreterin eines Gruppenethos zu sein; sie schützt sie dadurch vor der Gefahr triebhafter Willkür und der Belastung durch unzählige Einzelentscheidungen« (489). Mit diesem Satz verweist Erikson auf zwei wichtige Aufgaben der Ritualisierung. Auf der einen Seite trägt sie zur Integration bei, indem sie dem einzelnen hilft, eine soziale Rolle zu übernehmen; und auf der anderen Seite befreit das Ritual den Menschen dadurch, daß es festgelegt ist, vom Zwang zur Originalität und zur permanenten Entscheidung, ein Gesichtspunkt, den besonders H. Gehlen herausgearbeitet hat (H. Gehlen, Urmensch und Spätkultur. Philosophische Ergebnisse und Aussagen, ²1964).

Ebenso legt »die Ritualisierung auch den Grundstein für eine dauernde, wechselseitige Identifizierung zwischen dem Erwachsenen und dem Kind von Generation zu Generation« (489). Auch damit spricht Erikson eine Integrationsleistung an, und zwar in doppelter Hinsicht. Zunächst bestätigen Mutter und Kind sich wechselseitig in ihrer Rolle und stützen auf diese Weise beiderseits ihre Identität. Zugleich aber wird dadurch das Rollensystem an die kommende Generation weitergegeben; denn die Mutter ist selber einmal ein Kind gewesen, und das Kind seinerseits wird später einmal in vielen Fällen selber die elterlichen Verhaltensmuster praktizieren.

»So hat die Ritualisierung auch einen ersten Schritt vorgezeichnet für die allmähliche Entwicklung einer unabhängigen Identität, die in der Adoleszenz durch die verschiedenen Riten der ›Konfirmation‹, eine Art ›zweiter Geburt‹, besiegelt wird« (ebd.). Ohne die permanente Bestätigung durch eine feste Bezugsperson fehlt dem Menschen, wie das Beispiel der hospitalisierten Kinder zeigt, die entscheidende Voraussetzung für die Ausbildung einer tragfähigen Identität. »Diese Bestätigung bleibt eine Funktion des Numinosen, entweder vorwiegend wie im religiösen Ritus oder als Nebenwirkung in allen Ritualen« (486).

2.2.4

Die Ritualität und auch die Religiosität menschlichen Daseins werden bei Erikson aus der normalen Entwicklung jedes Individuums abgeleitet. Sie sind also keine pathologischen, deformierten Lebensformen menschlicher Existenz, sondern für das Leben des Menschen so notwendig wie die Mutter-Kind-Beziehung überhaupt. Mit diesem Ansatz hat Erikson sicher einen Aspekt menschlicher Ritualität aufgedeckt, der bei Freud zu Unrecht nicht berücksichtigt worden ist. Dennoch wird sich gerade der Theologe vor Mißverständnissen hüten müssen, vor allem was die Begründung der Notwendigkeit von Religion betrifft (vgl. E. Klessmann, Identität und Glaube, 1980). Einerseits wird man durchaus fragen müssen, ob eine gelungene Sozialisation, die zu einem gesunden Urvertrauen geführt hat, nicht die institutionalisierte Religion schlechthin überflüssig macht. Und andererseits wird man sich klarmachen müssen, daß die institutionalisierte Form des Urvertrauens sich nicht auf die Religion im eigentlichen Sinn des Wortes beschränkt, sondern sich auch in anderen ideologischen Systemen weltanschaulicher, wis-

senschaftlicher, politischer Art niederschlägt (vgl. E.H. Erikson, Der junge Mann Luther. Eine psychoanalytische und historische Studie, 1958, 22f).
Bedenken gegenüber Eriksons Theorie müssen vor allem die Behauptung ihrer universalen Gültigkeit treffen. Das Entwicklungsschema, mit dem er arbeitet, ist dem westlichen Kulturkreis entnommen und in seiner Geltung auf diesen beschränkt, wie etwa die Untersuchungen von M. Mead zur Pubertätskrise gezeigt haben (M. Mead, Jugend und Sexualität in primitiven Gesellschaften, 3 Bde, dtv 4032 – 4034, 1970; in Kindheit und Gesellschaft, ³1968, 107ff, hat Erikson sein Schema auch nur teilweise für die Analyse zweier Indianerstämme heranziehen können). Ebenso erinnert die Verkoppelung von Vertrauen, Religiosität und Identität eindeutig an das Erbe der christlichen Tradition. Schließlich sind seine Ausführungen vor allem an einem Punkt weiterer Klärung bedürftig. Auch Erikson, der der Ritualisierung viele positive Funktionen für die Identitätsbildung zuschreibt, rechnet mit einem »Verfall«, einer »Pervertierung« (493) und der »Gefahr einer übermäßigen Formalisierung« (496) von Ritualen. Die Frage, auf die er nicht breit genug eingeht, ist: Was sind die Kriterien der Unterscheidung zwischen echten und entleerten Ritualen? Und: Wie ist die Deformation von Ritualen zu erklären? Ist sie dem Individuum anzulasten, oder geht sie auch auf gesellschaftlichen Einfluß zurück? Weiter: Ist das Ritual an sich positiv zu bewerten, auch wenn es in Ausnahmefällen eine Pervertierung erfährt? Oder ist es als ambivalent zu bezeichnen, so daß die positiven wie die negativen Phänomene in gleicher Weise zu seinem Wesen gehören? Und schließlich: Wie ist die Integrations- und Anpassungsleistung des Rituals einzuschätzen? Wie sind, wenn das Ritual selbst zur Konsistenz von sozialen Systemen beiträgt, die Veränderung und die Neuschöpfung von Ritualen, mit denen auch Erikson rechnet (500), verständlich zu machen? (Vgl. auch sein Buch »Kinderspiel und politische Phantasie, 1978.)

2.3
Ritual und Interaktion

Als drittes Beispiel für eine sozialwissenschaftliche Ritualtheorie ziehen wir die Untersuchung des amerikanischen Soziologen E. Goffman über »Interaktionsrituale« (1971) heran. Er vertritt darin, wie er im Vorwort feststellt, eine »Soziologie der Gelegenheiten« und setzt voraus, »daß der eigentliche Gegenstand der Interaktion nicht das Individuum und seine Psychologie ist, sondern eher die syntaktischen Beziehungen zwischen den Handlungen verschiedener gleichzeitig anwesender Personen« (8). Er will also die sozialen Situationen, in denen Menschen sich zusammenfinden, beschreiben und Verhaltensregeln, die dabei maßgeblich werden, verstehen.

2.3.1
Eine typische Situation, die Goffman immer wieder heranzieht, ist das Begrüßungszeremoniell zwischen zwei Menschen.

Sie gehen aufeinander zu und teilen durch Blicke, Gesten und Worte einander mit, daß sie sich gegenseitig kennen und schätzen. Der Sinn einer solchen Interaktion erschließt sich der methodischen Nachfrage besonders dann, wenn irgendwelche Störfaktoren ins Spiel treten. Warum ist es z.B. peinlich, wenn der eine den Namen des anderen vergessen hat? Oder warum ist es unter bestimmten Umständen so schwierig, dem anderen klarzumachen, daß ich mich sofort wieder verabschieden muß? Offensichtlich geht es bei der Begrüßung zwischen zwei Menschen um mehr als um den Vollzug eines bloßen Höflichkeitszeremoniells.

Goffman bezeichnet solche alltäglichen Gelegenheitsszenen als Ritual. Dabei arbeitet er mit folgender Definition: »Ein Ritual ist eine mechanische, konventionalisierte Handlung, durch die ein Individuum seinen Respekt und seine Ehrerbietung für ein Objekt von höchstem Wert gegenüber diesem Objekt oder seinem Stellvertreter bezeugt« (E. Goffman, Der bestätigende Austausch, in: M. Auwärter/E. Kirsch/K. Schröter [Hg.], Seminar: Kommunikation, Interaktion, Identität, suhrkamp taschenbuch wissenschaft 156, 1976, 35). Die Verwendung dieses ursprünglich in der Religionssoziologie beheimateten Begriffs begründet er folgendermaßen: »In der heutigen Gesellschaft sind überall Rituale gegenüber Repräsentanten übernatürlicher Entitäten ebenso im Niedergang begriffen wie extensive zeremonielle Agenden, die lange Ketten obligatorischer Riten implizieren. Übrig geblieben sind kurze, von einem Individuum gegenüber einem anderen vollzogene Rituale, die Höflichkeit und wohlmeinende Absicht auf seiten des Ausführenden und die Existenz eines kleinen geheiligten Patrimoniums auf seiten des Empfängers bezeugen. Kurz, was bleibt, sind interpersonelle Rituale« (ebd.).

2.3.2
Anders als Freud und Erikson ist Goffman an der Erklärung der Entstehung solcher interpersonellen Rituale nicht interessiert. Aber um seine weiteren Aussagen über ihre Funktion für die Identitätsbildung des Individuums in ihrer Tragweite abschätzen zu können, ist es notwendig, den theoretischen Rahmen zu kennen, den Goffman seinem Identitätsverständnis zugrunde legt. Es ist die Identitätstheorie der amerikanischen Interaktionssoziologie, wie sie zuerst von G.H. Mead entworfen worden ist (vgl. G.H. Mead, Geist, Identität und Gesellschaft, suhrkamp taschenbuch wissenschaft 28, 1975, sowie K. Raiser, Identität und Sozialität, 1971).
Grundlegend für diese Identitätstheorie ist die Unterscheidung zwischen I und Me, deren wechselseitige Verknüpfung erst das eigentliche Selbst des Menschen ergibt.

Dabei ist das Ich »das bewußte Subjekt und objektive Agens im Verhalten, das Entscheidungen fällt«, das Mich dagegen ist der Mensch als Objekt, »auf das andere als auf eine bestimmte Art von Personen mit bestimmtem Wert reagieren« (M. Argyle, Soziale Interaktion, 1972, 347) und auf das sich auch das Ich des Menschen bezieht. Die Bildung von Identität setzt also voraus, daß der Mensch sich zu sich selber verhält und daß er in diesem Selbstverhältnis immer auch von seiner sozialen Umwelt beeinflußt wird. »Das Verhältnis des Menschen zu sich selbst impliziert sein Verhältnis zu anderen, seine Identität, seine Sozialität. Selbstsein und Interaktion mit anderen Individuen bedingen sich gegenseitig« (K. Raiser, 124).

Das Verhältnis zwischen Ich und Mich kann durch drei Begriffe näher beschrieben werden. Dabei ist zunächst vom Selbstbild zu reden, welches die »Wahrnehmung eines Menschen von sich selbst« (Argyle, 348) bedeutet. Durch Beobachtung und Vergleich erwirbt jeder Mensch im Laufe seiner Entwicklung eine Vorstellung von sich selbst, die seine körperliche Erscheinung, seine soziale Position, seine physische und psychische Leistungskraft umfaßt. Schon dieses Selbstbild ist stark durch die soziale Umgebung geprägt; denn es entsteht auch im Zusammenhang mit den Feed-back-Informationen, die mir andere über ihren Eindruck von mir übermitteln. Dieser Einfluß wird wirksam erst recht beim Selbstwertgefühl, das die positive Einschätzung des Mich durch das Ich bedeutet. Das Individuum besitzt also nicht nur ein Bild von sich selbst, sondern lebt auch mit einem permanenten emotionalen Urteil sich selbst gegenüber. Auf dieses Urteil wirkt nun aber nicht nur die Meinung der anderen; vielmehr wird es beeinflußt auch vom Bild eines idealen Selbst, auf das hin sich der Mensch in Zukunft entwickeln möchte. Zur Erhöhung des Selbstwertgefühls präsentiert das Individuum in der sozialen Interaktion nun aber nicht einfach sein Selbstbild, sondern sein Selbstbild möglichst angereichert um Elemente des idealen Selbst. »Wir alle spielen Theater« – heißt deshalb der Titel eines Buches von Goffman, das auf dieser Unterscheidung basiert (E. Goffman, Wir alle spielen Theater, 1959).

2.3.3

Auf diesem Hintergrund kann verständlich werden, warum die Rituale nach Goffmans Meinung für die Identitätsbildung des Individuums so wichtig sind. Sie liefern nämlich die Regeln, im Rahmen derer die Menschen auf der Suche nach Identität miteinander umgehen. Goffman macht darauf aufmerksam, daß zur Analyse von zwischenmenschlicher Kommunikation nicht einfach die Beschreibung der verbalen und nichtverbalen Signale genügt. »Verbale und nicht-verbale Kommunikation ist etwas, das durch etwas anderes gefiltert ist. Dieses andere ist das bewährte Muster für Verhalten und Vereinigung oder Teilnahme, durch das Individuen verpflichtet sind, ihr Zusammenkommen zu regeln« (Interaktionsrituale, 158). Rituale sind also die Regeln, die menschliches Verhalten in analogen Situationen regulieren. Sie liefern Verhaltensmuster für Begrüßung und Abschied (Interaktionsrituale, 48f), für Vermeidung (70ff) und Zuvorkommenheit (79ff), für Verführung (229f) und Täuschung (E. Goffman, Stigma, suhrkamp taschenbuch wissenschaft 140, 1975, 102f) unter den Menschen.

Was nun ihre Funktion betrifft, so dienen sie zunächst dem sozialen Gleichgewicht der jeweiligen Gesellschaft. Goffman stellt fest, »daß Gesellschaften überall, wenn sie Gesellschaften sind, ihre Mitglieder dazu bringen müssen, selbstregulierend an sozialen Begegnungen teilzunehmen. Ein Mittel dazu ist das Ritual. Dem Individuum wird beigebracht, wahrnehmungsfähig zu sein, auf das Selbst bezogene Gefühle zu besitzen und ein Selbst, das durch Image ausgedrückt wird, Stolz, Ehre, Würde, Besonnenheit, Takt und ein bestimmtes Maß an Gelassenheit zu besitzen« (Interaktionsrituale, 52).

Konkret wirksam wird diese Regulation der sozialen Situation z.B. in der Normierung des Sprachverhaltens. »Immer wenn die konkrete Möglichkeit sprachlicher Interaktion auftaucht, kommt offensichtlich ein System von Praktiken, Konventionen und Verfahrensregeln ins Spiel, das als ein Mittel fungiert, den Verlauf der Mitteilungen zu regeln und zu organisieren. Es wird Einverständnis darüber herrschen, wann und wo ein Gespräch begonnen werden kann, mit wem und mit Hilfe welcher Gesprächsthemen. Eine Anzahl signifikanter Gesten wird angewendet, um Kommunikation in Gang zu setzen, und als ein Mittel für die Beteiligten, sich gegenseitig als legitime Partner anzuerkennen« (40f).

Dem Individuum dienen diese genormten sozialen Situationen zur Selbstdarstellung. Goffman überschreibt deshalb das Kapitel, in dem er die rituellen Elemente der sozialen Interaktion analysiert, mit den Worten »Techniken der Imagepflege« und definiert dabei so: »Image ist ein in Termini sozial anerkannter Eigenschaften umschriebenes Selbstbild« (10). Eben die Sorge um dieses Image verleitet die Menschen dazu, die Spielregeln der sozialen Interaktion durchweg einzuhalten. Sie passen sich an, weil sie soziale Anerkennung und wechselseitige Bestätigung als Fundament ihrer Identitätsbildung brauchen. Indem er sich möglichst positiv präsentiert, ist der Mensch auf der Suche nach sich selbst. »Ich verwende den Terminus Ritual, weil ich mich auf Handlungen beziehe, durch deren symbolische Komponente der Handelnde zeigt, wie achtenswert er ist oder für wie achtenswert er die anderen hält. . . . Das Image eines Menschen ist etwas Heiliges und die zu seiner Erhaltung erforderliche expressive Ordnung deswegen etwas Rituelles« (25).

2.3.4
Y. Spiegel hat mit den Kategorien der Interaktionssoziologie den Ablauf und das Ensemble des Gottesdienstes beschrieben (Y. Spiegel, Der Gottesdienst unter dem Aspekt der symbolischen Interaktion, JLH 16, 1971, 105ff).

Im Blick auf die ungeschriebenen Verhaltensregeln, die die liturgische Situation konstituieren, betont er: »je mehr die Anforderungen an Selbstdarstellung und Interaktion für Publikum und Ensemble von denen anläßlich anderer öffentlicher Veranstaltungen abweichen, desto schwieriger wird es für einen Fremden, sich in die ihm unbekannten Verhaltensmodelle hineinzufinden, und desto größer wird die Exklusivität« (118). Seine These lautet deshalb, »daß die non-verbale Kommunikation eine solch hohe Anforderung an Einübung verlangt, daß sie nur durch sehr regelmäßigen Kirchgang erworben werden kann« (108). Nur für den, der sich in der liturgischen Situation heimisch fühlt, springt dabei ein Identitätsgewinn heraus, wobei man vermuten darf, daß der Gewinn an sozialer Bestätigung für den professionellen Hauptdarsteller am größten ist. Auch das kirchliche Ritual vermittelt Identität nur für den, der seine Spielregeln kennt und beherrscht, so daß eventuell auch die beste Predigt den Gelegenheitsbesucher nicht zum Wiederkommen veranlassen wird.

Damit ist gleichzeitig die Grenze des Rituals in Goffmans Verständnis sichtbar geworden. Es regelt durch genormte Interaktion die Kommunikation zwischen Menschen. Es hilft dazu, durch die Erfahrung von Anerkennung und Bestätigung Identität zu gewinnen. Es ist in seiner Leistungskraft freilich auf einen bestimmten Teilnehmerkreis beschränkt, auf die Insider-Gruppe nämlich, die in den Verhaltensbedingungen der jeweiligen Situation eingeübt ist. Jeder andere, der eine solche Ritualsituation zum ersten Mal mitspielt, ist in der Rolle des Außenseiters, hat entsprechend mit starken Unsicherheitsgefühlen zu tun und muß das rituelle Verhalten erst mühsam erlernen. Rituelle Interaktion liefert Identität nur unter der Bedingung sozialer Zugehörigkeit und regelmäßiger Partizipation.

3
Vertiefung

3.1
Der Gottesdienst ist ein Ritual. Diese sozialwissenschaftliche Feststellung muß in jeder theologischen Theorie des Gottesdienstes berücksichtigt werden. Sowenig es auf der einen Seite genügt, auf der Basis von historischen oder systematisch-theologischen Sät-

zen eine Lehre vom Wesen des Gottesdienstes zu entfalten, sowenig ist freilich auf der anderen Seite mit der anthropologischen Grundlegung des Gottesdienstes schon über seine theologische Zielbestimmung entschieden. Der Gottesdienst ist ein Ritual – dieser Satz ist das Fundament, aber nicht schon das Ergebnis theologischer Reflexion. Was aber ist ein Ritual? Es hat sich gezeigt, daß der Begriff in den Sozialwissenschaften keineswegs einheitlich verstanden wird. Psychoanalyse, Entwicklungspsychologie, Interaktionssoziologie und Verhaltensforschung (vgl. K. Lorenz, Das sogenannte Böse. Zur Naturgeschichte der Aggression, dtv 1000, 1974, 62ff und 162ff, sowie I. Eibl-Eibesfeldt, Liebe und Haß. Zur Naturgeschichte elementarer Verhaltensweisen, [6]1976, 60ff, 124ff) definieren und bewerten das Phänomen auf unterschiedliche Weise. Im Blick auf die vorgeführten Aspekte und Konzeptionen wiederhole ich einen Definitionsvorschlag, den ich schon einmal vorgelegt habe. Ein Ritual ist »ein System von interaktionalen Vollzügen, durch das eine Gruppe von Menschen für sich und ihre Mitglieder in einer bestimmten Situation die Identität sicherstellt« (M. Josuttis, Praxis des Evangeliums zwischen Politik und Religion. Grundprobleme der Praktischen Theologie, [2]1980, 189).

Dabei ist mir gegenüber älteren Definitionsversuchen vor allem wichtig, daß das Ritual keinen außerordentlichen, im Unterschied zum profanen Bereich sakralen Vorgang bezeichnet. Zwar klingt die religionssoziologische Herkunft des Wortes auch in neueren Formulierungen nach. (So etwa bei A. Hahn, Kultische und säkulare Riten und Zeremonien in soziologischer Sicht, in: Anthropologie des Kults, 1977, 51ff, und K. Richter, Feiern mit politischer Zielsetzung. Anmerkungen zur Ritenbildung im gesellschaftlichen System der DDR, ThPr 13, 1978, 181ff.) Dennoch wird man angesichts der Ritualtheorien, die hier vorgestellt wurden, daran festhalten müssen: Rituale spielen sich im Alltagsverhalten ab, im Zeremoniell des Zwangsneurotikers, in der frühen Beziehung zwischen Mutter und Kind, im Ablauf einer Begrüßung zwischen zwei Menschen auf der Straße oder auf einer Party.

Jedem dieser Alltagsrituale eignet insofern ein religiöses Element, als es der Herstellung einer Ordnung dient, die den Einbruch eines lebensbedrohenden Chaos abwehren soll. Der Zwangsneurotiker schützt sich mit Hilfe seiner Privatrituale gegen die Überwältigung durch die Macht seiner Triebe. Im Vollzug von Ritualen konstruiert der Mensch nach Erikson für seine Welt eine bestimmte Ordnung, die bis zur Bildung von Institutionen reicht und die seinem Leben Halt und Sinn verleiht. Durch die Einhaltung von Höflichkeitsritualen schützen sich Menschen in ihrem Zusammensein voreinander und helfen sich gegenseitig, ihr Selbstwertgefühl zu bestärken und damit ihre Identität zu gewinnen. In allen Theorien hat das Ritual dergestalt eine religiöse Funktion, daß es mehr oder weniger illusionär oder real die Erfahrung von Heil vermitteln soll.

Das provoziert natürlich die Frage: Worin besteht die Besonderheit des religiösen Rituals, wie es in den Gottesdiensten und Kasualhandlungen der Kirchen vollzogen wird? Ich selber sehe im Augenblick nur einen, allerdings bedeutsamen Unterschied. Im religiösen Ritual werden das Ziel und die Funktion jedes Rituals explizit verbalisiert. Das Ereignis von Heil, das jeder rituelle Vollzug realisieren soll, wird im religiösen Ritual als Geschenk einer transzendenten Macht angerufen. Insofern liegt ihm immer auch die Erfahrung zugrunde, daß die Alltagsrituale ihr Ziel letzten Endes nicht zu erreichen vermögen. Und zugleich verbindet sich mit ihm die Erwartung, es möchte

Heil, Frieden, Freiheit, Versöhnung durch die wirklichkeitstranszendierende Macht der Gnade Gegenwart werden. Pointiert kann man es so formulieren: Der Gottesdienst sagt explizit, was die Party soll. Wobei das Problem der Kirche darin besteht, daß die meisten Menschen im Augenblick ihre Identität lieber auf einer Party suchen.

Die Ethnologin M. Douglas hat durch interkulturellen Vergleich nachgewiesen, daß das Phänomen des Anti-Ritualismus nicht erst in der modernen Industriegesellschaft auftaucht, sondern schon in sog. primitiven Stammeskulturen erscheint. Die Analyse der Sozialformen bei den amerikanischen Navaho und bei den Ituri-Wald-Pygmäen in Afrika zeigt,»daß die wichtigste soziale Determinante des Ritualismus das Leben in einer geschlossenen sozialen Gruppe ist« (M. Douglas, Ritual, Tabu und Körpersymbolik. Sozialanthropologische Studien in Industriegesellschaft und Stammeskultur, 1974, 29). Die Fähigkeit, in religiösen Ritualen soziale Interaktion zu vollziehen, ist also in bestimmten sozialen Konstellationen verankert. Fehlen diese Voraussetzungen oder sind sie nur mangelhaft ausgeprägt, dann ist der Umgang mit dem traditionellen Ritualkanon erschwert (vgl. K.-F. Daiber u.a., Gemeinden erleben ihre Gottesdienste. Erfahrungsberichte, 1978).

Um so wichtiger wird es in einer solchen Situation, die innere Nähe zwischen Alltags- und Religionsritualen hinsichtlich ihrer sozialpsychologischen Leistungen für das Leben des Individuums in der Gesellschaft angemessen zu interpretieren. Ohne im Streit der verschiedenen humanwissenschaftlichen Positionen Partei zu ergreifen, wird man im Rückblick auf die vorgestellten Konzeptionen bei der Bewertung des Rituals eine gewisse Ambivalenz feststellen dürfen.

Rituale erfüllen eine positive Funktion (vgl. J. Moltmann, Kirche in der Kraft des Geistes. Ein Beitrag zur messianischen Ekklesiologie, 1975, 289ff), indem sie

- dem einzelnen und der Gruppe zur Identität verhelfen,
- dem einzelnen die Integration in die Gruppe erleichtern,
- die Kontinuität des einzelnen und der Gruppe stabilisieren,
- die Emotionen libidinöser und aggressiver Natur kanalisieren,
- den einzelnen und die Gruppe vom Druck permanenter Lern- und Entscheidungsaufgaben entlasten,
- durch soziale Interaktion für den einzelnen und die Gruppe Sinn konstituieren.

Auf der anderen Seite muß man auch negative Funktionen des Rituals konstatieren, weil sie

- Probleme nur mit begrenzter Reichweite zu lösen vermögen,
- evtl. sogar zur Verschleierung von gesellschaftlichen und individuellen Problemen beitragen,
- Konflikte nicht bearbeiten, sondern verdrängen,
- durch ihre Schwerfälligkeit und Innovationsfeindlichkeit Lernprozesse und soziale Veränderungen erschweren.

Rituale bilden die Voraussetzung jeder Kommunikation, weil diese nur auf der Basis eines gemeinsamen Zeichensystems und im Rahmen eines gemeinsamen Verhaltensrepertoires gelingt; gleichzeitig bedürfen sie aber der materialen Füllung, des personalen Engagements und der ständigen Modifikation, weil sie sonst zur leeren Konvention erstarren. Personale, auch religiöse Kommunikation vollzieht sich in Ritualen, ist aber, wenn sie zum Ziel kommen soll, mehr als ritualisierte Kommunikation.

Die theologische Verarbeitung des Ritual-Phänomens in Theorie und Praxis wird wahrscheinlich nur gelingen, wenn man auf das Denkmodell eines dialektischen Antagonismus zwischen Religion und Kerygma verzichtet und statt dessen den Gottesdienst im Gefolge Schleiermachers wieder stärker als »darstellendes Handeln« der Kirche zu verstehen versucht. P. Cornehl hat dazu wichtige Anregungen gegeben. »Im Gottesdienst vollzieht sich das ›darstellende Handeln‹ der Kirche als öffentliche symbolische Kommunikation der christlichen Erfahrung im Medium biblischer und kirchlicher Überlieferung zum Zwecke der Orientierung, Expression und Affirmation« (P. Cornehl, Art. Gottesdienst, in: F. Klostermann/R. Zerfaß [Hg.], Praktische Theologie heute, 1974, 460; vgl. auch D. Rössler, Die Vernunft der Religion, 1976).

Eine derartige Theologie des Gottesdienstes wird die Tatsache der Ritualität als anthropologische Grundkategorie ebenso zu berücksichtigen haben wie das Vorhandensein geschichtlich bedingter Ausprägungen des Rituals im jeweiligen sozialen Kontext. Vor allem aber wird sie zu zeigen haben, warum der Mensch zum Vollzug und zur Bewältigung seiner Lebenspraxis auch der religiösen Symbole und Rituale bedarf (vgl. jetzt auch W. Jetter, Symbol und Ritual. Anthropologische Elemente im Gottesdienst, 1978). Der Gottesdienst als Kommunikationsform der christlichen Gemeinde wird auf die Dauer nur lebendig bleiben, wenn sich angeben läßt, was er über Kunst und Wissenschaft, Staat und Gesellschaft hinaus für die Lebenspraxis des Menschen leistet.

3.2
Fragen zur Weiterarbeit

1. Wie verhält sich der Ansatz einer liturgischen Konzeption, die den christlichen Gottesdienst in der Ritualität des Menschen basiert sieht, zu klassischen Entwürfen in der Geschichte der protestantischen Liturgik (vgl. etwa F.D.E. Schleiermacher, Die praktische Theologie nach den Grundsätzen der evangelischen Kirche, ed. J. Frerichs, 1850, 68ff, und P. Brunner, Zur Lehre vom Gottesdienst der im Namen Jesu versammelten Gemeinde, in: Leiturgia. Handbuch des evangelischen Gottesdienstes, Bd I, 1954, 83ff)?
2. Wie sind anthropologische und theologische Aussagen über den Gottesdienst voneinander zu unterscheiden und einander zuzuordnen (vgl. W. Jetter, Symbol und Ritual. Anthropologische Elemente im Gottesdienst, 1978, bes. 65ff)?
3. Welche methodischen und praktischen Konsequenzen für die Erforschung und Gestaltung einzelner liturgischer Phänomene enthält der Ansatz bei der Ritualität des Menschen (vgl. M. Josuttis/G.M. Martin [Hg.], Das heilige Essen. Kulturwissenschaftliche Beiträge zum Verständnis des Abendmahls, 1980)?

Literatur
P. Brunner, Zur Lehre vom Gottesdienst der im Namen Jesu versammelten Gemeinde, in: Leiturgia. Handbuch des evangelischen Gottesdienstes, Bd 1, 1954, 83ff
R. Coles, E.H. Erikson. Leben und Werk, 1974
P. Cornehl, Art. Gottesdienst, in: F. Klostermann/R. Zerfaß (Hg.), Praktische Theologie heute, 1974, 449ff
K.-F. Daiber u.a., Gemeinden erleben ihre Gottesdienste. Erfahrungsberichte, 1978
E.H. Erikson, Kindheit und Gesellschaft, ³1968
ders., Die Ontogenese der Ritualisierung, Psyche 22, 1968, 481ff
ders., Identität und Lebenszyklus, 1973
S. Freud, Zwangshandlungen und Religionsübungen, in: Gesammelte Werke VII, ³1955, 127ff

ders., Das Unbehagen in der Kultur, in: Gesammelte Werke XIV, 443ff
E. Goffmann, Wir alle spielen Theater, 1959
ders., Interaktionsrituale, 1971
ders., Stigma, 1975
ders., Der bestätigende Austausch, in: M. Auwärter / E. Kirsch / K. Schröter (Hg.), Seminar: Kommunikation, Interaktion, Identität, 1976
A. Hahn, Kultische und säkulare Riten und Zeremonien in soziologischer Sicht, in: Anthropologie des Kults, 1977, 51ff
W. Jetter, Symbol und Ritual. Anthropologische Elemente im Gottesdienst, 1978
M. Josuttis, Praxis des Evangeliums zwischen Politik und Religion. Grundprobleme der Praktischen Theologie, ²1980
ders. / G.M. Martin (Hg.), Das heilige Essen. Kulturwissenschaftliche Beiträge zum Verständnis des Abendmahls, 1980
ders., Gottesdienst nach Schleiermacher (Literaturbericht), VF 31, 1986, H. 2
ders., Der Weg in das Leben. Eine Einführung in die Liturgik auf verhaltenswissenschaftlicher Grundlage (erscheint 1991)
E. Klessmann, Identität und Glaube, 1980
K. Raiser, Identität und Sozialität, 1971
D. Rössler, Die Vernunft der Religion, 1976
J. Scharfenberg, Sigmund Freud und seine Religionskritik als Herausforderung an den christlichen Glauben, 1969
Y. Spiegel, Der Gottesdienst unter dem Aspekt der symbolischen Interaktion, JLH 16, 1971, 105ff

§ 6
Der Traugottesdienst (M.J.)

1
Einführung

Die sogenannte kirchliche Trauung ist in Wirklichkeit ein Traugottesdienst. Jede rechtliche Relevanz und damit ihren Charakter als Trauhandlung hat sie 1876 mit der Einführung der obligatorischen Ziviltrauung verloren. Die vorher in Deutschland gültige Rechtslage hatte ein Satz aus dem Allgemeinen Preußischen Landrecht umschrieben: »Eine vollgültige Ehe wird durch die priesterliche Trauung vollzogen« (zit. nach E. Hertzsch, Art. Trauung I. liturgisch, RGG VI³, 1006).
Seitdem steht die theologische Theorie vor der Verlegenheit, für diese kirchliche Sitte, deren gesellschaftliche Funktion reduziert ist, eine zureichende Begründung zu liefern. Das mußte um so notwendiger erscheinen, weil in den kirchlichen Ordnungen die Verpflichtung zur Beibehaltung dieser Sitte mit Nachdruck eingeschärft wird. So heißt es in der »Ordnung des kirchlichen Lebens der VELKD«: »Christen beginnen ihren Ehestand mit der kirchlichen Trauung« (VII/2), und in einzelnen Landeskirchen ist die Gewährung der Kindertaufe gebunden an die vorher erfolgte kirchliche Trauung der Eltern.

Angesichts des vorliegenden Legitimationsdefizits werden deshalb in der theologischen Literatur über die kirchliche Trauung die Aspekte ihrer Begründung und ihrer Interpretation ständig miteinander vermischt. Demgegenüber soll im folgenden versucht werden, beide Fragen getrennt voneinander zu erörtern. In einem ersten Durchgang sollen repräsentative Entwürfe, die den Aufweis der Notwendigkeit eines kirchlichen Traugottesdienstes anstreben, diskutiert werden. Erst wenn deutlich geworden ist, daß ihre Ableitung aus theologischen Prinzipien erfolglos bleiben muß, kann im zweiten Teil versucht werden, das vorgefundene Praxis-Phänomen in seinen sozialpsychologischen Hintergründen zu beleuchten, ohne unter dem Druck eines Legitimationszwangs zu stehen.

2
Entfaltung

2.1
Die Begründung des Traugottesdienstes

2.1.1

Eine modifiziert ordnungstheologische Begründung der kirchlichen Trauung hat W. Trillhaas vorgelegt. Auch er geht davon aus, daß die kirchliche Trauung »weder für die Gültigkeit einer Ehe überhaupt noch für eine christliche Ehe konstitutiv« ist (W. Trillhaas, Ethik, ³1970, 318). Dagegen führt er zwei andere Gründe ins Feld. »Der eine Grund, der die kirchliche Trauung rechtfertigt, liegt darin, daß sich die christliche Auffassung der Ehe nicht von selbst versteht« (ebd.), wie das Nebeneinander unterschiedlicher Eheverständnisse in der pluralistischen Demokratie offenkundig beweist. Der andere Grund hängt unmittelbar damit zusammen. In der kirchlichen Trauung wird nicht nur die göttliche Ordnung der Ehe, wie der christliche Glaube sie sieht, eingeschärft; in ihr läßt sich die Gemeinde von den Brautleuten auch bestätigen, daß sie die göttliche Ehe-Ordnung anerkennen und eine christliche Ehe zu führen willens sind. So umfaßt die kirchliche Trauung immer zwei Gesichtspunkte. »Sie ist ein Verkündigungsakt. In freier Predigt und durch den agendarischen Text der Handlung wird die göttliche Ordnung der Ehe verkündigt. Seitens der Brautleute ist die Trauung ein Bekenntnisakt: indem sie die Trauung in der Kirche begehren, bekennen sie sich zur ›christlichen Ehe‹ und zu keiner anderen und haben das auf eine Befragung hin auch laut und ausdrücklich zu bestätigen« (319).

Es leuchtet ein, daß durch eine solche Begründung die Doppelung von standesamtlicher und kirchlicher Trauung als sinnvoll erscheint. Nach erfolgter Eheschließung ist die kirchliche Trauung ein Verkündigungs- und Bekenntnisakt zu einem bestimmten Verständnis von Ehe, wobei zur göttlichen Ordnung vor allem ihr monogamer Charakter und ihre Unauflöslichkeit gehören. Dennoch darf man die Schwierigkeit einer solchen Begründung nicht übersehen. Was als göttliche Ordnung erscheint, ist ja durchaus geschichtlich gewachsen und keineswegs einheitliche Meinung der gesamten biblischen Tradition. Hier wird auf der einen Seite ein speziell christliches Verständnis von Ehe postuliert und mit dem Legitimationsbegriff »Ordnung Gottes« sanktioniert. Das hat auf der anderen Seite zur Folge, daß Trillhaas, wenn auch zum Teil in Anführungsstrichen, ganz unreformatorisch von einer »christlichen« Ehe reden muß, als ob eine Ehe unter Christen sich prinzipiell und faktisch von der öffentlich-rechtlich geregelten Partnerbeziehung zwischen Nichtchristen unterscheiden müßte und könnte. Der Versuch, die kirchliche Trauung mit einem besonderen christlichen Eheverständnis und mit einer spezifisch christlichen Ehepraxis zu begründen, führt unweigerlich dazu, den weltlichen Charakter von Ehestand und Eheverständnis in Frage zu stellen.

2.1.2

Als gemeindetheologisch könnte man die Begründung der kirchlichen Trauung charakterisieren, die K. Barth entwickelt hat. Auch er attestiert der kirchlichen Trauung zunächst, sie sei »weder durch eine biblische Anweisung noch durch die Sache *unbedingt* gefordert« (K. Barth, KD III/4, 255), ja er unterstreicht in diesem Zusammenhang sehr betont ihre christliche und menschliche Problematik, die sie seiner Meinung nach mit den anderen Kasualien der Kirche teilt. Was nun in seinen Augen dennoch für den Vollzug einer spezifisch kirchlichen Trauhandlung spricht, ist die Gemeindebezogenheit des christlichen Lebens. Wie es für den Menschen generell kein Verhältnis zum Gott Jesu Christi an der Gemeinde vorbei geben kann, so sollte auch die Lebensgemeinschaft zweier Christen, die in Verantwortung Gott gegenüber begonnen wird, mit einer öffentlichen Erklärung vor der Gemeinde beginnen. Deshalb liegt es Barths Meinung nach nahe, »die Verantwortung eines Eheschlusses vor *Gott* auch als Verantwortung vor der christlichen *Gemeinde* in irgend einer besonderen Weise *formell* sichtbar zu machen« (256). Die Form dieser Handlung sollte auf keinen Fall in »einer religiösen Dublette zur Ziviltrauung« bestehen. Sie sollte eher »den Charakter eines (nicht des ersten, sondern des abschließenden und nun gemeindeöffentlichen) seelsorgerlichen Gesprächs hinsichtlich des Eheschlusses als solchen annehmen: einer Erklärung der in ihr vereinigten beiden Gemeindeglieder, auf die die Gemeinde mit der Erinnerung an Gottes Verheißung und Gebot und mit der Verkündigung des göttlichen Segens zu antworten hätte« (ebd.).

Barth sucht also der Doppelung von standesamtlicher und kirchlicher Trauung dadurch zu entgehen, daß er auf der einen Seite den seelsorgerlichen Charakter der Handlung betont und sie gleichzeitig in den normalen Sonntagsgottesdienst der Gemeinde eingliedern möchte. Den Legitimationsschwierigkeiten einer solchen kirchlichen Handlung ist er dadurch freilich nicht entronnen. Sie liegen jetzt nicht vor allem auf prinzipiell theologischem Feld, wie bei der Behauptung einer göttlichen Ehe-Ordnung oder einer spezifisch christlichen Eheauffassung. Vielmehr dürften sich die Probleme in diesem Fall aus dem Selbstverständnis der beteiligten Gemeindeglieder ergeben. Sie verstehen die Trauung in der Regel als ihre Privat- und Familienangelegenheit (vgl. Y. Spiegel, Gesellschaftliche Bedürfnisse und theologische Normen, ThPr 6, 1971, 212ff). Und es wäre ein rein dogmatisches Postulat, ihnen eine theologische Theorie aufzunötigen, die die Begründung der kirchlichen Trauung aus der Gemeindebezogenheit des Glaubens abzuleiten sucht. Dogmatisch muß dieses Postulat nicht zuletzt deshalb bleiben, weil in der gegenwärtigen kirchlichen Situation vor allem der Großstadt die gesellschaftlichen Voraussetzungen für eine solche gemeindebezogene Existenz durchweg fehlen.

2.1.3

Nicht aus theologischen Prinzipien, sondern unter Verweis auf die Wirklichkeit der Ehe in der modernen Gesellschaft und deshalb diakonisch-seelsorgerlich hat G. Barczay die kirchliche Trauung begründet. Er ordnet sie der sogenannten Aufbauphase der partnerschaftlichen Lebensgemeinschaft zu. In dieser Phase wird die entscheidende Basis der personalen Beziehung für die gesamte Dauer der künftigen Ehe gelegt. Deshalb kommt alles darauf an, daß die »Liebe als die Bejahung des anderen um seiner selbst willen« möglichst elementar und tief fundiert ist (G. Barczay, Art. Trauung, in: G. Otto [Hg.], Praktisch-Theologisches Handbuch, [2]1975, 597). Die kirchliche Trauung kann zur Stabilisierung der Partnerbeziehung an zwei Stellen helfen. Auf der einen Seite geschieht das durch die Ansage des Evangeliums von der Selbsthingabe Gottes. »Indem nun die Kirche ihrerseits das Zeugnis vom Evangelium in persönlicher Ausrichtung dem Paar weitergibt, kann sich für das Paar eine neue Quelle und ein neues Motiv der Liebe erschließen, so daß dadurch ihre gegenseitige Bejahung an einem entscheidenden Punkt

vertieft und verankert werden kann« (598). Auf der anderen Seite kann in diesem Zusammenhang auch eine Fundierung der Partnerbeziehung durch die Erfahrung von
Glaubensgemeinschaft erfolgen. »Eine Verbindung des Paares auf dieser Ebene kann als
Motiv die übrigen Aspekte der Lebensgemeinschaft vertiefen, sie wirksam in einer Totalität verbinden und als Treibkraft für die Konkretisierung der personalen Liebe in das
gemeinsame Leben dienen« (ebd.).

Barczay will also die kirchliche Trauung als Beitrag zur Stabilisierung der personalen Liebe in der
Aufbauphase der Ehe verstehen. Diese diakonische Intention wird man nur unterstützen können,
gerade angesichts der erhöhten Krisenanfälligkeit einer Beziehung, die allein auf den subjektiven
Gefühlen der Partner gründet. Dennoch wird man gegenüber seinem Entwurf die Frage anmelden
müssen, inwieweit dadurch die Begründung speziell der liturgischen Handlung gelingt. Daß Ehe-
seminare und sonstige Formen von Eheberatung notwendig sind, wird niemand bestreiten. Daß
aber die Stabilisierung der Liebesbeziehung gerade in der Form einer liturgischen Handlung erfolgen kann, dürfte die Wirkung eines Gottesdienstes weit überschätzen. Die Motivierung zur Liebe
und die Vergemeinschaftung im Glauben werden ja erfahrungsgemäß schon durch die banale Tatsache gestört, daß das Ehepaar in dieser außergewöhnlichen Situation sehr aufgeregt und zur Aufnahme neuer Informationen kaum fähig ist. Deshalb dürfte auch dieser Versuch, die kirchliche
Trauung zu legitimieren, nicht ausreichen.

2.2
Die Interpretation des Traugottesdienstes

Man kann die Praxis der kirchlichen Trauung nicht von außen her, durch theologische
oder diakonische Gründe, legitimieren. Man kann aber den kirchlichen Traugottesdienst gleichsam aus sich selbst heraus zu verstehen versuchen. Den methodischen Zugang dazu liefern Beobachtungen, die die verbalen und nicht-verbalen Elemente des
Gottesdienstablaufs betreffen und die im Rahmen einer Theorie-These interpretiert
werden müssen. Dabei ist in der Tat vorausgesetzt, daß die wesentlichen Bestandteile
des Gottesdienstes nicht zufällig auftauchen, sondern spezifische Funktionen erfüllen.
Den theoretischen Rahmen für die Interpretation der Einzelelemente bildet die Hypo-
these, daß auch der Traugottesdienst ein Ritual-Phänomen darstellt. Dabei gehört das
religiöse Zeremoniell in den weiteren Zusammenhang des Hochzeits-Rituals, das den
Rechtsakt auf dem Standesamt ebenso umfaßt wie den Polterabend und die anschließende Hochzeitsreise. Alle diese Vorgänge dienen dazu, die Identitäts-Probleme, die
der Übergang von zwei Menschen in den Status der Ehe für die Betroffenen, ihre Angehörigen und Freunde sowie die Gesellschaft mit sich bringt, durch symbolische Interaktion aufzuhellen und zu einem Teil auch zu lösen. Wir beschränken uns hier auf die Interpretation des religiösen Zeremoniells.

2.2.1
Unbeschadet der Tatsache, daß sie rechtlich schon ein Ehepaar bilden, werden in vielen
Gemeinden Braut und Bräutigam von ihren Eltern in die Kirche geführt, um dann nach
Beendigung des Gottesdienstes gemeinsam den Kirchenraum zu verlassen. Auf diese
Weise kommt sinnfällig zum Ausdruck, was eine Aufgabe der gesamten liturgischen
Handlung ausmacht. Sie markiert die Ablösung, die in diesem Augenblick zwischen
Menschen notwendig ist. Die Eltern verlieren ihr Kind an einen anderen Menschen. Der

Sohn bzw. die Tochter treten endgültig aus dem Lebenskreis ihrer Eltern in die Eigenständigkeit einer neuen Partnerbeziehung heraus. Dieser Vorgang ist für alle Beteiligten höchst komplex, ja höchst schmerzlich. Aus der Eheberatung weiß man, wie gefährlich die Folgen sind, wenn die Freigabe der Kinder auf der einen und die Lösung von den Eltern auf der anderen Seite unterbleiben – die Ehe ist dann in erheblichem Umfang gefährdet.

Auf der verbalen Ebene wird diese Ablösung vor allem durch das Zitat von Gen. 2,24 ausgesprochen: »darum wird ein Mann Vater und Mutter verlassen«. Auch die Formulierung entsprechender Aussagen in der Ansprache kann dazu führen, daß den Betroffenen der Vorgang bewußtgemacht wird und daß sie ihn deshalb leichter zu bewältigen lernen. Auf jeden Fall manifestiert sich im Traugottesdienst die Bedeutung eines Lebenseinschnitts, durch den Menschen voneinander getrennt und zueinander in Beziehung gesetzt werden. Daß vielen Beteiligten bei dieser Gelegenheit die Tränen aufsteigen, ist deutliches Indiz für die emotionale Qualität ihres Erlebens. Sie empfinden die Trauung auch als einen Vorgang, der Trennung und damit verbunden Trauer einschließt.

2.2.2

Aus Anlaß der kirchlichen Trauung kommen die beiden Familien, aus denen das Ehepaar stammt, zusammen.

Man hat den Integrationsvorgang, der hier abläuft, verschieden interpretiert. Auf der einen Seite meint Y. Spiegel, die Integration gelte den beiden Familien. In der kirchlichen Trauung »werden zwei Familien mit verschiedenen Traditionen, religiösen Auffassungen und Lebensstilen zueinander in Beziehung gesetzt. Dies ist ein äußerst prekäres Unternehmen, das sich häufig nur in einem mehrjährigen Prozeß realisieren läßt, um schließlich mit der kirchlichen Trauung zu enden«. (Y. Spiegel, Gesellschaftliche Bedürfnisse, 217). Eine andere Position vertritt K.-F. Daiber, indem er die Integrationsleistung der Einzelfamilie bezieht; so betont er, daß der Traugottesdienst »eine ritualisierte Gestalt der Familienfeier darstellt, in der sich der Familienverband als solcher aktualisieren kann« (K.-F. Daiber, Die Trauung als Ritual, EvTh 33, 1973, 588). Restlos zu befriedigen vermag keiner der beiden Versuche, weil bei Daiber unberücksichtigt bleibt, daß bei diesem Anlaß nicht eine, sondern zwei Familien zusammenkommen, während Spiegel übersieht, daß die beiden Familien nur ausnahmsweise zusammenwachsen und in der Regel nach der Trauung nur die beiden Elternpaare gelegentliche Kontakte pflegen.

Der Integrationsvorgang, um den es hier geht, ist wahrscheinlich nur dann zu erfassen, wenn man sich die Bedrohung klarmacht, die die Konstituierung des neuen Paares für die Identität der beiden Familien mit sich bringt. Jede der beiden Familien steht in diesem Augenblick in der Gefahr, ein Familienglied an eine andere Sippe zu verlieren, steht aber gleichzeitig auch vor der Aufgabe, ein neues Familienglied für den eigenen Kreis zu gewinnen und in den eigenen Bereich zu integrieren. So impliziert die Situation immer auch einen latenten Konkurrenzkonflikt, der, wenn er nicht schon vorher entschieden ist, in der Aufbauphase der Ehe noch offen ausbrechen kann. Das junge Paar muß entscheiden, zu welchem Familienkreis es betont Kontakte unterhalten will. Die Zusammenkunft aus Anlaß der Trauung soll also ein Doppeltes demonstrieren: Dem Mitglied der eigenen Familie soll die fortdauernde Zugehörigkeit signalisiert, dessen Partner aber die Einladung zum Eintritt in den neuen Familienkreis angezeigt werden; wenn es sich dabei um einen nicht-akzeptierten Außenseiter handelt, versammelt sich die Familie

meistens auch nur in reduziertem Umfang. Die integrative Funktion des Traugottesdienstes würde dann auch darin bestehen, die latente Konkurrenz und Rivalität zwischen den Familien, wenn nicht zu verschleiern, so doch zu beschwichtigen. Immerhin
sind viele Fälle denkbar, in denen auch dieses Problem in der Ansprache angeschnitten
werden sollte.

2.2.3

Rivalitätsprobleme gibt es aber nicht nur zwischen den Familien. Das Ehepaar selber
muß im Laufe der Zeit klären, wie es die Aufgabenverteilung und Machtkonstellation
für die weitere Lebensgemeinschaft zu regeln gedenkt.

In der herkömmlichen Agende wird dieses Problem durch die ausführliche Zitierung der Haustafel
von Eph. 5 angesprochen. Dort wird zunächst die patriarchalische Struktur der Ehe zur neutestamentlichen Zeit vorausgesetzt und wiederholt.»Die Frauen seien untertan ihren Männern als dem
Herrn, denn der Mann ist des Weibes Haupt, gleich wie auch Christus das Haupt ist der Gemeinde«
(5,22f). Das Verhältnis zwischen den Eheleuten ist demnach das einer klaren Unter- und Überordnung, die sogar noch religiös, nämlich christologisch, fundiert wird. Gleichzeitig wird man aber
eine Modifikation der damaligen Eheauffassung nicht übersehen können; denn immerhin wird
unmittelbar vorher gesagt:»Seid einander untertan in der Furcht Christi« (5,21), und speziell dem
Mann gegenüber heißt es:»Ihr Männer, liebet eure Frauen, gleichwie auch Christus geliebt hat die
Gemeinde und hat sich selbst für sie gegeben« (5,25). Damit ist faktisch eine Relativierung der rein
patriarchalischen Eheauffassung erfolgt.

Daß die moderne Ehe gerade an diesem Punkt viele Probleme aufwirft, ist bekannt. Es
gibt in der Gesellschaft kein allgemein anerkanntes Verhaltensmuster, das die Rolle von
Mann und Frau eindeutig definiert. Jedes Paar muß praktisch allein und für sich selber
eine angemessene Verteilung der Aufgaben von Berufstätigkeit, Haushaltsführung und
Kindererziehung und ebenso eine eigenständige Regelung der Machtprobleme entwik-
keln. Daß der Traugottesdienst diese Frage anzusprechen versucht, ist ebenso offenkundig wie die Tatsache, daß sie mit der Rezitation einer modifiziert patriarchalischen
Eheauffassung nicht auch nur annäherungsweise zu beantworten ist (vgl. dazu F. Winter, Mann und Frau in der Liturgie, Theologische Versuche VI, 1975, 227ff). In neuen
Agenden-Entwürfen wird deshalb auf diese Lesung zu Recht verzichtet (Vorschläge bei
F.K. Barth/G. Grenz/P. Horst, Gottesdienst menschlich, 1973, 64ff).

2.2.4

Die Trauung markiert einen beträchtlichen Einschnitt im Lebenslauf der Betroffenen.
Sie strukturiert deren Zeit in einen Abschnitt vor und einen Abschnitt nach diesem Datum. Entsprechend wird an einem solchen Wendepunkt des Lebens Zeit zu bewältigen
versucht, und zwar durch die Abwehr von Angst und Unsicherheit.
Das betrifft zunächst einmal die vorher erfolgte wechselseitige Entscheidung bei der
Partnerwahl. Die Agende versucht, die damit verbundene Unsicherheit abzubauen, indem sie die letzte Begründung für den Entschluß zur Lebensgemeinschaft auf Gott zu-
rückführt.»Was Gott zusammengefügt hat, das soll der Mensch nicht scheiden« (Mt
19,6b). Laut Agende soll der Pfarrer diese Worte nach dem gegenseitigen Ja der Eheleute
sprechen, während sie einander die Hände gereicht haben und er seine Hand segnend
darüberlegt. Wie auch immer dieser Vorgang theologisch interpretiert werden mag, im

Verständnis vieler Ehepaare dürfte ihr subjektiver Entschluß eben dadurch eine religiöse Weihe erhalten, so daß die Geschichte ihres Sich-Findens Ausdruck göttlicher Fügung wird.

Aber die Abwehr von Angst und Unsicherheit erfolgt nicht nur gegenüber der Vergangenheit, sie gilt auch der gemeinsamen Zukunft, und zwar in doppelter Hinsicht. Einmal versucht die Agende, unter dem Stichwort vom »Kreuz der Ehe« die negativen Bedingungen anzusprechen, unter denen das gemeinsame Leben ablaufen wird. Man wird fragen können, ob der Hinweis auf die Schmerzen beim Kindergebären und auf die Arbeit im Schweiße des Angesichts (Gen. 3,17 und 19) gegenwärtige Elendsrealitäten sprachlich genau genug trifft. Aber die Intention ist deutlich und richtig. Die Angst vor der Zukunft wird abgebaut, indem Illusionen über die Zukunft durchstoßen werden. Umfassender noch ist der zweite Zukunftsaspekt, der in diesem Zusammenhang anklingt. Es geht dabei um die Dauer der Lebensgemeinschaft. Die beiden Eheleute vergewissern einander noch einmal, zusammen leben zu wollen, »bis daß der Tod euch scheidet«. Die Nennung des Todes in dieser Situation ist von einer merkwürdigen Komplexität. Auch das Fest des Lebens, als welches ich die Hochzeit verstehen möchte, steht im Schatten der Todesmacht. Der Tod bezeichnet die Grenze der Gemeinsamkeit, die vor den beiden Eheleuten liegt. Und gleichzeitig artikuliert sich ihm gegenüber die Stärke ihrer Verbundenheit: nur der Tod soll sie trennen können.

Schließlich dürfte wohl auch die Freigabe der Sexualität mit der Abwehr von Angst und Unsicherheit zusammenhängen. Nicht ohne Grund wird das Problem in der Agende an zwei Stellen angesprochen, durch das schon angeführte Zitat von Gen. 2,2: ». . . und sie werden sein ein Fleisch«, sowie durch das Zitat von Gen. 1,28: »Seid fruchtbar und mehret euch«. Angesichts der Gefährdung, die nicht-domestizierte Triebhaftigkeit für jede Sozialität bedeutet, und auch gegenüber den Ängsten, die beim einzelnen hinsichtlich seiner Sexualität vorhanden sein mögen, unterstreicht das religiöse Trauritual die positive Funktion dieser Seite der Leiblichkeit. Im Rahmen der Ehe, die lange Zeit mindestens offiziell als einzig legitimierte Lebensform von Sexualpraxis gegolten hat, ist sie gottgewollt, indem sie zur Vermehrung und damit zur menschlichen Arterhaltung beiträgt. Das Phänomen der Sexualität als solches mag für die Öffentlichkeit in den letzten Jahren enttabuisiert worden sein. Die Erfahrungen von Psychotherapie und Seelsorge zeigen, daß dieser Lebensbereich für viele Menschen noch immer höchst angstbesetzt ist.

2.2.5

Insbesondere K.-F. Daiber hat unterstrichen, daß der Traugottesdienst auch zur Verbalisierung der Sinnfrage dient.

Seine Ausgangsthese lautet: »Der Gottesdienst stellt die rituelle Überwindung der Sprachlosigkeit angesichts der Sinnfrage dar« (ebd., 589). Dadurch erscheint vor allem die Rolle des Pfarrers in einem neuen Licht. Angesichts der verbreiteten Unfähigkeit zur Sinnerfahrung und erst recht zur Formulierung von Sinnerfahrung in religiöser Sprache wächst ihm die Aufgabe zu, die Gefühle, Ahnungen und Hoffnungen der Beteiligten zu verbalisieren. »Der Prediger muß artikulieren, was sich die Zuhörer auszudrücken scheuen« (ebd.). Aber auch andere Teile des Rituals gewinnen dadurch an neuer Bedeutung. So erklärt Daiber zum Gebet: »Setzt man hier ohne nähere Begründung und ohne eingehendere theologische Reflexion voraus, daß das sprachliche Symbol ›Gott‹ ge-

gebene oder entdeckte Antwort auf die Frage nach dem Sinn ist, so drückt das Gebet das Bekenntnis
aus, daß menschliches Leben Sinn ist. Das Gebet bekennt Sinn auch angesichts der Erfahrung von
Sinnlosigkeit« (ebd.). Und unter demselben Aspekt heißt es vom Segen: »Auch die Bedeutung des
Segens liegt im Ausdruck dessen, daß Leben nicht bloß aktive Gestaltung ist, sondern Empfangen.
Die Begründung der ehelichen Gemeinschaft in der Liebe, in der gegenseitigen emotionalen Zuwendung der Partner, kann die Frage aufwerfen, wie es gerade zur Begegnung mit diesem, eben
dem geliebten Partner gekommen ist. Die Begegnung mag als Ergebnis zufälliger Konstellationen
gesehen werden, doch die Erklärung durch den Zufall widerspricht dem Bedürfnis nach Sinn.
Wenn in der Kontingenz jedoch Sinn begegnet, ist das Widerfahrnis der Begegnung Geschenk, etwas, was jenseits der Möglichkeit aktiver Lebensgestaltung steht« (589f).

2.2.6
Der Sinn eines Geschehens erschöpft sich nicht in seinen Funktionen. Wer die Funktionen eines Rituals untersucht, betrachtet es unter einem zweckrationalen Gesichtspunkt,
indem er nach dessen Beitrag zur Identitätsbildung und Situationsbewältigung fragt.
Die Frage nach dem Sinn des Geschehens reicht weiter. Sie will das Geschehen in sich
selber verstehen. Sie will also ermitteln, was die Beteiligten im Trauritual begehen und
was in diesem Ritual nicht mit ihnen und nicht an ihnen, sondern für sie geschieht.
Sie fragt also nicht: was leistet die Hochzeit?, sondern sie will wissen: was ist die
Hochzeit?
Meine These lautet: In der Hochzeit vollzieht sich die Feier des Lebens. Aus Anlaß der
Eheschließung feiern Verwandte und Freunde, Bekannte und Nachbarn des neuen Paares das Leben als Fest. So wie der Mensch zum Jahreswechsel seine Zeitlichkeit feiert
und zum Frühlingsanfang die Hoffnung auf Neubeginn, so feiert er in der Hochzeit den
Tatbestand seines Lebens. Dabei ist entscheidend, daß Leben und Liebe zusammengehö-
ren. Auf der einen Seite ist die Liebe in das Leben zweier Menschen getreten und hat sie
zusammengeführt. Und andererseits wird aus der Liebe dieser beiden Menschen neues
Leben entstehen. In der Hochzeit zeigt sich, daß menschliches Leben durch Liebe qualifiziert wird. Deshalb kann im Neuen Testament die Hochzeit so oft als Gleichnis für das
Reich Gottes dienen.

G.M. Martin betont, daß man das Fest weder als reine Zustimmung zum gegebenen Sein interpre-
tieren kann noch als Widerspruch, Exzeß und Protest gegen Vorhandenes und Bestehendes. Als
Schlüsselbegriff für das Fest nennt er »die Erweiterung, die Aufsprengung des Bewußtseins und
Lebensfeldes, also Seins- und Bewußtseinserweiterung, Steigerung des Lebens in jeder Richtung«
(G.M. Martin, Fest und Alltag. Bausteine zu einer Theorie des Festes, 1973, 22).

Im Fest transzendiert der Mensch seinen Alltag. Deshalb gehören von jeher transzen-
dierende, ekstasierende Mittel dazu, der Alkohol, die Musik und der Tanz. Bei der
Hochzeit kommt noch hinzu, daß hier das ekstatische Element in der Begegnung zwischen zwei Menschen, die Sexualität nämlich, gefeiert wird. Aller Misere der Alltagserfahrung zum Trotz behauptet die Feier der Hochzeit, daß das durch Liebe qualifizierte
Leben ein Fest ist.
Auf dem Hintergrund dieser Überlegungen wird auch verständlich, warum der Wunsch
nach einer kirchlich-religiösen Traufeier noch immer verbreitet ist. Zum Fest des Lebens gehört ein alltagstranszendierender Trend. In die Reihe der ekstasierenden Medien Musik, Alkohol, Tanz gehört von jeher auch die Religion. Weil das Leben nicht nur
aus Liebe besteht, führt das Ereignis von Liebe zum Fest. Und weil man das Fest nur fei-

ern kann, indem man die Alltagserfahrung beiseiteschiebt und verdrängt, begibt man sich auch in den Raum der Religion, die die Hoffnung auf vollkommen gelungenes Leben offenhält. So drängt das Fest des Lebens, weil der Mensch vom Leben als Fest zu träumen wagt, von sich aus in die Kirche. Wie die Kirche auf ein solches Ansinnen reagiert, wird unter anderem davon abhängig sein, ob sie mit ihrer Theologie auch Phänomene wie Religion, Schöpfung, Leiblichkeit, Glück zu integrieren und in ihrem Recht anzuerkennen vermag. Als Fest, das sich aus der Alltagserfahrung heraushebt, impliziert die Hochzeit eine religiöse Dimension. Das Fest des Lebens hofft auf ein Leben als Fest. Wie soll Theologie sich demgegenüber verhalten?

3
Vertiefung

Die Hochzeit ist ein allgemeines kultur- und religionsgeschichtliches Phänomen. Zu den rituellen Akten, in denen rechtliche Fragen geregelt werden, in denen aber vor allem die Zuweisung des neuen sozialen Status erfolgt, gehört auch eine religiöse oder semireligiöse Zeremonie, die im Namen einer Gottheit, einer Partei oder im Namen des Volkes vollzogen werden kann. Im Laufe der Kirchengeschichte hat sich auch eine kirchliche Spielart dieses allgemeinreligiösen Zeremoniells entwickelt (zur geschichtlichen Entwicklung des Traugottesdienstes vgl. H. Fischer, Trauung aktuell, 1976, 13ff).
Eine rein theologische Begründung der kirchlichen Trauung kann es nicht geben. Ihre Notwendigkeit läßt sich weder aus dem Begriff einer Schöpfungsordnung noch aus dem Postulat einer christlichen Ehe noch aus der Gemeindebezogenheit des christlichen Lebens noch aus der diakonischen Aufgabe der Kirche eindeutig erweisen. Daß es auch in der Kirche einen Trauritus gibt, hängt zunächst einfach damit zusammen, daß das Christentum in die Rolle der Religion hineingewachsen ist und daß es hier wie in anderen Fällen klassische Aufgaben der Religion übernimmt. Man kann diese Entwicklung bedauern, man kann sie in ihrer inneren Zwangsläufigkeit zu verstehen versuchen. Man kann daraufhin aber keinesfalls die Teilnahme am kirchlichen Traugottesdienst zur verbindlichen Norm für alle Christen erheben, wie es in der Lebensordnung der VELKD und in den Ordnungen einzelner Landeskirchen vorgesehen ist.
Die Kirche pflegt im Vollzug des Traugottesdienstes eine Gewohnheit, die zum religiösen Charakter ihrer Institutionalität gehört. Da sie sich ohne Preisgabe ihrer spezifischen Tradition nie als reines Vollzugsorgan religiöser Bedürfnisse verstehen kann, wird sie bei der Durchführung des religiösen Teils des Traurituals immer auch spezifische Gesichtspunkte zu berücksichtigen haben, die sich aus der Besonderheit des biblischen Gottesbildes ergeben. In drei Zusammenhängen deute ich an, in welcher Weise die biblische Tradition die Gestaltung von Agende und Ansprache besonders beeinflussen wird.

3.1
Die Theologie des christlichen Glaubens hält auch im Trauritual daran fest: Gott ist die Liebe, aber die Liebe ist nicht Gott. Das ist zu betonen gegenüber einer naheliegenden Vermischung von Religion und Eros, Religion und Sexualität, die man im Feld der allgemeinen Religionsgeschichte immer wieder beobachten kann (vgl. W. Schubart, Reli-

gion und Eros, 1966). Schon das Alte Testament wehrt sich an verschiedenen Stellen gegen eine Verklärung der sexuellen Potenz, die mit dem Eindringen fremder Kulte Israels Gottesverhältnis zu gefährden drohte (vgl. H.W. Wolff, Anthropologie des Alten Testaments, ²1974, 253ff, sowie W. Schrage, Zur Frontstellung der paulinischen Ehebewertung in 1 Kor. 7,1–7, ZNW 69, 1976, 214ff). Die Begegnung zwischen zwei Menschen ist für die Bibel in leiblicher und seelischer Hinsicht eine weltliche Sache. Sie gehört zur Herrlichkeit der Schöpfung. Sie gehört zur Güte der Ausstattung der Kreatur. Sie ist Ausdruck der Liebe Gottes. Sie ist aber nicht die Liebe Gottes selbst. In der Liebe erlebt der Mensch nur seine eigenen Möglichkeiten, nichts Göttliches, nichts Überirdisches.

Der profane Charakter von Ehe und Eheschließung ist in der Gegenwart festzuhalten z.b. gegenüber einem Versuch, wie ihn R. Schäfer in zwei Aufsätzen vorgelegt hat (R. Schäfer, Die Lehre von der Ehe im Lichte des Gottesgedankens, ZThK 69, 1971, 489ff, und: Zur kirchlichen Trauung, ZThK 70, 1973, 474ff). Sein Spitzensatz lautet: »Die Eheschließung enthält schon an sich ein religiöses Moment« (1973, 484). Zwar habe ich mit dem Hinweis auf den alltagstranszendierenden Trend der Trauung etwas Ähnliches konstatiert. Wogegen ich mich aber abgrenzen möchte, ist die religiöse Aufladung, die im Entwurf von Schäfer der menschlichen Libido widerfährt. So bemerkt er zu Mt 19,6: Jesus sieht »darin, daß Mann und Frau durch die in ihnen wirkenden Kräfte zur Ehe zusammengeführt werden, eine Wirksamkeit Gottes, die identisch ist mit der Erschaffung und Zusammenführung der Protoplasten« (1973, 485). Und im Blick auf den Traugottesdienst heißt es: »Der Pfarrer braucht . . . in der Trauung das Wort Gottes nicht an Menschen heranzutragen, für die Gott ganz und gar fremd wäre. Er kann vielmehr das undeutliche Gefühl durchklären und dem Empfänglichen zeigen, daß Gott es ist, der im Geschlecht, in der Liebe, in der Treue, in der Sorge, im Schicksal des Alterns . . . als Schöpfer und Vater gegenwärtig ist und bleibt« (1971, 519 Anm. 49). Sicher sind diese Sätze als Grenzaussagen gemeint, um die Vorgängigkeit der göttlichen Gegenwart bei den Liebenden zum Ausdruck zu bringen. Aber als solche überschreiten sie eine Grenze, die für die biblische Tradition zwischen der menschlichen Liebe und der Liebe Gottes zum Menschen besteht.

3.2

Die Theologie des christlichen Glaubens hält auch im Trauritual daran fest: Die Hochzeit ist das Fest des Lebens, aber das Leben ist nicht nur ein Fest. Damit soll zum Ausdruck gebracht werden, daß der christliche Glaube sich gegen die illusionären Tendenzen sperrt, die dem Ritual innewohnen. Alkohol, Tanz und Musik transzendieren den Alltag, indem sie das Alltagselend verdrängen. Auch das braucht der Mensch, weil er ein Leben nur in der grauen Alltagserfahrung nicht aushalten könnte. Aber das Alltagselend kann um so größer werden, je intensiver man ihm zu entfliehen versucht. Der christliche Glaube dagegen, und dies dürfte ihn von den anderen Stimulantien des Fests unterscheiden, will auch in der Feier des Rituals den Kontakt zur Alltagswirklichkeit nicht verlieren.

Der Glaube ist also bei der Feier dabei: Die Hochzeit ist das Fest des Lebens. Aber er braucht, um feiern zu können, die Schattenseiten des Lebens nicht zu vergessen. Deshalb erinnert die Agende die Liebenden in diesem Augenblick auch an das künftige »Kreuz der Ehe«. Deshalb verweist sie mitten im Fest des Lebens die Feiernden an die Grenze, die der Tod ihrem Leben setzen wird. Und deshalb wird die Ansprache des Pfarrers auch immer möglichst realitätsgerecht gehalten sein. Sie wird das Glück der Eheleute nicht über Gebühr verherrlichen, sie wird die Probleme, die sich aus der Ablösung wie aus der neuen Bindung ergeben, taktvoll, aber deutlich ansprechen, wohl wissend, daß sie der vertiefenden Klärung in der Eheberatung bedürfen. Und sie wird auch die Zukunftsperspektiven des gemeinsamen Lebens so nüchtern beleuchten, daß es weder zu einer unrealistischen Heilserwartung noch zu einer resignativen Angsthaltung kommt. Diese Treue zur Wirklichkeit, die letztlich im Kreuz Jesu begründet liegt, will die Festlichkeit des Festes nicht zerstören. Sie will aber dafür sorgen, daß durch die Erinnerung an den Alltag im Fest die Kraft des Festes für das Leben im Alltag fruchtbar wird.

3.3
Der christliche Glaube hält auch im Trauritual daran fest: Die Hochzeit ist die Feier des Lebens in der Familie als Vorzeichen für die Feier des Lebens in Gottes Reich. Zur theologisch gebotenen Wirklichkeitstreue gehört die Einsicht: Das Glück zweier Menschen, die sich gefunden haben, findet statt im gesellschaftlichen Kontext von Unglück und Leid, von Unterdrückung und Entfremdung. Zugleich muß man sehen: Dieses Glück ist durch den gesellschaftlichen Kontext bedroht (vgl. K. Ottomeyer, Ökonomische Zwänge und menschliche Beziehungen. Soziales Verhalten im Kapitalismus, rororo 7055, 1977, bes. 125ff). Die entfremdete Arbeit zerstört den Lebensgenuß, lähmt die Kräfte der Vitalität längst, bevor das biologisch notwendig wäre. Die Eheleute werden sich, wenn sie z.B. im unterschiedlichen Schichtrhythmus arbeiten, wochenlang nur kurz zu sehen bekommen. Die größte Gefährdung der Ehe aber dürfte sich aus dem Charakter der modernen Gesellschaft ergeben. Weil es dort keine sinnvolle Tätigkeit gibt, weil die meisten Beziehungen unter dem Konkurrenzdruck verlaufen, weil dort überhaupt nach dem Leistungsprinzip kommuniziert wird, wird der private Bereich der Ehe total überfordert. Das Glück, das man draußen nicht findet, soll im Binnenraum der Ehe gelingen. Die seelischen und körperlichen Schäden, die man in der Gesellschaft davonträgt, sollen hier heilen. Für die Frustrationen des leistungs- und konkurrenzorientierten Lebens soll hier der Ausgleich gefunden werden. Eben dadurch gerät die moderne Ehe selbst in einen unheimlichen Leistungsdruck. Was ihnen die Gesellschaft versagt, sollen die Eheleute sich gegenseitig selber vermitteln (vgl. die Literatur bei P.M. Zulehner, Heirat, Geburt, Tod. Eine Pastoral zu den Lebenswenden, 1976, 59ff). Im Wunsch der Partner nach gemeinsamem Glück und in der beschränkten Möglichkeit zur Realisierung dieses Wunsches meldet sich die Ahnung von und die Sehnsucht nach einem Leben, in dem die Erfahrung von Glück nicht zum privaten Privileg reduziert ist. Die Hochzeit als Fest des Lebens verrät: Glück unter Menschen gibt es nicht ohne Liebe, Vertrauen und Solidarität. Die Theologie fügt hinzu, was jeder Mensch einsehen kann: Glück unter Menschen gibt es letztlich nicht in der Beschränkung auf den privaten Bereich. Glück gibt es kollektiv oder gar nicht. Daran erinnert die metaphorische Redeweise der Bibel vom kommenden Reich. Das Fest des Lebens wird vollkommen erst dann gefeiert werden, wenn alle Menschen von Liebe, Vertrauen und Solidarität umfangen sind. Was in der Ehe gelingen soll, muß in der Gesellschaft Wirklichkeit werden, damit die Ehe gelingen kann.
Das kirchlich-religiöse Angebot aus Anlaß der Hochzeit umfaßt nicht nur den liturgischen Akt des Traugottesdienstes, sondern auch die poimenische Beratung im Traugespräch (vgl. H.J. Thilo, Beratende Seelsorge. Tiefenpsychologische Methodik darge-

stellt am Kasualgespräch, 1971, 152ff) und die homiletische Handlung in der Trauansprache.

In allen Bereichen wird sich der Pfarrer die Möglichkeit zu einer offenen Kommunikation mit dem Ehepaar und dessen Angehörigen verbauen, wenn er den Kasus als Gelegenheit zur dogmatischen Indoktrination betrachtet. Sehr bedenklich sind in dieser Hinsicht Formulierungen, die M. Seitz zur Aufgabe der Ansprache vorgelegt hat. »Die Predigt bei der Trauung hat die Aufgabe, den konfessorischen Charakter der Trauung deutlich zu machen. Die meisten Ehepaare wissen es nicht, daß ihr Entschluß, sich kirchlich trauen zu lassen, ein Akt des Bekenntnisses ist. Sie wissen es nicht, daß sie damit ihre Ehe und sich als Ehepaar in die Gemeinde hineinstellen. Da sie es nicht wissen, muß es ihnen gesagt und in der Predigt verkündigt werden« (M. Seitz, Die Predigt bei der Trauung, in: H. Breit/M. Seitz [Hg.], Trauung, Calwer Predigthilfen, 1975, 23f). Die Aussage selbst formuliert deutlich genug ihr Dilemma. Wer den Traugottesdienst am theologischen Schreibtisch definiert und dessen sozialpsychologische Funktion unberücksichtigt läßt, muß den Teilnehmern sein Verständnis der Handlung einzureden versuchen. Er kann dann, auf die Spitze getrieben, seine Gesprächspartner nur noch als Objekte seiner Belehrungs- und Verkündigungsbemühungen behandeln.

Die wirkliche Aufgabe des Theologen dürfte demgegenüber darin bestehen, dem jungen Ehepaar im offenen Gespräch und unter Berücksichtigung seiner spezifischen Situation bei der Bewältigung der anstehenden Lebensprobleme zu helfen, auch und gerade dadurch, daß sie diese Probleme im Licht des biblischen Gottesgedankens zu reflektieren versucht. Insofern sind alle Akte des kirchlichen Kasualangebots aus Anlaß der Hochzeit durch den Dialog zwischen lebenspraktischer Situation und biblischer Tradition strukturiert (vgl. K.-H. Lütcke, Die Trauung, in: H.-D. Bastian/D. Emeis/P. Krusche/K.-H. Lütcke, Taufe, Trauung und Begräbnis. Didaktischer Leitfaden zum kirchlichen Handeln, Praxis der Kirche 29, 1978, 67ff; zur Trauung einer konfessionsverschiedenen Ehe vgl. H.-Chr. Schmidt-Lauber, Gemeinsame kirchliche Trauung, EvTh 39, 1979, 160ff).

3.4
Fragen zur Weiterarbeit

1. Worin bestehen Gemeinsamkeiten und Unterschiede des poimenischen, liturgischen und kerygmatischen Handelns der Kirche aus Anlaß einer Eheschließung (vgl. K.-H. Lütcke, Die Trauung, in: H.-D. Bastian/D. Emeis/P. Krusche/K.-H. Lütcke, Taufe, Trauung und Begräbnis. Didaktischer Leitfaden zum kirchlichen Handeln, 1978, 67ff)?
2. Welches sind die theologischen und rechtlichen Probleme einer Trauung von konfessionsverschiedenen Ehepartnern (vgl. H.-Chr. Schmidt-Lauber, Gemeinsame kirchliche Trauung. Versuch einer Bilanz nach einem Jahrzehnt, EvTh 39, 1979, 160ff)?
3. Welche Möglichkeiten und Schwierigkeiten bestehen für die rituelle Gestaltung jener emotionalen Vorgänge, die sich bei Trennungs- und Scheidungsabläufen in dem betroffenen Menschen vollziehen (vgl. W.E. Oates, Krise, Trennung, Trauer. Ein Leitfaden pastoraler Fürsorge und Beratung, 1977, 85ff; sowie D. Stollberg, Nach der Trennung, 1974)?
4. Was bedeutet es für Inanspruchnahme, Vollzug und Verständnis des kirchlichen Traurituals, daß zunehmend mehr Menschen vor der Eheschließung in einer festen Beziehung zusammenleben und zum Teil auch auf eine offizielle Sanktionierung ihrer Beziehung verzichten?

Literatur

F.K. Barth / G. Grenz / P. Horst, Gottesdienst menschlich, 1973
K. Barth, Die Kirchliche Dogmatik, Bd. III/4, 1951
G. Barczay, Art. »Trauung«, in: G. Otto (Hg.), Praktisch-theologisches Handbuch, ²1975, 586ff
K.-F. Daiber, Die Trauung als Ritual, EvTh 33, 1973, 578ff
H. Fischer, Trauung aktuell, 1976
A. van Gennep, Übergangsriten (Les rites de passage), 1986
K.-H. Lütcke, Die Trauung, in: H.-D. Bastian / D. Emeis / P. Krusche / K.-H. Lütcke, Taufe, Trauung und Begräbnis. Didaktischer Leitfaden zum kirchlichen Handeln, 1979, 67ff
G.M. Martin, Fest und Alltag. Bausteine zu einer Theorie des Festes, 1973
Th. Müller, Konfirmation – Hochzeit – Taufe – Bestattung. Sinn und Aufgabe der Kasualgottesdienste, 1988
R. Schäfer, Die Lehre von der Ehe im Lichte des Gottesgedankens, ZThK 69, 1971, 489ff
ders., Zur kirchlichen Trauung, ZThK 70, 1973, 474ff
W. Schrage, Zur Frontstellung der paulinischen Ehebewertung in 1Kor 7,1–7, ZNW 69, 1976, 214ff
M. Seitz, Die Predigt bei der Trauung, in: H. Breit / M. Seitz (Hg.), Trauung, in: Calwer Predigthilfen, 1975, 11ff
Y. Spiegel, Gesellschaftliche Bedürfnisse und theologische Normen. Versuch einer Theorie der Amtshandlungen, ThPr 6, 1971, 212ff
D. Stollberg, Nach der Trennung, 1974
H.J. Thilo, Beratende Seelsorge. Tiefenpsychologische Methodik dargestellt am Kasualgespräch, 1971
W. Trillhaas, Ethik, ³1970
F. Winter, Mann und Frau in der Liturgie, in: Theologische Versuche VI, 1975, 227ff
P.M. Zulehner, Heirat, Geburt, Tod. Eine Pastoral zu den Lebenswenden, 1976

§ 7
Gottesdienstreform im Katholizismus (M.J.)

1
Einführung

Das Thema Gottesdienstreform ist im letzten Jahrzehnt viel diskutiert worden. Dabei ging es jedenfalls im protestantischen Raum immer nur um partielle Reform-Projekte. Denn entweder hat man, bei weitgehend gleichbleibenden Gottesdienstzielen, in den sog. »Gottesdiensten in neuer Gestalt« den herkömmlichen Aufbau des Gottesdienstes zu verändern versucht; oder man hat durch die Freilegung der gesellschaftskritischen Implikationen der biblischen Tradition ein spezifisch politisches Gottesdienst-Verständnis entwickelt, das im »Kölner Politischen Nachtgebet« seine wirksamste liturgische Ausgestaltung gefunden hat. In beiden Fällen aber blieb Zentralstellung, Funktion und Struktur des normalen Sonntags-Gottesdienstes nach Agende I unangetastet.
Sehr viel weiter reichen die Ziele der Gottesdienstreform in der katholischen Kirche. Zwar hat es auch dort die Arbeit an partiellen Reform-Projekten gegeben. Aber Gottesdienstreform im Katholizismus meint zunächst und hauptsächlich Reform im Verständnis und in der Gestaltung der zentralen liturgischen Feier, der Messe. So gesehen bezeichnet das Thema einen bedeutsamen Einschnitt in der Liturgiegeschichte der römi-

schen Kirche. Ein Zeitalter, das mit der Einführung des Missale Romanum durch Pius V. im Jahre 1570 begonnen hatte, ist mit dem II. Vatikanischen Konzil faktisch zu Ende gegangen. A. Adam unterstreicht die Bedeutung der Konzils-Konstitution «De sacra liturgia«, indem er zu ihrer Verabschiedung bemerkt: »Man muß diesen Tag – übrigens genau 400 Jahre nach der Schlußsitzung des Trienter Konzils – und dieses Dokument als den Beginn einer neuen Epoche in der Geschichte der Kirche und der Liturgie betrachten« (A. Adam, Erneuerte Liturgie, [2]1975, 10). Mit dieser Konstitution hat sich die katholische Kirche aus der Engführung der antireformatorischen Position befreit. Das bedeutet nicht, daß sie sich einfach den reformatorischen Intentionen geöffnet hätte. Sie ist aber fähig geworden, im Rückgriff auf biblische und altkirchliche Einsichten auch solche Gottesdienst-Anschauungen zu übernehmen, bei denen die offenkundige Nähe zu reformatorischen Anliegen nicht zu übersehen ist.

Die Beschäftigung mit der katholischen Liturgie-Reform ist notwendig, einmal weil mit dem Vollzug dieser Reform eine neue Situation für das kontroverstheologische Gespräch entstanden ist, dann aber auch, weil sich in den Reform-Bemühungen dieser Großkirche die Grundsatz-Problematik von Liturgie-Reform überhaupt zu erschließen vermag. Deshalb wird die Darstellung zeigen müssen, daß die Erneuerung der Liturgie, wie sie das II. Vaticanum gefordert hat, ihre Vorgeschichte und ihre Auswirkungen im Bereich der katholischen Kirche gehabt hat.

2
Entfaltung

2.1
Die Liturgische Bewegung

Die Liturgie-Konstitution des II. Vaticanums bildet den Höhepunkt einer Entwicklung, die seit dem 19. Jh. eine Erneuerung des katholischen Gottesdienstes angestrebt hat. Dabei handelt es sich um die sog. Liturgische Bewegung, die vor allem vom Benediktinerorden getragen wurde und in Frankreich, Deutschland und Österreich ihre größte Ausbreitung fand (vgl. W. Trappe, Vorgeschichte und Ursprung der Liturgischen Bewegung, 1940; O. Rousseau, Histoire du mouvement liturgique, 1945; Th. Dogler u.a., Liturgische Bewegung in aller Welt, 1950; F. Kolbe, Die Liturgische Bewegung, 1964).

Die Ziele und Verdienste der Liturgischen Bewegung bestehen einmal in dem intensiven Bemühen um historische Erforschung der Gottesdienst-Geschichte, im Rahmen derer man über die mittelalterlichen und gegenreformatorischen Verkrustungen hinaus zu den altkirchlichen Ursprüngen der Messe zurückfinden wollte (vgl. J.A. Jungmann, Missarum sollemnia, 2 Bde, [4]1958). Inhaltlich ging es der Liturgischen Bewegung um die Überwindung eines Gottesdienstverständnisses, das sich vorwiegend am latreutischen Handeln des Individuums orientiert. In einer damals viel beachteten und einflußreichen Studie betonte demgegenüber R. Guardini: »Nächster und eigentümlicher Zweck der Liturgie ist nicht, die Gottesverehrung des einzelnen auszudrücken; sie hat nicht ihn als solchen zu erbauen, geistlich zu wecken und zu bilden. Nicht der einzelne ist Träger des liturgischen Handelns und Betens. Auch nicht die Gesamtzahl vieler Sonderwesen . . . Das Ich der Liturgie ist vielmehr das Ganze der gläubigen Gemeinschaft als solcher, ein über die bloße Gesamtzahl der Einzelwesen hinausliegendes Mehr, die Kirche« (R. Guardini, Vom Geist der Liturgie [1918], Neuausgabe Herder-Taschenbuch 2, 1957, 20). Im Rahmen seiner »Mysterien-Theologie« versuchte O. Casel, unter dem Begriff der repraesentatio Christi den Gottesdienst als Heilsereignis zu interpretieren und gleichzeitig seine lebenspraktischen Konsequenzen hervorzuheben. »Liturgie ist, richtig verstanden, höchste Kirchenpolitik. Ihr Kern ist freilich rein pneumatisch, das heißt übernatürlich; er ist das Heilswerk Christi, das in die andere Welt hineinragt und die Menschen zur Ewigkeit führt. Aber insofern sich in dem Gottesdienst die Gemeinschaft der Kirche auch nach außen hin aufs eindringlichste und machtvollste zu erkennen gibt, ist Liturgie auch politisch von größter Kraftwirkung« (O. Casel, Liturgische Handlung und Katholische Aktion, 1930, in: Mysterium der Ecclesia, 1961, 270).

Das Hauptziel der Liturgischen Bewegung, die Beteiligung der ganzen Gemeinde am Gottesdienst, setzte die Eindeutschung des Meßformulars voraus, die zum ersten Mal 1884 durch die seitdem millionenfach aufgelegte Übersetzung von A. Schott erfolgte. Während die Liturgische Bewegung zunächst vor allem Akademiker und Studenten erfaßte, zielte das Programm des »Volkskirchlichen Apostolats« von P. Parsch betont auf alle Schichten des Volkes. Ihre liturgische Konkretion fand die Bewegung um 1930 in der »Gemeinschaftsmesse« sowie in der »Bet-Sing-Messe«, die auf einzelne Stücke der »Deutschen Singmesse« aus der zweiten Hälfte des 18. Jhs. zurückgreifen konnte. Darüber hinaus hat sie fruchtbare Auswirkungen auf das gesamte Gemeindeleben gehabt (vgl. Th. Maas-Ewerd, Liturgie und Pfarrei. Einfluß der liturgischen Erneuerung auf Leben und Verständnis der Pfarrei im deutschen Sprachgebiet, 1969).

W. Birnbaum hat die wichtigsten Anliegen der Liturgischen Bewegung, soweit sie die Unterschiede zur nachtridentinischen Liturgik betreffen, in folgenden Punkten zusammengefaßt: »Früher war die Messe die Opferfeier auf dem Altar durch den Hohenpriester Christus und seine Mitpriester, und für die Gläubigen, die der Feier ›anwohnten‹ und die Zeit mit privaten Gebeten ausfüllten, wurde das meritum bereitet, das die immer wieder abreißende Verbindung zwischen Gott und Mensch von neuem anknüpft. Jetzt ist die Messe caritas, wird Gemeindefeier, gehört nicht allein ins Gebiet der Rechtfertigung, sondern vor allem der Heiligung, ist nicht mehr nur Versöhnungsmittel, sondern Erziehungs- und Verklärungsmittel. – Früher waren die Priester das wesentliche Subjekt, jetzt wird neu Wert darauf gelegt, daß die Gemeinde die Messe als ihre eigenste Angelegenheit erfaßt und sie ihr zum ›Erlebnis‹ wird. Ehemals galt der Text so wenig, daß man sich fragte, ob der Kolent überhaupt zu innerer Anteilnahme zu verpflichten sei; jetzt bemüht man sich, nicht nur ihm, sondern der Gemeinde ein eindringendes Verständnis jedes Wortes und jeder einzelnen Gebärde zu erschließen. – Für das Werden der Liturgie wurde früher nur der dogmatische Satz von der autoritativen ›Anordnung‹ aufgestellt und aus ihm die Einzelheiten ohne Rücksicht auf faktisches Geschehen erschlossen; jetzt ist die Liturgiewissenschaft zu rückhaltlos historischer Arbeit freigeworden« (W. Birnbaum, Das Kultusproblem und die liturgischen Bewegungen des 20. Jahrhunderts, Bd I: Die deutsche katholische liturgische Bewegung, 1966, 88f).

Unter den Päpsten dieses Jahrhunderts hat insbesondere Pius X. die Bewegung gefördert; von ihm stammt auch ein vielzitiertes Wort, das ihre Intention auf die griffige Formel bringt: »Ihr sollt nicht in der Messe beten, sondern ihr sollt die Messe beten«. Eine erste lehramtliche Würdigung erfolgte durch die Enzyklika »Mediator Dei« Pius'

XII. vom 20. 11. 1947. Eine erste Auswirkung auf den Gottesdienst der Gesamtkirche zeigte sich in der Neugestaltung der Osternacht, die in den Jahren 1951/55 eingeführt wurde und die ohne den Einfluß der Liturgischen Bewegung nicht denkbar gewesen wäre.

In der Einleitung der Enzyklika betont Pius XII. zunächst die Verdienste der Liturgischen Bewegung um die Erneuerung des gottesdienstlichen Lebens. »Die hehren Zeremonien des heiligen Opfers wurden besser erkannt, gefaßt und geschätzt, die Sakramente in größerem Umfang und häufiger empfangen, die liturgischen Gebete inniger verkostet und die Verehrung der heiligen Eucharistie – was bleiben soll – als Quelle und Mittelpunkt wahrer christlicher Frömmigkeit gewertet« (Pius XII., Mediator Dei, 1948, Art 5/S. 11). Gleichzeitig steckt er aber schon in der Einleitung auch nachdrücklich die Grenzen der Erneuerungsbestrebung ab: »So müssen Wir andererseits mit Besorgnis, ja mit Furcht wahrnehmen, daß einige zu neuerungssüchtig sind und vom Weg der gesunden Lehre und der Klugheit abweichen. Den Plänen und Bestrebungen zur Erneuerung der Liturgie, an die sie herantreten, mischen sie häufig Auffassungen bei, die in der Theorie oder Praxis diese sehr heilige Sache bloßstellen und bisweilen mit Irrungen anstecken« (8/13). Welche Anschauungen und Experimente konkret von dieser Warnung betroffen sind, wird dann im weiteren Verlauf der Enzyklika deutlich. Gegenüber einem »objektiven« Liturgieverständnis betont sie die Notwendigkeit der subjektiven Disposition und der persönlichen Partizipation (27ff/30ff). Sie tadelt die Verwendung der Volkssprache beim eucharistischen Opfer und unterstreicht, daß allein der Apostolische Stuhl die partielle Einführung der Muttersprache freigeben kann (57ff/54ff). Sie relativiert die Überschätzung der alten Riten (60/57) und kritisiert den »übertriebenen Archäologismus in liturgischen Dingen« (201/161). Ebenso verteidigt sie die Praxis der Privatmesse (94/80f) und wendet sich gegen die Auffassung, die Kommunion der Gläubigen sei zur Meßfeier unbedingt notwendig (113/95). Die Auswirkung der Liturgischen Bewegung auf die Gesamtkirche ist zu dieser Zeit also noch durchaus begrenzt (vgl. W. von Loewenich, Der moderne Katholizismus. Erscheinung und Probleme, 1955, 205ff).

2.2
Das II. Vaticanum

Ihre kirchenamtliche Fundierung hat die Liturgiereform im Katholizismus durch das II. Vaticanum gefunden. Von den 16 Dokumenten, die auf dem Konzil verabschiedet worden sind, steht die Constitutio de sacra liturgia, nach ihren Anfangsworten auch »Sacrosanctum concilium« zitiert, an erster Stelle. Der Entwurf der vorbereitenden liturgischen Kommission wurde vom 22. 10. 1962 an unter den Konzilsvätern diskutiert. Nach vielen Veränderungen wurde der endgültige Text am 4. 12. 1963 überraschend einmütig angenommen; es gab 2147 Ja- und nur 4 Nein-Stimmen. Noch am gleichen Tag wurde die Konstitution durch den Papst feierlich verkündet und damit in Kraft gesetzt.

Der Text umfaßt 130 Artikel in 7 Kapiteln (am leichtesten zugänglich in: K. Rahner/H. Vorgrimler, Kleines Konzilskompendium, Herder-Bücherei 270–273, 1966, 51ff; in lateinisch-deutscher Ausgabe mit ausführlichem Kommentar bei E.J. Lengeling, Die Konstitution des zweiten vatikanischen Konzils über die heilige Liturgie, Lebendiger Gottesdienst 5/6, 1965, sowie in: Konstitution über die heilige Liturgie, Einleitung und Kommentar von J.A. Jungmann SJ, LThK², Das II. Vatikanische Konzil, Teil I, 1966, 9ff). Die Überschriften der Hauptabschnitte lauten: Vorwort (1–4); I. Allgemeine Grundsätze zur Erneuerung und Förderung der heiligen Liturgie (5–46); II. Das heilige Geheimnis der Eucharistie (47–58); III. Die übrigen Sakramente und die Sakramentalien (59–82); IV. Das Stundengebet (83–101); V. Das liturgische Jahr (102–111); VI. Die Kirchenmusik (112–121); VII. Die sakrale Kunst, Liturgisches Gerät und Gewand (122–130). Rahner/Vorgrimler konstatieren in ihrer Einleitung, es handle sich um »das detailreichste Dokument des Konzils« (38).

Daß die folgende Konzentration auf die Reformaspekte dem Selbstverständnis der Konstitution gerecht wird, geht schon aus dem Umfang des I. Kapitels hervor, wird aber auch darin deutlich, daß die Liturgische Bewegung im Text auf besondere Weise qualifiziert wird. »Der Eifer für die Förderung und Erneuerung der Liturgie gilt mit Recht als ein Zeichen für die Fügungen der göttlichen Vorsehung über unserer Zeit, als ein Hindurchgehen des Heiligen Geistes durch seine Kirche« (Art. 43 ; die Aussage bezieht sich auf eine Formulierung, die Pius XII. am 22. 9. 1956 im Anschluß an den liturgischen Kongreß von Assisi zur Würdigung der Liturgischen Bewegung geprägt hatte).

2.2.1
In Art. 1 führt die Konstitution die allgemeinen Ziele des Konzils an, innerhalb derer auch die Liturgiereform begriffen werden will. »Das Heilige Konzil hat sich zum Ziel gesetzt, das christliche Leben unter den Gläubigen mehr und mehr zu vertiefen, die dem Wechsel unterworfenen Einrichtungen den Notwendigkeiten unseres Zeitalters besser anzupassen, zu fördern, was immer zur Einheit aller, die an Christus glauben, beitragen kann, und zu stärken, was immer helfen kann, alle in den Schoß der Kirche zu rufen. Darum hält es das Konzil auch in besonderer Weise für seine Aufgabe, sich um Erneuerung und Pflege der Liturgie zu sorgen«. Das Konzil will also mit seiner Arbeit eine innergemeindliche Erneuerung, eine Modernisierung, eine ökumenische Öffnung sowie eine missionarische Aktivierung der Kirche erreichen. Daß bei der Verwirklichung dieser Ziele dem Gottesdienst eine besondere Rolle zufällt, wird freilich nur im Rahmen der katholischen Hochschätzung des Gottesdienstes verständlich, wie sie z.b. in Art. 10 ausgesprochen wird. Danach ist »die Liturgie der Höhepunkt, dem das Tun der Kirche zustrebt, und zugleich die Quelle, aus der all ihre Kraft strömt«.

2.2.2
Speziell im Blick auf die liturgiereformerischen Intentionen des Dokumentes hat E.J. Lengeling »*vier liturgietheologische Grundzüge*« herausgearbeitet, »welche die gesamte Konstitution prägen :
1. Liturgie ist Aktualisierung des Priesterwirkens Christi in seinem Doppelaspekt: Heilszuwendung und Gottesverehrung. –
2. Liturgie ist heiliges Geschehen und Tun der ganzen Kirche. –
3. Liturgie ist Geschehen und Tun unter heiligen Zeichen, die aus ihrer Natur verstanden und bewußt, fromm und tätig mitvollzogen werden wollen. –
4. Liturgie ist Quelle und Gipfel allen kirchlichen Tuns« (76).
Entscheidend für Absicht und Durchführung der Liturgie-Reform ist Art. 21. »Damit das christliche Volk in der heiligen Liturgie die Fülle der Gnaden mit größerer Sicherheit erlange, ist es der Wunsch der heiligen Mutter Kirche, eine allgemeine Erneuerung der Liturgie sorgfältig in die Wege zu leiten. Denn die Liturgie enthält einen kraft göttlicher Einsetzung unveränderlichen Teil und Teile, die dem Wandel unterworfen sind. Diese Teile können sich im Laufe der Zeit ändern, oder sie müssen es sogar, wenn sich etwas in sie eingeschlichen haben sollte, was der inneren Wesensart der Liturgie weniger entspricht, oder wenn sie sich als weniger geeignet herausgestellt haben. – Bei dieser Erneuerung sollen Texte und Riten so geordnet werden, daß sie das Heilige, dem sie als Zeichen dienen, deutlicher zum Ausdruck bringen und so, daß das christliche Volk sie

möglichst leicht erfassen und in voller, tätiger und gemeinschaftlicher Teilnahme mitfeiern kann«. In diesem Artikel klingen die verschiedenen Motive an, die die formalen
und materialen Grundsätze der konziliaren Liturgiereform bilden.
In formaler Hinsicht ist an erster Stelle das Prinzip der Anpassung zu nennen. Art. 21
läßt sehr deutlich die theologische Voraussetzung für die Anwendung dieses Prinzips
erkennen, indem nämlich zwischen kraft göttlicher Einsetzung unveränderlichen und
geschichtlich gewachsenen veränderlichen Teilen der Liturgie unterschieden wird. Dabei rechnet der Text nicht nur mit dem Veralten einzelner Stücke, sondern ausdrücklich
auch mit der Möglichkeit, es könnten im Laufe der Entwicklung auch dem Wesen des
Gottesdienstes widersprechende Elemente in die kirchliche Liturgie eingedrungen sein.

Der Begriff der Anpassung selbst hat aber eine doppelte Ausrichtung, die zum Teil auch durch unterschiedliche Wörter im lateinischen Urtext ausgedrückt wird. Auf der einen Seite bezeichnet er,
meist unter dem Stichwort accomodatio, Reformaufgaben, die den Bereich der ganzen Kirche betreffen und die deshalb einer einheitlichen Regelung bedürfen (z.b. Fragen der Kindertaufe, Art.
67f; der Krankensalbung, 75; des Kirchenjahrs, 107). Davon zu unterscheiden ist die aptatio, die
Angleichung an die regionale Situation in den einzelnen Diözesen, Ländern und Kontinenten; hier
kann die Gesamtkirche, nämlich der Papst und das Konzil, nur allgemeine Richtlinien erlassen, die
konkrete Ausführung aber haben die territorialen Autoritäten nach Vorlage beim Vatikan zu vollziehen (vgl. vor allem Art. 39f; die Einzelfragen, z.b. die Aufnahme von vorchristlichen Initia-
tionsriten, 65, die Einführung von neuen Sakramentalien, 79, die Übernahme nationaler Formen
der Kirchenmusik, 119, werden dann wieder unter dem Stichwort accomodatio behandelt).

Damit klingt ein zweites formales Prinzip der beabsichtigten Liturgiereform an, nämlich die Respektierung der innerkirchlichen Vielfalt. Waren die liturgischen Intentionen
des Tridentinums sehr stark vom Gesichtspunkt der Vereinheitlichung bestimmt, so
stellt jetzt Art. 38 ausdrücklich fest: »Unter Wahrung der Einheit des römischen Ritus
im wesentlichen ist berechtigter Vielfalt und Anpassung an die verschiedenen Gemeinschaften, Gegenden und Völker, besonders in den Missionen, Raum zu belassen, auch
bei der Revision der liturgischen Bücher«. Konkret wird dieses Prinzip wirksam einmal
in der verstärkten Zulassung regionaler Sonderregelungen, wie sie sich zwangsläufig
aus der Anpassungsstrategie ergeben. Darüber hinaus wird jetzt auch die gleichberech-
tigte Anerkennung der nicht-römischen Riten in der Kirche betont ausgesprochen.
»Treu der Überlieferung erklärt das Heilige Konzil schließlich, daß die heilige Mutter
Kirche allen rechtlich anerkannten Riten gleiches Recht und gleiche Ehre zuerkennt«
(Art. 4).
Als drittes formales Kriterium bei der Neugestaltung der Liturgie ist das Prinzip der
Vereinfachung zu erwähnen. Die entscheidende Formulierung bringt Art. 34: »Die Riten mögen den Glanz edler Einfachheit an sich tragen und knapp, durchschaubar und
frei von unnötigen Wiederholungen sein. Sie seien der Fassungskraft der Gläubigen an-
gepaßt und sollen im allgemeinen nicht vieler Erklärungen bedürfen«, eine Aussage, die
sich, wie die vorhergehende Überschrift feststellt, aus dem »belehrenden und seelsorg-
lichen Charakter der Liturgie« (vor Art. 33) ergibt (ähnlich auch Art. 50).
Der Sinn dieser formalen Gestaltungsprinzipien wird freilich erst verständlich, wenn
man ihren notwendigen Zusammenhang mit der zugrundeliegenden Gottesdienst-An-
schauung beachtet. »Die ›aktive Teilnahme‹ der Gläubigen am Gottesdienst (activa par-
ticipatio) ist beinahe als ein Schlüsselwort der Konstitution der Liturgie zu betrachten«

(V. Vajta, Die Folgen der Liturgiereform, in: J.Chr. Hampe [Hg.], Die Autorität der Freiheit, Bd I, 1967, 609). Neben dem schon zitierten Art. 21 bringt diesen Gesichtspunkt vor allem Art. 48 zur Geltung: »So richtet die Kirche ihre ganze Sorge darauf, daß die Christen diesem Geheimnis des Glaubens nicht wie Außenstehende und stumme Zuschauer beiwohnen; sie sollen vielmehr durch die Riten und Gebete dieses Mysterium wohl verstehen lernen und so die heilige Handlung bewußt, fromm und tätig mitfeiern«. Das hat beispielsweise eine Relativierung der Privat-Messe zur Folge. »Wenn Riten gemäß ihrer Eigenart auf gemeinschaftliche Feier mit Beteiligung und tätiger Teilnahme der Gläubigen angelegt sind, dann soll nachdrücklich betont werden, daß ihre Feier in Gemeinschaft – im Rahmen des Möglichen – der vom Einzelnen gleichsam privat vollzogenen vorzuziehen ist« (Art. 27).

Die aktive Partizipation aller Gläubigen am Gottesdienst kann freilich nach katholischem Verständnis den grundlegenden Unterschied zwischen Klerus und Laien nicht aufheben. So betont Art. 28: »Bei den liturgischen Feiern soll jeder, sei er Liturg oder Gläubiger, in der Ausübung seiner Aufgabe nur das und all das tun, was ihm aus der Natur der Sache und gemäß den liturgischen Regeln zukommt«. Immerhin wird aber zum ersten Mal in einem Konzilsdokument festgehalten: »Auch die Ministranten, Lektoren, Kommentatoren und die Mitglieder der Kirchenchöre vollziehen einen wahrhaft liturgischen Dienst« (Art. 29); und für die anschließende Liturgiereform wird gefordert: »Bei der Revision der liturgischen Bücher soll sorgfältig darauf geachtet werden, daß die Rubriken auch den Anteil der Gläubigen vorsehen« (Art. 31).

Eine zweite inhaltliche Neuerung in der liturgischen Tradition des Katholizismus stellt die Hervorhebung der Bedeutung des *Wort*-Elementes dar. Ungleich zwingender als auf dem Tridentinum (Denz. 946) wird die Homilie für den Sonntagsgottesdienst zur Regel gemacht. »Die Homilie . . . wird als Teil der Liturgie selbst sehr empfohlen. Ganz besonders in den Messen, die an Sonntagen und gebotenen Feiertagen mit dem Volk gefeiert werden, darf man sie nicht ausfallen lassen, es sei denn, es liege ein schwerwiegender Grund vor« (Art. 52). Die Predigt dient zwar einerseits der Hinführung zu den Sakramenten (Art. 9), sie ist andererseits aber durchaus »ein Teil der liturgischen Handlung« (Art. 35,2); und Art. 7 redet von der Realpräsenz Christi »in seinem Wort«, womit allerdings nicht die Predigt, sondern die Lesungen aus der Heiligen Schrift gemeint sind. Beziehen soll sich die Predigt auf die Bibel und auf Texte der Liturgie (Art. 35,2). Neu eingeführt werden besondere Wortgottesdienste, vor allem an den Vorabenden der höheren Feste sowie für die Advents- und die Fastenzeit (Art. 35,4).

Wenn die aktive Beteiligung aller Gläubigen das Ziel der Gottesdienstreform darstellt, ist die verstärkte Einführung der Muttersprache beinahe selbstverständliche Konsequenz. Als Regel »aus dem belehrenden und seelsorgerlichen Charakter der Liturgie« formuliert Art. 36,2: »Da bei der Messe, bei der Sakramentenspendung und in den anderen Bereichen der Liturgie nicht selten der Gebrauch der Muttersprache für das Volk sehr nützlich sein kann, soll es gestattet sein, ihr einen weiten Raum zuzubilligen«. Über den Umfang, den die muttersprachlichen Teile innerhalb der Messe einnehmen sollen, werden noch keine genauen Angaben gemacht. Nach Art. 54 darf ihr »ein gebührender Raum zugeteilt werden, besonders in den Lesungen und im ›Allgemeinen Gebet‹ sowie je nach den örtlichen Verhältnissen in den Teilen, die dem Volk zukommen«; derselbe Artikel rechnet aber auch damit, daß sie noch »in weiterem Umfang«

eingeführt wird. Die rechtlichen Verfahren dafür regelt Art. 36,3 und 4. Auch die Spendung von Sakramenten und Sakramentalien kann in der Muttersprache erfolgen (Art. 36).

Unter dem Gesichtspunkt der Gemeindebeteiligung mußte auch das kontroverstheologische Thema der Kelchkommunion neu aufgegriffen werden. Die tridentinischen Bestimmungen (Denz. 930) werden natürlich für weiterhin gültig erklärt. Darüber hinaus kann »in Fällen, die vom Apostolischen Stuhl zu umschreiben sind, nach Ermessen der Bischöfe sowohl Klerikern und Ordensleuten wie auch Laien die Kommunion unter beiden Gestalten gewährt werden, so etwa den Neugeweihten in der Messe ihrer heiligen Weihe, den Ordensleuten in der Messe bei ihrer Ordensprofeß und den Neugetauften in der Messe, die auf die Taufe folgt« (Art. 55). Der Wunsch, es möchten in diesem Beispielskatalog auch die Brautleute und die Brautmesse angeführt werden, hat sich damals nicht durchsetzen können.

Zur protestantischen Beurteilung der Liturgie-Konstitution verweise ich auf folgende Literatur: B. Klaus, Die Liturgiekonstitution des II. Vatikanischen Konzils, Materialdienst des konfessionskundlichen Instituts 15, 1964, 24ff; G.A. Lindbeck, Die theologischen Grundsätze der Liturgiereform, in: J.C. Hampe, Ende der Gegenreformation?, 1964, 90ff; W. Stählin, Die Konstitution in evangelischer Deutung, ebd., 124ff; V. Vajta, De Sacra Liturgia, in: G.A. Lindbeck (Hg.), Dialog unterwegs, 1965, 113ff; ders., Die Folgen der Liturgiereform, in: J.C. Hampe (Hg.), Die Autorität der Freiheit, Bd I, 1967, 607ff; H. Goltzen, Constitutio de Sacra Liturgia, Jahrbuch für Liturgik und Hymnologie 10, 1965, 1966, 95ff.

2.3
Die Auswirkungen des Konzils

Die Liturgie-Konstitution des Konzils hatte naturgemäß nur allgemeine Richtlinien für die Gottesdienstreform proklamieren können. Ihre Verwirklichung mußte in der Folgezeit angestrebt werden. Die zentrale Aufgabe war dabei die Reform des Meß-Formulars, wie sie Art. 50 mit folgender Formulierung gefordert hatte: »Der Meß-Ordo soll so überarbeitet werden, daß der eigentliche Sinn der einzelnen Teile und ihr wechselseitiger Zusammenhang deutlicher hervortrete und die fromme und tätige Teilnahme der Gläubigen erleichtert werde. – Deshalb sollen die Riten unter treulicher Wahrung ihrer Substanz einfacher werden«.

2.3.1
Ein erster Schritt zur Realisierung dieser Aufgabe erfolgte am 23. 5. 1968 mit dem Dekret Prece eucharistica, in dem die Ritenkongregation drei neue Formen des Hochgebets und acht neue Präfationen veröffentlichte. Damit hatte der tridentinische Canon Romanus seine Alleingültigkeit verloren. Er fungiert im neuen Meßbuch als Prex eucharistica I, zu dem sich unter II – IV die neuen Formen gesellen. Darüber hinaus wurden am 1. 11. 1974 fünf neue Preces eucharisticae pro missis cum pueris et de reconciliatione zur Erprobung freigegeben, unter denen freilich die jeweiligen Bischofskonferenzen nur zwei Gebete auswählen dürfen.

In seiner Analyse der neuen Hochgebete beschreibt B. Kleinheyer als ihre Gemeinsamkeit: »Alle drei neuen Hochgebete sind dadurch gekennzeichnet, daß sie dem Element Eucharistie, Danksagung, Lobpreis den ihm gemäßen Platz einräumen« (B. Kleinheyer, Erneuerung des Hochgebetes, 1969, 34; vgl. zum Ganzen auch D. Nussbaum [Hg.], Die Eucharistischen Hochgebete II – IV. Ein theologischer Kommentar, Lebendiger Gottesdienst 16, 1971, sowie H. Chr. Schmidt-Lauber, Das eucharistische Hochgebet in der römisch-katholischen Kirche heute, WPKG 60, 1977, 19ff). Während Hochgebet IV sich durch die Aufnahme ostkirchlicher Elemente am weitesten von der Struktur des römischen Kanons entfernt und Hochgebet II sehr stark auf das Eucharistiegebet des Hippolyt zurückgreift, ist das Hochgebet III noch am selbständigsten erarbeitet und entspricht dadurch, vor allem durch den Verzicht auf eine eigene Präfation, am meisten der römischen Tradition.

Angesichts der reformatorischen Kritik an den Opferaussagen des Canon missae interessiert natürlich die Frage, inwieweit auch die neuen Texte die alte Opferanschauung enthalten. Niemand hat ernsthaft erwarten dürfen, daß die Liturgiereform zur Interpretation des eucharistischen Geschehens auf den Gebrauch der Opferterminologie generell verzichten würde. Entsprechende Aussagen begegnen denn auch in jedem der neuen Hochgebete. Wir »bringen dir das Brot des Lebens und den Kelch des Heiles dar« (II/37). »So bringen wir mit Lob und Dank dieses lebendige (»und heilige« – fehlt in der Übersetzung bei Kleinheyer; auch die folgenden Zitate sind in der Übersetzung des neuen Meßbuches etwas modifiziert) Opfer dar. Wir bitten Dich: Schau gütig auf die Gabe Deiner Kirche, das geopferte Lamm, das uns mit Dir versöhnt hat« (III/40ff). »So bringen wir Dir seinen Leib und sein Blut dar, das Opfer, das Dir wohlgefällt und der ganzen Welt zum Heile dient« (IV/77f). Dennoch wird man konstatieren müssen, daß die neuen Gebete den Opfergedanken wesentlich zurückhaltender formulieren, als das im tridentinischen Meßkanon geschehen war. So kommentiert B. Kleinheyer mit einem gewissen Recht: »Wo im römischen Kanon der Eindruck entstehen könnte, als müsse Gott in seiner Erhabenheit inständig gebeten werden, da zeigt sich in den neuen Hochgebeten das volle Vertrauen in die Güte Gottes, der sich nicht bitten läßt, sondern ›gütig auf die Gabe seiner Kirche schaut‹« (80).

2.3.2
Die wichtigsten Konsequenzen aus der Liturgiekonstitution des Konzils brachte das Jahr 1969, vor allem einen neuen Ordo Missae am 3. 4. 69 und eine dazugehörige ausführliche Institutio generalis missalis Romani am 6. 4. 1969.

Daneben wurden in diesem Jahr eingeführt ein neuer Kalender und ein neuer Ordo lectionum Missae (vgl. die ausführliche Information bei E. J. Lengeling, Die neue Ordnung der Eucharistiefeier, Lebendiger Gottesdienst 17/18, 1970). Die neue Meßordnung wurde von der deutschen Bischofskonferenz für den 1. Advent 1969 zum fakultativen Gebrauch freigegeben und, nachdem der definitive Text der deutschen Übersetzung am 23. 9. 1974 von einer Konferenz der Bischöfe im deutschsprachigen Raum approbiert worden war, am 7. 3. 1976 verpflichtend eingeführt.

Für das Verständnis der theologischen Leitlinie der Meß-Reform ist Art. VII der Institutio generalis besonders wichtig, der von der Struktur der Meßfeier redet. Um diesen Artikel hatte es hinter den Kulissen der Liturgiekommission heftige Auseinandersetzungen gegeben. Die endgültige von Paul VI. verabschiedete Fassung ist vor allem unter dem Einfluß der Kurienkardinäle Ottaviani und Bacci konservativer ausgefallen als der ursprüngliche Entwurf. Im folgenden Zitat sind die entscheidenden Zusätze zur Erstfassung gesperrt gedruckt. »In der Messe oder dem Herrenmahl wird das Volk Gottes an einen Ort zusammengerufen (in der Erstfassung: »Das Herrenmahl – Die Messe – ist die heilige Versammlung des Volkes Gottes«!) – wobei der Priester, *der in der Person Christi wirkt*, den Vorsitz führt – um die Gedächtnisfeier *oder das eucharistische Opfer* zu feiern. Daher gilt von dieser Versammlung der Kirche an einem Ort in hervorragender Weise die Verheißung Christi: ›Wo zwei oder drei in meinem Namen versammelt sind, dort bin ich mitten unter ihnen‹ (Mt 18,20). *Bei der Feier der Messe, bei der das Kreuzesopfer als fortdauernd vollzogen wird, ist nämlich Christus wirklich gegenwärtig in der Gemeinde, die in seinem Namen versammelt ist, in der Person des Dieners, in seinem Wort sowie substantial und fortwährend unter den eucharistischen Gestalten«* (Lengeling 165f). Die Umstellungen und Zusätze bringen   1. eine stärkere Betonung der priesterlichen Funktion,   2. eine stärkere Betonung des Opfercharakters,   3. eine stärkere Betonung der Realpräsenz Christi in vierfacher, sich steigernder Gestalt.

Auf Einzelheiten der neuen Meß-Ordnung einzugehen, ist hier nicht der Ort. Die theologischen Leitlinien, die das neue Formular und seine offizielle Erläuterung bestimmen, möchte ich in drei Punkten zusammenfassen, wenn auch mit dem Vorbehalt, daß derartige Dokumente, die sich verschiedenen Kompromissen verdanken, natürlich auch unterschiedlich akzentuierter Interpretation offenstehen. Gegenüber einem rein kultischen Verständnis der gottesdienstlichen Handlung, das die Messe einseitig als Akt der Kirche Gott gegenüber versteht, kommt ihre Funktion als Vergegenwärtigung des Heilsgeschehens in Wort und Sakrament jetzt stärker zum Zuge. Gegenüber einer einseitigen Betonung der priesterlichen Vollmacht kommt jetzt die Bedeutung der Gemeindebeteiligung stärker zur Geltung, deutlich vor allem in der Tatsache, daß nicht mehr wie 1570 die Privatmesse, sondern die Gemeindemesse die Grundform, die Forma typica, darstellt. Und gegenüber einem Verständnis, das einseitig am ex opere operato gültigen Vollzug der Handlung orientiert ist, wird jetzt der kommunikative Charakter stärker betont, z.B. durch die Einführung der Muttersprache bis in den Canon Missae hinein, durch die Aufhebung der Canonstille und durch die Anreicherung der Schriftlesungen.

F. Merkel macht als evangelischer Kommentator auf Punkte aufmerksam, bei denen die Neuordnung hinter Aussagen des II. Vaticanums zurückbleibt und an denen zugleich tiefliegende Differenzen zum protestantischen Gottesdienstverständnis sichtbar werden: »Erstaunlich ist . . ., daß die sehr zwingende Vorschrift der Konstitution in der Neuordnung der Messe . . . offenbar abgemildert wurde. Nunmehr ist die Homilie während der Messe nur ›nachdrücklich empfohlen‹ (›valde commendatur‹). Schließlich ist zu bedauern, daß die Dignität des gelesenen Wortes offenbar höher als die des gepredigten Wortes eingeschätzt wird. ›Wann immer in der Kirche die Heilige Schrift gelesen wird, spricht Gott selbst zu seinem Volk und verkündet Christus, gegenwärtig in seinem Wort, die frohe Botschaft‹ . . . Von der Predigt wird dies nicht gesagt. Wie die Vorgeschichte der Institution zeigt, war ursprünglich vorgeschlagen worden, eine Aussage über die Präsenz Christi auch im ausgelegten Wort aufzunehmen. Daß dies in der Endfassung unterblieb, macht erhebliche und grundsätzliche Differenzen zur evangelischen Theologie sichtbar« (F. Merkel, Evangelische Reflexe auf die Neue Ordnung der Eucharistiefeier, in: Th. Maas-Ewerd/K. Richter [Hg.], Gemeinde im Herrenmahl. Zur Praxis der Meßfeier, Festschrift E.J. Lengeling, 1976, 355; zur liturgiegeschichtlichen Einordnung des neuen Meßbuches aus katholischer Sicht vgl. A.A. Häußling, Das neue Meßbuch in der Reihe der Meßbücher der Kirche, Lebendige Seelsorge 26, 1975, 248ff, sowie B. Fischer, Vom Missale Pius V. zum Missale Paul VI., Liturgisches Jahrbuch 26, 1976, 2ff).

2.3.3

Für den deutschen Katholizismus hat die »Gemeinsame Synode der Bistümer in der BRD« einen Beschluß verabschiedet, der die Leitlinien des Konzils für die eigene Region konkretisieren und auf neu aufgetretene Probleme anwenden will.

Der Text wurde auf der 8. Vollversammlung der Synode am 21. 11. 1975 in Würzburg mit 238 Ja-Stimmen bei 9 Nein-Stimmen und 3 Enthaltungen angenommen (vgl. Gemeinsame Synode der Bistümer in der BRD, Beschlüsse der Vollversammlung, Offizielle Gesamtausgabe I, 1976, 196ff, sowie den dortigen Kommentar von L. Bertsch, 187ff, außerdem H. Rennings, Gottesdienst, in: D. Emeis/B. Sauermost [Hg.], Synode – Ende oder Anfang, 1976, 138ff). Aus der Vielzahl der behandelten Themen erscheinen unter dem Aspekt des ökumenischen Gesprächs einige Gesichtspunkte besonders wichtig (vgl. den Überblick bei L. Bertsch, Liturgische Fragen in den Synoden der deutschsprachigen Länder, Diakonia 7, 1976, 326ff). Zur Regelung der Rechtsfragen in den einzelnen Bistümern vgl. P. Boekholt, Das Geheimnis der Eucharistie in der kirchlichen Rechtsordnung, 1981.

Die theologische Grundlegung des Beschlusses steht unter der Überschrift »Feier der Glaubenden – Feier des Glaubens«. Mit besonderem Nachdruck betont der Text die Präsenz und Aktivität Gottes im liturgischen Geschehen. »Liturgie gründet darauf, daß Gott selbst der Handelnde ist. Gottesdienst bedeutet nicht, daß Menschen über Gott verfügen wollen, sondern daß sie sich ihm zur Verfügung stellen. Im Zentrum des Gottesdienstes steht nicht unsere Aktivität, sondern Gottes befreiende Tat, die in und durch Jesus Christus gegenwärtig wird. Deshalb verstehen Christen ihre gottesdienstliche Versammlung – auch bei schlichten äußeren Formen – als Feier« (197). Eben weil Gottes Handeln in der Liturgie dem Menschen in seiner Zeit gilt, ergibt sich die Notwendigkeit zur Liturgie-Reform. »Wenn die liturgische Versammlung selbst und die in ihr verwendeten Worte und Zeichen, Gesten und Riten dem Glauben wirksam dienen sollen, müssen sie die Situation der Glaubenden berücksichtigen. Da diese sich wandelt, darf auch die Gestalt der Liturgie nicht starr bleiben« (198). Man wird als protestantischer Kommentator des Textes unterstreichen müssen, daß diese theologischen Grundaussagen zum Verständnis des Gottesdienstes von einer durchaus evangelischen Intention getragen sind.

Ein besonderes Problem für die liturgische Praxis des deutschen Katholizismus ergibt sich aus der Tatsache des zunehmenden Priestermangels. Vor allem in ländlichen Gebieten führt sie dazu, daß nicht mehr in jeder Gemeinde an jedem Sonntag eine Eucharistiefeier gehalten werden kann. Abgesehen von organisatorischen Regelungen, die einen vermehrten Einsatz der Priester in verschiedenen Gemeinden, aber auch die Konzentration der Eucharistie auf einzelne Mittelpunktorte betreffen, empfiehlt die Synode die verstärkte Einführung von sonntäglichen Gottesdiensten ohne Priester. »Die Notwendigkeit solcher sonntäglicher Gottesdienste ohne Priester, die keine Eucharistiefeiern sein können, ergibt sich daraus, daß die Gemeinde der Glaubenden von ihrem Wesen und ihrem Auftrag her immer neu auf das Zusammenkommen, die Versammlung, besonders am Herrentag, angewiesen ist, um ihre Gemeinschaft im Glauben zu erfahren und zu bekunden. Auch wenn eine solche Versammlung nur die Form eines Wort- und Kommuniongottesdienstes hat, so wird sich in dieser Feier die Gemeinde ihrer Verbundenheit und Einheit mit den anderen Gemeinden des Herrn bewußt; sie gewinnt aus dem Hören des Wortes Gottes Weisung und Kraft für ihr Leben und ihr Glaubenszeug-

nis; sie begegnet Christus und empfängt ihn in seinem Wort und in der eucharistischen
Speise; sie verehrt Gott und wirkt mit am Heil der Menschen; sie wird im Gebet ihrer
Abhängigkeit von Gott und seiner Treue inne; sie bekennt ihren Glauben und preist
Gott. So ist auch in dieser Feier der Herr gegenwärtig, es wird wirklich Liturgie gefeiert«
(204). Den Außenstehenden mag überraschen, daß eine liturgische Feier, die so plero-
phorisch beschrieben wird, dann doch als »nur« ein Wort- und Kommuniongottesdienst
bezeichnet wird. Aber es ist natürlich im katholischen Amtsverständnis begründet, daß
in einem solchen Gottesdienst das eigentliche Herzstück der Messe, die Wandlung,
nicht stattfinden kann. Als Leiter solcher priesterloser Gottesdienste sind entweder
hauptamtliche Mitarbeiter wie Diakone, Pastoralreferenten, Gemeindereferenten und
Katecheten oder, sofern solche nicht zur Verfügung stehen, liturgisch interessierte und
ausgebildete Gemeindegruppen vorgesehen. Mit der Einführung solcher priesterloser
Gottesdienste bahnt sich im Katholizismus eine Entwicklung an, deren Tragweite heute
wohl noch nicht zu übersehen ist.

Besondere Aufmerksamkeit verdienen schließlich auch die Aussagen über die »Möglichkeiten begrenzter Eucharistiegemeinschaft« (214ff). Im Grundsatz hält die Synode
daran fest: »Volle Eucharistiegemeinschaft ist nur möglich bei voller Kirchengemein-
schaft« (214). Ausnahmen von dieser Regel ergeben sich aus der Heilsintention des Sa-
kramentes. »Die Eucharistie ist aber nicht nur Zeichen der Einheit der Kirche, sie dient
auch dem Heil des einzelnen« (ebd.). Während eine solche begrenzte Eucharistiegemeinschaft mit den Mitgliedern der Ostkirche schon besteht und für die altkatholische
Kirche im Augenblick ausgehandelt wird, ist die Teilnahme reformatorischer Christen
an den katholischen Sakramenten in der Regel nach wie vor untersagt. Immerhin können auch Protestanten in Todesgefahr oder sonstiger Notsituation, vor allem wenn ein
eigener Pfarrer für längere Zeit nicht zur Verfügung steht, zur Eucharistie zugelassen
werden, wenn sie folgende inneren Voraussetzungen erfüllen: »Bewußtsein der Eingliederung durch die Taufe in die Gemeinschaft der Glaubenden – Übereinstimmung
mit dem Glauben der Kirche im Hinblick auf die Eucharistie – persönliche Verbindung
mit dem Leben der katholischen Kirche (. . .) – Sorge um die Einheit der Kirche – entsprechende Vorbereitung und christliche Lebensführung« (215). Noch problematischer
stellt sich natürlich die Teilnahme von Katholiken am Abendmahl dar. Vor allem wegen
der unterschiedlichen Auffassung über Amt und Weihehandlung kann die Synode
»zum gegenwärtigen Zeitpunkt die Teilnahme eines katholischen Christen am evangelischen Abendmahl nicht gutheißen« (216). Dennoch konzediert die Synode unter bestimmten Bedingungen einen »Spielraum für die subjektive Gewissensentscheidung des
Einzelnen« (so L. Bertsch im Vorwort 193): »Es kann jedoch nicht ausgeschlossen werden, daß ein katholischer Christ – seinem persönlichen Gewissensspruch folgend – in
seiner besonderen Lage Gründe zu erkennen glaubt, die ihm seine Teilnahme am evangelischen Abendmahl innerlich notwendig erscheinen lassen« (216). Mit dieser Feststellung dürfte sicher die Grenze dessen erreicht sein, was im Rahmen einer katholischen
Ekklesiologie heute offiziell zu formulieren möglich ist.

3
Vertiefung

3.1
Die Liturgie-Reform des Katholizismus hat ohne Zweifel eine Annäherung im Gottes-dienst-Verständnis der Konfessionen gebracht. Wenn die Liturgie-Konstitution die grundlegende Struktur des Gottesdienstes mit den Worten beschreibt: »in der Liturgie spricht Gott zu seinem Volk; in ihr verkündet Christus noch immer die Frohe Botschaft. Das Volk aber antwortet mit Gesang und Gebet« (Art. 33), dann erinnert das an Luthers klassische Definition aus der Kirchweihpredigt in Torgau, daß »nichts anders darin ge-schehe, denn das unser lieber Herr selbs mit uns rede durch sein heilig Wort und wir wi-derumb mit jm reden durch Gebet und Lobgesang« (WA 49,588). Daß der Gottesdienst als »Feier des Pascha-Mysteriums« (Art. 6) in einen heilsgeschichtlichen Rahmen ge-rückt, daß die aktive Beteiligung aller Gemeindeglieder betont, daß die Notwendigkeit der Wortverkündigung unterstrichen, daß die Muttersprache eingeführt und die Kom-munion sub utraque für bestimmte Fälle freigegeben (die in Art. 55 der Konstitution genannten Beispiele sind inzwischen durch Art. 242 der Instructio generalis auf 14 Per-sonengruppen erweitert worden; die deutschen Bischöfe haben im März 1971 diese Er-laubnis ausgedehnt auch auf Meßfeiern kleiner Gemeinschaften und Meßfeiern an her-vorgehobenen Festtagen, »wenn die Zahl der Teilnehmer nicht zu groß ist«) wird, das alles bedeutet faktisch die Entdeckung evangelischer Intentionen durch den neueren Ka-tholizismus. Insofern kann man die Entwicklung der katholischen Liturgie-Reform nur begrüßen.

Nicht zuletzt diese Tendenzen sind es, die den konservativen Katholizismus zu einer heftigen Kritik an der nachkonziliaren Liturgie-Refom veranlaßt haben. »Überall sind Tendenzen und Erscheinungen festzustellen, die den Weg in Richtung Protestantismus und jedenfalls weg vom überlieferten katholischen Glauben aufzeigen« – heißt es in ei-ner umfangreichen Kampfschrift aus dem Anhängerkreis des französischen Erzbischofs Lefebvre, der ihr Verfasser W. Siebel den bezeichnenden Titel »Katholisch oder konzili-ar. Die Krise der Kirche heute« (1978, 442) gegeben hat.

Freilich wird man bei einer nüchternen Beurteilung dieser Entwicklung auch berück-sichtigen müssen, daß das katholische Liturgie-Verständnis trotz mancher Annäherung in den Einzelheiten auf zwei theologischen Grundentscheidungen aufbaut, die weiter-hin des kontroversen Gesprächs bedürfen.

Das ist einmal das Opferverständnis, das bei der Interpretation des Herrenmahls noch immer anklingt. Zwar entfaltet die Konstitution an sich keine eigenständige Opfer-Theorie; und in den neuen Hochgebeten sind die Opferaussagen mindestens quantitativ reduziert. Aber der Opferbegriff wird selbstverständlich weiter verwendet, und zwar auch in ausdrücklichem Bezug auf das Trienter Konzil. Der grundlegende Artikel 7 der Konstitution redet von der Gegenwart Christi »im Opfer der Messe sowohl wie in der Person dessen, der den priesterlichen Dienst vollzieht . . ., wie vor allem unter den eu-charistischen Gestalten«; diese Formulierung greift auf Aussagen der Enzyklika »Me-diator Dei« zurück (Art. 20/S. 20ff), zitiert aber über die Enzyklika hinaus den tridenti-nischen Satz: »derselbe bringt das Opfer jetzt dar durch den Dienst der Priester, der sich einst am Kreuz selbst dargebracht hat« (Denzinger 940). Die alte Frage der Reformatoren, inwieweit durch eine solche Opferanschauung die Totalität und Einmaligkeit des Leidens Jesu am Kreuz nicht eingeschränkt wird, bleibt also aktuell.

Der zweite entscheidende Punkt, der umstritten bleibt, betrifft die Bedeutung des kirchlichen Amtsträgers für die Feier der Eucharistie. Es ist gewiß in protestantischen Augen ein Fortschritt, wenn die Konstitution die Mitwirkung von Laien am Gottesdienst als »einen wahrhaft liturgischen Dienst« zu würdigen weiß (Art. 29) und wenn unter dem Druck des Priestermangels auch Laien Wort- und Kommunionsgottesdienste abhalten dürfen. Aber nach wie vor gilt, daß das Zentrum der Messe, die eucharistische Wandlung, nur von geweihten Priestern vollzogen werden darf. Hier zeigt sich die Grenze jeder Bemühung, den ganzen Gottesdienst zur Feier der ganzen Gemeinde zu machen. Gottesdienst in katholischer Sicht ist immer durch das kooperative Gegenüber von Liturg und Gläubigen (Art. 28), von Priester und Gemeinde konstituiert. Das Gegenüber von verbaler und sakramentaler Gnade auf der einen und empfangender Gemeinde auf der anderen Seite, von dem die Reformation zu reden weiß, ist hier institutionalisiert in einem letztlich hierarchischen Amtsverständnis.

Diese protestantischen Elementaranfragen sollten freilich den selbstkritischen Blick dafür nicht verstellen, daß auch im Bereich evangelischer Kirchlichkeit die Grundsätze der Rechtfertigungslehre zwar in der Theorie formuliert, in der Praxis dagegen nur unzureichend realisiert sind. Die Anschauung von der Verdienstlichkeit religiös-liturgischer Handlungen ist auch im Kreis evangelischer Kirchentreuer anzutreffen, und die faktische Kommunikationsstruktur der Gemeindearbeit ist weitgehend durch das Gegenüber von Amtsträgern und sogenannten Laien bestimmt. Insofern wird es in beiden Kirchen der Bemühung bedürfen, theologische Theorie und religiöse Praxis einander anzunähern, wobei eine angemessene theologische Verarbeitung der Bedürfnisse, die sich in Opfer- und Priestervorstellungen manifestieren, auch protestantischerseits erst noch zu leisten ist.

In diesem Zusammenhang muß schließlich der ambivalente Charakter jener Entwicklung bedacht werden, die die Partizipation am zentralen Ereignis religiöser Praxis zu einem Akt des Verstehens gemacht hat. Der protestantischen Liturgik erscheint der liturgiegeschichtliche Prozeß, der in der Reformation die Spannung zwischen Wort und Glaube zur Grundstruktur des Gottesdienstes erklärt, einseitig als Fortschritt. Nicht mehr die kultische Handlung, sondern die Predigt, nicht mehr die bloße Teilnahme, sondern die gläubige Rezeption konstituieren die Heilsqualität des religiösen Rituals. Gottesdienstbesuch wird dann zu einem hermeneutischen Unternehmen – mit erheblichen, auch fragwürdigen Konsequenzen. Religion, in deren Zentrum der Glaube steht, wird verinnerlicht und damit nicht nur schwer organisierbar, sondern auch nur andeutungsweise kommunikabel. Ein Gottesdienst, der in allen Stücken verständlich sein soll, wird für die Beteiligten anstrengend; vom Liturgen verlangt er ein Höchstmaß an Vorbereitung und innerem Engagement, von den Teilnehmern nicht nur lokale, sondern auch geistige Präsenz und hermeneutische Fähigkeiten, die faktisch zur Selektion der nicht-bürgerlichen Unterschichten beitragen können. Wenn die katholische Kirche den Prozeß der Versprachlichung, der Verinnerlichung und der Rationalisierung von Religion jetzt nachzuholen bereit ist, dann wird man vermuten dürfen, daß sich dahinter nicht einfach theologische Innovationen verbergen, sondern daß darin der Einfluß einer gesellschaftlichen Entwicklung wirksam wird, der vom protestantischen Norden der

Welt her sich zunehmend stärker ausbreitet und mit der Rationalisierung aller Lebensbereiche auch die rituelle Praxis von Religion grundlegend prägt. Ein Gottesdienst, in
dem »Gott als Geheimnis des Seins« präsent wird, ist sicher auf Verstehbarkeit angelegt. Aber er kann, sofern er sich um platte Verständlichkeit müht, auch zu einem Verlust an Geheimnis führen. Insofern kann man die katholische Liturgie-Reform in der
Tat auch als Ausdruck einer Krise interpretieren.

3.2
Fragen zur Weiterarbeit

1. Was sind die Gemeinsamkeiten und Unterschiede, die hinsichtlich der theologischen Grundlagen, der Reform-Ziele und der praktischen Gottesdienst-Entwürfe zwischen den liturgischen Bewegungen im römisch-katholischen und protestantischen
Raum bestanden haben (vgl. W. Birnbaum, Das Kultusproblem und die liturgischen
Bewegungen des 20. Jahrhunderts, 2 Bde, 1966/70)?
2. Welches sind die anthropologischen Voraussetzungen, aufgrund derer der Verkehr
zwischen Gott und Mensch in der Opferhandlung als partnerschaftlicher Austausch,
welches die gesellschaftlichen Bedingungen, unter denen ein solcher Austausch als un-
erfüllbare Leistung erscheint (vgl. M. Mauss, Die Gabe. Form und Funktion des Aus-
tauschs in archaischen Gesellschaften, in: Soziologie und Anthropologie, Bd 2, Ull-
stein-Buch 3491, 1978, 9ff)?
3. Wie ist die innerkatholische Kritik, die von konservativer Seite an der nachkonziliaren Liturgie-Reform erfolgt ist, zu beurteilen (vgl. W. Siebel, Katholisch oder konziliar.
Die Krise der Kirche heute, 1978)?
4. Wie ist die psychoanalytische Kritik der katholischen Liturgiereform, die in der De-
symbolisierung und Versprachlichung der Messe den Versuch einer Pädagogisierung
und Disziplinierung von Religion sieht, zu beurteilen, und wie ist in dieser Perspektive
das Gottesverständnis der Reformatoren zu werten (vgl. A. Lorenzer, Das Konzil der
Buchhalter, 1981)?

Literatur
A. Adam, Erneuerte Liturgie, [2]1975
W. Birnbaum, Das Kultusproblem und die liturgischen Bewegungen des 20. Jahrhunderts, 2 Bde,
   1966/70
P. Boekholt, Das Geheimnis der Eucharistie in der kirchlichen Rechtsordnung. Grundriß der parti-
   kularen Gesetzgebung für die Bistümer in der Bundesrpublik Deutschland, 1981
A. Bugnini, Die Liturgiereform 1948–1975, 1988
O. Casel, Liturgische Handlung und Katholische Aktion, 1930
F. Eisenbach, Die Gegenwart Christi im Gottesdienst. Systematische Studien zur Liturgiekonstitu-
   tion des II. Vatikanischen Konzils, 1982
B. Fischer, Vom Missale Pius V. zum Missale Paul VI., Liturgisches Jahrbuch 26, 1976, 2ff
Gemeinsame Synode der Bistümer in der BRD, Beschlüsse der Vollversammlung, Offizielle Ge-
   samtausgabe I, 1976
R. Guardini, Vom Geist der Liturgie, 1918, Neuausgabe 1957
J.A. Jungmann, Missarum sollemnia, 2 Bde, [4]1958
E.J. Lengeling, Die Konstitution des zweiten vatikanischen Konzils über die heilige Liturgie (Lat.-
   deutscher Text und Kommentar), Lebendiger Gottesdienst 5/6, 1965
ders., Die neue Ordnung der Eucharistiefeier, Lebendiger Gottesdienst 17/18, 1970
G.A. Lindbeck, Die theologischen Grundsätze der Liturgiereform, in: J.C. Hampe (Hg.), Ende der Gegenreformation?, 1964, 90ff

W. von Loewenich, Der moderne Katholizismus. Erscheinung und Probleme, 1955

A. Lorenzer, Das Konzil der Buchhalter. Die Zerstörung der Sinnlichkeit. Eine Religionskritik, 1981

F. Merkel, Evangelische Reflexe auf die Neue Ordnung der Eucharistiefeier, in: Th. Maas-Ewerd/K. Richter (Hg.), Gemeinde im Herrenmahl. Zur Praxis der Meßfeier, Festschrift für E.J. Lengeling, 1976, 351–359

ders., Erneuerung der römisch-katholischen Liturgie. Bilanz einer Reform, WPKG 69, 1980, 529–550

D. Nussbaum (Hg.), Die Eucharistischen Hochgebete II–IV. Ein theologischer Kommentar, Lebendiger Gottesdienst 16, 1971

Pius XII., Mediator Dei, 1948

K. Rahner/H. Vorgrimler, Kleines Konzilskompendium, 1966

H.Chr. Schmidt-Lauber, Das eucharistische Hochgebet in der römisch-katholischen Kirche heute, WPKG 60, 1977, 19ff

Der große Sonntags-Schott für die Lesejahre A–B–C. Das vollständige Meßbuch I, 1975

W. Stählin, Die Konstitution in evangelischer Deutung, in: J.C. Hampe, Ende der Gegenreformation?, 1964, 124ff

G. Wenz, Die Lehre vom Opfer Christi im Herrenmahl als Problem ökumenischer Theologie, KuD 28, 1982, 7ff

III

Zur Homiletik

§ 8
Textpredigt und Themapredigt (F.W.)

1
Einführung

Die gottesdienstliche Predigt beginnt in der Regel mit der Verlesung eines biblischen Textes. Ähnlich verhält es sich mit den Ansprachen bei den kirchlichen Amtshandlungen wie Taufe, Trauung und Beerdigung. Die Arbeitshilfen für die Vorbereitung von Predigten tragen diesem Brauch Rechnung und bekräftigen damit das Verständnis der Predigt als Textpredigt. Seit Jahrzehnten gibt es ein breites Angebot von homiletischen Textbearbeitungen, die den Prediger bei der Aufgabe unterstützen wollen, biblische Texte in bezug auf die gegenwärtige Glaubens- und Lebenspraxis auszulegen und neu zur Sprache kommen zu lassen. Neben den homiletischen Auslegungen von L. Fendt, M. Doerne, G. Dehn, G. Voigt sind hier vor allem die periodisch erscheinenden Arbeitshilfen zu nennen: Göttinger Predigtmeditationen, die Predigtstudien, die (neuen) Calwer Predigthilfen, die Reihe ›hören und fragen‹ wie auch die in der DDR erscheinenden Bände der Evangelischen Predigtmeditationen.

Neben den Predigten über biblische Texte sind in den christlichen Kirchen auch immer wieder sog. Themapredigten gehalten worden. Ihr Charakteristikum besteht darin, daß sie nicht von einem speziellen biblischen Text ausgehen. Ein herausragendes Beispiel für diese Predigtpraxis stellen Luthers Invocavit-Predigten von 1522 dar (Acht sermon gepredigt zu Wittenberg in der Fasten, 9.–16. März 1522, WA X/III, S. 1–64). Zu diesen thematischen Predigten sind auch die Predigten über Abschnitte von Bekenntnisschriften zu rechnen, z.B. über Artikel des Glaubensbekenntnisses oder der Confessio Augustana (Schleiermacher, Cl. Harms, Tholuck; vgl. auch G. Heckel, Orientierung für den Glauben, 1979).

Aus der Geschichte der alten Kirche sind zahlreiche Beispiele textfreier Predigten überliefert. In der Neuzeit hat beispielsweise P. Tillich solche Themapredigten, die nicht von einem bestimmten biblischen Text ausgehen, veröffentlicht. Schließlich lassen sich in der Geschichte der christlichen Predigt durchgehend viele Beispiele für den Brauch finden, daß Themen aus der menschlichen Lebenswelt und aus dem Bereich der Glaubenslehre in einem *freien* Verhältnis zu einem biblischen Text oder mehreren Bibeltexten erörtert wurden.

So ergibt sich zum einen die Frage, welche Gründe für die überwiegende Bindung der

Predigten an einen biblischen Text sprechen. Sie ist allerdings nicht mit der uneinge-
schränkten Frage zu verwechseln, ob die Predigt in jedem Fall Textpredigt sein müsse.
Einer solchen Predigtauffassung widerspräche allein schon die Geschichte der christli-
chen Predigt.
Von der Wort-Gottes-Theologie ist allerdings die Predigt prinzipiell als Textpredigt definiert worden. G. Ebeling kam aufgrund dieser systematisch-theologischen Grund-
these 1959 zu der Definition, daß Predigt grundsätzlich »Ausführung des Textes« sei.
Sie bringe zur Ausführung, »was der Text will. Sie ist Verkündigung dessen, was der
Text verkündigt hat« (G. Ebeling, Wort Gottes und Hermeneutik, 347). Bei diesem
Predigtverständnis ist jedoch das Mißverständnis nicht genügend ausgeschlossen, daß
die Predigt nur eine Reproduktion des Textes darstelle. So sollte vielmehr danach gefragt werden, welche Funktion der biblische Text in dem kreativen Prozeß der Erarbeitung einer Predigt hat. Beispielsweise bietet eine lediglich formale Bindung der Predigt
an einen biblischen Text keine Gewähr dafür, daß die Sache des Evangeliums wirklich
zur Geltung kommt. W. Jetter hat diesen Sachverhalt pointiert in einem Aphorismus
zum Ausdruck gebracht: »Ein vorgeschriebener Text hält die Predigt bei seinen Gedanken und manchmal auch in der Vergangenheit fest, aber selten von törichten Einfällen
ab« (Homiletische Akupunktur, 1976, 91).
G. Ebeling hat seinen früheren Ansatz inzwischen modifiziert, indem er die Relevanz
der Lebens- und Glaubenserfahrung für die dogmatische und die homiletisch-herme-
neutische Arbeit aufgezeigt hat. »Es wäre widersinnig, von Schrift und Erfahrung als
zwei einander addierbaren oder einander einschränkenden, jedenfalls als zwei voneinander unabhängigen Quellen zu reden. Die hermeneutische Überlegung zeigt, daß die
Schrift nur dann in ihrer Geschehensbewegung vom Wort zum Text und vom Text zum
Wort erfaßt wird, wenn das Wort nicht am Leben vorbeigeht, sondern in das Leben eingeht, wenn es also mit Erfahrung zu tun hat in der Weite menschlicher Lebenserfahrung. Deshalb wäre es auch widersinnig, das, was Erfahrung heißt und ist, unabhängig
von derjenigen Begegnung festlegen zu wollen, in der das Leben dem Zeugnis der
Schrift und das Zeugnis der Schrift dem Leben konfrontiert wird« (G. Ebeling, Dogmatik des christlichen Glaubens I, 1979, 42). –
Zum andern gibt es Beispiele von sog. Themapredigten, in denen das Evangelium un-
verfälscht gepredigt wird. Aus dem abusus der ›Mottopredigt‹, in der nur eine allgemeine Wahrheit entfaltet wird, läßt sich kein generelles Argument gegen die Themapredigt überhaupt gewinnen. Allerdings wird die Predigt ohne Bindung an einen speziellen biblischen Text auch in Zukunft nicht den Regelfall bilden.
So ergibt sich die Frage, welche Sachkriterien für die Predigt überhaupt und damit auch
für die Themapredigt gültig sind. Denn »die Auslegung eines besonderen Textes ist gute
kirchliche Sitte und nicht mehr« (O. Weber, Vom Text zur Predigt, 32). Auch bei der
Predigt über biblische Texte sind jeweils die theologischen Aussagen und die homiletischen Einzelschritte zu begründen.
Schließlich sollte die Frage nicht unerörtert bleiben, ob bei der Predigtvorbereitung verschiedene homiletische Verfahren angewandt werden können oder ob einem bestimmten Verfahren der Vorrang gebührt. Damit steht auch die Funktion der exegetischen
Arbeit für die Predigtvorbereitung zur Debatte. Man könnte auch fragen: Wie lassen
sich die Einsichten und Anstöße, die sich aus der Textexegese ergeben, auf die Erfah-

rungswelt der Predigthörer beziehen? Wie kann verhindert werden, daß aufgrund eines primär theologisch-scholastischen Umgangs mit Texten wechselnde Auslegungsschablonen die Predigtarbeit beherrschen, so daß ein »Hauch gespenstischer Monotonie in den Predigten zu spüren« ist? (Vgl. M. Doerne, Art. Homiletik, RGG³, Bd. III, Sp. 440.)

Notwendig ist schließlich die grundsätzliche Überlegung, in welcher Weise Predigten Einsichten aus der gegenwärtigen Lebens- und Glaubenspraxis der Christen aufnehmen sollen. Damit ist ein Problem genannt, dem sich die sog. Themapredigt besonders verpflichtet weiß. Es ist einsichtig, daß damit die systematisch-theologische Reflexion eine besondere Bedeutung für die Predigtarbeit erhält.

2
Entfaltung

2.1
Die Unterscheidung von Schriftbindung und Textbindung der Predigt

Die theologische Beurteilung der Text- und Themapredigt setzt die Unterscheidung von *Schriftbindung* und *Textbindung* der Predigt voraus. Die christliche Predigt ist grundsätzlich an die Heilige Schrift gebunden, weil diese das maßgebliche Zeugnis des christlichen Glaubens enthält. Die Sachidentität mit den Glaubenszeugnissen der Heiligen Schrift bildet den Grund, die Norm und das Ziel christlicher Predigt. In hermeneutischer Hinsicht ist die Bibel in ihrer geschichtlich gewordenen Ganzheit dabei von ihrer Mitte her zu verstehen, die für den christlichen Glauben in dem Evangelium von Jesus Christus gegeben ist. Diese theologische Grundperspektive der Heiligen Schrift kommt allerdings nur in einem Teil der biblischen Texte direkt zur Geltung. Das daraus resultierende hermeneutische und homiletische Problem ist z.B. bei der Predigt über alttestamentliche Texte zu erörtern.

Die Forderung nach der *Text*bindung der einzelnen Predigt ist darum von der generellen *Schrift*bindung der christlichen Predigt, bei der es um die Evangeliumsgemäßheit christlicher Rede geht, zu unterscheiden. Die Bindung der christlichen Predigt an die Heilige Schrift als maßgebliches Zeugnis des christlichen Glaubens ist unaufgebbar. Diese theologische Grundorientierung muß aber nicht in jeder Gemeindepredigt durch die Auslegung eines bestimmten Textes demonstriert werden. Die Bindung der christlichen Gemeindepredigt an biblische Texte zählt zu den gutbegründeten Traditionen der Kirche. Sie kann jedoch nicht zu einem Gesetz erhoben werden.

Diese These wird auch von der Geschichte der christlichen Predigt gestützt. So ist beispielsweise in den Schriften des Neuen Testaments nicht die Rede von einer durchgehenden Bindung der Predigt an die biblischen Schriften bzw. an das Alte Testament. Erst Justin berichtet von der Praxis einer geordneten Schriftlesung im Gottesdienst (Apol. 67), bei der aus den Schriften der Propheten und aus den »Denkwürdigkeiten der Apostel« gelesen wurde. Die Hinweise in 1 Thess 5,27 und Kol 4,16 beziehen sich nur auf die öffentliche Lesung von apostolischen Briefen.

In dem 1. Jahrhundert n. Chr. hat die christliche Predigt primär nicht den Charakter der Textpredigt gehabt. Es hat in den Anfängen des Christentums christliche Missions- und

Gemeindepredigt gegeben, bevor in der Kirche ein endgültiger Kanon heiliger Schriften festgelegt wurde. Auch in späteren Jahrhunderten hat sich die theologische Konzentration auf das Unverzichtbare im christlichen Glauben gerade immer wieder in thematischen Predigten Bahn gebrochen. Mit aller Deutlichkeit kommt die Orientierung am Christusglauben in den schon genannten Invocavit-Predigten Luthers aus dem Jahre 1522 zur Geltung. Die damit verbundene existentielle Betroffenheit findet schon in den ersten Sätzen dieser Predigten ihren adäquaten Ausdruck: »Wir sind allesamt zu dem Tod gefordert und wird keiner für den anderen sterben; sondern ein jeglicher in eigener Person für sich mit dem Tod kämpfen. In die Ohren könnten wir wohl schreien. Aber ein jeder muß für sich selber geschickt sein in der Zeit des Todes; ich werde dann nicht bei dir sein, noch du bei mir. Hierin so muß ein jedermann selber die Hauptstücke, die einen Christen belangen, wohl wissen und gerüstet sein . . .« (nach WA X/III,1f).

2.2
Argumente für die Regelpraxis der Predigt über biblische Texte

Auch wenn die Bindung der einzelnen Predigt an einen biblischen Text nicht zu einem homiletischen Gesetz erhoben werden kann oder soll, gibt es doch eine Reihe von Argumenten für das Vorherrschen dieser Form der Predigt im christlichen Gottesdienst.

2.2.1
Zum einen eröffnet die Predigt über unterschiedliche biblische Texte den Zugang zu dem komplexen und reichen Aussagegehalt der Bibel. Gerade die historisch-individuelle Mannigfaltigkeit der biblischen Texte bietet Ansätze für eine spezielle und menschennahe Predigt. Die Klischees und monotonen Wiederholungen in der Predigt können vermindert werden, wenn die unterschiedlichen theologischen und anthropologischen Aspekte der biblischen Texte berücksichtigt werden und die seelsorgerliche Dimension der Predigt nicht vernachlässigt wird. In diesem Zusammenhang ist auf die Zweiheit von Gesetz und Evangelium, von Gebot und Verheißung, aber auch auf die Zweiheit von Altem und Neuem Testament hinzuweisen. Ebenso ist hier das im einzelnen unterschiedlich akzentuierte Verhältnis von dem Indikativ der Gnade und dem Imperativ ethischen Handelns zu nennen. Neben die spannungsreiche Rede von Heilserwartung und Heilserfahrung treten sodann die Texte, in denen der Glaube an das gegenwärtige und an das zukünftige Heil thematisiert ist. Einen weiteren Doppelaspekt beinhaltet die Rede von dem homo justificatus und dem homo peccator.

2.2.2
Die Institution der Textpredigt hat sodann eine *demonstrative* Bedeutung. Sie stellt eine Predigtform dar, bei der die intendierte inhaltliche Schriftbindung der Predigt durch die Verlesung und Auslegung eines Textes öffentlich angezeigt wird. Darüber hinaus ist dieses Verfahren ein Hinweis darauf, daß die Predigt letzthin eine auftragsgebundene Rede darstellt. Sie ist an dem Evangelium von Jesus Christus orientiert und will das Wort der Wahrheit sagen, das in der Verkündigung und in dem Geschick Jesu Christi seinen Ermächtigungsgrund hat. Allerdings gewährleistet das Ritual der Textverlesung vor der Predigt nicht schon die inhaltliche Schriftbindung der Predigt selbst. Das Gelin-

gen oder Mißlingen dieser Aufgabe zeigt sich erst im Vollzug der homiletischen Auslegung eines Textes.

2.2.3

In begrenztem Maße kann schließlich mit dem jeweiligen Textbezug der Predigt eine *Kontrollmöglichkeit* verbunden sein. Eine sachgemäße historisch-kritische Exegese sperrt sich gegen vordergründige Aktualisierungen, in denen sich nicht der Geist Jesu Christi, sondern der Zeitgeist zu Wort meldet.

Soweit bei der Predigtvorbereitung auch frühere Predigten über den jeweiligen Text eingesehen und erörtert werden, kann der Prozeß der Predigtvorbereitung auch zu einem indirekten Dialog mit der homiletischen Überlieferung führen. Nicht selten erweist er sich als eine kritische Klärungshilfe bei der Beantwortung der Frage, was heute Menschen ermutigt, befreit, tröstet und zur Umkehr oder zum Handeln aufrufen sollte.

2.3
Die Forderung nach thematischer Einheit der Predigt

Die Predigt ist eine *Rede*. Sie ist keine Abhandlung, kein erweiterter bzw. allgemeinverständlicher exegetischer Kommentar, kein Aufsatz. Als Rede im christlichen Gottesdienst soll sie sich in der Regel durch die Konzentration auf *eine* bestimmte Fragestellung, auf *eine* theologische Grundaussage oder auf *ein* bestimmtes Problem auszeichnen, so daß die Predigthörer die Predigt anschließend rekonstruieren können. Die Regel ›non multa sed multum‹ hat auch für die Predigt Gültigkeit. Von der Predigt als gottesdienstlicher Rede wird zu Recht erwartet, daß sie kein Potpourri von divergierenden Gedanken darstellt. Das Eine und Ganze der Predigt soll von den Hörern in der Weise rezipiert werden können, daß sie zugleich angeregt werden, dazu Stellung zu nehmen. Schleiermachers These, daß das Thema »Repräsentant der Einheit der Rede« sei, hat nach wie vor Gültigkeit (vgl. Praktische Theologie, in: Schleiermachers sämtliche Werke, Abt. I, Bd 13, 1850, 234). Sie bringt zum Ausdruck, daß zu dem kreativen Prozeß der Predigtvorbereitung eine Entscheidung darüber gehört, mit welchem Aussageziel der Text in der jeweiligen homiletischen Situation ausgelegt werden soll. Das Thema bzw. der homiletische Skopus faßt zusammen, worin für den Prediger im Anschluß an die textgeleitete Arbeit und in bezug auf heutige allgemeine und individuelle Situationen das notwendige Wort besteht (vgl. F. Wintzer, Die Predigt als Ermutigung zum Dialog).

Die Rechenschaftslegung über das Ziel und den Aussagegehalt und damit über die thematische Ausrichtung der Predigt stellt keine Distanzierung vom biblischen Text dar. Sie ergibt sich grundsätzlich aus der Überlegung, mit welcher Schwerpunktsetzung der Prediger anhand des Textes das Wort der Wahrheit sagen will. Wird die Predigt in dieser Weise als Rede verstanden, so ist die Suggestivalternative Themapredigt oder Textpredigt auch in rhetorischer Hinsicht nicht aufrechtzuerhalten. Otto Webers differenzierte Analyse ist nach wie vor bedenkenswert. Er urteilte, daß die Themapredigt »keineswegs ohne beachtliche, ja berechtigte Motive und Elemente (sei). Sie tritt in neuerer Zeit, namentlich seit dem Aufkommen der Romantik und der Erweckungsbewegung, überdies in beträchtlich veränderter Gestalt auf. Die antik-klassischen Formen sind dahin . . . Sie versucht, wo es einigermaßen gut geht, den Text als Einheit zu erfassen. Das ist gut, und darum ist sie der älteren, oft nur nach Wortgruppen gegliederten Homilie überlegen. Sie bezieht das Ganze des Textes, in einem Thema zusammengefaßt, auf den gegenwärtigen Hörer. Das ist gewiß nicht verkehrt und einer etwa formalbiblizistisch orientierten Homilie gegenüber der bessere Weg . . . Wer die Dinge ruhig überdenkt, wird die alte Alternative zwischen Homilie und Themapredigt nicht für bedingungslos gegeben halten können. Die Textpredigt ist nicht aufgebbar. Aber ebensowenig aufgebbar ist die Tatsache, daß der Text nicht ein zufälliges Konglomerat von Aussagen ist, sondern eine Einheit bildet . . .« (O. Weber, Vom Text zur Predigt, 41). Der letztgenannte Gesichtspunkt sollte dann auch eine Rolle bei der Abgrenzung und Auswahl von homiletisch dienlichen Predigttexten spielen.

Seit dem Aufkommen der sogenannten modernen Predigt, die seit dem Ende des 19. Jahrhunderts zu einem Programmbegriff der Homiletik wurde, verbindet sich die Forderung nach thematischer Einheit der Predigt freilich nicht mehr mit dem Festhalten an den starren älteren Formgesetzen der Predigt, zu denen u.a. die Verwendung von bestimmten Partitionsschemata zählte. Schon 1855 hatte M. Baumgarten geklagt: »Trägt doch die Predigt . . . die Schmach ihrer formalistischen Fessel öffentlich und vor jedermanns Sinnen! Denn während sonst jede Rede sich selbst durch ihr eigenes Leben ankündigt und vorträgt, ist es sehr allgemeine Sitte der Predigt, mitten in ihrer Lebensbewegung inne zu halten, die Rede aufhören zu lassen, um Thema und Teile anzukündigen, was aber nichts anderes ist, als bei lebendigem Leibe das eigene Knochengerippe zu zeigen« (M. Baumgarten, Die Nachtgesichte Sacharias, 2. Hälfte 1855, 169). Heute kommt der zielgerichteten Gedankenbewegung bzw. der teleologischen Strukturierung der Predigt als Rede ein größeres Gewicht zu. Das gleiche gilt für die Überlegung, welcher Sprechakt bzw. welche Sprechakte in der Predigt vorherrschen sollen.

In der neueren homiletischen Debatte hat die Forderung nach der thematischen Ausrichtung der einzelnen Predigt in dem *lernpsychologischen Modell* eine modifizierte Aufnahme gefunden. In den Schritten Motivation, Problemabgrenzung, Versuch und Irrtum, Lösungsangebot und Lösungsverstärkung bildet die Konzentration auf die hic et nunc notwendige und wesentliche Predigtaussage das verbindende Element. (Vgl. H. Arens/F.R. Richardt/J. Schulte, Predigt als Lernprozeß, in: Didaktik der Predigt, 1975, 41ff.)

2.4
Möglichkeiten und Grenzen der sog. Themapredigt

Die Themapredigt hat sich innerhalb der Geschichte der christlichen Predigt in erster Linie mit Grundfragen des christlichen Glaubens befaßt. So zählen z.B. auch die Katechismuspredigten zu dieser Gattung. Die Aufgabe, eine Verständigung über die zentralen Inhalte des christlichen Glaubens herbeizuführen und Christen zur eigenen Rechenschaftslegung über Glauben und Handeln zu befähigen, bildet ein Grundanliegen der sog. Themapredigt. Diese Feststellung wird durch problematische Beispiele der sog. Themapredigt nicht widerlegt. So wie einerseits die Textpredigt nicht in die captivitas exegetica geraten darf, so ist andererseits die einzelne Themapredigt auf ihre theologischen Voraussetzungen und Inhalte hin zu befragen. Das gilt besonders dann, wenn die

Themapredigt sich nicht an katechismusartige Aussagen anschließt, sondern bei Einsichten oder Verlegenheiten aus der Lebenswelt der Hörer einsetzt, um von diesen Problemen aus nach den Antworten der biblisch-christlichen Überlieferung zu fragen. Denn auch für die Themapredigt, die nicht den Weg vom Text zum Hörer geht, sondern umgekehrt von Problemen und Situationen aus die christliche Tradition befragt, ist die prinzipielle Schriftbindung und damit die Orientierung an dem Evangelium von Jesus Christus verbindlich, wenn auch das homiletische Verfahren anders strukturiert ist. Gerade die thematisch ausgerichtete Predigt, die sich auf die Lebenswirklichkeit von Menschen einlassen will, bedarf der systematisch-theologischen Kontrolle. Sie wird sich in der Regel nicht nur auf dogmatische Erkenntnissätze beziehen, sondern auch Einsichten der biblischen Theologie berücksichtigen.

Ein Argument für die Themapredigt ergibt sich aus der Tatsache, daß nicht für alle Themen aus der heutigen Lebenswelt, die zu dem Themenkreis heutiger Predigten gehören, entsprechende biblische Texte vorgegeben sind. Denn das Verfahren, biblische Texte zunächst auf einen abstrakten Gedankenzusammenhang zu reduzieren, um diesen dann unter bestimmten Fragestellungen wieder zu konkretisieren, stellt eine unzulässige Verallgemeinerung von Textaussagen dar. Es gibt deshalb Themen, die sich eher im Anschluß an eine biblisch-theologische Perspektive oder im Anschluß an mehrere biblische Texte predigen lassen. Dazu zählt z.B. heute die Frage nach dem Recht des Menschen auf den nicht hinausgezögerten Tod angesichts eines unheilbaren Leidens; dazu zählen auch konkrete Fragen, die sich aus der heutigen Verantwortung des Menschen für die Schöpfung ergeben. Insgesamt geht es darum, daß die in der Predigt zu verhandelnden Probleme, Einsichten und Verlegenheiten nicht auf eine traditionelle Sammlung von Predigtthemen beschränkt werden. Dieses Problem ist auch in der sozial-empirischen Untersuchung »Wie stabil ist die Kirche?« gesehen worden. »Der herkömmliche Sonntagsgottesdienst als das Leitmodell kirchlicher Kommunikation ist traditionell verbunden mit einer begrenzten Zahl von Themen und Symbolen, Denk- und Sprachmöglichkeiten. Offenbar gelingt es, trotz der in der Geschichte des Christentums erwiesenen Plastizität und Übersetzbarkeit der christlichen Überlieferung, vorerst nur begrenzt, den dadurch bestimmten Rahmen möglicher Kommunikation zwischen der Kirche und ihren Mitgliedern entsprechend den Erfordernissen einer sich fortschreitend differenzierenden Gesellschaft zu sprengen. Greift die Kirche Themen auf oder gebraucht sie Symbole, die außerhalb dieses herkömmlichen Plausibilitätszusammenhangs liegen, dann wird ihr Handeln, sei es auf der Ebene der Sprache, der Aktion oder der Kirchengestalt, von den meisten Mitgliedern, ob sie nun inhaltlich zustimmen oder ablehnen, nicht mehr als spezifisch kirchlich wahrgenommen. Hält sie sich aber an die im Gottesdienst gewährleisteten Kommunikationsmöglichkeiten, dann wird sie im Hinblick auf eine wachsende Fülle von gesellschaftlichen und individuellen Erfahrungen und Problemen sprachlos und handlungsunfähig. Die alten Themen und Symbole hatten volle religiöse und gesellschaftliche Relevanz, eins im anderen. Ihre gesellschaftliche Relevanz wird aber im Zuge der Ausdifferenzierung und zweckrationalen Gestaltung der gesellschaftlichen Lebensbereiche geringer und eben darum auch – ihre religiöse Fülle. Sekundär schlägt diese Entwicklung darum notwendig auch auf die gottesdienstliche Kommunikation selbst zurück« (a.a.O., 216f).

Auf diesem Hintergrund sind in der deutschen homiletischen Debatte die Möglichkeiten

und Grenzen thematisch ausgerichteter Predigten in dem letzten Jahrzehnt wieder intensiver diskutiert worden, nachdem lange Jahre hindurch die Karikatur der Themapredigt für die Themapredigt selbst ausgegeben worden war. So wurde sie nicht selten zum
Symbol der Herrschaftsanmaßung des Predigers über den christlichen Glauben erklärt.
Zu den bedenkenswerten Versuchen auf diesem Gebiet zählen heute die Themenstudi-
en, die an ausgewählten Themen verdeutlichen wollen, »was ein jeder Christ können
und wissen muß«. Die bisher vorliegenden 4 Bände exemplifizieren das, »was zum
Grundbestand des Christseins gehört«, anhand von katechismusartigen Themen unter
dem Gesichtspunkt »Was Christen glauben« wie auch anhand von Themen aus einzelnen Lebensfeldern: »Was der Glaube wagt« (Themenstudien I, 1977, 7f).
Die Themapredigt, die in der Regel der Konzentration auf wesentliche Aspekte des
christlichen Glaubens bzw. der christlichen Ethik dienen soll, wird und soll freilich nicht
zum Normalfall der Predigt werden. Bei ihr ist eine intensive Vorarbeit und Predigter-
fahrung notwendig, damit die angestrebte Verbindung von Situationsbezug und Berücksichtigung der christlichen Tradition gelingt. Besonders für den Anfänger im Predigen stellt die textfreie Predigt eine schwierige Aufgabe dar, weil bei ihr homiletische
Kompetenz wie auch eine fundierte Grundorientierung über den christlichen Glauben
in besonderer Weise vorausgesetzt werden.
Die Themenstudien haben ein eigenes homiletisches Verfahren entwickelt. Sie beginnen mit einer Problemanzeige, in der eine ›typische Situation‹ bzw. ein Konflikt beschrieben wird, der den ›Sitz im Leben‹ der jeweiligen Fragestellung umreißt. Ein Ge-
sprächsprotokoll, ein dokumentiertes Geschehen, eine Begegnung, ein Zeitungsbe-
richt, eine literarische Szene, eine Parabel oder ein Brief können einen solchen Ausgangspunkt bilden. Als homiletische Situation wird im Anschluß an Ernst Lange diese-
nige »spezifische Situation des Hörers« verstanden, »durch die sich die Kirche, eingedenk ihres Auftrags zur Predigt, d.h. zu einem konkreten, dieser Situation entsprechenden Predigtakt herausgefordert sieht«. Letzthin geht es um die Erprobung des
christlichen Glaubens im Denken und Handeln. Die Evangeliumsgemäßheit bildet ein
Kriterium gerade auch der Themapredigt. »Befreit (die Christusverheißung) Menschen
aus ihren Ängsten und Zweifeln, aus ihrer Verranntheit, aus Vorurteilen, aus Resignation? Kommt es zum Überschreiten von Grenzen, zum Sprung über die Mauer? Gelingt
es, den Teufelskreis der Vergeltung zu sprengen? Was wagt der Glaube? Nimmt er Partei für die Armen, traut er sich Opfer zu, befähigt er zum Aushalten der Widersprüche,
ist er zur Solidarität mit den Leidenden fähig? Haben wir eine neue, andere Möglichkeit
zu leben entdeckt? Was heißt – konkret gefragt – Menschen das ›Evangelium‹ zu predigen?« (I,20)
So spiegelt das Nebeneinander von der Textpredigt im herkömmlichen Sinn und von einer an der christlichen Überlieferung orientierten Themapredigt die zweifache Aufgabe
der Predigt wider, das Evangelium in der Wirklichkeit dieser Welt zu sagen.

2.5
Textordnungen

Die Texte für die sonntägliche Gemeindepredigt werden in der Regel nicht frei gewählt.
Es gibt für die liturgischen Lesungen wie auch für die Predigten Lese- und Predigt-

textordnungen. Sie sollen dazu beitragen, daß unter Berücksichtigung des Kirchenjahres die Vielfalt biblischer Texte wiederkehrend zur Geltung gebracht wird. Im begründeten Einzelfall kann von der Predigttextordnung allerdings jederzeit abgewichen werden. Die reformierte Tradition kennt zudem die Reihenpredigt über zusammenhängende biblische Texte.

Die Reformation hat an den römisch-katholischen Meßperikopen festgehalten; zumindest gilt dies für den Wirkungsbereich der Wittenberger Reformation. Das Neue bestand darin, daß der als Lesungstext vorgesehene Evangelientext wie auch der Episteltext grundsätzlich als Predigttexte verwandt wurden. Die sonntägliche Ordnung sah vor, daß morgens über das Evangelium des Tages, abends über die Epistel oder über einen Text der lectio continua gepredigt wurde. In den Wochengottesdiensten sollte über andere biblische Texte gepredigt werden. So heißt es in der Vorrede M. Luthers zur »Deutschen Messe« von 1526: »Des . . . Sonntags lassen wir bleiben die gewöhnlichen Epistel und Evangelia und haben drei Predigten. Früh um fünf oder sechs . . . predigt man die Epistel des Tages . . . Unter der Messe um acht oder neun predigt man das Evangelium . . . Nachmittags unter der Vesper . . . predigt man das Alte Testament, ordentlich nacheinander« (nach WA 19,78).

Eine Ausweitung der Predigttextordnung ergab sich durch die Wochengottesdienste. »Des Montags und Dienstags früh geschieht eine deutsche Lektion von den 10 Geboten, vom Glauben und Vaterunser, von der Taufe und Sakrament . . . Des Mittwochs früh aber eine deutsche Lektion; dazu ist der Evangelist Matthäus ganz geordnet, daß dieser Tag soll sein eigen sein, weil es ja zumal ein feiner Evangelist ist für die Gemeinde zu lehren und die gute Predigt Christi, auf dem Berge getan, beschreibt und fest zur Übung der Liebe und guten Werke (an)hält. Aber auch der Evangelist Johannes, welcher zumal gewaltiglich den Glauben lehrt, hat auch seinen eigenen Tag, den Sonnabend nachmittag unter der Vesper, daß wir also zwei Evangelisten in täglicher Übung halten. Der Donnerstag, Freitag, frühmorgens, haben die tägliche Wochenlektion in den Episteln der Apostel und was mehr ist im Neuen Testament . . .« (nach WA 19,79–80).

Die Vielzahl der Gottesdienste konnte sich allerdings nicht auf die Dauer durchsetzen. Nach dem Wegfall der Wochengottesdienste wirkte sich deshalb die Reduktion der Predigttexte im sonntäglichen Gottesdienst auf die beiden Reihen der sog. altkirchlichen Perikopen negativ aus. Die Prediger waren vor die Aufgabe gestellt, angesichts der jährlich wiederkehrenden Predigttexte die Wiederholungen und die Monotonie in den Predigten zu vermeiden. Im 17. Jahrhundert wurde darum eine ausführliche Debatte über die verschiedenen Predigtformen sowie über die methodi concionandi geführt. Das Problem der schmalen Predigttextbasis verschärfte sich noch, als auch die sonntäglichen Nachmittagsgottesdienste zum Teil aufgegeben wurden.

So ergab sich seit dem 18. Jahrhundert verstärkt der Wunsch nach einer Erweiterung der Predigttextordnung für den sonntäglichen Gottesdienst. Dabei wurde nicht nur der jährliche Wechsel von Evangelium und Epistel angeregt; es entstanden auch neue Jahresreihen in den einzelnen Landeskirchen. Die bisherige Einheitlichkeit der Perikopenordnung wurde aufgegeben. Die unterschiedlichen Entwicklungen in den einzelnen Landeskirchen wurden schließlich durch eine Revision der Perikopenordnung wieder vereinheitlicht. Das »Eisenacher Perikopenbuch« von 1896 enthält zusätzlich zu den beiden Reihen der sog. alten Perikopen je eine neue Jahresreihe von Evangelientexten und Episteltexten. Darüber hinaus wurde eine Jahresreihe alttestamentlicher Texte in das Perikopenbuch aufgenommen. Weil die alttestamentlichen Texte aber nicht anteilmäßig in die Jahresreihen der Evangelientexte und Episteltexte integriert wurden, sondern eine eigene Reihe bildeten, gab es in den meisten deutschen Landeskirchen bis 1930 nur in begrenztem Maße Predigten über alttestamentliche Texte.

Die seit ca. 1930 begonnene Neuordnung der Predigttexte führte schließlich zu einer vorsichtigen Reform. Die »Ordnung der Predigttexte« von 1956 war seit 1951 erprobt worden und erhielt 1958 ihre endgültige Fassung. Die Lutherische Liturgische Konferenz hatte ihre Überarbeitung übernommen. Sie enthält sechs Jahrgänge. Den beiden altkirchlichen Reihen wurden je zwei Jahresreihen von Evangelientexten und Episteltexten hinzugefügt, die zu je einem Viertel alttestamentliche Texte enthielten. Ergänzt wurden diese sechs Jahrgänge durch eine Psalmenreihe, eine Marginalreihe mit weiteren Texten sowie durch eine Continua-Reihe für verschiedene Kirchenjahreszeiten. Auch diese Perikopenordnung ließ Wünsche offen. Die beiden altkirchlichen Reihen waren kaum verändert; bestimmte wichtige Texte der Bibel wurden nicht aufgenommen. Geck und Hartmann klagten in ihren 38 Thesen, daß »typische Warnungen vor fressen, saufen und huren eindringliche Wiederholung erfahren« haben, aber die Seligpreisungen, das neue Liebesgebot (Mt 5) und die Ermutigung zur Nachfolge (Mk 8, Lk 9) nicht aufgenommen seien (vgl. M. Geck/G. Hartmann, 38 Thesen gegen die neue Gottesdienstordnung der lutherischen und einiger unierter Kirchen in Deutschland, ThEx 146, München 1968). Ebenfalls wurde der Unterschied zwischen einem liturgischen Lesungstext und einem Predigttext nicht genügend geklärt und beachtet. Es wurden z.B. längere biblische Texte mit einer komplexen Struktur aufgenommen, die eher als Schriftlesungen und weniger als Predigttexte geeignet waren. Schließlich wurden aufgrund literarkritischer und überlieferungsgeschichtlicher Einsichten einzelne Texte im Übermaß zergliedert. Für den 2. Sonntag nach dem Christfest war in der VI. Reihe als Text beispielsweise vorgesehen: 4. Mose 14,1–3.10b–13.19–24.31. Welcher Predigthörer ist in der Lage, diese Textabgrenzung im Gedächtnis zu behalten, um den Text nach dem Gottesdienst noch einmal zu lesen?

Seit 1978 ist eine Neubearbeitung der Ordnung der Predigttexte gültig. In ihr sind erstmalig auch die Texte der beiden altkirchlichen Reihen überarbeitet worden (Umstellungen, Überprüfung der Textabgrenzungen, Austausch von Texten unter dem Gesichtspunkt der Prädikabilität). Insgesamt wurde auf eine stärkere Konsonanz der Predigttexte an den einzelnen Sonn- und Feiertagen geachtet.

Die Überarbeitung der beiden altkirchlichen Perikopenreihen wurde durch eine tiefgreifende Reform der Lektionen durch das Vaticanum II erleichtert. In völliger Abkehr von der alten Perikopentradition enthält der Ordo Lectionum Missae von 1969 einen Dreijahresturnus von Lesungen. Bei den drei römisch-katholischen Lesejahren ist in A das Matthäus-Evangelium, in B das Markus-Evangelium und in C das Lukas-Evangelium bestimmend.

3
Vertiefung
Fragen zur Weiterarbeit

1. Vergleichen Sie mehrere Predigten über einen bestimmten Text. Beschreiben Sie die Unterschiede in der homiletischen Auslegung der Texte. Überlegen Sie, welche Faktoren für die Abfassung der Predigt jeweils maßgebend waren. Überlegen Sie im Anschluß an diese Predigtanalysen weiterhin, welcher Zusammenhang zwischen hermeneutischen und homiletischen Fragestellungen besteht. (Vgl. dazu D. Rössler, Das Problem der Homiletik; M. Josuttis, Über den Predigteinfall; R. Bohren, Predigtlehre § 21.)

2. Welche Gründe lassen sich für die Regelpraxis der Kirche, in einer Predigt einen bestimmten biblischen Text auszulegen, anführen? (Vgl. W. Trillhaas, Einführung in die Predigtlehre, Kap. III u. IV.) – Welche Themen sind in den bisher vorliegenden 4 Bänden der Themenstudien besprochen? Beurteilen Sie die Auswahl, und überlegen Sie sich Ergänzungsvorschläge.

3. Welche Forderungen ergeben sich aus der Einsicht, daß die Predigt eine Rede darstellt, für die Strukturierung und rhetorische Gestaltung einer Predigt? (Vgl. O. Weber, Vom Text zur Predigt; G. Otto, Predigt als Rede.)

4. Welche methodischen Schritte der Predigtvorbereitung sind in dem ›kreativen Prozeß‹ der Predigtvorbereitung zu berücksichtigen? (Vgl. dazu noch einmal die o.genannte Literatur von M. Josuttis und R. Bohren.) Welchen Beitrag leisten dazu die verschiedenen Predigthilfen, und welche homiletischen Verfahren werden in ihnen bevorzugt? (Vgl. z.B. die Predigtstudien, die Themenstudien, die Göttinger Predigtmeditationen, die Neuen Calwer Predigthilfen und die Reihe ›hören und fragen‹.) Welche Texte sind nach der Lese- und Predigttextordnung für den Karfreitag vorgesehen? Beurteilen Sie die Auswahl.

Literatur
R. Bohren, Predigtlehre, ⁴1980
Didaktik der Predigt, hrsg. von P. Düsterfeld und H.B. Kaufmann, 1975
M. Doerne, Art. »Homiletik«, RGG, Bd III, ³1959, Sp. 438–441
G. Ebeling, Wort Gottes und Hermeneutik (1959), in: ders., Wort und Glaube, 1960, 319–348
K. Frör, Biblische Hermeneutik, 1961
N. Hasselmann, Predigthilfen und Predigtvorbereitung, 1977
H. Hirschler, Biblisch predigen, ²1988
W. Jetter, Die Predigt und ihr Text, PTh 54, 1965, 406–453
M. Josuttis, Über den Predigteinfall, EvTh 30, 1970, 627ff
ders., Die Bibel als Basis der Predigt, in: »Wenn nicht jetzt, wann dann?«, FS H.-J. Kraus, 1983, 385–393
K. Meyer zu Uptrup, Gestalthomiletik. Wie wir heute predigen können, 1986 (Mit einem Werkstattheft)
G. Otto, Predigt als Rede. Über die Wechselwirkungen von Homiletik und Rhetorik, 1976
Perikopen. Gestalt und Wandel des gottesdienstlichen Bibelgebrauches, hrsg. von H. v. Schade und F. Schulz, 1978
D. Rössler, Das Problem der Homiletik, ThPr 1, 1966, 14–28
R. Roessler, Zum homiletischen Verfahren der Themenstudien, in: Themenstudien für Predigtpraxis und Gemeindearbeit, hrsg. von P. Krusche, D. Rössler und R. Roessler, Bd 1, 1977, 15–23
W. Steck, Das homiletische Verfahren, 1974
W. Trillhaas, Einführung in die Predigtlehre, ²1980, Kap. III und IV
O. Weber, Vom Text zur Predigt, in: Der euch berufen hat, 1960, 29–52
H.G. Wiedemann, Die Praxis der Predigtvorbereitung, 1975
F. Wintzer, Die Predigt als Ermutigung zum Dialog, in: Fides et communicatio, FS Martin Doerne, 1970, 428–440
R. Zerfaß, Grundkurs Predigt. 1. Spruchpredigt, 1987
ders., Grundkurs Predigt. 2. Textpredigt, 1989

§ 9
Predigt und Prediger (F.W.)

1
Einführung

Die Predigten der Gegenwart sind in Form und Sprache, in Theologie und Frömmigkeit sowie in ihren Bezügen auf die Lebens- und Erfahrungswelt durch erhebliche Unterschiede gekennzeichnet. Diese Vielfalt hängt mit verschiedenen Determinationsfaktoren zusammen. Erstens haben die Predigttexte, die Auslegungstraditionen wie auch die theologischen Grundpositionen einen bestimmenden Einfluß auf Inhalt und Zielsetzung der Predigten. Zweitens sind die christlichen Reden im Gottesdienst – in unterschiedlichem Maße – von den Problemstellungen, Erfahrungen und Situationen in Gemeinde, Kirche und Gesellschaft determiniert. Drittens werden die Predigten von der Theologie und dem Frömmigkeitsprofil, von dem Kirchen- und Amtsverständnis, von der Einstellung *des Predigers* gegenüber dem Gottesdienst wie auch gegenüber den sozialen und politischen Fragen – direkt oder indirekt – beeinflußt. Diese Subjektivität und existentielle Betroffenheit ist für die christliche Predigt konstitutiv, wie auch Wahrheit und Wahrhaftigkeit in einem Korrespondenzverhältnis stehen. Grundsätzlich handelt es sich bei der homiletischen Arbeit um die Aufgabe, daß der im Evangelium gründende Auftrag der Predigt in der persönlich verantworteten Rede im Gottesdienst der christlichen Gemeinde zur Geltung kommt. Allerdings erhebt sich in der Gottesdienst- und Predigtpraxis auch immer wieder die Frage nach den Grenzen personspezifischer Predigt. W. Jetter hat diese Ambivalenz bündig beschrieben: »Für die Theorie ist der Prediger immer der Zeuge der Predigt, für die Praxis ist er ihr Dauerproblem; sie bringt seine Menschlichkeiten ins Spiel« (Homiletische Akupunktur, 1976, 137).

Der individuelle Anteil des Predigers an der Predigtarbeit stellt *einen* Determinationsfaktor der Predigt dar. Er kann darum niemals isoliert gesehen werden. Er sollte aber bei der homiletischen Reflexion auch nicht unbeachtet bleiben. Zu den hier zu verhandelnden Fragen zählt ja z.b. das Problem, wie die dem Prediger gegebene Freiheit bei der Abfassung von Predigten verantwortlich wahrgenommen werden kann. Oder anders: Wie können Prediger und Predigerinnen die personspezifischen Momente ihrer Predigten selbst erkennen, kontrollieren und kritisch beurteilen? Diese Frage läßt sich besonders gut im Anschluß an ausgeführte Predigten erörtern, weil es sich nicht nur um eine allgemeine theoretische Frage handelt.

In der Geschichte der Predigt und der Homiletik ist wiederholt vor einem übertriebenen Subjektivismus gewarnt worden. E.Chr. Achelis hat diese Bedenken auf die programmatische Formel gebracht: »Predige nicht dich selbst, desto mehr dir selbst« (Praktische Theologie II, ³1911, 154). Als ebenso problematisch ist in der Geschichte der Predigt aber auch immer wieder die klischeehafte und an bestimmten Predigtmustern orientierte Predigt empfunden worden, die den Stempel der geistigen und geistlichen Sterilität trägt.

So handelt es sich bei dem Problem ›Predigt und Prediger‹ einerseits um die Erkenntnis,

daß die Predigt als eine am Evangelium orientierte gottesdienstliche Rede ein transsub-
jektives Element enthält; andererseits verweist diese Fragestellung auf die individuelle
Kompetenz des Predigers und damit auf das Problem des verantwortlichen Umgangs mit
der dem Prediger gegebenen homiletischen Freiheit.

2
Entfaltung

2.1
Gesichtspunkte aus der homiletischen Tradition

Die Frage nach dem Verhältnis von Predigt und Prediger berührt ein Grundproblem des
Amtsverständnisses in der evangelischen Kirche, das lange nicht beachtet wurde. Es
handelt sich um das Problem des *personspezifischen Handelns* im Pfarramt. Die Reformation hat in Artikel VII des Augsburger Bekenntnisses von 1530 eine Wesensbestim-
mung des Pfarrdienstes gegeben, die sich auf das Zentrale und Unverzichtbare beschränkt: evangelium pure docere et sacramenta recte administrare. Auf diese Weise
wurde dem Pfarrer viel Freiheit eingeräumt, denn der Dienst des Pfarrers wurde über
diese Grundaufgabe hinaus nicht im einzelnen festgelegt. Die nichttheologischen Faktoren, die den Pfarrdienst bestimmen, wurden dann auch in der Folgezeit kaum reflektiert. Das gleiche gilt für die soziologischen Strukturen, die das Pfarramt nach der Reformation weiter geprägt haben. Sie hängen mit der mittelalterlichen Drei-Stände-
Lehre zusammen, die die Unterscheidung der 3 Stände Familie, Obrigkeit und Kirche
kennt. Rückblickend ist zu fragen, wieweit mit diesem Kirchenverständnis die Verfestigung eines Amtsverständnisses verbunden war, das einer Verwirklichung des theologischen Grundgedankens vom allgemeinen Priestertum aller Gläubigen in den Kirchen
der Reformation im Wege stand. –
Grundsätzlich war in der Reformationszeit das Verständnis der Predigt als praedicatio
verbi divini maßgebend. Daraus ergab sich das Problem der Zuordnung von Menschenwort und Gotteswort in der christlichen Predigt. Folglich standen in besonderer Weise
die Meditation und das Gebet im Mittelpunkt der Pastoralanweisung. Luther hat diese
Anschauung in den Tischgesprächen einmal so zusammengefaßt: ». . . das glaubt mir
nur: Predigen ist kein menschliches Werk. Und werdet also kein selbstsicherer Prediger, sondern einer, der Gott fürchtet und Gott die Ehre gibt« (Hirsch, BoA VII, Ti
2606).
Die Erörterung des Verhältnisses von Predigt und Prediger konzentrierte sich in der Reformationszeit also auf das Grundproblem, daß die Predigt auf das Wort Gottes bezogen
ist, ja Gott selbst in ihr zu Wort kommen soll, und sie doch zugleich immer eine
menschliche Rede bleibt. Diese Menschlichkeit der Predigt hat eine theologische Tie-
fendimension. Sie hängt mit der Menschwerdung Gottes in Jesus Christus zusammen.
»Daß Gott uns menschlich haben will und daß Menschen in den Dienst genommen werden, das ist die Folge der Menschwerdung des ewigen Wortes« (Calvin, Institutio IV,
1.5; 3.1).
Das Problem der personspezifischen Predigt stellt in der heutigen Zuspitzung allerdings
eine *neuzeitliche* Fragestellung dar. Dafür gibt es mehrere Gründe. Es darf z.B. nicht

vergessen werden, daß in der Reformationszeit nur ein Teil der Prediger fähig war, eigene Predigten anzufertigen. Die pastores literati hatten die dazu nötige Ausbildung erhalten; die pastores simplices bzw. die sog. Plebanen waren jedoch nicht fähig, Sonntag für Sonntag eigene Predigten auszuarbeiten. Sie verlasen fremde Predigten, z.B. aus den Postillen. Auf diese Weise war die Unabhängigkeit der Predigt von demjenigen, der sie verliest, gegeben.

Die Orthodoxie hat dann sehr stark das Lehrmoment der Predigt betont und das ›objektive‹ Moment der reinen Lehre akzentuiert. Erst der Pietismus hat in besonderem Maße Wert auf die persönliche Aneignung des Heils und auf die persönliche Gewißheit der Christen gelegt. Als Reformbewegung trat er zudem für die Verwirklichung des Priestertums aller Gläubigen ein. Aus diesem Grunde stellte er nicht nur den Prediger, sondern die ganze Gemeinde vor die Aufgabe, den Glauben im Alltag persönlich zu bewähren. Zum Predigtamt sollten Christen berufen werden, die selbst »wahre Christen« seien und die »göttliche Weisheit« haben, auch andere auf den »Weg des Herrn« zu führen. Dieser Aufruf zur inneren Erfahrung, zur Wiedergeburt und zur Glaubwürdigkeit des Predigers wurde in der Folgezeit nicht selten im Sinne einer empirisch überprüfbaren Voraussetzung mißverstanden, hinter der der Aspekt der Auftragsgebundenheit der Predigt zurücktrat. Die im Ordinationsverständnis verankerte Unterscheidung von vocatio interna und vocatio externa wurde von dem Pietismus in besonderer Weise auf die Predigtpraxis bezogen, wobei die vocatio interna ein besonderes Gewicht erhielt. Es muß jedoch daran festgehalten werden, daß die vocatio interna, die ›innere Berufung‹, kein Gegenstand letztgültiger kirchlicher Prüfung sein kann.

Unter dem Gesichtspunkt der *Wahrhaftigkeit* und Glaubwürdigkeit hat Ende des 19. Jahrhunderts die Frage nach dem Verhältnis von Predigt und Prediger einen neuen Akzent erhalten. Das gilt besonders für die Theologie und Praxis der sog. modernen Predigt. Die herrschenden Predigttraditionen und homiletischen Überlieferungen wurden in dieser homiletischen Bewegung auf ihre Überzeugungskraft hin befragt. Die homiletischen Überlegungen galten u.a. dem Problem, in welcher Form die Erkenntnisse der historisch-kritischen Theologie und der Religionswissenschaft in die Predigtarbeit aufzunehmen seien. Die Diskussion kreiste z.B. um die Frage, wie die Inhalte der christlichen Lehrtradition mit den historisch-kritischen Erkenntnissen der exegetischen Forschung in Einklang gebracht werden könnten. Gegenüber einem erstarrten kirchlichen Konservativismus wurde die Forderung erhoben, nur ›an der Schrift Erlebtes‹ zu predigen. Der gelebte Glaube sollte anstelle von ›Schreibtischerfahrungen‹ die Predigt bestimmen. Diesem Ansatz entsprach die Ansicht, daß der Prediger seine Predigt nicht ausschließlich von seinem Amt her legitimieren könne. Er solle sich auch persönlich als Christ befragen lassen.

Otto Baumgarten prägte 1904 den Begriff der »personellen Homiletik« (in: Grundlinien einer personellen Homiletik). Er verband damit die Forderung, daß der Prediger seine Erfahrungen mit dem christlichen Glauben in der Predigt nicht verschweigen solle. Der Prediger benötige »Lebenserfahrungen, Eindrücke aus Natur- und Menschenwelt, die zu Lebensbildern und typischen Erlebnissen sich gestalten – sonst bleibt man beim bloßen Paraphrasieren des Schriftworts oder in einer engen geistlichen Sphäre hängen und spricht theologische Monologe« (ebd., 292). Dieser homiletische Ansatz ist jedoch nicht mit einer homiletischen Theorie der Subjektivität identisch. Der Prediger ist in der Sicht

O. Baumgartens »wesentlich nicht Darsteller seiner individuellen Frömmigkeit, sondern Diener am göttlichen Wort« (ebd.). Die Subjektivität und die Sozialität des Glaubens stehen in der Predigtanschauung Baumgartens in einem engen Korrespondenzverhältnis. Im Anschluß an die Theologie Schleiermachers ist Baumgarten der Ansicht, daß der Glaube in seiner individuellen Gestalt nicht von dem Glauben der Gemeinde bzw. der Kirche getrennt werden könne.

Nach dem 1. Weltkrieg, als die ›dialektische Theologie‹ die theologische Szene zu beherrschen begann, vollzog sich eine energische Abwendung von dem Geist der Persönlichkeitskultur und von dem Psychologismus in Theologie und Philosophie. Die in 2 Kor 4,5 formulierte Maxime der Christuspredigt wurde mit der Kraft der Einseitigkeit kritisch gegen die zeitgenössische Predigt gewendet. K. Barth, E. Thurneysen, R. Bultmann, F. Gogarten und G. Merz rückten das Autoritäts- und Legitimationsproblem der christlichen Verkündigung energisch in den Vordergrund. Die Kritik richtete sich schließlich auch gegen den Neupietismus. Die pietistisch geprägte christliche Frömmigkeit wurde als eine mögliche Form der Selbstrechtfertigung des Menschen hinterfragt. Die Polemik richtete sich gegen die ›Frommen‹, die sich ihrer persönlichen Frömmigkeit zu sehr bewußt seien.

Insgesamt wurde das Problem des Verhältnisses von Predigt und Prediger von primär systematisch-theologischen Fragestellungen überlagert. Die Überlegungen über Not und Verheißung der christlichen Verkündigung führten innerhalb der von Barth geprägten Wort-Gottes-Theologie zu der Anschauung, daß die Predigt neben dem Personwort Jesus Christus und der Heiligen Schrift die dritte Gestalt des Wortes Gottes bilde (vgl. dazu F. Wintzer, Die Homiletik . . . , bes. 184ff). Die Anweisung von Achelis: »Predige nicht dich selbst, desto mehr dir selbst«, wurde der Sache nach neu bekräftigt. Insgesamt erwies sich dabei der Rahmen der Wort-Gottes-Theologie als maßgebend. –

Die Dominanz der Wort-Gottes-Theologie hatte zur Folge, daß das theologische Predigtverständnis und das Verhältnis von Text und Predigt in der akademischen Theologie unermüdlich erörtert wurden. Das Problem ›Predigt und Prediger‹ war von dieser Hochkonjunktur nicht betroffen. Es gehörte freilich nach wie vor zu dem unaufgebbaren Problembestand der Homiletik. Das zeigte sich besonders in der Predigtlehre von O. Haendler (1942), der im Anschluß an die tiefenpsychologischen Erwägungen von C.G. Jung dem Prediger eine ›psychologische Durcharbeitung des eigenen Seins‹ empfahl. Die Bedeutung der Person des Predigers für die Rezeption seiner Predigt durch die Predigthörer wurde von O. Haendler neu eingeschärft, weil ein Prediger nicht nur mit seinen Worten, sondern auch mit seiner Person an dem Kommunikationsvorgang der Predigt beteiligt sei.

Überblickt man die homiletische Diskussion über den Zusammenhang von Predigt und Prediger in der Neuzeit, so sind mindestens drei Aspekte zu erwähnen und festzuhalten. Zum einen steht die Aufgabe, das Evangelium zu predigen, nicht im Widerspruch zu der Freiheit, die eigene Glaubenserkenntnis und die eigenen Erfahrungen mit dem Glauben in der Predigt zur Sprache zu bringen. Diese Freiheit gründet in dem Evangelium selbst, so wie der Zuspruch der Rechtfertigung gerade auch dem Prediger mit seinen Anfechtungen und seinen Zweifeln gilt.

Zum andern hat in der Neuzeit die Forderung nach der Wahrhaftigkeit und Glaubwürdigkeit des Predigers ein besonderes Gewicht erhalten. Die Institution der sonntäglichen Predigt stellt in der Großkirche keine allgemeinverbindliche Autorität mehr dar. Der Wahrheitsanspruch und die Überzeugungskraft der Predigt stehen jeweils neu zur Debatte. So wird heute verstärkt danach gefragt, ob der Prediger selber zu dem steht, was er sagt. Das bedeutet allerdings nicht, daß die Wahrheit des Evangeliums durch den Prediger begründet wird. Schließlich gehört es zur homiletischen Kompetenz des Predigers, daß er sich bei seiner Predigtarbeit selbstkritisch Rechenschaft über die personspezifischen Elemente seiner Predigt geben kann. Nur wenn diese ihm bewußt sind, wird er kontrolliert damit umgehen können.

2.2
Pastoralpsychologische Aspekte personspezifischer Predigt

In der Gegenwart hat das Problem der personspezifischen Predigt eine neue Zuspitzung erhalten. Das hängt damit zusammen, daß der Beruf des Pfarrers heute im Schnittpunkt höchst unterschiedlicher Erwartungen und Anforderungen von seiten der großkirchlichen Mitglieder liegt. Die Praxis zeigt aber, daß ein Prediger aufgrund seiner Individualität nicht in gleichem Maße und nicht in gleicher Weise mit den einzelnen Gottesdienstbesuchern Kommunikation haben wird. Das Charisma, mit bestimmten Gruppen von Menschen einen intensiven Dialog aufnehmen zu können, markiert in der Regel auch die personspezifischen Grenzen eines Predigers. Die gleiche Predigt kann Zustimmung und Ablehnung, Widerspruch und Interesse hervorrufen. Der Allmachtsanspruch, in gleicher Weise Prediger für alle Gemeindeglieder sein zu können, ist Ausdruck einer unkritischen Selbsteinschätzung, weil bei ihm die Individualität des Predigers wie auch die Verschiedenartigkeit der Gottesdienstbesucher übersehen werden. Demgegenüber ist daran zu erinnern, daß gerade der Rechtfertigungsglaube den Prediger befreit, seine Schwächen und Grenzen erkennen und zulassen zu können. Für die homiletische Aus- und Fortbildung ergibt sich aus diesen Überlegungen die Forderung, daß Prediger an der Erweiterung ihrer homiletischen Kompetenz arbeiten und zur Verringerung vorhandener Kommunikationsschwierigkeiten beitragen.
H.Chr. Piper hat in seinen »Predigtanalysen« einige Beobachtungen zu dieser Fragestellung vorgelegt. Das Material stammt aus Gruppengesprächen über Predigten, die innerhalb der Klinischen Seelsorge-Ausbildung durchgeführt wurden. – Das Problem der personspezifischen Predigt wird z.B. in der Analyse eines Gruppengesprächs veranschaulicht, das sich an eine Predigt über die Einladung zum großen Mahl (Mt 22,1–4) anschloß. In dieser Predigt wollte der Prediger verdeutlichen, daß Gott unter seine Herrschaft und damit zu einem Leben, das Freude genannt werden kann, einlade. In der Predigtbesprechungsgruppe wurde der Tenor der Predigt jedoch anders wiedergegeben. Ein Teilnehmer urteilte: »Zu Beginn war ich sehr stark motiviert. Ich hatte das Empfinden: er spricht meine Sprache. Dann fühlte ich mich angegriffen: er zieht jetzt unheimlich vom Leder. Ich bekam ein Gefühl von Überforderung durch die vielen Bilder und Beispiele. Dann bin ich ausgestiegen. Zum Schluß hatte ich nur noch das Interesse: wie löst er das? . . .« (Piper, Predigtanalysen, 70). Die Analyse der Predigt ergab, daß die Einladung innerhalb der Predigt zu einer Ausladung geriet, weil die Eingeladenen pauschal als Unbußfertige angesprochen wurden. Dem Prediger fiel dazu ein selbstkriti-

scher Gedanke ein. »Er selber habe große Schwierigkeiten, Einladungen anzunehmen (und auszusprechen), und fühle sich als Gast unter Gästen ausgesprochen unwohl und fehl am Platze. Er vermute, daß es mit seiner eigenen Unfähigkeit, Feste mitzufeiern, zusammenhänge, wenn er auch als Prediger es nicht fertig bekommen habe, eine Einladung zu vermitteln« (ebd., 73). – Eine begrenzte Erklärungsmöglichkeit für die personspezifischen Charakteristika und Ausprägungen in der Predigtarbeit hat Fritz Riemann in seinem Beitrag »Die Persönlichkeit des Predigers aus tiefenpsychologischer Sicht« zur Debatte gestellt. Er geht von der alten Erkenntnis aus, daß »jede Lehre, auch wenn sie in sich noch so geschlossen sein mag, abgewandelt (wird) durch ihren Interpreten. Dieser unterliegt individuellen Gesetzen, die ihn das zu Lehrende verschieden auslegen und vermitteln lassen. Aus solchen individuellen Persönlichkeitsvarianten erklären sich die Verschiedenheiten der Interpretation, die einerseits Farbigkeit, Lebendigkeit und Vielseitigkeit der Aspekte mit sich bringen, andererseits zu Widersprüchlichkeiten in der Auffassung, zu Streitigkeiten darüber, wer die ›richtige‹ Lehre vertritt, bis zu reformerischen Abwandlungen oder radikalen Neuerungen führen können« (152). F. Riemann unterscheidet, wie auch andere (Tiefen-)Psychologen, *vier* Persönlichkeitsstrukturen, die mit den Entwicklungsphasen der Kindheit zusammenhängen und als Persönlichkeitsmerkmale von den krankhaften Entwicklungen zu unterscheiden sind. Es handelt sich bei diesen vier Persönlichkeitsstrukturen um die sog. *schizoide,* die *depressive,* die *zwanghafte* und die *hysterische* Struktur. Gegenüber allen voreiligen Typisierungen ist darauf hinzuweisen, daß diese vier Persönlichkeitsstrukturen jeweils sehr unterschiedlich ausgeprägt sein können und daß das Vorherrschen einer bestimmten Struktur nicht den Ausschluß der anderen Strukturmomente bedeutet. Auch stehen hier, wie schon gesagt, nicht die neurotischen Formen zur Debatte. Die Individualität eines Menschen wird durch die Konstellation dieser Persönlichkeitsstrukturmomente nicht unwesentlich geprägt. Menschen mit vorwiegend schizoiden Persönlichkeitsmerkmalen kennen nach Riemann in besonderer Weise die Grunderfahrung der Ungeborgenheit wie auch das Bedürfnis nach Distanz. Die Erfahrung der Ungeborgenheit in der mitmenschlichen Welt und die mangelnde Vertrautheit mit anderen Menschen sollen deshalb oft durch »Intuition und Erkenntnis« ausgeglichen werden. Es handelt sich um Menschen, die »das Leben erkennen, abstrakt-theoretisch begreifen und bewältigen« wollen (154). Der Prediger, dessen Individualität vorwiegend durch diese Persönlichkeitsstruktur gekennzeichnet ist, bevorzuge die Distanz. »Aus seiner mitmenschlichen Unbezogenheit heraus kann er wenig emotionale Zuwendungen geben und auslösen ; dafür fördert er Kritik und Eigenständigkeit des Denkens, furchtlose Erkenntnis ohne Rücksicht auf Traditionen – die Lebenshaltung, durch die er sich selbst am meisten geholfen hat. Für ihn ist die Erkenntnis der Wahrheit der Weg zu Gott.« Schizoide Persönlichkeitsmerkmale finden sich bei Predigern, »die aus ihrer Ungebundenheit, Unabhängigkeit und Erkenntniskraft zu großer innerer Freiheit gelangen können. Sie sind furchtloser und brauchen daher weniger Rücksichten zu nehmen als gebundene und abhängigere, denen eine kollektive Zugehörigkeit wichtiger ist. Sie ertragen es, allein zu stehen und angefeindet zu werden« (155).

Der Prediger mit sog. depressiven Persönlichkeitsmerkmalen hat in der Regel eine besondere seelsorgerliche Kompetenz. Bei ihm sind meistens Trennungs- und Verlust-

ängste überwertig vorhanden. So ist der Prediger »mit überwiegend dieser Persönlichkeitsstruktur oft der geborene Seelsorger, einfühlend, mitleidig, hilfsbereit, tröstend
und aufrichtend. Er identifiziert sich mit dem anderen, setzt sich mit persönlichen Op-
fern ein, sucht die persönliche Beziehung zum Ratsuchenden, diesen oft zu sehr an sich
bindend durch den Wunsch, von ihm gebraucht zu werden« (157). Die Nächstenliebe
bis zur Selbstaufgabe hat für solche Prediger Bedeutung. Das intensive Mitgefühl mit
anderen Menschen und die große Nähe zu Menschen, die Hilfe und Trost brauchen,
kann allerdings dazu führen, daß deren Freiheit und Selbständigkeit nicht genügend gefördert und gefordert wird.

Dem entwicklungspsychologischen Phasenschema entsprechend ist an dritter Stelle das
Vorherrschen der sog. zwanghaften Persönlichkeitsstruktur zu nennen. Der Grund-
konflikt besteht hier u.a. in der Frage, wieweit Menschen sich etwas erlauben oder nicht
erlauben können. Das Verantwortungsgefühl ist stark ausgeprägt. »Der Prediger mit
vorwiegend dieser Persönlichkeitsstruktur in gesundem Rahmen neigt dazu, sich als
Hüter der Tradition zu sehen. Die Überlieferung und sein Amt sind ihm verpflichtend,
bedeuten Verantwortung. Die ihm als angemessen erscheinende Einstellung zu Amt
und Funktion ist eine dienende. Im Bewußtsein seiner Verantwortung ist er bestrebt,
Vorbild zu sein. Gemäß der damit verbundenen Strenge gegen sich selbst betont er auch
in der Predigt den Forderungscharakter der Lehre, das »Du sollst« . . . Seine Predigten
sind durchdacht, thematisch klar und gründlich durchgeführt, wie er auch sonst in seiner Amtsführung verläßlich ist; Tiefe des Denkens und Glaubens sind seine Vorzüge«
(160). Allerdings kann eine Überbewertung der normativen Gesichtspunkte zu intole-
ranten Verhaltensweisen führen bzw. zur Gesetzlichkeit in der Predigt.

Schließlich beschreibt Riemann mögliche Auswirkungen der vorwiegend hysterischen
Persönlichkeitsmerkmale auf den Predigtstil. Die Grundperspektive dieser Predigten ist
die Freiheit. Das Neue und die Veränderung werden gesucht. Gegen die Zwänge des Lebens wird polemisiert. Der Prediger mit vorwiegend dieser Persönlichkeitsstruktur predigt, wie Riemann formuliert, gern »von der Freiheit des Christenmenschen, von Hoffnung, Verheißung, Daseinsfreude und Lebensbejahung« (165). Er kann für viele zum
Leitbild werden. Ihm fällt allerdings die Abgrenzung gegenüber den Utopien nicht
leicht; und mit der Betonung des Neuen verbindet sich die Schwierigkeit, an dem Bewährten und alltäglich Gebotenen festzuhalten. –

A. Denecke hat in seiner homiletischen Abhandlung »Persönlich predigen« den Ansatz
Riemanns zu einem Programmentwurf der persönlichen Predigt erweitert und die vier
Kommunikationsprofile des tiefsinnigen Predigers der Erkenntnis, des einfühlsamen
Predigers der Liebe, des verantwortungsvollen Predigers der Ordnung und des wand-
lungsfähigen Predigers der Freiheit unterschieden. Zu Recht ermutigt er Prediger, be-
sonders die ›Anfänger‹ im Predigen, ihren eigenen Stil zu finden. Die Veranschauli-
chung der vier – letzthin idealtypischen – Kommunikationsprofile am Beispiel der
Grundformen der Weihnachtspredigt verdeutlicht die Vielfalt von Predigtformen und
Predigtansätzen. Es darf aber nicht übersehen werden, daß die vier *psychologisch* orientierten Kommunikationsprofile lediglich Teilaspekte personspezifischer Predigt zur
Geltung bringen. Andere Faktoren müßten in gleicher Weise berücksichtigt werden.
Dazu zählt die sprachliche und rhetorische Fähigkeit und Eigenart von Predigern; dazu
zählt auch die jeweilige lebensgeschichtliche Erfahrung und ihre Verarbeitung. Schließ-

lich wäre im einzelnen zu fragen, mit welchen theologischen Konzeptionen sich Prediger bisher auseinandergesetzt haben und mit welchen nicht. A. Denecke weist sodann selbst darauf hin, daß die vier genannten Kommunikationsprofile in der Praxis der Predigt nur als Mischformen vorkommen. Daraus folgt, daß alle vorschnellen Typisierungsversuche vermieden werden sollten. Die einseitige Orientierung an nur einem bestimmten Charakteristikum der personspezifischen Predigt, nämlich an der Unterscheidung von Persönlichkeitsstrukturen, begünstigt allerdings solche Vereinfachungstendenzen. Schließlich stellen nicht alle Kriterien der persönlichen Predigt, die Denecke nennt (47), nur Kennzeichen persönlichen Predigens dar. Insgesamt leitet die homiletische Abhandlung von Denecke jedoch dazu an, die Stärken und Schwächen der eigenen Predigten zu erkennen, damit die Erweiterung der homiletischen Kompetenz gefördert wird.

2.3
Problemfelder der personspezifischen Predigt

2.3.1
Der Auftrag, das Evangelium zu predigen, beinhaltet eine prinzipielle Kritik jener Predigten, in denen Prediger nur ›sich selbst‹ predigen und der Predigtinhalt auf die Mitteilung persönlicher Gedanken und Erlebnisse reduziert wird. Aus den bisherigen Erwägungen folgt jedoch, daß dieses Verdikt nicht die gottesdienstlichen Reden betrifft, in denen Prediger und Predigerinnen zur Teilhabe an der Lebenspraxis des christlichen Glaubens einladen und deshalb in bestimmten Zusammenhängen auch ihre eigenen Erfahrungen mit dem Glauben nicht verschweigen. Dies kann verbal, aber auch nonverbal geschehen. F. Winter hat deshalb darauf hingewiesen, daß die »psychischen Wirkungen« von Predigern öfters »nicht auf der Originalität der Gedanken, sondern auf dem Ernst der Person« beruhen, »die das, was sie sagt, in einem entsprechenden Leben deckt« (Handbuch der Prakt. Theologie II, ²1979, 231). Diese geistlich-personale Kompetenz spielt neben der theologischen, der sprachlich-rhetorischen und der kommunikativen Kompetenz des Predigers eine wesentliche Rolle. Aus diesem Grunde ist es problematisch, wenn Prediger ihre persönlichen Einsichten und Ansichten, ihre Erfahrungen und Experimente mit dem christlichen Glauben verschweigen. Solche Predigten erschweren für die Gemeinde den Dialog mit dem Prediger, da sie in der Regel nur einen geringen Anlaß zur Zustimmung oder zum Widerspruch bilden. Allerdings lassen sich auch in solchen Predigten personspezifische Elemente nicht völlig ausschließen. Sie kommen dann meistens indirekt zur Geltung.
Die Grenzen der personspezifischen Gestaltung der Predigten ergeben sich nicht nur aus dem Grundverständnis der Predigt; sie werden auch durch die Einfügung der Predigt in ein gottesdienstliches Ritual festgelegt, das durch die Wiederholung und durch die Vergleichbarkeit der liturgischen Teile in der großkirchlichen Gottesdienstpraxis gekennzeichnet ist. Der überindividuelle Charakter des Gottesdienstes wird u.a. durch die Lieder und Gebete, durch das Glaubensbekenntnis und die Lesung, durch die Abendmahlsfeier der Gemeinde wie auch durch den liturgisch geordneten Verlauf des Gottesdienstes bzw. der Amtshandlungen zum Ausdruck gebracht. Die Predigt stellt zwar in der Regel das Produkt individueller homiletischer Arbeit dar. Ihre Rezeption durch die Predigthö-

rer hängt aber mit der Einstellung der Gottesdienstbesucher zum Gottesdienst überhaupt zusammen. Aus diesem Grunde ist es nicht möglich, die Predigt isoliert von anderen Teilen des Gottesdienstes zu sehen und zu beurteilen (vgl. in diesem Arbeitsbuch die
Studie »Der Gottesdienst als Ritual«). Der Gesamteindruck des Gottesdienstes bestimmt in der Mehrzahl der Fälle die Rezeption der Predigt mit. Dennoch kann gerade
die Predigt in besonderer Weise dazu beitragen, daß der Gottesdienst nicht wirkungslos
bleibt, wenn sie mit ihren Mitteln den Kommunikationsprozeß im Gottesdienst fördert
(vgl. dazu: Predigen und Hören: Ergebnisse einer Gottesdienstbefragung, hrsg. von
K.F. Daiber u.a., 1980).

2.3.2
Die Predigt, die zur Eröffnung eines Dialogs mit den Teilnehmern am Gottesdienst beitragen möchte, sollte den argumentierenden Sprechakt genügend berücksichtigen. Von
ihm führt eine Verbindungslinie zu der Ich-Rede in der Predigt. Der Prediger, der von
der Gottesdienstgemeinde eine Mitverantwortung für seine Predigt erwartet, sollte sich
selbst als Dialogpartner zu erkennen geben. Dies muß nicht in der direkten Ich-Rede geschehen, obwohl der Gebrauch der Ich-Rede auf der Kanzel in bestimmten Zusammenhängen durchaus legitim ist.
M. Josuttis hat zu Recht auf die falsche Alternative hingewiesen, die davon ausgeht, daß
entweder nur Gott oder der fromme Mensch im Vordergrund der Predigt stehe. Demgegenüber erläutert er in seinem Aufsatz »Der Prediger in der Predigt«, wie in der Predigt in bezug auf den Gegenstand der Theologie ›ich‹ gesagt werden kann. Zu diesen
Formen zählt er nicht nur das konfessorische Ich, das die Übermacht der Sache Gottes
gegenüber der eigenen Person bekennt. Er stellt weitere Formen der Ich-Rede zur Debatte:
Das biographische Ich interpretiert den Text aus den Erfahrungen des eigenen Le-
bens.
Das repräsentative Ich, das mit der Person des Predigers nicht identisch ist, konfrontiert
sich mit dem Text stellvertretend für die Hörer.
Das exemplarische Ich bezieht den Text auf die Person des Predigers als den ersten
Adressaten.
Das fiktive Ich stellt den Text in Beziehung zu einer erdachten Person. –
Der (eingeschränkte) Gebrauch dieser Formen des Ich könnte die Kommunikations-
struktur der Predigt verbessern helfen und die Wirkungen von Predigten fördern. R.
Bohren meint, daß gerade auf diesem Gebiet eine »entscheidende Schwäche unserer
Predigtpraxis (liege): Wir sind viel mehr daran interessiert, wie die Predigt zustande
kommt, als daran, was aus der Predigt wird . . . Indem wir Prediger nicht bei unserer
Predigt bleiben, machen wir selbst die Predigt unglaubwürdig . . . Die beste Vorberei-
tung einer neuen Predigt beginnt zunächst mit dem Gespräch über die letzte Predigt«
(Predigtlehre, 385).

2.3.3
Die Wahrnehmung von personspezifischen Charakteristika in der Predigt spielt schließlich auch bei der *Predigtbeurteilung* durch die Gemeinde und durch Predigerkollegen

eine Rolle. Dabei bestätigt sich die homiletische Erkenntnis, daß Predigten nicht nur durch die Auslegung biblischer Texte und theologischer Themen wie durch die Berücksichtigung homiletischer Situationen geprägt sind, sondern auch durch die individuelle homiletische Kompetenz des Predigers.

Zur Aufgabe, Predigten zu verstehen, zählt deshalb ebenfalls die Wahrnehmung von personspezifischen Elementen auf der Inhaltsebene wie auch auf der Beziehungsebene im homiletischen Kommunikationsprozeß. Diese verdeutlichen zugleich die Freiheit, die dem Prediger bei der homiletischen Arbeit vorgegeben ist.

Bei der Beurteilung der Predigt durch die Gemeinde werden auch die Grenzen und die Schwächen von Predigten deutlich. Sie verweisen darauf, daß der Prediger ein Lernender bleibt und auf den Zuspruch der Rechtfertigung gerade auch in seiner Predigtarbeit angewiesen ist.

3
Vertiefung
Fragen zur Weiterarbeit

1.   Der Subjektivität des Predigers korrespondiert die Subjektivität des Hörers. Inwiefern *fördert* und *erschwert* das darauf beruhende Faktum der personspezifischen Predigt und des personspezifischen Vernehmens und Hörens einer Predigt den Kommunikationsprozeß der kirchlichen Verkündigung? (Vgl. A. Denecke, Persönlich predigen, 1979, 135ff. Weiteres Material zu dieser Frage bei K.F. Daiber u.a. [Hg.], Predigen und Hören, Bd 1, 1980.)
2.   Welche biblisch-theologischen Grundaspekte verbinden sich mit dem Verständnis des Predigers als ›Zeugen‹? (Vgl. A. Niebergall, Der Prediger als Zeuge, 1960; F. Winter, Die Predigt, 1974.) In welchem Maße kommen in dieser Anschauung von der Aufgabe der Predigt personspezifische Faktoren zur Geltung?
3.   Welche Bedeutung hat das Predigtverständnis eines Predigers für seine Predigtpraxis? Auf welche Weise beeinflußt es zum einen das Selbstverständnis des Predigers und zum anderen seine Anfertigung von Predigten? (Vgl. dazu W. Trillhaas, Die wirkliche Predigt, in: Wahrheit und Glaube, Festschrift für E. Hirsch, 1963, 193ff; E. Lange, Zur Theorie und Praxis der Predigtarbeit, in: Beiheft 1 der Predigtstudien, hrsg. von E. Lange, P. Krusche u. D. Rössler, 1968, 11–46.)

Literatur
H. Barié, Kann der Zeuge hinter das Zeugnis zurücktreten?, EvTh 32, 1972, 19–38
O. Baumgarten, Grundlinien einer personellen Homiletik, MkPr 4, 1904, 235–237.291–293.333–335
R. Bohren, Notizen zum Problem des Predigers, VF 1967/68, 26–34
ders., Predigtlehre, ⁴1980. Darin: Vierter Teil: Der Prediger, 347–440
K.F. Daiber u.a. (Hg.), Predigen und Hören, Bd 1, 1980
H.W. Dannowski, Kompendium der Predigtlehre, 1985, 51ff
A. Denecke, Persönlich predigen, Gütersloh 1979 (Vgl. auch die Vorarbeiten zu diesem Buch, die seit 1975 in verschiedenen Heften von »werkstatt predigt« veröffentlicht wurden. »werkstatt predigt« wurde von der Niedersächsischen Studiendirektorenkonferenz herausgegeben.)
M. Doerne, Predigt und Prediger bei Luther, in: Wort und Gemeinde, FS E. Schott, 1968, 43ff
V. Drehsen, Die angesonnene Vorbildlichkeit des Pfarrers, PTh 78, 1989, 88–109
A. und E. Grözinger, Von der schwierigen Möglichkeit, auf der Kanzel »ich« zu sagen, in: Religion und Biographie, FS G. Otto, 1987, 250ff
O. Haendler, Die Predigt. Tiefenpsychologische Grundlagen und Grundfragen, 1941, ³1960
E. Hirsch, Predigerfibel, 1964
M. Josuttis, Der Prediger in der Predigt. Sündiger Mensch oder mündiger Zeuge?, in: Die Praxis des Evangeliums zwischen Politik und Religion, 1974, 70–94

A. Niebergall, Der Prediger als Zeuge, Handbücherei für Gemeindearbeit, H. 4/5, 1960

H.-Chr. Piper, Predigtanalysen. Kommunikation und Kommunikationsstörungen in der Predigt, 1976

F. Riemann, Die Persönlichkeit des Predigers in tiefenpsychologischer Sicht, in: A. Riess (Hg.), Perspektiven der Pastoralpsychologie, 1974, 152–166

F. Winter, Die Predigt, in: Handbuch der Praktischen Theologie, Bd 2, 1974, 197–312, bes. 229ff

F. Wintzer, Die Homiletik seit Schleiermacher bis in die Anfänge der ›dialektischen Theologie‹ in Grundzügen, 1969

A. Zerfaß/F. Kamphaus (Hg.), Die Kompetenz des Predigers im Spannungsfeld zwischen Rolle und Person, Comenius-Institut Münster, 1980

§ 10
Aufgabe und Funktion der Gemeindepredigt (F.W.)

1
Einführung

Die Predigt ist in der evangelischen Theologie seit der Reformationszeit hoch bewertet worden, weil sie als Mittel des Heils (medium salutis) zu den »Kennzeichen der Kirche« zählt. Zu ihren Aufgaben gehören in reformatorischer Sicht die Erweckung, die Bekräftigung und die Vergewisserung des Glaubens sowie die Verständigung über den christlichen Lebensgottesdienst (Röm 12,1f). Diese Aufwertung der gottesdienstlichen bzw. gemeindlichen Predigt wurde in der Reformationszeit allgemein als eine Zuwendung zu der Gottesdienstgemeinde empfunden. In der mittelalterlichen lateinischen Messe wurde das in Christus erschlossene Heil durch die kirchlichen Amtsträger am Altar vergegenwärtigt. In den Kirchen der Reformation vollzog sich eine Hinwendung »von der sakramentalen Repräsentation des Mittelalters zur reformatorischen Öffentlichkeit« (vgl. P. Cornehl, Öffentlicher Gottesdienst, in: P. Cornehl/H.E. Bahr, Gottesdienst und Öffentlichkeit, 1970, [118–196] 148). Luther hat in diesem Zusammenhang den Typ der katechetischen Volkspredigt entwickelt. Diese sollte in die christliche Tradition einführen, die Schrift und das Bekenntnis des Glaubens auslegen, zu einer intensiveren Partizipation am Gottesdienst anleiten und die Gemeindeglieder zum christlichen Lebensgottesdienst befähigen und aufrufen.

Diese Hochschätzung der gottesdienstlichen Predigt ist in den nachreformatorischen Jahrhunderten gefestigt worden. In der Neuzeit wurde jedoch wiederkehrend gefragt, ob die Aufgabe der Verkündigung des Evangeliums vorrangig an die Institution der sonntäglichen Predigt gebunden werden könne und solle. Diese Anfrage gründet auf zwei Argumenten. Zum einen läßt sich zeigen, daß die Predigt in den Jahrhunderten nach der Reformation in gesellschaftlich anerkannte Formen des kirchlichen Lebens eingefügt war. Sie hatte eine Funktion sowohl innerhalb des Kirchenjahreszyklus als auch im Lebenszyklus und in der Alltagswelt der Kirchenmitglieder. Die Grenzen dieses Wirkungsbereiches der Predigt sind heute enger geworden. – Zum anderen hat die Predigt als öffentliche Rede jahrhundertelang keine große Konkurrenz gehabt. Die homiletische Kompetenz der Pfarrer wurde fortschreitend gefördert, nicht zuletzt durch die Errichtung von Predigerseminaren in der Zeit der Aufklärung. Heute hat jedoch die Predigt als öffentliche Rede in dem differenzierten gesellschaftlichen Kommunikationssystem ihre Vorrangstellung eingebüßt. Die theologische Bewertung der Predigt kann diese veränderten Kommunikationsbedingungen nicht außer acht lassen. – Allerdings hat es auch in den Jahrhunderten nach der Reformation immer wieder eine intensive Kritik an einer kraftlos gewordenen Predigt gegeben; denn die Predigtkritik zählt grundsätzlich zu den Aufgaben der Kirche. Claus Harms, einer der großen Prediger des 19. Jahrhunderts, hat in diesem Sinne geurteilt, daß die Predigt an dem »Verfall des Christentums« immer wieder mitgewirkt habe.

So stellt sich die Frage, welche Aufgaben heute durch die Institution der Gemeindepredigt wahrgenommen werden können und welche Funktionen heute von anderen Kommunikationsformen der Kirche übernommen werden sollten. In Presse, Rundfunk und Fernsehen haben sich neue Möglichkeiten für die kirchliche Bildungsarbeit und für die kirchliche Verkündigung eröffnet (vgl. H.-D. Mattmüller, Verkündigung im Rundfunk, 1976). Die Entwicklungen auf diesem Gebiet sollten genauer als bisher beobachtet werden. Die umstrittenen Fernsehsendungen der ›elektronischen Kirche‹ in den USA verdeutlichen die positiven und negativen Einflußmöglichkeiten des Fernsehens. – Strittig ist seit einigen Jahrzehnten, in welchem Maße die breiten Angebote der expandierenden Kommunikationssysteme Presse, Rundfunk und Fernsehen die Aufnahmefähigkeit des Menschen überfordern und welche Auswirkungen sich daraus beispielsweise für das Rezeptionsverhalten der Predigthörer ergeben.

Der Begriff der *Gemeindepredigt* wird in den folgenden Erwägungen eng mit dem Begriff der *gottesdienstlichen* Predigt verbunden. Die Einsicht, daß die Predigt nicht isoliert vom Gottesdienst und daß die Homiletik nicht ohne Bezüge zur Liturgik dargestellt werden kann, ist in der neueren homiletischen Debatte wieder stärker zur Geltung gekommen. Das gottesdienstliche Ritual bildet in dem Gottesdienst der versammelten Gemeinde mit Lied und Gebet, mit Lesungen und mit der Feier des Abendmahles keinen zufälligen Rahmen der Predigt. Darüber hinaus stellt die *seelsorgerliche* Komponente ein wesentliches Kennzeichen der Gemeindepredigt dar.

2
Entfaltung

2.1
Biblische Grundaspekte der Predigt

Der deutsche Begriff der Predigt stellt ein Lehnwort dar, das von dem lat. Substantiv *praedicatio* abgeleitet ist. Das zugehörige Verb praedicare hat die Grundbedeutung ›öffentlich kundmachen‹. Die mittelalterliche Kirche gebrauchte daneben noch die Begriffe *concio* und *sermo*; die alte Kirche hat die Bezeichnung Homilie *(homilia)* für die primär textauslegende Predigt eingeführt.

Die Predigtgeschichte zeigt, daß zu der Redegattung Predigt sehr unterschiedliche Formen kirchlicher Rede zählen. Die Homilien der Kirchenväter, die Predigten der Mysti-

ker und der mittelalterlichen Wanderprediger, die katechetischen Volkspredigten der
Reformationszeit und die zur Auferbauung der Gemeinde gehaltenen Predigten des Pietismus, die am Kriterium der Verständlichkeit orientierten Predigten der Aufklärung
und die Predigten im Umkreis der Predigtbewegung ›Moderne Predigt‹ zwischen 1890
und 1920 bieten reichliches Anschauungsmaterial für die Pluriformität der Predigt. Für
die Homiletik ist die Beachtung dieser Vielfalt der Erscheinungsformen von Predigten
konstitutiv. In diesem Zusammenhang ist dann auch die Frage zu beantworten, ob die
überkommenen Predigtformen insgesamt noch »der heutigen Bewußtseinslage Rechnung tragen oder von andersartigen Bildungsvoraussetzungen her geprägt sind« (G.
Ebeling, Memorandum zur Verständigung in Kirche und Theologie, ZThK 66, 1969,
[493–521] 518).

Aus dem Neuen Testament läßt sich kein verbindliches Modell der Predigt ableiten. Die
Schriften des Neuen Testaments nennen jedoch verschiedene Grundaspekte, die für die
christliche Predigt maßgebend sind. Bei der Einzelpredigt können die Akzente freilich
sehr verschieden gesetzt werden. – Zu diesen biblischen Grundaspekten zählt grundsätzlich die ›öffentliche Bekanntmachung‹ des Evangeliums (vgl. Röm 10,17; Kol 3,16).
Das Verb *keryssein* (mit seinen Synonymen) beinhaltet in diesem Zusammenhang die
Proklamation von Gottes Versöhnungstat in Jesus Christus, die sowohl in der Missions-
rede als auch in der durch Wiederholung gekennzeichneten innergemeindlichen Predigt
des Evangeliums erfolgen kann. – Die Gemeindepredigt läßt sich von der Missionspredigt nicht starr abgrenzen, weil der Glaube immer wieder der Anfechtung ausgesetzt ist
und die Wandlungen des personal-geschichtlichen Lebens sich auch auf den Glauben
und die Frömmigkeit von Menschen auswirken.

Zu den biblischen Grundaspekten der Predigt zählen sodann die Lehre und die Information. Hier ist an erster Stelle die Wortgruppe *didaskein – didaskalia – didachē* zu nennen. Die christliche Tradition versteht darunter nicht eine abstrakte Lehrpredigt ohne
personalen Bezug. Katechetische Elemente und persönliche Anrede sind auch im Neuen
Testament miteinander verbunden. »Indem die Verkündigung von der Tat Gottes in
Christus berichtet, ist sie zugleich Anrede an den Hörer, und indem sie die Erkenntnis
dessen bringt, was Gott in Christus getan hat, bringt sie zugleich dem Hörer eine neue
Erkenntnis seiner selbst« (R. Bultmann, Theologie des Neuen Testaments, [2]1954,
[§ 55,1] 773; vgl. zu dem zweiten Teil dieses Zitats M. Luthers Diktum aus der Römer-
briefvorlesung: Deus per suum exire facit nos ad nos ipsos introire, et per sui cognitionem infert nobis et nostri cognitionem, WA 56, 229).

Die Gemeindepredigt in der Versammlung der getauften Christen wird im Neuen Testament besonders durch das Verb *parakalein* (vgl. 2 Kor 5,20) beschrieben. Charakteristisch ist die Doppelbedeutung: *parakalein* kann sowohl im Sinne von *ermahnen* als
auch von *trösten* gebraucht werden. Als Wort der Ermahnung, das sich auf einen theologischen oder ethischen Sachverhalt beziehen kann, appelliert es an die Zustimmung,
die auch den Willen und das Handeln des Angeredeten mit einschließt. Der Aspekt des
Trostes, der oft mit dem Substantiv *paraklesis* verbunden ist, kommt paradigmatisch in
2 Kor 1,3–7 zur Geltung.

Die theologische und pastoraltheologische Reflexion über die Predigt innerhalb der Kir-
chen- und Christentumsgeschichte hat diese biblischen Grundaspekte der Gemeindepredigt erweitert und auch die verschiedenen Differenzierungen innerhalb des Neuen

Testaments berücksichtigt, zu denen beispielsweise das Element der prophetischen Rede zählt. Für die *Gemeindepredigt* (im engeren Sinne des Wortes) ist inhaltlich die enge Verbindung zwischen der *Vergewisserung* über den Glauben und der Erörterung der *Konsequenzen* des Glaubens in der christlichen Lebenspraxis konstitutiv geworden.

2.2
Predigtkonzeptionen der Neuzeit

Die Predigtlehre hat die Aufgabe, die Grundprobleme der christlichen Predigt im An-schluß an theologische und erfahrungswissenschaftliche Erkenntnisse so zu erörtern, daß sich ihre Leitsätze, Sachinformationen, Analysen und Methoden kritisch und kon-struktiv auf die Predigtpraxis beziehen lassen. Grundsätzlich befaßt sich die Predigt-lehre mit drei Problemkreisen. Dazu zählt 1. die Frage, was predigen heißt. Zur Beant-wortung dieser Frage ist ein Rückbezug auf die Predigtpraxis und damit auch auf Predig-ten notwendig. Die These von Caspari aus dem Jahre 1900 ist in diesem Sinne einzu-schränken: »Man kommt nicht zu einer des Namens werten theologischen Disziplin, solange man nicht den Ausgangspunkt der Homiletik innerhalb der systematischen Theologie aufsucht« (RE, Bd 8, ³1900, 298). Die 2. Fragestellung bezieht sich auf die verschiedenen Inhalte und Anlässe der Predigt. Der 3. Fragenkomplex umfaßt die kommunikationstheoretischen Probleme. Weil die Predigt eine Rede darstellt, können sowohl die rhetorischen Probleme als auch die Fragen nach den empirisch verifizierba-ren Wirkungen der Predigt nicht vernachlässigt werden.
In den anschließenden Erwägungen sollen einige Predigtkonzeptionen der Neuzeit dar-gestellt werden. Der jeweilige theologische Hintergrund kann in diesem Zusammen-hang nur kurz beleuchtet werden. (Es wird deshalb vorausgesetzt, daß entsprechende Kenntnisse zusätzlich erworben werden.)

2.2.1
Die Homiletik des 19. Jahrhunderts ist unverkennbar durch die Predigttheorie F.D.E. *Schleiermachers* beeinflußt worden, wie sie in der ›Kurzen Darstellung‹ (²1830) und in der ›Theorie der religiösen Rede‹ innerhalb der Praktischen Theologie vorliegt (F. Schleiermachers sämtliche Werke, 1. Abt., Bd 13, 1850). Schleiermacher hat die Pre-digt vorrangig als *gottesdienstliche* Rede verstanden und sie neben der Liturgie, dem Lied und dem Gebet zu den Wesensmerkmalen des Gottesdienstes (Kultus) gerechnet. In Unterscheidung von der Lehrpredigt im orthodox-kirchlichen und der pädagogisch orientierten Predigt im rationalistischen Sinn beschrieb er die Predigt als *darstellendes* Handeln. In der Predigt soll der (geläuterte) Glaube der Gemeinde seine sprachliche Darstellung finden. Damit grenzt Schleiermacher die Gemeindepredigt zugleich gegen-über der Missionspredigt ab. Alexander Schweizer hat diesen Ansatz der gemeindebe-zogenen Predigt mit einer zutreffenden Formel charakterisiert: Schleiermacher »wollte als zu Brüdern sprechen, deren christliches Bewußtsein er entwickele, nicht erst grün-de; er wollte es in ihnen nachweisen, aufzeigen, läutern, befestigen, nicht als etwas Neues in sie hineintragen« (A. Schweizer, Schleiermachers Wirksamkeit als Prediger, 1834, 13).
Mit großer Entschiedenheit ist Schleiermacher für die Textpredigt eingetreten. Die Pre-

digt ist für ihn durch den *Dialog* des *Predigers* mit dem *Text* und durch den Dialog mit der *Gemeinde* konstituiert. Grundsätzlich soll diese den Glauben und das christliche Bewußtsein ›darstellende‹ Predigt dazu beitragen, daß der Geist Jesu in seiner Gemeinde herrscht.

Die Beurteilung dieser Predigtkonzeption kann nicht von Schleiermachers Theologie absehen, deren eigenständige Begrifflichkeit immer wieder zu Mißverständnissen geführt hat. Auch sollte die Analyse von Schleiermachers Predigttheorie nicht in erster Linie von den Reden (1799) ausgehen. – Schleiermacher hat die Pneumatologie und die Christologie in seiner Zeit wieder stärker in den Mittelpunkt der Theologie gerückt. In seiner Urbildchristologie, für die Christus das Urbild des vollkommenen Gottesbewußtseins ist, wird allerdings die im Kreuz Jesu Christi gründende Anfechtung verharmlost. Charakteristisch für Schleiermachers Theologie ist die Auffassung, daß das Neue in Jesus Christus bereits voll erschienen ist. Die Erwartung von Gottes Weltvollendung stellt kein Hauptthema in Schleiermachers Theologie dar.

Schleiermachers *gottesdienst-* und *gemeindebezogener* homiletischer Ansatz findet heute erneut Beachtung, zumal er sich auch in einem anderen theologischen Kontext entfalten läßt (vgl. W. Trillhaas, Schleiermachers Predigt, ²1975). Die Erfahrungen mit dem christlichen Glauben werden in diesem Predigtverständnis nachdrücklich thematisiert. Die Frage nach den Wirkungen der Predigt ist allerdings von Schleiermacher nicht genügend kritisch gestellt worden.

2.2.2

In diesem Jahrhundert hat vor allem die sog. *dialektische Theologie* bzw. die *Wort-Gottes-Theologie* die theologische Reflexion über die christliche Predigt gefordert und gefördert. Sie löste die Predigt der liberalen Theologie ab, durch die die gottesdienstliche Rede aus verschiedenen rhetorischen und theologischen Erstarrungen befreit worden war. In theologischer Hinsicht waren sehr verschiedene Richtungen mit der Predigtbewegung »Moderne Predigt« verbunden. Eine pauschale Beurteilung dieser homiletischen Bestrebungen verbietet sich deshalb. Zu den theologisch kompetenten Verfechtern einer erneuerten Predigt zählte Paul Drews. Auch O. Baumgarten war diesem Programm verbunden. F. Niebergall bezog die religionspsychologischen Erkenntnisse mit in die Predigttheorie ein.

K. *Barth* und E. *Thurneysen* stellten demgegenüber die praxisunabhängigen Fragen wieder in den Vordergrund. Sie rückten das Problem des Predigtverständnisses von ihren theologischen Voraussetzungen her in den Mittelpunkt und setzten die dogmatische Kontrolle der Predigt an die erste Stelle des Katalogs der homiletischen Forderungen. Die Frage nach der Wirkung und der Funktion der Gemeindepredigt verlor an Bedeutung. Das Interesse Barths und Thurneysens galt, zumindest in den Anfängen der Wort-Gottes-Theologie, mit der Kraft der Einseitigkeit der *Aufgabe* der Predigt: »Wir sollen Menschenworte reden als solche, die Gottes Wort gehört haben und wissen, daß Gott selber wieder und weiter sein Wort sprechen will. Damit ist die Grenze und die Aufgabe unseres Dienstes gegeben« (Menschenwort und Gotteswort in der christlichen Predigt, ZZ 1925, [119–140] 129). Die Predigt wurde auf diese Weise zum Bezugspunkt aller theologischen Disziplinen. Für die sog. dialektische Theologie war sie der Ort, an dem die Frage nach der Möglichkeit des Redens von Gott in aller Schärfe zu stellen sei.

»Wir sollen als Theologen von Gott reden. Wir sind aber Menschen und können als solche nicht von Gott reden. Wir sollen beides, unser Sollen und unser Nicht-Können, wissen und eben damit Gott die Ehre geben« (Das Wort Gottes als Aufgabe der Theologie, in: Das Wort Gottes und die Theologie, 1924, [156–178] 158).
Die primär *dogmatische* Orientierung der Predigttheorie in den Anfängen der sog. dialektischen Theologie dokumentiert sich auch in den frühen Veröffentlichungen von E. Thurneysen. Sie veranlaßte R. Bohren zu der kritischen Feststellung, daß diese Predigtanschauung »zur Freiheit vom Hörer« und zum »Nichtbeachten, ja Verachten« des Hörers führen könne (R. Bohren, Predigtlehre, 446). Wie bei Barth dominiert bei Thurneysen die »Nicht-sondern«-Rede, die ursprünglich an dem Gegensatz von Gott und Mensch orientiert ist. Thurneysen warnt »vor dem Eingehen auf das sogenannte Bedürfnis des Hörers. Die Predigt ist nicht der Ort, wo um das Verständnis des Menschen, sondern wo um das Verständnis Gottes gerungen wird. Es handelt sich in der Kirche gerade nicht darum, daß ein Mensch auf andere Menschen eingehe, sondern darum, daß alle Menschen allem Menschlichen den Rücken kehren und auf Gott eingehen. Also keine Bemühungen um die Psychologie des Predigthörers und um sogenannte Menschenkenntnis mehr! Keine Mitteilung von Lebenserfahrung, auch nicht von frommer Lebenserfahrung (weder fremder noch zuallererst eigener!) auf der Kanzel zu Zwecken der Anregung neuer Lebenserfahrung bei anderen! Sondern: Gottes Erkenntnis, Gottes Verkündigung!« (Die Aufgabe der Predigt, in: G. Hummel (Hg.), Aufgabe der Predigt, 1971, [105–118], 113). Thurneysen vertritt in diesem Aufsatz über die Aufgabe der Predigt eine theologisch äußerst anspruchsvolle Predigtanschauung. Sie fordert zu der Gegenfrage heraus, ob mit diesem Predigtverständnis die institutionelle Gemeindepredigt oder nicht vielmehr eine Form prophetischer Rede gemeint sei.
In den frühen Äußerungen Thurneysens über die Predigt liegt letzthin ein doppeltes Wirklichkeitsverständnis vor. Thurneysen sieht die Aufgabe der Predigt darin, den »Tod des Menschen und alles Menschlichen zu verkündigen . . . Wo diese Predigt wirklich erschallt, da antwortet Gott mit dem Worte, das Auferstehung heißt und ist, und dieses Auferstehungswort ist dann das Wort im Wort« (ebd., 108). Damit entsteht das Problem, wie sich die nach Thurneysen im Wort der Predigt zu bezeugende Wirklichkeit zu der erfahrbaren Wirklichkeit dieser Welt verhält, in der Menschen leiden und hoffen, klagen und loben, von Angst, aber auch von Freude beherrscht sind. Die Erwägungen über das homiletische Verfahren verlieren an Bedeutung.
Barth beschrieb in der Kirchlichen Dogmatik I/1.2, aber auch schon in der Christlichen Dogmatik (1927), die Predigt bzw. die Verkündigung des Wortes Gottes als den gemeinsamen Aufgabenhorizont der Theologie überhaupt. In der Zeit des Kirchenkampfes hat dieser zugespitzte theologische Ansatz dazu beigetragen, die Identität christlicher Theologie zu wahren. Mit der Aufgabe der Verkündigung des Wortes Gottes war die Dauerfrage nach dem Glaubensgrund der Kirche gestellt. In den Situationen der Anfechtung und der Bedrohung konnte die an der Gottesfrage orientierte Predigt einen Beitrag zur ›Unterscheidung der Geister‹ leisten. Die Konkretionen ergaben sich oft aus der Predigtsituation selbst.
Die Probleme, die sich aus dem theologisch überfrachteten Predigtbegriff ergeben, hat Barth – im Unterschied zu manchem seiner Schüler – mehrfach selbst angesprochen. In der Explikation seiner Lehre von der *dreifachen Gestalt* des Wortes Gottes (Christus –

die Schrift – die Predigt) erinnerte er z.B. an das ›Gefälle‹ und an die Unterscheidungen, die hier zu beachten seien. Die Predigt habe auf Christus als das persongewordene Offenbarungswort hinzuweisen; sie könne aber nicht an dessen Stelle treten. In der Christlichen Dogmatik von 1927 findet sich die Erläuterung, daß das Menschenwort der Verkündigung, »das dem Gotteswort Raum schafft, . . . geboren ‹werde› in dem Engpaß zwischen dem biblischen Offenbarungszeugnis und dem Menschen der Gegenwart« (422). Dieser spannungsreiche Ansatz, aus dem der Entwurf einer praktisch-theologischen Predigtlehre abgeleitet werden könnte, ist von Barth allerdings nicht unverändert in die Kirchliche Dogmatik aufgenommen worden. Gerade deshalb sollte er nicht in Vergessenheit geraten.

Neben den hauptsächlich dogmatischen Erwägungen zur Predigtarbeit liegen einige Hinweise zum homiletischen Verfahren in der Nachschrift von Barths Seminar »Übungen in der Predigtvorbereitung« (WS 1932/1933 in Bonn; erschienen unter dem Titel »Homiletik. Wesen und Vorbereitung der Predigt«, 1966) vor. Es lohnte sich schließlich, einmal die implizite Homiletik (auch in bezug auf die anthropologischen und rhetorischen Fragestellungen) zu erheben, die Barths und Thurneysens Predigtbände aus der Frühzeit der sog. dialektischen Theologie kennzeichnet (Suchet Gott, so werdet ihr leben, 1917; Komm Schöpfer Geist!, 1924; jetzt: E. Thurneysen, Die neue Zeit. Predigten 1913–1930, hrsg. von W. Gern, 1982; vgl. auch M. Josuttis, Das Wort und die Wörter. Zur Kritik am Predigtverständnis Karl Barths, in: Freispruch und Freiheit, Theol. Aufsätze für W. Kreck, 1973, 229–243; R. Bohren, Prophetie und Seelsorge. E. Thurneysen, 1982).

2.2.3

Die erste Predigtlehre im Anschluß an die Wort-Gottes-Theologie hat 1935 W. *Trillhaas* verfaßt. Die Wort-Gottes-Theologie wurde in dieser Homiletik als Erneuerung der reformatorischen Theologie verstanden. Das ist einer der Gründe, weshalb in den Abhandlungen von Trillhaas zur Predigttheorie durchaus eine kritische Einstellung gegenüber dem in den dreißiger Jahren vielzitierten homiletischen Prinzip »steil von oben« zu erkennen ist. Die Predigtkonzeption von Trillhaas zeichnet sich darüber hinaus durch die Aufnahme bleibender Erkenntnisse und unerledigter Anfragen aus der Homiletik des 19. Jahrhunderts aus (vgl. F. Wintzer, Die Homiletik seit Schleiermacher, 207–213). Trillhaas geht als Prediger und Predigttheoretiker davon aus, daß wir »auf der Kanzel nicht einfach abstrahieren können von dem, was wir und unsere Hörer im weltlichen, beruflichen und politischen Leben ›draußen‹ Alltägliches oder auch nicht Alltägliches erleben« (Zeitgemäße Wortverkündigung, EvTh 1, 1934/35, [161–174] 162).

Grundsätzlich hat Trillhaas in seinen verschiedenen homiletischen Veröffentlichungen an dem Postulat einer theologischen Reflexion der Aufgabe der Predigt festgehalten. In dem Aufsatz »*Die wirkliche Predigt*« (1963) wird allerdings eine deutliche Abgrenzung gegenüber der generalisierenden Auffassung vorgenommen, die institutionelle Predigt sei als *praedicatio verbi divini* selbst *verbum divinum*. »Es ist eine Illusion, jeder Amtsträger der evangelischen Kirche der Gegenwart sei eo ipso auch ein Prediger und jede heute irgendwo gehaltene sog. Predigt sei ipso facto ›Gottes Wort‹. Jedenfalls kann man sich, vorsichtig ausgedrückt, in keiner Weise darauf verlassen, daß man bei heutiger

Predigt dem begegnet, worauf sie Anspruch erhebt« (Die wirkliche Predigt, in: Wahrheit und Glaube. Festschrift für E. Hirsch, hrsg. von H. Gerdes, 1963, [193–205]197). Aus diesen Überlegungen resultiert eine stärkere Beachtung der erfahrungswissenschaftlichen Aspekte der Predigtlehre und der Versuch einer kritischen Analyse der sozialgeschichtlichen Bedingungen der Predigt.

Trillhaas plädiert in den Erwägungen über die »wirkliche Predigt« für einen Predigtbegriff, der den theologischen Auftrag der institutionellen Predigt so formuliert, daß er konstruktiv und kritisch auf die Predigtpraxis bezogen werden kann. Aus diesem Grund bedient er sich einer aus der homiletischen Tradition stammenden Definition und versteht die Predigt als »*Dienst am Wort*«. »Als solche bleibt die Predigt für die Kirche des Evangeliums unerläßlich. Die Lauterkeit dieses Dienstes, seine Schriftgemäßheit bleibt das entscheidende Kennzeichen der wahren Kirche. Durch das Wort, an dem die Predigt dient und in das sie einführt, gibt Gott seinen Geist, und dadurch sammelt er Gemeinde. Das alles bleibt unmittelbar wahr. Und darin behält die evangelische Kirche heute ihre Identität mit sich selbst« (ebd., 202).

Das Problem der Legitimität und der Vollmacht der christlichen Predigt wird in diesen Überlegungen nicht aufgelöst; es wird eher verschärft. Denn die geistliche Kraft und die ›Wirksamkeit‹ der Predigt hängen nicht von der prinzipiell hohen Einschätzung der Predigt ab, sondern sie müssen sich im Vollzug des Predigens als solche erweisen. Das geschieht, wenn die Predigt zur Vergewisserung des christlichen Glaubens beiträgt und die Lebensorientierung der Christen angesichts der ethischen Herausforderungen hilfreich fördert.

Eine solche Predigt ist ohne das Bemühen des Predigers um die Erweiterung seiner homiletischen Kompetenz nicht denkbar. Sie wird dadurch nicht zu einem ›frommen‹ Werk‹. Gerade in der Berücksichtigung der homiletischen Einzelerkenntnisse und Einzelfragen gründet die Predigtarbeit letzthin auf der Erwartung, daß sich in der Interpretation der christlichen Überlieferung die Wahrheit des Evangeliums neu erschließt. »Die Predigt ist Dienst am Wort. Ob sie darüber hinaus dann zum Wort Gottes wird, das steht nicht in unserer Macht« (ebd., 201).

Trillhaas verweist schließlich auf einen noch nicht abgeschlossenen Lernprozeß in der Kirche. Es handelt sich um die Erkenntnis, daß die Gemeindepredigt gegenüber dem Unterricht, der Seelsorge und dem diakonischen Handeln nicht auf einer ›theologisch höheren Stufe‹ steht. »Auch der Dienst der Liebe, auch die Erziehung und der Unterricht sind genuine Dienste der Gemeinde Jesu« (ebd., 200). Die Übertragung dieses Erkenntnissatzes in die Praxis der Kirchengemeinde zählt zu den niemals endgültig erledigten Aufgaben der Kirche.

2.2.4

Die homiletische Forschung der Gegenwart hat sich inzwischen vornehmlich solchen Problemen zugewandt, die sich aus der kirchlichen Praxis mit der Vielzahl von unterschiedlichen Predigten ergeben. Die *Kommunikationsbedingungen* und die *inhaltlichen Probleme* der Festtagspredigten und der erzählenden Predigten, der Kasualreden und der politischen Predigten, der ethischen Predigten und der seelsorgerlichen Predigten bezeichnen ein solches Forschungsinteresse, wie auch die personspezifischen Elemente der Predigt wieder die notwendige Beachtung gefunden haben. Die Debatte über das

Predigtverständnis kann und soll durch diese kritische Reflexion praxisrelevanter Einzelprobleme nicht ersetzt werden. Sie wird die Arbeit an den Predigten freilich nur dann fördern, wenn sie sich mit den erfahrungswissenschaftlichen Erkenntnissen kritisch vermitteln läßt.

Mit großer Ausführlichkeit hat R. *Bohren* in seiner 1971 erschienenen Predigtlehre theologische Grundfragen der Predigt erörtert. Diese Homiletik ist einerseits der Wort-Gottes-Theologie, wie sie von Barth und Thurneysen in Unterscheidung zu Bultmann geprägt wurde, verpflichtet. Zum andern spielen in ihr Elemente einer biblischen Theologie eine Rolle. Bohren hat den Versuch unternommen, die Predigtlehre in engem Zusammenhang mit der Pneumatologie darzustellen. Dieser Ansatz sollte in den nächsten Jahren grundsätzlich diskutiert und auf die Möglichkeiten unterschiedlicher Weiterführung hin befragt werden. – Bohrens Predigtlehre enthält im einzelnen viel Predigerweisheit und unkonventionelle Anmerkungen zur Predigtpraxis. Sie zählt zu den primär dogmatisch orientierten Predigtlehren. Daraus erklärt sich die partielle Distanz gegenüber sozialwissenschaftlichen Fragestellungen der Homiletik.

Ein anderer homiletischer Entwurf, der nicht zu einer in sich geschlossenen Predigtkonzeption ausgebaut wurde, hat die Verlegenheiten und Anfragen aus der kirchlichen Praxis ungleich stärker zum Ausgangspunkt homiletischer Erwägungen genommen. Es handelt sich um E. *Langes* Thesen zum Predigtverständnis und zur Predigtarbeit, die Ende der sechziger Jahre zu der Herausgabe der Predigtstudien führten und damals, in einer Zeit pauschaler Predigtkritik, neue Zugänge zur Predigtarbeit schufen. Sie waren im einzelnen der homiletischen Tradition stärker verpflichtet, als E. Lange selbst es sah. Beeinflußt sind diese Thesen von der damaligen Debatte über den theologisch überfrachteten Predigtbegriff (vgl. Trillhaas, Die wirkliche Predigt) und über die ›offizielle‹ und ›inoffizielle‹ Homiletik (vgl. D. Rössler, Das Problem der Homiletik, ThPr 1, 1968, 14–28).

Hatte Barth 1927 erklärt, das Menschenwort der Verkündigung, das dem Gotteswort Raum schafft, werde »in dem Engpaß zwischen dem biblischen Offenbarungszeugnis und dem Menschen der Gegenwart« geboren, so beschreibt Lange – weniger grundsätzlich, theologisch zurückhaltender, aber doch in Anlehnung an theologische Aussagen der damaligen Predigtlehre – den Vollzug der Predigt in der Spannung *zwischen* Text und Situation. Aufgabe und Funktion der Predigt werden von ihm wieder unter stärkerer Berücksichtigung der Kommunikationsbedingungen der Predigt definiert. »Der homiletische Akt ist eine Verständigungsbemühung. Gegenstand dieser Bemühung ist die christliche Überlieferung in ihrer Relevanz für die gegenwärtige Situation des Hörers und der Hörergemeinde. Die Verheißung dieser Verständigungsbemühung ist ⟨ – wie Lange mit einem formalisierten Verheißungsbegriff erläutert – ⟩ das Einverständnis und die Einwilligung des Glaubens in das Bekenntnis der christlichen Kirche, daß Jesus Christus der Herr sei, und zwar in der zugespitzten Form, daß er sei *mein* Herr in je meiner Situation. Der homiletische Akt verfügt nicht über diese seine Erfüllung. Er hat aber ein Ziel, er hat eine Funktion. Seine Funktion ist die *Verständigung* mit dem Hörer über die gegenwärtige Relevanz der christlichen Überlieferung« (Zu Theorie und Praxis der Predigtarbeit, in: Predigen als Beruf, hrsg. von E. Schloz, 1976, [9–51] 20).

Langes homiletischer Ansatz, der von ihm in dem »Brief an einen Prediger« (Predigtstudien III/1, 1968, 7–17) und in verschiedenen Aufsätzen entfaltet worden ist, aber nicht in einer Predigtlehre umfassend dargelegt wurde, hat der Predigtarbeit neue Anstöße gegeben.

Nicht genügend geklärt ist der Situationsbegriff. Lange wollte mit der Einführung dieses Begriffs in die Predigtarbeit, neben der Auslegung des Textes eine Klärung gegenwärtiger Wirklichkeitserfahrungen ›vor Ort‹ und im allgemeinen erreichen. Die ›homiletische Situation‹ erscheint als die Situation, durch die sich die Kirche, »eingedenk ihres Auftrags«, zur Predigt herausgefordert sieht. Daraus folgt nicht, daß die gottesdienstliche Rede zu einem ›Situationsbericht‹ werden soll; denn Wirklichkeitserfahrungen führen oft zur Anfechtung des Glaubens. Für Lange selbst ist die Situation nicht das bestimmende Gesetz der Predigt gewesen, wie Bohren vermutet hat, sondern der Ort der Erprobung des christlichen Glaubens. Seine Aufsätze enthalten allerdings einige unklare Äußerungen. Das hängt damit zusammen, daß seine Diktion durch die Lebendigkeit des Denkens geprägt ist und Lange primär kein Theoretiker, sondern ein Mann der Praxis war. Gerade deshalb ist er von vielen Pfarrern verstanden worden (vgl. dazu die Diskussion zwischen R. Bohren und P. Krusche: R. Bohren, Die Differenz zwischen Meinen und Sagen, PTh 70, 1981, 416–430; P. Krusche, Die Schwierigkeit, Ernst Lange zu verstehen, PTh 70, 1981, 430–441)!

Grundsätzlich sollten zwei Aspekte des Situationsbegriffes unterschieden werden. Der eine resultiert aus der erfahrbaren, in sich widersprüchlichen Lebenswirklichkeit von Menschen, die durch Glaube und Unglaube, durch Zuversicht und Anfechtung, durch Hoffnung und Resignation gekennzeichnet ist. Die Predigt des Evangeliums kann und soll von der personal-geschichtlichen Existenz des Menschen nicht absehen, wie auch der Beter in den Psalmen seine Not in der Klage vor Gott ausspricht.

Der andere Aspekt des Situationsbegriffs hängt damit zusammen, daß Situationen in der ihres Namens werten Predigt nicht nur zur Kenntnis genommen werden. Die Predigt des Evangeliums verändert auch immer wieder Situationen, indem sie Menschen ermutigt, Neues sehen lehrt, über die christliche Lebenspraxis aufklärt und zur Vergewisserung im Glauben beiträgt. Von der Situation reden heißt deshalb, nicht nur einseitig von dem »Ensemble der Enttäuschungen, der Ängste, der versäumten Entscheidungen, der vertanen Gelegenheiten der Liebe . . ., der Verweigerung von Freiheit und Gehorsam« zu sprechen. Gerade im Gottesdienst soll, so sah es Lange, gegenüber diesen negativen Erfahrungen die Hoffnung und die Gottes-Verheißung zur Sprache gebracht werden. Damit verbindet sich für ihn die Vorstellung von einem Gottesdienst, »der das Spiel vom kommenden Frieden, vom verheißenen Frieden des Gottesreiches so inszeniert, daß Menschen Mut gewinnen, den Möglichkeiten des Friedens heute, morgen und übermorgen mehr zu trauen und darum auch mehr dafür zu tun« (Was nützt uns der Gottesdienst?, in: Predigen als Beruf, [83–95] 95).

2.2.5

Aus diesem Überblick über Predigtkonzeptionen der Neuzeit ergibt sich, daß das Predigtverständnis an Eindeutigkeit zu gewinnen scheint, wenn die dogmatischen Aspekte im Vordergrund stehen und die praxisabhängigen Faktoren mehr oder weniger ausgeklammert werden (vgl. die frühen Aufsätze Thurneysens). Es läßt sich aber zeigen, daß die Predigttheoretiker, die diese Position vertreten, in ihren eigenen Predigten mit den Faktoren des Hörerbezugs, der rhetorischen Gestaltung der Predigten und des Selbstverständnisses als Prediger durchaus auf eine spezifische und individuelle Weise umgehen, auch wenn sie diese in der eigenen homiletischen Theorie nicht genügend reflektieren. Daraus folgt, daß gerade auch die primär dogmatisch orientierten Predigtkonzeptionen auf ihre erfahrungswissenschaftlichen Implikationen hin zu befragen sind, damit die »wirkliche Predigt« (Trillhaas) in den Blick gerät. Andererseits ist eine theologische Reflexion der Predigt notwendig, damit die Predigt nicht dem übersteigerten Subjektivismus ausgeliefert wird.

Die Beurteilung der dargestellten Predigtkonzeptionen sollte deshalb mit dem Versuch beginnen, ihre leitenden Gesichtspunkte zu verstehen und ihre Grenzen und Schwächen zu sehen. Diese Form der Beurteilung fordert zugleich dazu heraus, die eigene theologische Position besser zu klären, weil jede Beurteilung auch eine Aussage über den eigenen theologischen Ansatz beinhaltet.

2.3
Die Predigt als Rede im Gottesdienst der Gemeinde

Die institutionelle Gemeindepredigt stellt nicht die einzige öffentliche Kommunikationsform dar, in der die Kirche die biblische Überlieferung und die christliche Tradition mit dem Ziel auslegt, die Lebensvergewisserung und die Vergewisserung im christlichen Glauben zu festigen und die Verständigung über die Lebenspraxis der Christen zu fördern. Dies geschieht in der Erkenntnis, daß menschliches Reden Gott nicht in der Welt vertreten kann, daß es aber auf Gottes verheißene Gegenwart erinnernd und hoffend hinzuweisen vermag. Ebenfalls konstituiert sich die christliche Gemeinde in der wechselseitigen Seelsorge der Christen und in dem Lebensgottesdienst mit seinen sozialen Lebensbezügen.

2.3.1
Die gottesdienstliche Rede ist also nicht isoliert von anderen Lebensäußerungen der christlichen Gemeinde zu sehen. Diese Erkenntnis ist entlastend. Sie schränkt die Erwartungen an die Predigt und an den Prediger ein. Sie fordert dazu auf, die Möglichkeiten und Grenzen gottesdienstlicher Rede sachlich zu erörtern.

Rituale sind, wie W. Jetter formuliert hat, »gefährliche Unentbehrlichkeiten« (W. Jetter, Symbol und Ritual, 1978, 112; vgl. auch den Beitrag von M. Josuttis in § 5 dieses Arbeitsbuches). Sie gründen auf festgelegten Interaktionsregeln und ermöglichen das gemeinschaftliche Feiern, Reden und Hören im Gottesdienst, sofern sie nicht erstarrt sind und das Leben aus ihnen gewichen ist. Das Ritual als ein System interaktioneller Vollzüge muß wandlungsfähig bleiben, und der instrumentale Vollzug und das interpretierende Wort bedürfen im gottesdienstlichen Ritual der gegenseitigen Ergänzung (vgl. auch K.F. Daibers Beschreibung des Gottesdienstes als »eine ritualisierte Form des Umgangs mit dem Gott, der nach dem Bekenntnis die Gemeinde konstituiert, ihr Zukunft gibt und sie durch gegenwärtiges Heilshandeln erneuert«, in: Der Gottesdienst als Mitte der Gemeindearbeit, WPKG 69, 1980, [74–90] 79). Für die Rezeption der Predigt ergibt sich aus ihrer Einordnung in das gottesdienstliche Ritual, daß die Gottesdienstbesucher – dem Ritual entsprechend – von ihr primär Vergewisserung, die Bestätigung grundlegender Werte und die Konstituierung von Sinn erwarten. Die gottesdienstliche

Rede ist deshalb der Gefahr ausgesetzt, daß die stabilisierende Funktion ein Überge-
wicht bekommt und sie ihre kritische und verändernde Kraft einbüßt. Der Ausweg kann
nicht darin bestehen, die Predigt mit einer Vielzahl von Appellen zu belasten, die verdrängt und überhört werden können. – In theologischer Hinsicht ist zu beachten, daß
die Frage nach den Konsequenzen des Glaubens aus der vergewissernden Aufgabe der
Predigt heraus entfaltet wird. In erfahrungswissenschaftlicher Hinsicht sind die lernpsychologischen Erkenntnisse zu berücksichtigen, die eine Verstärkung des Informa-
tionsgehaltes der Predigt, eine zur Partizipation einladende Beschreibung der veränderten Lebenspraxis und das Angebot von Identifikationsmöglichkeiten empfehlen.

2.3.2
Ein weiteres Charakteristikum der Gemeindepredigt besteht darin, daß sie sich auf die
Frömmigkeit und auf die ›gelebte Religion‹ der Gottesdienstbesucher bezieht und die
Grenzen der dogmatischen Fassung des christlichen Glaubens überschreitet (vgl. J.
Hanselmann/D. Rössler, Gelebte Religion, ThEx 201, 1978).
Goethes Zeilen aus den Zahmen Xenien über die Kirchengeschichte lassen sich un-
schwer auf eine Vielzahl heutiger Predigten beziehen:
»Mit Kirchengeschichte was hab ich zu schaffen?
Ich sehe weiter nichts als Pfaffen;
Wie's um die Christen steht, die Gemeinen,
Davon will mir gar nichts erscheinen. –
Ich hätt auch können Gemeinden sagen,
Ebensowenig wäre zu erfragen.«
Das Verhältnis von Theologie und Frömmigkeit stellt ein Thema dar, das gerade bei der
Predigt aktuell wird. Der bewußte Umgang mit der Frömmigkeit und Religiosität in ei-
ner Gemeinde könnte dadurch gefördert werden, daß die Gemeinde nicht nur in der Ge-
stalt der Gottesdienstbesucher in Erscheinung tritt, sondern – wie K.F. Daiber vorge-
schlagen hat – in einer für den Gottesdienst verantwortlichen Gruppe Gestalt gewinnt.

2.3.3
Gemeindepredigt ist schließlich von ihrer Aufgabe und Funktion her auch seelsorgerliche Predigt. Sie gründet in der Regel auf der Personalunion des Seelsorgers und des Predigers und erwächst insofern aus der Lebens- und Glaubensgemeinschaft von Menschen. Die Vertraulichkeit der Seelsorgegespräche soll nicht nachträglich auf der Kanzel
gebrochen werden. Die Seelsorge ist der Ort, an dem die Menschenkunde erworben
wird, die durch die Theorie aufgearbeitet und ergänzt, jedoch nicht durch diese in der
notwendigen Anschaulichkeit vermittelt werden kann. Sie bildet eine Voraussetzung
menschennaher Predigt. Grundsätzlich stellt das seelsorgerliche Element der Predigt
eine Konkretion der Predigtaufgabe dar, die Wahrheit in Liebe zu sagen.

3
Vertiefung
Fragen zur Weiterarbeit

1. R. Bohren hat in seiner dogmatisch orientierten Predigtlehre den Versuch unternommen, die Homiletik auf der Grundlage der Pneumatologie zu entwerfen. Auf welchen theologischen Aussagen gründet diese Pneumatologie? Wieweit gelingt es R. Bohren, auch auf die empirischen Aspekte der Predigt genügend einzugehen? Wie wird in Bohrens Predigtlehre Gemeinde definiert, und wie beschreibt Bohren die Mitverantwortung der Gemeinde für die Predigt?

2. Vergleichen Sie den Aufsatz von W. Trillhaas »Die wirkliche Predigt« mit D. Rösslers Abhandlung »Das Problem der Homiletik«. Welche Grundprobleme werden in diesen Abhandlungen der Homiletik zugewiesen? Welches Predigtverständnis ist für diese beiden Aufsätze bestimmend? Beschreiben Sie darüber hinaus die praktisch-theologische Diskussionslage, auf die sich die beiden Aufsätze in der Zeit ihres Erscheinens bezogen.

3. Welche Tätigkeiten des Pfarrers sind neben Gottesdienst und Predigt heute besonders wichtig? Nehmen Sie Stellung zu der These, daß der Gottesdienst der Mittelpunkt der Gemeindearbeit sei (K.F. Daiber, Der Gottesdienst als Mitte der Gemeindearbeit, WPKG 69, 1980, 74–90; vgl. dazu W. Lück, Praxis: Kirchengemeinde, 1978).

4. Welches Wechselverhältnis besteht zwischen dem Gottesdienst und der Predigt einerseits und der Seelsorge andererseits? Welche Rolle sollten beide Kommunikationsformen in der christlichen Gemeinde spielen? Wie beurteilen Sie die Forderung, daß die Gemeindepredigt auf die Seelsorgearbeit des Pfarrers (indirekt) bezogen sein solle? (Vgl. E. Sulze, Die Seelsorge als Lebensäußerung der christlichen Gemeinde, in: Seelsorge. Texte zum gewandelten Verständnis und zur Praxis der Seelsorge in der Neuzeit, hrsg. von F. Wintzer, 1978, 34–38.)

Literatur
H. Arens / H.W. Dannowski, Predigten, die handeln helfen, 1979
H. Barth / T. Schramm, Selbsterfahrung mit der Bibel, 1977
K. Barth, Not und Verheißung der christlichen Verkündigung, ZZ 1, 1923, 3–25
ders., Homiletik. Wesen und Vorbereitung der Predigt. Nachschrift des homiletischen Seminars »Übungen in der Predigtvorbereitung« vom WS 1932/33 in Bonn. Neuherausgabe der Nachschrift, Zürich 1966
ders., Menschenwort und Gotteswort in der christlichen Predigt, ZZ 3, 1925, 119–140
A. Beutel, V. Drehsen, H.M. Müller (Hg.), Homiletisches Lesebuch, 1986
R. Bohren, Predigtlehre, ⁴1980
ders., Die Differenz zwischen Meinen und Sagen. Anmerkungen zu Ernst Lange, Predigen als Beruf, PTh 70, 1981, 416–430
H. Breit / K.D. Nörenberg (Hg.), Festtage, 1975
P. Cornehl, Homiletik und Konziliarität, WPKG 65, 1976, 490–506
K.F. Daiber u.a. (Hg.), Predigen und Hören. Ergebnisse einer Gottesdienstbefragung, Bd 1, 1980
H.W. Dannowski, Kompendium der Predigtlehre, 1985
W. Gräb, Predigt als Mitteilung des Glaubens. Studien zu einer prinzipiellen Homiletik in praktischer Absicht, 1988
W. Jetter, Wem predigen wir? Notwendige Fragen an Prediger und Hörer, 1964

M. Josuttis, Materialien zu einer zukünftigen Homiletik, VF 23/1, 1978, 19–49

ders., Rhetorik und Theologie in der Predigtarbeit. Homiletische Studien, 1985

F. Kamphaus / R. Zerfaß, Ethische Predigt und Alltagsverhalten, 1977

F. Krotz, Im Licht der Verheißung. Die homiletische Theorie E. Langes, WPKG 69, 1980, 14–25

P. Krusche, Die Schwierigkeit, Ernst Lange zu verstehen, PTh 70, 1981, 430–441

E. Lange, Predigen als Beruf, hrsg. von R. Schloz, 1976

F. Mildenberger, Kleine Predigtlehre, 1984

G. Otto, Predigt als Rede. Über die Wechselwirkungen von Predigt und Rhetorik, 1976

D. Rössler, Das Problem der Homiletik, ThPr 1, 1968, 14–28

ders., Grundriß der Praktischen Theologie, 1986, Kap. 7, 308ff

Y. Spiegel (Hg.), Doppeldeutlich. Tiefendimensionen biblischer Texte, 1978

W. Steck, Das homiletische Verfahren, 1974

E. Thurneysen, Die Aufgabe der Predigt (1921), in: Aufgabe der Predigt, hrsg. von G. Hummel, 1971, 105–118

W. Trillhaas, Evangelische Predigtlehre, ⁵1964

ders., Einführung in die Predigtlehre, ²1980

ders., Die wirkliche Predigt, in: Wahrheit und Glaube. FS E. Hirsch, hrsg. von H. Gerdes, 1963, 193–205

F. Wintzer, Die Homiletik seit Schleiermacher bis in die Anfänge der ›dialektischen Theologie‹ in Grundzügen, 1969

ders., Tendenzen in der Homiletik, ThR 52, 1987, 182ff (Lit.)

ders. (Hg.), Predigt. Texte zum Verständnis und zur Praxis der Predigt in der Neuzeit, 1989 (Lit.)

R. Zerfaß, Predigt und Gemeinde, werkstatt predigt 9, 1981, 1–23

IV

Zur Theorie der Seelsorge

§ 11
Seelsorge und Psychotherapie (D.R.)

1
Einführung

Das Verhältnis von Seelsorge und Psychotherapie wird in der Praktischen Theologie kontrovers diskutiert. Die Vielfalt der Standpunkte in dieser Diskussion hat ihren Grund in einem Bündel von Zuordnungsproblemen und Zuständigkeitsfragen. Haben Psychotherapie und Seelsorge überhaupt etwas miteinander zu tun? Sind sie nicht gänzlich verschiedene Weisen der Bemühung um den Menschen? Aber haben sie nicht andererseits dieselben oder doch vergleichbare Ziele? Ist nicht vielleicht sogar die Psychotherapie eine bessere oder doch erfolgreichere Seelsorge? Handelt es sich bei Psychotherapie und Seelsorge »um zwei Kreise, die sich überschneiden« (W. Schütz, Seelsorge, 1977, 117)? Was wäre dann das Gemeinsame und was das jeweils Besondere? Gibt es überhaupt menschlich-existentielle oder seelische Konflikte, die nicht in die Zuständigkeit der Psychotherapeuten fielen? Und gibt es andererseits menschliche Lebensfragen, »bei denen man Gott, seine Verheißung und seinen Willen prinzipiell ausklammern könnte« (ebd.)?
Allgemeingültige Antworten auf diese Fragen lassen sich schon angesichts der Verschiedenheit der Aspekte nicht erwarten, aufschlußreich ist hingegen die Betrachtung der Herkunft des Problems und der Bedeutung verschiedener Zuordnungsversuche.

2
Entfaltung

2.1
Seit es eine Psychologie mit wissenschaftlichem und methodischem Anspruch gibt, ist ihre Bedeutung für die Praxis des kirchlichen Handelns diskutiert worden. So wird in der Praktischen Theologie des ausgehenden 19. Jahrhunderts die Kenntnis der Wundtschen Psychologie und anderer Psychologien für die Pädagogik ebenso vorausgesetzt (K. Knoke, Grundriß der Praktischen Theologie, ²1889, 50ff) wie für die Seelsorge: »Der maßgebende Gesichtspunkt für die Auswahl und die Ausdehnung solcher Studien ist nicht der einer fachmännischen Beherrschung des betreffenden Gebietes, sondern die Förderung der Menschenkenntnis und Seelenkunde, die uns dazu hilft, die Menschen

zu verstehen und einem jeden das Evangelium von der Seite nahezubringen, die seinem Verständnis am nächsten liegt« (H.A. Köstlin, Die Lehre von der Seelsorge nach evangelischen Grundsätzen, ²1907, 174). »Menschenkenntnis« ist dabei das Stichwort, das die psychologische Bildung des Seelsorgers legitimiert und fordert.

2.2

Zum selbständigen Thema ist die Psychologie für die Seelsorge erst durch die Psychoanalyse geworden. Der Schweizer Pfarrer Oskar Pfister hat sich zum ersten Anwalt der Psychoanalyse und ihrer Bedeutung für die Praktische Theologie gemacht. Bereits 1903 hat er auf »Unterlassungssünden« der Theologie gegenüber der Psychologie hingewiesen und in einer großen Zahl von Publikationen die Fruchtbarkeit psychoanalytischer Perspektiven für die Praktische Theologie zu zeigen unternommen. Er ist allerdings vor allem auf Ablehnung und Kritik gestoßen, und zwar nicht nur in Kirche und Theologie, sondern auch, wie S. Freud selbst, in der medizinischen Öffentlichkeit. Charakteristisch für die von unzureichender Kenntnis und von Vorurteilen geprägte Diskussion der zwanziger Jahre ist die Umfrage, die von einer philosophischen Zeitschrift zum Thema »Psychoanalyse und Seelsorge« veranstaltet wurde. (Auszugsweise abgedr. in: V. Läpple/J. Scharfenberg [Hg.], Psychotherapie und Seelsorge, 1977, 55ff.) Pfisters für Seelsorge und Seelsorgelehre wichtigster Beitrag ist seine Schrift »Analytische Seelsorge« (1927). Anlaß für dieses Programm ist die Erfahrung, »daß man mit dem alten seelsorgerlichen Betrieb bei zahllosen schwierigen Seelennöten einfach nicht auskommt und daher, wenn man seine seelsorgerliche Aufgabe ernst genug nimmt, auf neue Hilfsmittel auszugehen verpflichtet ist« (4). Damit ist das Stichwort »Psychologie als Hilfsmittel« in die Praktische Theologie eingeführt worden. Genauer erklärt Pfister analytische Seelsorge als »diejenige Tätigkeit, welche durch Aufsuchung und Beeinflussung unbewußter Motive religiöse und sittliche Nöte und Schäden zu überwinden trachtet« (10). Das Konzept erweist sich als ein praktisches Programm, durch das zu seelsorgerlichem Handeln direkt und methodisch angeleitet werden soll. Entsprechend sind die Ziele dieser Arbeit konkret und empirisch zu beschreiben. Sie machen die beiden Hauptteile des Buches aus: »Sittliche und religiöse Schäden«. Unter den sittlichen Schäden werden Probleme der Sexualität, Konfliktsituationen, Fragen der Identitätsfindung, des Fehlverhaltens auf verschiedenen Gebieten und anderes mehr verhandelt, und zwar jeweils im Zusammenhang mit konkreten Fallbeispielen. Als religiöse Schäden werden insbesondere Aberglauben, Glaubensverirrungen und Einschränkungen der Lebensfähigkeit in deren Gefolge erörtert. Die Psychoanalyse ist hier also als eine seelsorgerliche Arbeitsform verstanden, die Pfister möglichst vielen Pfarrern an die Hand geben möchte. Dazu bedarf es allerdings einer entsprechenden Ausbildung. Für die Legitimität gerade der psychoanalytischen Methode beruft sich Pfister auf Jesus selbst. Er findet in den Heilungs- und Vergebungsberichten der Evangelien eine Fülle von Einzelzügen und Motiven, in denen die Psychoanalyse mit der seelsorgerlichen Praxis Jesu übereinstimmt.

2.3

Die Frage nach der Bedeutung der Psychoanalyse für die Seelsorge ist in den zwanziger Jahren vielfältig aufgeworfen und diskutiert worden. Der schlesische Pfarrer W. Buntzel hat mit seiner Schrift »Die Psychoanalyse und ihre seelsorgerliche Verwertung« (1926) das Thema direkt aufgenommen. Seine Position ist zurückhaltender als die Pfisters. Er hebt kritisch hervor, daß in der Freudschen Lehre auch einige Widersprüche zur christlichen Weltanschauung enthalten seien, und nennt dafür insbesondere den »Libido-Monismus« und die Entwertung des Sündenbegriffs (46). Buntzel unterscheidet zwei Möglichkeiten der seelsorgerlichen Verwertung für die Psychoanalyse: »Die eine besteht in der methodisch durchgeführten psychoanalytischen Praxis in allen ihren technischen Einzelheiten, angewandt auf alle dafür geeigneten Fälle . . . Die andere Möglichkeit ist gegeben in einer mehr mittelbaren Nutzung psychoanalytischer Kenntnisse und Einsichten zur Menschenbeurteilung . . .« (48). Am Ende plädiert Buntzel für die zweite Möglichkeit. Die psychoanalytische Praxis im engeren Sinne ist nach seinem Urteil auf den Zusammenhang ärztlicher Aufgaben zu beschränken.

Zu den Kennern der Psychoanalyse und den Kritikern ihrer weltanschaulichen Grundlagen gehören ferner E. Jahn (Wesen und Grenzen der Psychoanalyse, 1927) und H. Fichtner (Handbuch der Evangelischen Krankenseelsorge, 2 Bde, 1928/1929). Auch von ärztlicher Seite ist der Zusammenhang von Psychologie und Seelsorge gefordert und diskutiert worden. C. Schweitzer hat 1925 eine Schriftenreihe unter dem Titel »Arzt und Seelsorger« begründet. Die ersten Titel waren ärztliche Beiträge: F. Künkel, Psychotherapie und Seelsorge, 1925, und J.H. Schultz, Psychiatrie, Psychotherapie und Seelsorge, 1926. In den Lehrbüchern der Praktischen Theologie wird das Pfistersche Programm, das die psychoanalytischen Methoden als Hilfsmittel in die Seelsorge einführt, in der Regel nicht aufgenommen. Es wird vielmehr die andere Weise der Rezeption empfohlen, die die Beschäftigung mit Psychologie und Psychoanalyse zur Bildung des Seelsorgers rechnet und seine Menschenkenntnis verbreitern und vertiefen will. In diesem Sinn hat schon P. Drews (Das Problem der Praktischen Theologie, 1910, 65ff) auf die Bedeutung der Psychologie hingewiesen. E. Pfennigsdorf hat zur Bestimmung des Verhältnisses zu Psychologie und Psychoanalyse den Begriff der »Hilfswissenschaft« eingeführt. Hilfswissenschaften »lehren uns, eine jede in ihrer Weise, ein für die Praktische Theologie wichtiges Wissensgebiet kennen. Aber sie vermögen nicht, die für diese Gebiete geltenden Ziele und Normen aufzustellen. Sie sagen nur, was ist, nicht, was sein soll« (Praktische Theologie, Bd 1, 1929, 17). Ähnlich empfiehlt O. Baumgarten (Protestantische Seelsorge, 1931) für den evangelischen Seelsorger »Einblick in das Wesen und die Grenzen der Psychoanalyse und Psychotherapie« (277); und M. Schian (Grundriß der Praktischen Theologie, ³1934) beläßt es bei dem allgemeinen Hinweis, daß die Psychoanalyse die Seelsorge anregen und befruchten könne (289). Das Pfistersche Programm ist zu seiner Zeit nur mit größter Zurückhaltung zur Kenntnis genommen worden.

2.4

Die Alternative, die sich in der Verhältnisbestimmung zwischen Seelsorge und Psychoanalyse abzeichnete, ist nicht allein eine Folge unterschiedlicher theologischer Urteile. Sie geht auch auf Entwicklungen zurück, die die psychoanalytische Theorie selbst verändert haben. Von den ersten Anfängen an hat Freud die Psychoanalyse als eine therapeutische Methode verstanden, die der Beeinflussung psychischer Krankheitssymptome und ihrer erlebnismäßigen oder intrapsychischen Ursachen dient. Man kann sa-

gen, daß diese begrenzte Auffassung von Aufgaben und Zielen die Arbeiten Freuds bis zur Jahrhundertwende geleitet hat (vgl. Gesammelte Werke, Bd 1). Erst danach ist die Psychoanalyse in ihre zweite Epoche eingetreten. Sie wurde zur Theorie des menschlichen Seelenlebens überhaupt ausgebaut. Wesentlicher Grund dafür war, daß die Neurosentheorie ihre Plausibilität und ihre praktischen Möglichkeiten nur durch eine derartige Verankerung in einer allgemeinen Theorie psychischer Instanzen, Prozesse und Entwicklungen vergrößern konnte. Diese psychoanalytische Theorie des Seelenlebens gewann dabei allerdings eigene Dimensionen und eigenes Gewicht. Als psychoanalytische Kenntnis kann seither die Kenntnis dieser Theorie gelten. Die Kenntnis psychoanalytischer Praxis und therapeutischer Methode ist dabei nicht notwendig eingeschlossen und kann unterschiedlich und gesondert betrachtet werden. –
Pfisters Programm der Psychoanalyse als »Hilfsmittel« der Seelsorge ist deutlich an den praktisch-methodischen Perspektiven der Psychoanalyse orientiert. Er betont für Entstehung und Ausbau der Psychoanalyse das ärztliche Interesse (a.a.O., 10). Entsprechend sucht er die Anwendung auch im seelsorgerlichen Bereich auf Hilfe und Heilung im konkreten Fall zu beziehen. Im Unterschied dazu ist die Psychoanalyse überall dort, wo sie als »Hilfswissenschaft« zur »Menschenkenntnis« zitiert wird, vor allem als Theorie des Seelenlebens verstanden. Der praktische und auf direkte Anwendung zielende Gebrauch psychoanalytischer Methoden spielt dafür dann nahezu keine Rolle.
Zu diesem Verständnis der Psychoanalyse haben die weitere Entfaltung der Freudschen Theorie und nicht zuletzt die Entwicklung der psychoanalytischen Schulen beigetragen. In allen diesen Differenzierungen und Fortschreibungen erweitert sich nicht in erster Linie das Gebiet einer bloßen Psychopathologie oder Psychotherapie; vielmehr sind alle diese Anstrengungen darauf gerichtet, die Erklärung des Seelenlebens überhaupt zu vertiefen, zu ergänzen, zu verwandeln oder zu erneuern. Erst im Rahmen einer solchen allgemeinen Theorie der psychischen Entwicklung des Menschen findet dann jeweils die Theorie der Neurosen und ihrer Therapie ihren Ort. Klassisches Beispiel für diese Entwicklung ist das Werk C.G. Jungs. Weitere Belege dafür aber bieten nahezu alle einzelnen Schulen und Richtungen, die sich auf ihre Herkunft aus der Psychoanalyse berufen (vgl. D. Wyss, Die tiefenpsychologischen Schulen von den Anfängen bis zur Gegenwart, 1961).
Im Prozeß dieser Differenzierungen kann ein *drittes Stadium* der psychoanalytischen Theoriebildung unterschieden werden. Die Psychoanalyse erweitert sich noch einmal und wird zur Kulturtheorie. Sie erklärt damit zumindest in wesentlichen Zügen das geschichtliche Leben und Werden der abendländischen Welt und ihrer bedeutenden Faktoren. Insofern schließt sie z.B. eine Theorie der Religion, der Gesellschaft und der Ethik ein oder wird doch als grundlegender Beitrag in entsprechenden Theoriebildungen aufgenommen (etwa auf dem Gebiet der politischen Theorie und der Sozialphilosophie). Andererseits aber ist in diesem äußersten Stadium der Psychoanalyse auch ein geradezu gegenläufiger Vorgang festzustellen. Es bilden sich im Kontext psychoanalytischer Arbeit begrenzte praktische Methoden, die auf psychische Prozesse Einfluß nehmen und therapeutisch förderlich sein können. Sie werden auf diese Weise verselbständigt und können, aus dem psychoanalytischen Zusammenhang herausgelöst, Anwendung finden. Als erstes Beispiel dafür läßt sich die Methode des »autogenen Trainings« nach J.H.

Schultz verstehen. Vor allem aber sind hier Interventionsmethoden und gruppendyna-
mische Leitungsmethoden zu nennen, die sich erst in den letzten Jahrzehnten herausgebildet haben. Im Blick auf die Unabhängigkeit solcher Methoden (und ihrer Anwendung) von der psychoanalytischen Theorie kann auch die sogenannte »Gesprächsthera-
pie« hierher gerechnet werden. Diese Entwicklungen haben auch für das Verhältnis von Seelsorge und Psychotherapie
neue Konstellationen herbeigeführt.

2.5
Die sogenannte dialektische Theologie hat von Anfang an gerade in der Psychologie und
in Psychologisierungen falsche und irreführende Wege für die Theologie gesehen. In ihrem Sinn hat H. Asmussen auf jede Erwähnung von Psychologie oder Psychoanalyse in
seinem Lehrbuch der Seelsorge verzichtet. Dieser Verzicht wirkt um so demonstrativer,
als er durch die Unterscheidung der Seelsorge von der »Seelenführung« hier ein Gebiet
beschrieben hat, das er selbst in einem allgemeinen Sinn durchaus durch psychologische
Aufgaben charakterisiert sieht (Die Seelsorge, 1934). E. Thurneysen hat in seinem Aufsatz »Rechtfertigung und Seelsorge« (ZdZ 6, 1928, 197–218, abgedr. in: F. Wintzer
[Hg.], Seelsorge, 1978, 73–94) von »fragwürdigen Vermählungen von kirchlicher
Seelsorge und Psychoanalyse« gesprochen und dagegengehalten, daß die Seelsorge »ein
ganz anderes Gespräch« (Wintzer, 87) zu führen habe.
Ausführlich und wirkungsreich hat Thurneysen seine Position in der »Lehre von der
Seelsorge« (1948) dargelegt. »Die Seelsorge bedarf darum der Psychologie als einer
Hilfswissenschaft, die der Erforschung der innern Natur des Menschen dient und die
diese Kenntnis vermitteln kann. Sie hat sich dabei kritisch abzugrenzen gegen ihr we-
sensfremde weltanschauliche Voraussetzungen, die mitlaufen, und die das ihr eigene,
aus der Heiligen Schrift erhobene Menschenverständnis beeinträchtigen könnten«
(174).
Damit führt Thurneysen grundsätzlich die Auffassung fort, die auch schon früher durch
den Begriff »Hilfswissenschaft« gekennzeichnet war. Seine Warnung vor falschen
»weltanschaulichen Voraussetzungen« zielt dabei auf ähnliche Abgrenzungen, wie sie
auch Pfennigsdorf bereits vorgenommen hatte. Für die Praxis von Seelsorge und Psychotherapie hält Thurneysen eine deutliche Trennung für nötig und möglich, auch
wenn beide gegebenenfalls »ineinandergreifen«: »Es muß nicht, aber es kann dann geschehen, daß die in einer Analyse der Krankheit zutage tretende Verirrung der innern
Natur des Menschen zum Anlaß wird der Erkenntnis und Bereinigung einer ganz bestimmten sündigen Verirrung. Psychologisches Krankheitsverständnis und seelsorger-
liches Menschenverständnis haben dann ineinandergegriffen« (198).

2.6
W. Trillhaas hat die Auffassung formuliert, die weithin in Kirche und Theologie akzeptiert wurde. »Die Tiefenpsychologie bedeutet eben eine Ausweitung unserer Kenntnis
des Menschen« (Der Dienst der Kirche am Menschen, 1950, 221). Mit der Praxis der
Psychotherapie dagegen hat die Seelsorge nichts zu tun. »Der Zuständigkeitsbereich der
Psychotherapie ist . . . sehr eingeschränkt. Die Psychotherapie hat im Bereich des
normalen Seelenlebens . . . nichts zu suchen. Die Seelsorge hingegen wird sowohl an

den sogenannten normalen Menschen als auch an Neurotikern und an Kranken aller Art jeweils in ihrer Weise einen Dienst auszurichten haben« (230). Mehr oder weniger deutlich findet sich diese Position bei vielen anderen Autoren dieser Epoche vertreten (z.B. bei A.D. Müller, Grundriß der Praktischen Theologie, 1950; H.-O. Wölber, Das Gewissen der Kirche, 1963).

Neue Akzente kamen demgegenüber durch die Besonderheiten der Jungschen Tiefenpsychologie ins Spiel. Nach Jung bedarf im Grunde jeder Mensch, um er »selbst« zu werden (Individuation), psychotherapeutischer Hilfe. In diesem Prozeß spielen religiöse Motive und Zusammenhänge eine bedeutende Rolle. Deshalb muß es das Anliegen der Psychotherapie sein, in möglichst engen Kontakt mit den religiösen Institutionen und in die Kooperation mit der Seelsorge einzutreten. Dazu muß sie wünschen, daß ihre psychologischen Einsichten und Zielsetzungen von den Seelsorgern geteilt werden. Nicht Psychotherapie durch Seelsorger, sondern *religiös-seelsorgerliche Ausrichtung unter Einschluß tiefenpsychologischer Einsichten und Deutungen wäre dabei die Aufgabe der Seelsorge.* Dieses Programm ist in jeweils verschiedener Ausprägung von einer Reihe von Autoren vertreten worden. Die Verhandlungen des Arbeitskreises »Arzt und Seelsorger« in Stuttgart haben dafür eine besondere Rolle gespielt. Direkt thematisiert hat das Verhältnis von Seelsorge und Psychotherapie der Schweizer Theologe H. Schär. Hier wird besonders deutlich, daß nicht mehr allein »Menschenkenntnis«, sondern auch psychologisch orientierte Praxis für den Seelsorger empfohlen wird: »Der Theologe, der solche Seelsorge üben will, muß die Hintergründigkeit des Menschen zu erkennen und zu deuten wissen. Er muß hinter dessen Oberfläche sehen können und nach seinen tiefen und bedeutsamen Erfahrungen suchen. Das ist nicht anders möglich als durch das Gespräch, und zwar während einer langen Zeit. Dabei kommen Zweifel, alle möglichen Gedanken und Anschauungen, Neigungen und Befürchtungen, Sehnsüchte und Wünsche zum Vorschein. Aufgabe des Seelsorgers ist es, dem Menschen dies deuten und verstehen zu helfen durch das, was er aus dem Bereiche des Christentums und der außerchristlichen Religionen an klärenden Anschauungen beibringen kann. Damit kann er dem Menschen eine neue religiöse Haltung und Anschauung aufbauen helfen, in der zwar vielleicht nicht alles enthalten ist, was im dogmatischen Bekenntnis vorkommt, wohl aber das, was für diesen Menschen erlebt, innerlich verarbeitet und darum echt ist« (Seelsorge und Psychotherapie, 1961, 262f). In ähnlicher Weise argumentiert W. Uhsadel für die konstruktive Zusammenarbeit von Tiefenpsychologie und Seelsorge (Evangelische Seelsorge, 1966).

2.7
Eine grundlegend neue Situation für die Verhältnisbestimmung von Seelsorge und Psychotherapie entstand durch die Rezeption der amerikanischen Seelsorgebewegung. Sie gab das Signal dafür, daß auf breiter Front und auf den verschiedensten Ebenen psychologische Theorie und Praxis in die seelsorgerliche Aufgabenstellung einbezogen wurden. Gemeinsam ist allen diesen Programmen, daß sie die seelsorgerliche Aufgabe neu definieren. Das seelsorgerliche Handeln wird nicht mehr allein von einer rein und explizit religiösen Zielsetzung her, wie sie etwa bei Asmussen als »Verkündigung des Wortes Gottes an den Einzelnen« (a.a.O., 15ff) formuliert war, sondern als »Lebenshilfe« im weitesten Sinne verstanden. Dadurch gewinnen die psychologischen Perspektiven na-

turgemäß eine neue Bedeutung. Grundsätzlich lassen sich dabei zunächst zwei verschiedene Weisen der Verhältnisbestimmung von Psychologie und Seelsorge unterscheiden, und zwar dadurch, daß der Ausgangspunkt entweder in der Theorie oder in der Praxis genommen wird.

2.7.1

Wird die Psychoanalyse primär als theoretischer Zusammenhang oder als Wissenschaft begriffen, dann entsteht im Verhältnis zur Seelsorge das Modell einer Kooperation. Diese Kooperation steht für denselben Sachverhalt, der schon früher durch den Begriff »Menschenkenntnis« bezeichnet war. Dem Seelsorger wird durch die Psychoanalyse ein Wissen über den Menschen vermittelt, das durchaus theoretisch-wissenschaftlicher Art ist und das nur mittelbar in seine seelsorgerliche Tätigkeit eingeht. Es ist geeignet, die Erfahrungseinsichten, von denen der Seelsorger seinerseits ausgeht, kritisch zu korrigieren oder zu ergänzen. »Psychotherapie und Seelsorge lassen sich nicht mischen. Beide Verfahren haben ihre gesonderten Ansatzpunkte und ihr gesondertes Ziel. Im theoretischen Rahmen kann die eine Wissenschaft der anderen gegenüber eine kritische Funktion einnehmen und damit befruchtend auf sie einwirken« (K. Winkler, Psychotherapie und Seelsorge, in: V. Läpple/J. Scharfenberg [Hg.], a.a.O., 388). Es gehört in ebendiesen Rahmen, wenn aus der psychoanalytischen Erfahrung für den Seelsorger Einsichten über das Gespräch vermittelt werden (J. Scharfenberg, Seelsorge als Gespräch, 1972), die nicht zur Sache der Seelsorge einen Beitrag leisten, sondern als Rüstzeug dem Seelsorger zur Verfügung stehen. Menschenkenntnis wird hier erweitert zur Kenntnis des Gesprächs zwischen Menschen. Insofern nimmt Scharfenberg in »Seelsorge als Gespräch« keinen grundsätzlich anderen Standpunkt ein als Thurneysen.
Es gehört zur Konsequenz dieses Standpunktes, daß dem Seelsorger eine psychoanalytische Praxis nicht angeboten wird. Dabei ist die Einsicht leitend, daß innerhalb der Psychoanalyse zwischen den Grundlagen der Psychotherapie und ihrem praktischen Vollzug nicht so unterschieden werden kann, daß »praktische Methoden« unabhängig vom Zusammenhang des Ganzen isoliert und etwa in die Seelsorge transferiert werden könnten. Je mehr die Psychoanalyse als wissenschaftlicher Zusammenhang gefaßt wird, desto unpraktischer wird ihr Beitrag zur Seelsorge. Ebenso gehört es zu den Folgen dieser Auffassung, daß die Zielsetzungen des seelsorgerlichen Handelns von den psychoanalytischen Einsichten nicht beeinflußt werden sollen. Die Menschenkenntnis, die hier vermittelt wird, schließt keine Forderungen darüber ein, zu welchem Resultat das seelsorgerliche Gespräch gelangen müsse. Das bleibt Sache des Seelsorgers selbst.

2.7.2

Wird dagegen das Gewicht ganz oder vor allem auf die Praxis gelegt, so ergibt sich eine völlig andere Situation. Die psychoanalytische Theorie tritt in den Hintergrund. Ihre Inhalte spielen für das Verhältnis von Psychologie und Seelsorge kaum noch eine Rolle, es sei denn, sie werden in Gegenstände einer vermeintlichen Praxis überführt. Das ist z.B. dort der Fall, wo Begriffen psychoanalytischer Theorie (oder Metatheorie) naiv unmittelbare Realität zugesprochen wird. Man sieht dann etwa in den sogenannten psychischen Instanzen Ich, Über-Ich und Es statt Hypothesen zur Herstellung von Plausibilität vergegenständlichte und greifbare Tatsachen, die für jedermann zugänglich sind.

Solche Trivialisierungen treten allerdings nicht erst im Zusammenhang mit der Seelsorgelehre auf. Bedeutung kann die Praxis immer nur als bestimmte Praxis gewinnen; und die psychologische Praxis ist dann bestimmte Praxis, wenn sie als Methode zugänglich ist. Es ist allen Methoden dieser Art gemeinsam, daß sie vorzugsweise die Ebene der Emotionen betreffen.

Dabei lassen sich zwei Zielvorstellungen unterscheiden. Die praktische Bemühung kann einerseits der Person des Seelsorgers selbst gelten. In solchen Fällen soll etwa der seelsorgerliche Habitus gefördert werden, die Wahrnehmungsfähigkeit des Seelsorgers für Äußerungen seiner Gesprächspartner oder seine Fähigkeit, eigene Affekte zu kontrollieren. Diese Zielsetzung spielt vor allem in der klinischen Seelsorgeausbildung (KSA) eine bedeutende Rolle (vgl. z.B. W. Becher, H. Faber, H.-Chr. Piper). Andererseits sollen entsprechende methodische Ausbildungen die Fähigkeit des Seelsorgers zum Umgang mit Ratsuchenden, mit Kranken, mit Trauernden, mit Gesprächen und Gesprächspartnern aller Art sowie mit Gruppen begründen und vertiefen. Diesem Zweck dienen die verschiedenen gruppendynamischen Methoden, die Gesprächsanalysen, die an der Gesprächstherapie orientierte Übung der KSA und andere Trainingsformen. Die Einübung solcher Fähigkeiten wird nicht selten über den seelsorgerlichen Aufgabenkreis hinaus auch z.B. für die Predigtarbeit und ihre Förderung empfohlen (H.-Chr. Piper, Predigtanalysen, 1976).

Es liegt auf der Hand, daß die Programme der Rezeption psychoanalytischer Praxis für die Seelsorge den Weg fortsetzen und fortschreiben, den Pfister mit dem Stichwort »Hilfsmittel« bezeichnet hat. Aber man muß sehen, daß die Übernahme psychologischer Methoden deutlichen Einfluß auf die Zielsetzung der seelsorgerlichen Arbeit nimmt. Es werden nämlich damit diejenigen Ziele eingeführt und fortgesetzt, die durch die betreffende Methode erreicht werden sollen. Dabei kann es durchaus sein, daß diese Ziele mit wesentlichen Aufgaben der seelsorgerlichen Arbeit übereinstimmen. Das ist z.B. wohl von solchen Übungen zu sagen, die die Wahrnehmungsfähigkeit für die Äußerungen des Gesprächspartners vergrößern. Ob jedoch die Methoden, die auf Gruppenprozesse ausgerichtet sind, in jedem Fall schon eine seelsorgerliche Aufgabe widerspiegeln, dürfte sehr fraglich sein. Bei nahezu allen diesen Methoden darf nicht vergessen werden, daß sie sich psychologisch-empirischer Erfahrung verdanken und nicht Ergebnisse der Theorie sind. Infolgedessen spielt das theoretische Moment bei ihrer Anwendung kaum eine Rolle. Es gibt keine festen Begründungen oder Erklärungen z.B. dafür, warum das »Spiegeln« die ihm zugeschriebenen Wirkungen hervorbringt oder warum im Gespräch Affekte sich oft nur mittelbar zeigen. Die praktische Psychologie bleibt ein »Hilfsmittel«, das nicht mit theoretischen Auf- oder Unterbauten belastet ist.

2.7.3

Das Verhältnis von Seelsorge und Psychotherapie ist unterschiedlich bestimmt, wenn es mehr im Sinne von »Hilfswissenschaft« oder mehr im Sinne von »Hilfsmittel« aufgefaßt und durchgeführt wird. Vor allem sind die Folgen für die Seelsorgetätigkeit deutlich verschieden. Zu einer Summierung dieser Folgen kommt es dort, wo das Verhältnis der Psychotherapie zur Seelsorge im Sinne beider Deutungsbegriffe bestimmt werden soll. Das war in gewisser Weise schon bei Pfister der Fall. Er hat in mancher Hinsicht die psychoanalytische Theorie als alleingültige Beschreibung der menschlichen Wirklichkeit übernommen, freilich in der Überzeugung, sie stimme mit der christlichen Anthropologie überein. Ähnlich wird dieses Programm durch die Formeln »therapeutische Seelsorge« oder »Psychotherapie im kirchlichen Kontext« vertreten (D. Stollberg, Therapeutische Seelsorge, 1969; Wenn Gott menschlich wäre, 1978). Die Legitimation, die Pfister durch den Verweis auf die Vorwegnahme psychoanalytischer Praxis durch Jesus zu erreichen suchte, wird hier durch die genannten Formeln beansprucht. Die leitende Vorstellung ist dabei die, daß psychoanalytische Theorie und Praxis durch die subjektiven Motive dessen, der sie anwendet, und durch die für diese Anwendung erklärten kirchlichen und seelsorgerlichen Ziele mit seelsorgerlichem Handeln identisch wird. Nicht wesentlich anders liegt der Fall, in dem für die »beratende Seelsorge« eine ihr entsprechende Auswahl aus Theorie und Praxis der Psychotherapie rezipiert werden soll. Auch hier gilt: »Das Spezifikum christlicher Seelsorge . . . erweist sich nicht in dem, was gesagt wird, sondern aus welcher Verantwortung heraus – fachlich gut ausgebildet und mit jener an uns erlebten Reifung beschenkt –, mit der wir dem Ratsuchenden zuhören und ihn auf seinem Wege zur Heilung begleiten« (H.J. Thilo, Beratende Seelsorge, 1971, 23).

Gerade diesen Positionen gegenüber ist Kritik geltend gemacht worden im Namen einer seelsorgerlichen Aufgabenbestimmung, die Seelsorge als »Glaubenshilfe« begreift. »Kirchliche Seelsorge arbeitet mit Seelsorgern ›zweiten Grades‹. Sie sind Zeugen und keine Produzenten des Heils« (H. Tacke, Glaubenshilfe als Lebenshilfe, 1975, 148). Der »Zeuge« wird dem »Therapeuten« gegenübergestellt (155). Es liegt in der Konsequenz dieser Position, die die explizit religiöse Aufgabenstellung der Seelsorge erneuert, daß eine Verhältnisbestimmung von Seelsorge und Psychotherapie nicht zum Thema wird.

2.8
Zu den stets wiederkehrenden Problemen, die an der Verhältnisbestimmung von Seelsorge und Psychotherapie entstehen, gehören die, die mit den folgenden Begriffen verbunden sind:

2.8.1
Identität. Die Heranziehung von psychoanalytischer Theorie oder Praxis für die Seelsorge belastet die Identität der Seelsorge und das Identitätsbewußtsein des Seelsorgers. Diese Identität ist am meisten dann bewahrt, wenn die Seelsorge allein bei sich selbst bleibt. Es ist jedoch die Frage, ob die Seelsorge nicht einfach durch den faktischen Umgang mit Menschen und Gesprächen sich auch immer schon an den dabei mitgesetzten psychologischen Perspektiven beteiligt; und ob die Seelsorge ihre diakonische Aufgabe ohne Reflexion von parallelen psychotherapeutischen Zielsetzungen zureichend bestimmen kann.

2.8.2
Anthropologie. Der kritische Vorbehalt, daß der Psychologie eine außer- oder gegenchristliche Anthropologie zugrunde liege, bedarf der Korrektur und der Präzisierung. Was die praktischen Methoden der Psychologie betrifft, so kann von einer bei ihnen vorausgesetzten Anthropologie nicht ohne weiteres gesprochen werden. Diese Methoden sind Erfahrungsregeln, die empirisch gewonnen sind und keine Aussagen über das

Wesen des Menschen enthalten. Ihr Geltungsbereich beschränkt sich deshalb auf reproduzierbare empirische Prozesse. Freilich können ihnen Ziele unterstellt werden (z.B. Identitätsfindung, Selbstverwirklichung, Befreiung o.ä.), die aber ihnen gegenüber sekundär und austauschbar bleiben. In ihnen ist die Anthropologie derjenigen Ideologie präsent, aus der sie stammen. Die psychoanalytische Theorie selbst ist anthropologische Einzelwissenschaft. Sie stellt Hypothesen über begrenzte Gebiete menschlicher Wirklichkeit auf und kann deshalb in verschiedene Zusammenhänge anthropologischer Gesamtentwürfe aufgenommen werden. In ihrer praktischen Durchführung als Psychotherapie pflegt solche Aufnahme in dem – apokryphen oder programmatischen – Zusammenhang einer Anthropologie immer schon vollzogen zu sein. P. Tillich hat gezeigt, daß die anthropologischen Hypothesen der Psychoanalyse einen sachgemäßen Ort im theologischen Zusammenhang finden können (zu Tillich vgl. V. Läpple/J. Scharfenberg [Hg.], a.a.O., 259ff). –

2.8.3
Resultate. Die evangelische Seelsorge kann sich nicht in der Weise an meßbare Erfolge binden, daß solche Effizienz zum Maßstab ihrer Arbeitsweise wird. Prinzipiell ist festzuhalten, daß offenbleiben muß, wann und wie ein Resultat als Erfolg seelsorgerlicher Arbeit konstatiert werden kann. Ziel der Psychotherapie ist die Förderung von Lebensfähigkeit. Ziel der Seelsorge ist die Stärkung von *Lebensgewißheit*. Sie hat ihren Grund im christlichen Glauben. Die seelsorgerliche Aufgabe kann sich nicht darauf beschränken, Resultate im Sinne verbesserter Lebensfähigkeit zu erzielen. Die seelsorgerliche Aufgabe ist auch dann nicht zu Ende, wenn für die Lebensfähigkeit und für »Heilungen« in irgendeinem Sinne nichts mehr getan werden kann. Orientierende Bedeutung für die Seelsorge überhaupt hat mehr die Seelsorge an Sterbenden als die Beratung in Ehekonflikten. Denn auch hier kann die seelsorgerliche Aufgabe nicht dann abgebrochen werden, wenn die Konflikte sich als unlösbar erweisen. Im definitiv seelsorgerlichen Sinn hat sie dort erst ihren Anfang.

Die Aufnahme psychologischer Methoden in die seelsorgerliche Praxis darf allerdings nicht dazu verleiten, die seelsorgerliche Aufgabe von formalen Kompetenzen her zu verstehen. Das würde ihrem Wesen widersprechen. Seelsorge ist nicht nur im Blick auf den betroffenen Menschen, sondern auch im Blick auf den Seelsorger ein individuelles Geschehen. Sie ist durch die Person des Seelsorgers ebenso konstituiert wie durch die ganz und gar persönliche Situation dessen, der Seelsorge sucht. Die Aufnahme der Psychotherapie in die Seelsorge muß deshalb dieser Priorität des Individuellen untergeordnet werden.

Seelsorge ist Aufgabe jedes Christen und kann hinsichtlich ihrer Gültigkeit nicht von zusätzlichen Bedingungen abhängig gemacht werden. Jeder Pfarrer, der im Auftrag von Kirche und Gemeinde Seelsorge übt, ist ausweislich seiner Berufung dazu befähigt. Professionalisierungen in dem Sinne, daß die Voraussetzungen zur Ausübung des Pfarramtes ergänzt werden müssen zur Erlangung seelsorgerlicher Kompetenz, kommen deshalb für die evangelische Seelsorge nicht in Betracht. Es steht in der Entscheidung des Seelsorgers, ob er zusätzliche Ausbildungsangebote wahrnehmen will oder nicht.

3
Vertiefung
Fragen zur Weiterarbeit

1. Worin besteht der Beitrag der Psychoanalyse zur systematischen Theologie und zur Exegese? (Vgl. u.a. P. Tillich, Die theologische Bedeutung von Psychoanalyse und Existentialismus, in: Ges. Werke 8, 1970, 304–315; Y. Spiegel [Hg.], Doppeldeutlich. Tiefendimensionen biblischer Texte, 1978.)

2. Welche Gründe veranlassen zur Ablehnung von Psychologie und psychologischen Methoden in der kirchlichen Arbeit überhaupt? (Vgl. die unter 2 dargestellten Positionen sowie die Tendenzen in der heutigen innerkirchlichen Diskussion.)

3. Wie sollte eine adäquate Ausbildung der Theologen auf dem Gebiet der Psychotherapie angelegt sein? (Vgl. u.a. W. Becher, Seelsorgeausbildung, 1976.)

Literatur

H. Asmussen, Die Seelsorge. Ein praktisches Handbuch über Seelsorge und Seelenführung, 1934
O. Baumgarten, Protestantische Seelsorge, 1931
W. Buntzel, Die Psychoanalyse und ihre seelsorgerliche Verwertung, 1926
P. Drews, Das Problem der Praktischen Theologie. Zugleich ein Beitrag zur Reform des theologischen Studiums, 1910
H. Fichtner, Handbuch der Evangelischen Krankenseelsorge, 2 Bde, 1928/29
S. Freud, Gesammelte Werke, Bd 1, 1940, [5]1977
Handbuch der Seelsorge, bearb. von I. Becker u.a., [3]1986
E. Jahn, Wesen und Grenzen der Psychoanalyse, [1·2]1927
G. Kamphausen, Hüter des Gewissens? Zum Einfluß sozialwissenschaftlichen Denkens in Theologie und Kirche, 1986
K. Knoke, Grundriß der Praktischen Theologie, 1886, [4]1896
H.A. Köstlin, Die Lehre von der Seelsorge nach evangelischen Grundsätzen, 1895, [2]1907
F. Künkel, Psychotherapie und Seelsorge. Zur Frage der religiösen Heilungen von Herbert Seng, 1925
V. Läpple / J. Scharfenberg (Hg.), Psychotherapie und Seelsorge, 1977
A.D. Müller, Grundriß der Praktischen Theologie, 1950
E. Pfenningsdorf, Praktische Theologie. Ein Handbuch für die Gegenwart, Bd 1, 1929
O. Pfister, Analytische Seelsorge, 1927
H.-Chr. Piper, Predigtanalysen. Kommunikation und Kommunikationsstörungen in der Predigt, 1976
W. Rebell, Psychologisches Grundwissen für Theologen. Ein Handbuch, 1988
D. Rössler, Grundriß der Praktischen Theologie, 1986. Darin: § 13 (Grundzüge der Seelsorgelehre), 173ff
H. Schär, Seelsorge und Psychotherapie, 1961
J. Scharfenberg, Einführung in die Pastoralpsychologie, 1985
Ders., Seelsorge als Gespräch. Zur Theorie und Praxis der seelsorgerlichen Gesprächsführung, 1972, [4]1987
M. Schian, Grundriß der Praktischen Theologie, 1922, [3]1934
R. Schmidt-Rost, Seelsorge zwischen Amt und Beruf, 1988
W. Schütz, Seelsorge. Ein Grundriß, 1977
J.H. Schultz, Psychiatrie, Psychotherapie und Seelsorge, 1926
D. Stollberg, Therapeutische Seelsorge. Die amerikanische Seelsorgebewegung, 1969
Ders., Wenn Gott menschlich wäre ... Auf dem Wege zu einer seelsorgerlichen Theologie, 1978
H. Tacke, Glaubenshilfe als Lebenshilfe. Probleme und Chancen heutiger Seelsorge, 1975, [2]1979
Ders., Mit den Müden zur rechten Zeit zu reden. Beiträge zu einer bibelorientierten Seelsorge, 1989
H.J. Thilo, Beratende Seelsorge. Tiefenpsychologische Methodik dargestellt am Kasualgespräch, 1971
E. Thurneysen, Die Lehre von der Seelsorge, 1948, [6]1988
Ders., Rechtfertigung und Seelsorge, ZZ 6, 1928, 197–218. Abgedr. in: F. Wintzer (Hg.), Seelsorge. Texte zum gewandelten Verständnis und zur Praxis der Seelsorge in der Neuzeit, 1978, [3]1988, 73–94
W. Trillhaas, Der Dienst der Kirche am Menschen. Pastoraltheologie, 1950
W. Uhsadel, Evangelische Seelsorge, Praktische Theologie, Bd 3, 1966
Wege zum Menschen. Methoden und Persönlichkeiten moderner Psychotherapie. Ein Handbuch, 2 Bde, hrsg. von H. Petzold, 1984

K. Winkler, Psychotherapie und Seelsorge. Eine These, in: V. Läpple / J. Scharfenberg (Hg.), Psychotherapie und Seelsorge, 1977, 375–388

F. Wintzer (Hg.), Seelsorge. Texte zum gewandelten Verständnis und zur Praxis der Seelsorge in der Neuzeit, 1978, ³1988

H.-O. Wölber, Das Gewissen der Kirche. Abriß einer Theologie der Sorge um den Menschen, 1963, ²1965

D. Wyss, Die tiefenpsychologischen Schulen von den Anfängen bis zur Gegenwart. Entwicklung, Probleme, Krisen, 1961, ⁵1977

Weitere Literatur zum Thema findet sich in den oben aufgeführten Büchern von Läpple/Scharfenberg und Wintzer.

§ 12
Aufgaben und Probleme der Krankenseelsorge (F.W.)
(Unter Berücksichtigung der unterschiedlichen Seelsorgekonzeptionen)

1
Einführung

Die Sorge um die Kranken stellt ein Wesensmerkmal christlicher Nächstenliebe dar (vgl. Mt 25,36b). Sie realisiert sich in der pflegerischen und ärztlichen Betreuung von kranken Menschen und in dem seelsorgerlichen Wort und Gespräch.

Die seelsorgerliche Begleitung von Kranken ist grundsätzlich eine Aufgabe der Christen. Die Laienseelsorge ist deshalb gerade auf diesem Gebiet unverzichtbar. Dennoch geschieht die Krankenseelsorge nach wie vor in besonderer Weise durch die Tätigkeit von Pfarrern und Seelsorgehelfern, die damit stellvertretend eine Aufgabe der christlichen Gemeinde wahrnehmen. Zu diesem Zweck wird von ihnen eine genügende seelsorgerliche Kompetenz erwartet, die in den verschiedenen Phasen der Ausbildung erworben werden sollte.

In der Gegenwart ist die Krankenseelsorge durch eine tiefgreifende Strukturveränderung gekennzeichnet. Sie gehörte früher zu den Hauptaufgaben der Gemeindpfarrer. Inzwischen wird diese Tätigkeit in steigendem Maße auch durch *Krankenhausseelsorger* wahrgenommen, die ein Spezialpfarramt innehaben. Die Gründe für diese Entwicklung hängen mit dem Ausbau der stationären medizinischen Behandlung zusammen. Im Jahre 1973 wurden z.B. 10 Millionen Patienten in die Krankenhäuser der Bundesrepublik Deutschland aufgenommen, und 54 % der Todesfälle traten in den Krankenhäusern ein (gegenwärtig ca. 75 %). Diese Entwicklung wird auch in der medizinischen Diskussion nicht vorbehaltlos unterstützt. In den Krankenhäusern und Großkliniken findet die medizinische Technik ein breites Anwendungsfeld. Die moderne somatologische Medizin kann sich auf viele Erfolge berufen. Parallel dazu verstärkt sich allerdings gerade auch in der Ärzteschaft die Frage, ob diese Fortschritte nicht durch Defizite an Menschlichkeit erkauft worden sind. »Bei diesen Defiziten handelt es sich nicht um Symptome, die man nach Belieben auch ändern könnte. Sie stammen vielmehr aus den Wurzeln einer naturwissenschaftlich-technischen Medizin« (D. Rössler, Der Arzt zwischen Technik und Humanität, 1980, 33).

Bei der Krankenseelsorge wird deshalb in zunehmendem Maße dem jeweiligen *Umfeld* der seelsorgerlichen Tätigkeit besondere Aufmerksamkeit geschenkt, weil das Erleben des Krankseins wesentlich durch äußere Faktoren geprägt wird. Gegenstand kritischer Reflexion ist darüber hinaus das vorherrschende Gesundheits- bzw. Krankheitsverständnis. Soweit der Begriff der Gesundheit allein an idealtypischen Vorstellungen orientiert ist und das Krankheitsverständnis nicht die Krankheitsnot und das Krankheitserleben von kranken Menschen berücksichtigt, können solche Vorstellungen von Krankheit und Gesundheit den Umgang und die weiterführende Auseinandersetzung des Kranken mit seinem Kranksein erschweren.

Häufig werden durch die Krankheit Grundfragen des menschlichen Lebens aufgeworfen. Sie beziehen sich nicht nur auf den Umgang mit Krankheit und Leiden. Die Frage nach dem Grund des Vertrauens und der Hoffnung wie auch die Auseinandersetzung mit den Erfahrungen von Leere und Sinnlosigkeit, Angst und Verzweiflung bilden den Inhalt vieler Seelsorgegespräche. Indem die Krankenseelsorge sich auf solche religiösen und theologischen Fragen einläßt, werden zugleich die unterschiedlichen Seelsorgekonzeptionen einer Erprobung unterzogen.

2
Entfaltung

2.1
Krankheit und Krankheitserleben

2.1.1
Zur Unterscheidung von Krankheit und Kranksein

Die Krankheiten und ihre Auswirkungen auf die von ihnen betroffenen Menschen lassen sich im einzelnen beschreiben. Kann Krankheit aber auch definiert werden? Und ist es legitim, sie *primär* unter dem Aspekt der Beeinträchtigung, der Störung oder des Verlustes der Gesundheit zu verstehen?

Die Definition der Krankheit im Gegenüber zur Gesundheit läuft auf eine formale Definition hinaus. Aber auch sie schafft Probleme, weil das Verständnis von Gesundheit kontrovers ist und nicht an eine allgemeine, überall anerkannte Norm gebunden werden kann. Die Definition der Weltgesundheitsorganisation arbeitet zwar mit idealtypischen Vorstellungen und sieht in der Gesundheit den Zustand »völligen körperlichen, seelischen und sozialen Wohlbefindens«. Es ist aber zu fragen, ob hier wirklich eine brauchbare Definition von Gesundheit vorliegt und ob es sich bei dieser Bestimmung von Gesundheit nicht eher um eine idealtypische Beschreibung im Sinne eines menschlichen *Grundrechts* handelt. Würde die Gesundheit von dem *völligen* körperlichen, seelischen und sozialen Wohlbefinden abhängig gemacht, müßte bei jeder Störung dieses Wohlbefindens bzw. bei jeder Funktionsminderung von einem Krankheitszustand gesprochen werden. Die individuelle Bewältigung von Krankheit und gesundheitlichen Störungen stünde außerhalb des Interesses. Gehört zur Gesundheit aber nicht auch die Fähigkeit, mit bestimmten gesundheitlichen Belastungen und Einschränkungen leben zu können? Diese Fähigkeit ist aber höchst unterschiedlich ausgeprägt.

So ist es notwendig, die unterschiedlichen Aspekte im Krankheitsverständnis selbst zu erörtern und die Unterscheidung von Krankheit und Kranksein zu akzentuieren. Die naturwissenschaftlich ausgerichtete bzw. die somatologische Medizin, die seit dem Ende des vorigen Jahrhunderts große Erfolge errungen hat, stellte den Aspekt der Funktionsminderung in den Mittelpunkt. Damit wurde der medizinisch erhebbare Krankheitsbefund zum Ausgangspunkt ärztlichen Handelns; von dem Krankheitserleben des Patienten wurde weithin abgesehen, weil die Erkrankung als solche bekämpft werden sollte. Diese Konzeption der Medizin hat in der Forschung zu großen Erfolgen geführt und für die Therapie von Infektionskrankheiten, Stoffwechselkrankheiten oder auch ›Abnutzungskrankheiten‹ von Organen, um nur einige Beispiele zu nennen, weitreichende neue therapeutische Erkenntnisse erbracht.

Die Grenze dieses Krankheitsverständnisses besteht jedoch darin, daß die Krankheitsnot von erkrankten Menschen nicht in gleichem Maße thematisiert wird und die psychosomatischen Zusammenhänge der Krankheit weithin außer acht gelassen werden. Sowohl aus therapeutischem Interesse als auch aus mitmenschlichen Erwägungen heraus ist darum neben der Krankheit auch das *Kranksein* von Menschen zu thematisieren.

Diese anthropologische Wende in einem Teilbereich der Medizin ist u.a. mit den Namen von Rudolf von Krehl, Viktor von Weizsäcker und Richard Siebeck verbunden. Rudolf von Krehl hat bereits vor 50 Jahren eingeschärft, daß die Aufgabe, Kranke zu verstehen, eine genuin ärztliche Aufgabe darstelle und eine Voraussetzung der Heilung sei. »Krankheiten als solche gibt es nicht, wir kennen nur kranke Menschen. Wenn wir die Krankheiten des Menschen erforschen, so beschreiben wir den Ablauf eines Lebensvorganges am einzelnen Menschen, d.h. wir beschreiben die Beschaffenheit des Menschen, an dem, die Bedingungen, unter denen und die Art und Weise, wie jener Vorgang abläuft. Damit ist schon gesagt, daß für uns nicht der Mensch als solcher (auch den gibt es nicht), sondern der einzelne kranke Mensch, die einzelne Persönlichkeit in betracht kommt« (zit. bei D. Rössler, Der »ganze« Mensch, 1962, 72f; vgl. L. v. Krehl, Entstehung, Erkennung und Behandlung Innerer Krankheiten, 1930). V. von Weizsäcker hat diesen personalen Ansatz weitergeführt und das Wesen der Krankheit in einer Lebensnot und der daraus folgenden Bitte um Heilung gesehen. R. Siebeck kam von diesen Voraussetzungen her zu der Forderung, den Kranken »von verschiedenen Gesichtspunkten aus« zu beurteilen. »Wir müssen die Entstehung und Entwicklung der Erkrankung, wir müssen den Ablauf der Vorgänge im einzelnen Falle, die organischen Veränderungen und ihre Bedeutung, wir müssen die Persönlichkeit mit ihren somatischen und psychischen Eigentümlichkeiten und ihre Situation im Leben erfassen – nur aus alledem können wir unser Urteil aufbauen, die Grundlage für unser Handeln finden« (R. Siebeck, Über Beurteilung und Behandlung Kranker, 1928, 29).

Diese Differenzierung zwischen Krankheit und Kranksein sollte nicht verabsolutiert werden. Gerade für die Seelsorge ist sie jedoch unaufgebbar, weil diese in erster Linie an dem Kranksein des Menschen orientiert ist. Die Krankheit stellt ja kein persönlichkeitsindifferentes Geschehen dar. Sie kann zum Anlaß werden, Grundfragen des menschlichen Lebens zu bedenken. Sie kann in verschiedener Weise als Not erfahren werden. Z.B. engt sie in nicht wenigen Fällen die beruflichen Möglichkeiten ein; sie kann sogar zu einem Verlust des Arbeitsplatzes führen. Oder aber die Krankheit ist selbst eine Folge von ungelösten Konflikten im Leben des Patienten. Das Kranksein hängt darüber hinaus mit der Erfahrung von Abhängigkeit zusammen, sei es die Abhängigkeit von anderen Menschen oder von Apparaten. Die Krankheit führt sodann zu Einschränkungen und Verzichtleistungen. Eine besondere Belastung im Kranksein von Menschen stellt schließlich in einer Vielzahl von Fällen die Ungewißheit über den weiteren Krankheitsverlauf dar.

2.1.2
Die Bedeutung des Umfeldes

In der Mehrzahl der Fälle geschieht Krankenseelsorge heute in Krankenhäusern und nicht in den Wohnungen von Kranken. Dieser Befund entspricht den durch die Spezialisierung und Technisierung der Medizin in den letzten Jahrzehnten bedingten Wandlungen, die dazu geführt haben, daß zumindest Menschen mit mittelschweren und schweren Krankheiten heute in Krankenhäusern und Kliniken behandelt werden. Kranke Menschen werden darum durch ihre Erkrankung nicht nur mit einer angstbesetzten Lebenssituation konfrontiert, die ihr bisheriges Orientierungssystem einer Erprobung unterzieht oder gar in Frage stellt. Mit der Aufnahme in ein Krankenhaus verlassen sie auch das ihnen vertraute Umfeld. Sie werden in den meisten Fällen mehr oder weniger von denjenigen Menschen getrennt, zu denen sie eine enge Beziehung haben. Freilich schirmt das Krankenhaus auch wiederum gegen die Anforderungen, denen sie im Alltag ausgesetzt sind, ab und gibt die Möglichkeit, bewußt Patient zu sein. Eine besondere Bedeutung kommt dieser Möglichkeit in denjenigen Fällen zu, in denen eine Krise oder konfliktbeladene Situation die Krankheit mit verursachte. – Spezielle Probleme können sich durch diese Umfeld-Veränderung zudem in den psychiatrischen Kliniken ergeben.

Das Hauptproblem des Umfeldes Krankenhaus liegt in dem weitverbreiteten Kommunikationsdefizit. Die Patienten haben ihre gewohnte Umgebung verlassen und müssen sich ständig für die ärztliche und pflegerische Betreuung zur Verfügung halten; ein intensiver Kontakt findet jedoch in der Regel aufgrund der Spezialisierung, des Schichtbetriebes und des Zeitmangels in den Krankenhäusern nicht statt. Dabei handelt es sich nicht nur um ein Organisationsproblem, sondern auch um die Folge eines bestimmten medizinischen Denkens. Krankheit ist für viele Mediziner und Schwestern immer noch eine »Betriebsstörung, ein Defekt am Organismus, der mittels medizinischer Technik diagnostiziert und repariert werden soll. Dies hat zur Folge, daß weder die Soziogenese noch die psychischen Umstände der Krankheit, die mit der Krankheit aufbrechenden existentiellen Fragen und meist erst recht nicht die aus der Krankheit resultierenden Folgen für die weitere Lebensgestaltung des Patienten aufgearbeitet werden.« Die Krankheit stellt jedoch nicht nur eine persönlichkeitsindifferente Störung dar. »Sie trifft den ganzen Menschen um so mehr im Innersten seiner Existenz, je mehr er durch sie an der Selbstverwirklichung in den ihm gewohnten Lebensbezügen gehindert wird« (U. Eibach, Krankenhaus und Menschenwürde, WuPKG 1977, [330–347] 345).

Aus diesen Erwägungen folgt für die Praxis der Krankenseelsorge, daß sie den Kommunikationsdefiziten Aufmerksamkeit schenken muß und eine verbesserte Kooperation mit Ärzten und Schwestern nach Möglichkeit anstreben wird. Deshalb zählt auch J. Mayer-Scheu die Kooperation mit dem therapeutischen Team ausdrücklich zu den Auf-

gaben des Krankenseelsorgers. Sie wird ausdrücklich neben dem kursorischen Kranken-
besuch, neben dem Intensivgespräch, neben dem Gruppengespräch und neben den
Krankengottesdiensten zu dem Tätigkeitskatalog des Krankenseelsorgers gerechnet.

2.1.3
Zum Krankheitserleben von Kindern

Die Zahl der Pfarrer und Pfarrerinnen, die auf pädiatrischen Stationen bzw. in Kinder-
kliniken einen Seelsorgeauftrag wahrnehmen, ist bisher gering gewesen. Das scheint
sich langsam zu ändern, zumal nicht selten auch die Eltern von erkrankten Kindern Interesse an Seelsorgegesprächen haben.
Die Arbeit mit Kindern setzt freilich besondere Kenntnisse voraus. Das Krankheitserleben von Kindern unterscheidet sich wesentlich von dem der Erwachsenen. Ein erstes
Problem bildet die Einschränkung der Bewegungsfreiheit. »Wo die Art oder Schwere
der Krankheit es nicht unmöglich macht, verteidigen Kinder ihr Recht auf Bewegung bis
aufs äußerste« (vgl. A. Freud/Th. Bergmann, Kranke Kinder, 1972, 111). Denn die Einschränkung der Bewegungsfreiheit im Krankheitsfall vermindert die Möglichkeiten der
Kinder, seelische Spannungen abzureagieren.
Bei *älteren* Kindern ist oft ein »Widerstreit zwischen dem durch die Krankheit bedingten Bedürfnis nach Pflege und einer aus anderer Quelle stammenden Unfähigkeit, sich
pflegen zu lassen, (zu finden). Erwachsene, die in Zeiten der Gesundheit ihrer körperlichen Unabhängigkeit sicher sind, können es sich erlauben, in Krankheitszeiten vor-
übergehend in den Zustand kindlicher Hilflosigkeit zurückzufallen und alle Entscheidungen über körperliche Dinge dem Arzt oder der Krankenschwester zu überlassen.
Nicht so die Kinder, die eben erst gelernt haben, ihren Körper in eigene Verwaltung zu
nehmen, und für die das Aufgeben dieser Selbständigkeit einen empfindlichen Rück-
schritt bedeutet.« So kommt es vor, daß manche sich »standhaft gegen die Regression«
wehren, die Pflege ablehnen und sich als »unkooperative ›schwierige‹ Patienten« benehmen; »andere . . . sinken in die Hilflosigkeit zurück und lassen passiv alles mit sich
geschehen . . . Von der normalen Kinderentwicklung aus gesehen, sind beide Einstellungen in gleichem Maße unerwünscht und enthalten Gefahren« (ebd., 93).
Problematisch erscheint nach A. Freud auch die Einstellung vieler Eltern gegenüber dem
kranken Kind. Sie verhalten sich ihren kranken Kindern gegenüber oft anders als in Zeiten der Gesundheit. »Eltern mit asketischen Tendenzen haben Angst davor, das Kind in
Krankheitszeiten zu verwöhnen; ihre Methode ist es, das Kind so viel wie möglich sich
selbst zu überlassen, keine ›Geschichten‹ zu machen und die Herstellung seiner gesunden Natur und den spontanen Heilungsprozessen zu überlassen. Die Mehrzahl der Eltern verfällt ins andere Extrem. Viele Kinder fühlen sich nie so von Liebe umgeben wie
in Krankheitszeiten; Kinder aus kinderreichen Familien erreichen aufgrund einer an-
steckenden Krankheit mit Isolierung von den Geschwistern das sonst unerreichbare Ziel
ihrer Wünsche: den ungeteilten und unumstrittenen Alleinbesitz der pflegenden Mutter.« Dabei werden bisher gültige Erziehungsgrundsätze für die Zeit der Krankheit
gleichsam außer Kraft gesetzt. »Das Kind seinerseits reagiert traumatisch auf diese ihm
unverständlichen Veränderungen im Benehmen der Mutter, findet sich in dem Um-
sturz der sonst geltenden affektiven und moralischen Werte nicht mehr zurecht oder

kann nach der Genesung auf den ihm während der Krankheit gewährten Lustgewinn nicht mehr verzichten« (ebd., 109f). –
In der Regel wollen kranke Kinder an dem Leben der Gesunden teilhaben. Das Erzählen aus dem Alltag der Gesunden hat deshalb eine kommunikative Bedeutung, so wie das eigene Erzählen des Erlebten für Kinder eine Form der Bewältigung darstellt. In dem Erzählen *biblischer Texte* vollzieht sich eine symbolische Kommunikation. Sie regt Kinder dazu an, biblische Erzählungen, Bilder und Gleichnisse auf das eigene Erleben zu beziehen und bei der Wiedergabe des Erzählten (in Wort und Bild) eigene Gedanken und Empfindungen zum Ausdruck zu bringen. Die biblischen Bilder und Erzählungen von Geborgenheit und Vertrauen (vgl. z.B. Mt 6,28ff, Ps 23) können das Lebensvertrauen stärken und vorhandene Erfahrungen vertiefen.

2.2
Krankheit und Leidenserfahrung als Thema christlicher Seelsorge

2.2.1
Die vorherrschende Bewertung von Krankheit und Leiden

In unserer erfolgsorientierten Gesellschaft gilt das Vermeiden und Verhindern von Krankheit und persönlichem Leiden als ein Hauptziel. Das Leiden wird als eine Einschränkung des Lebens, als eine Lebensminderung angesehen, die es zu überwinden gilt. Im gesellschaftlich sanktionierten Leitbild des Menschseins kommt das Leiden nur am Rande vor.
Als folgenreich erweist sich auch das Krankheitsverständnis der somatologischen Medizin. Die *Krankheit* ist, diesem Denken zufolge, mit allen Mitteln zu bekämpfen und zu heilen. So richtig dieser Ansatz ist, so resultiert aus diesem Denkansatz jedoch das Problem, daß der *kranke Mensch* oft nicht die gleiche Aufmerksamkeit findet wie die Krankheit. H.E. Richter hat auf dieses seit längerem erkannte Problem erneut hingewiesen. »Natürlich ist den Menschen in den Krankenhausbetten auch irgendwie zumute. Sie grübeln, was aus ihnen, aus ihrer Arbeit, aus ihren Familien wird. Sie leiden an ungelösten Konflikten, die vielfach daran Schuld sind, daß ihre Organfunktionen durcheinander gekommen sind. Sie sehnen sich nach Ermutigung, um ihren Willen zum Gesundwerden und zur eigenständigen Lösung ihrer Probleme zu stärken. Aber zunächst geht es ihnen einfach darum, daß sie überhaupt in der Armseligkeit ihres Krankseins menschliche Nähe und Teilnahme spüren können« (Der Gotteskomplex, 1979, 174).
Der Therapievorschlag H.E. Richters läuft auf eine Tendenzwende hinaus, damit die vorhandenen anthropologischen Einsichten zur Geltung kommen. Er fordert, ein »völlig neues Grundverhältnis von Macht und Leid zu erarbeiten« und »die Norm der Verdrängung von Ohnmacht und Endlichkeit fallen zu lassen« (215). Dann könne sich z.B. auch der älter werdende Mensch als das bejahen, was er ist, und nicht immer nur als das, »was er hofft zu werden oder als das, was er vielleicht einmal war« (235). –
Krankheiten können in ihrem Erscheinungsbild und in ihren Auswirkungen sehr differieren *oder* vergleichbar sein. Die Krankheitsnot und das Leiden betreffen jedoch immer einen *einzelnen* Menschen mit einem bestimmten Lebensgeschick. Die Bewältigung von Krankheit, von Unfallfolgen oder von widerfahrenem Unrecht kann dabei eine sehr unterschiedliche Gestalt annehmen. Grundsätzlich könnte jedoch der Abbau derjenigen

gesellschaftlichen Leitvorstellungen, die einem realistischen Sich-Einlassen auf Krankheit und Leiden im Wege stehen, Menschen dazu helfen, daß sie besser mit unvermeidbaren Krankheiten leben können, ohne daß dieses Kranksein in die Verzweiflung führt. – In der Geschichte der christlichen Kirche ist die Hilfe für Leidende und Kranke immer wieder mit einer religiösen Verklärung der Krankheit und des Leidens verbunden worden. Auch sind in Seelsorgegesprächen oft vorschnell beschwichtigende oder zudeckende Antworten gegeben worden. Zu Recht hat der katholische Theologe K. Lehmann davor gewarnt, den Gedanken an eine höhere Harmonie als Erklärungsgrund für das Böse und das Leiden in der Welt zu mißbrauchen. »Es gibt einen theologischen Mißbrauch mit dem menschlichen Leiden, den wir heute tausendfach bezahlen müssen: Leiden kommt aus Gottes Hand . . . Volle Gesundheit besteht erst im Reich Gottes; Leiden ist eine einzigartige Gelegenheit, innerlich zu reifen . . . Was problematisch geworden ist, ist nicht der Versuch einer persönlichen und existentiellen Sinnerhellung des Leidens, wie sie Menschen immer wieder für sich – ob geglückt oder eher verfehlt – versuchen, sondern die nachträgliche theologische Systematisierung, die unverweigerlich den Eindruck erweckt, sie habe keinen Respekt . . . vor dem Schmerz« und vor den einzelnen Menschen und kenne nur ein abstraktes Mitleid (K. Lehmann, Jesus Christus ist auferstanden, 1975, 28f).

2.2.2
Krankheit und Leiden als Ausdruck und Kennzeichen menschlicher Wirklichkeit

Krankheit und Leiden sind, wie die Erfahrung zeigt, in der menschlichen Wirklichkeit tief verankert. Auch gelungenes Leben ist nicht ohne Leiden oder schmerzhaften Verzicht denkbar. Zwar gibt es in hohem Maße aufgezwungene Leiden und abgeforderten Verzicht, die als sinnlos und zerstörerisch erfahren werden und mit allen Kräften zurückgedrängt werden sollten, wie z.B. die Folgen von Verkehrsunfällen oder die in das Lebensgeschick tief eingreifenden Krankheiten. Aber der Verzicht ist nicht völlig aus dem Leben von Menschen hinwegzudenken. Schon das kleine Kind muß lernen, auf die dauernde Präsenz der Mutter und auf die Erfüllung aller Wünsche verzichten zu können. Später ist das Entdecken der Ich-Du-Beziehung zwischen Menschen nicht selten mit der schmerzlichen Erkenntnis der eigenen Grenzen verbunden. Die menschlichen Reifungsprozesse sind schließlich oft von Trennungsängsten bei der Ablösung von bisherigen Stadien des Lebens begleitet. Verzicht und Krankheit symbolisieren insofern die Begrenztheit und Bedrohtheit menschlichen Lebens.
Die mit Krankheit und Leiden verbundene Not basiert vor allem auf ihrer zerstörerischen Kraft. Aus diesem Grunde ist der uneingeschränkte Wille zum Arrangement mit der Krankheit und dem Leiden unchristlich. H. Asmussen hat daraus den Schluß gezogen: »Deshalb halte ich es für grundsätzlich falsch, wenn der Krankenseelsorger es sich zum Ziel setzt, durch das Wort Gottes und das Gebet eine Haltung der Ergebenheit im Kranken zu erwecken. Vielmehr kommt es darauf an, daß die Haltung des Protestes gegen die Krankheit auch die Haltung des Kranken wird« (H. Asmussen, Seelsorge, 1935, 197; dieser Gedanke ist aufgenommen bei M. Josuttis, Der Sinn der Krankheit, in: Praxis des Evangeliums zwischen Politik und Religion, 1974, 117ff).

2.3
Krankheit und Leiden in der Sicht des christlichen Glaubens

Jesus hat keine neue Theorie über Krankheit und Leiden aufgestellt. Er hat vielmehr begonnen, menschliche Not zu überwinden und zu beseitigen. Aus diesem Grund werden im Neuen Testament Krankheit und Leiden weder bagatellisiert noch verharmlost. Sie gehören zu dem alten Äon. Zeichen der neuen Welt sind die Heilungstaten Jesu. So ist die biblische Überlieferung durch ein realistisches Sich-Einlassen auf die Krankheit, aber auch durch den Widerspruch gegen Leiden und Krankheitsnot gekennzeichnet. Verschiedentlich ist in der Bibel die Ambiguität bzw. die ›Doppelgesichtigkeit‹ des Leidens Gegenstand der Erörterung. Auf der einen Seite kann es Geduld und Bewährung bewirken; auf der anderen Seite führen die Bedrängnis, die Not und die Schmerzen zum ›Seufzen‹ und zur sehnsüchtigen Erwartung der Befreiung vom Leiden (vgl. dazu E.S. Gerstenberger/W. Schrage, Leiden, 1977).

Neben dieser Grundanschauung gibt es verschiedene Einzelvorstellungen in der christlichen Überlieferung. Das Alte Testament kennt die These von dem Zusammenhang von Schuld und Krankheit. Sie ist partiell auch noch in der heutigen Volksreligiosität zu finden. Ihren Niederschlag hat sie zum einen in den Ps 38 und 39 gefunden. Zum anderen wird in den Reden Elihus im Hiobbuch (Kap. 32–37) das Leiden als individuelle Sündenstrafe gedeutet. Hinter dieser Anschauung verbirgt sich der Versuch einer Rationalisierung. Mit ihrer Hilfe soll das Unvorhersehbare in Krisensituationen, in denen bisherige Orientierungs- und Handlungssysteme in Frage gestellt werden, erklärt und auf Ursachen zurückgeführt werden, die im Menschen selber liegen. Sicherlich gibt es Krankheits- und Leidenssituationen, in denen ein Zusammenhang zwischen Schuld und Krankheit besteht. Die psychosomatische Medizin hat solche Zusammenhänge aufgewiesen und die Krankheit als eine mögliche Ausdrucksform von ungelösten Konflikten zu verstehen gelehrt. Die religiöse Thematik von Schuld und Vergebung kommt deshalb in der Praxis der Krankenseelsorge wiederkehrend vor. Jeder Versuch, aus diesen Erfahrungen eine *Doktrin* zu machen, ist jedoch unchristlich. In Joh 9,1–3 hat Jesus deshalb die Frage nach dem ·Warum in die Frage nach dem Wozu transformiert. In Lk 13,1–5, in den Erzählstücken von dem Untergang der Galiläer und von den Achtzehn, auf welche der Turm in Siloa stürzte, wird dieses Vergeltungsdogma ebenfalls zurückgewiesen.

Daneben ist eine andere Deutung in der christlichen Überlieferung verbreitet. Man könnte sie als die *teleologische* Interpretation des Leidens bezeichnen. Bei der teleologischen Deutung wird das Leiden als ein möglicher Anlaß zur *Läuterung* und zur menschlichen *Reifung* verstanden oder auch als Teilhabe an dem Leiden Jesu Christi. Das Problem dieser Deutung besteht darin, daß sie zu oft von den Nichtbetroffenen angewandt wird, obwohl sie letzthin nur als eine persönliche Aussage überzeugend ist. Bei dem vorschnellen Gebrauch dieser Deutung wird zudem übersehen, daß die Krankheit und das Leiden zumindest unter zwei Aspekten zu sehen sind: sie stellen nicht nur eine Erprobung von Menschen dar, sondern sie sind auch immer wieder Anlaß von Anfechtung und tiefer Bedrückung.

Aus diesen Erwägungen ergibt sich, daß die in der Christentumsgeschichte nachweisbare *pauschale* Rede vom angeblichen Segen der Krankheit unchristlich ist. Allerdings können Menschen durch Krankheit und Leiden angeregt werden, Wesentliches und Unwesentliches in ihrem Leben zu unterscheiden und ihr Leben als ein von Gott *empfangenes* zu verstehen und zu begreifen. In dieser Deutung ist immer schon die Bearbeitung von Lebenskrisen mit angelegt, weil die religiöse Vergewisserung den Orientierungs- und Handlungsspielraum von Menschen erweitert (vgl. dazu R. Preul, Seelsorge als Bewältigung von Lebenssituationen, in: Freiheit und Methode, 1979, 61 ff). Der Erfahrungssatz, daß Krankheit und Leiden die Frage nach dem, was das Leben im Letzten bestimmen soll, aufwerfen *können*, aber *nicht müssen*, ist auch für die christliche Seelsorge von Belang. Darum sollten Notsituationen nicht dazu mißbraucht werden, die Betroffenen auf eine bestimmte religiöse oder theologische Deutung festlegen zu wollen.

Die Krankheit kann schließlich die Solidarität von Menschen fördern, indem sie eine Herausforderung zum Mit- und Füreinanderleben darstellt. Ebenfalls macht sie Menschen zu Wissenden. Sie erschließt das wirkliche Leben und lehrt, mit dem Traum vom ungefährdeten und unbeschädigten Leben realistisch umzugehen. Menschen, die das erfahren haben, können fähig werden, die Sorgen und Nöte der Mitmenschen besser wahrzunehmen und sich ihnen zuzuwenden (vgl. 1 Kor 12,12ff).

So läßt sich sagen, daß der christliche Glaube die Krankheits- und Leidensnot von Menschen nicht übersieht. Er führt nicht in die passive Ergebung, sondern er kann eine Hilfe zur aktiven Auseinandersetzung mit Krankheit und Leiden sein. Diese aktive Annahme bleibt von Sinnlosigkeitserfahrungen nicht verschont, wie sie beispielsweise in den Erfahrungen mißlungener Liebe, zusammenbrechender menschlicher Hoffnung, äußerer Unterdrückung oder in den Erfahrungen von Angst, Schuld, Tod und innerer Leere vorliegen. Sie kann aber zu Integrationsprozessen führen, bei denen die bedrohliche Krankheit nicht verdrängt, sondern realistisch wahrgenommen und die Heilung gefördert wird.

2.4
Das Problem der unterschiedlichen Seelsorgekonzeptionen

In der Praxis der kirchlichen Krankenseelsorge (– innerhalb von Ortsgemeinden und Krankenhäusern –) lassen sich gegenwärtig die Auswirkungen von unterschiedlichen Seelsorgekonzeptionen erkennen. Oder es sind Seelsorge*ansätze* wirksam, die eine bestimmte Methode oder eine wesentliche theologische Grunderkenntnis zur Geltung bringen, ohne daß die theologischen *und* erfahrungswissenschaftlichen Probleme in gleicher Weise Berücksichtigung finden. Dieser Befund spiegelt die verschiedenen Entwicklungen in der theologischen Ausbildung der letzten Jahrzehnte wider, wobei die Rezeption der einzelnen Seelsorgeansätze durch individuelle Akzentsetzungen gekennzeichnet ist.

Die Verabsolutierung von Teilerkenntnissen läßt sich in diesem Zusammenhang in gleicher Weise aufzeigen wie die Klage über traditionelle Verlegenheiten in der Krankenseelsorge. So kritisierte K. Hesselbacher schon 1908 eine Seelsorgepraxis, in der entweder nur »alltägliches Geschwätz« herrsche oder die Kranken nur ›angepredigt‹ würden (Seelsorge auf dem Dorfe, ³1910, IX).

Die Beurteilung der unterschiedlichen Seelsorgeansätze und Seelsorgekonzeptionen kann nicht in der Weise geschehen, daß Monopolansprüche theologischer, kirchenpolitischer oder erfahrungswissenschaftlicher Provenienz bestätigt werden. Vielmehr gilt es, die Stärken und Schwächen bisheriger Positionen zu erkennen. Betrachtet man die Entwicklungen in der (Kranken-)Seelsorge in den beiden letzten Jahrzehnten, so sind drei Grundmodelle zu nennen.

Das – zeitlich – *erste* hängt mit der Konzentration auf theologische Grundfragen in der *Seelsorgelehre der Wort-Gottes-Theologie* zusammen und hat 1968 eine nachträgliche Gesamtdarstellung in E. Thurneysens »Seelsorge im Vollzug« gefunden. Die theologische Selbstbegründung der Seelsorge steht in dieser Seelsorgekonzeption im Vordergrund; die erfahrungswissenschaftlichen Probleme werden nur ansatzweise erörtert. Allerdings hat Dorothee Hoch eine Spannung zwischen der Seelsorgepraxis von Thurneysen und seiner Seelsorgetheorie konstatiert, die dazu anregt, Thurneysens dogmatisch ausgerichtete Seelsorgetheorie von seiner Seelsorgepraxis aus zu interpretieren (D. Hoch, Offenbarungstheologie und Tiefenpsychologie, ThEx NF 195, 1977; vgl. auch die Texte in dem Band: Seelsorge, hrsg. u. eingeführt von F. Wintzer, 1978, 73ff). Ein Merkmal dieser Seelsorgekonzeption besteht in der durchgängigen Beachtung der Prävalenz des Evangeliums gegenüber dem Gesetz. Mit ihr verbindet sich eine kritische Reserve gegenüber einem intensiven Sich-Einlassen auf die individuellen Lebenssituationen von Menschen.

Das wiederkehrende Grundmuster dieser Seelsorgekonzeption läßt sich in Thurneysens Erläuterungen zur Krankenseelsorge aufzeigen: »Der Seelsorger steht in der Situation des Verkündigers. Er unterscheidet sich vom Arzte nicht etwa dadurch, daß er nur für die Seele zu sorgen hat. Nein, auch für ihn besteht jene falsche Trennung von Leib und Seele nicht; er soll zwar keinerlei medizinische Therapie treiben wollen. Aber auch er sieht den Menschen in seiner Ganzheit. Doch hat er einen besonderen Auftrag an ihn. Er weiß, daß der Mensch immer wieder als ein von der Lebenswurzel Gottes Abgeschnittener lebt . . . Und nun darf er diesen Menschen neu hineinrufen in die Gemeinschaft mit Gott« (Seelsorge im Vollzug, 1968, 158; vgl. auch die Aufnahme dieses Ansatzes bei W. Tacke, Glaubenshilfe als Lebenshilfe, 1975).

Tacke bedient sich der von A.D. Müller in die Seelsorgediskussion programmatisch eingeführten Begriffe der Glaubens- und der Lebenshilfe. Für ihn liegt »im Wesen des Indirekten und Zeugnishaften . . . ein Proprium evangelischer Seelsorge . . . Kirchliche Seelsorge ist insofern ›indirekt‹ ausgerichtet, als der Seelsorger seinem Partner nicht ›Unmittelbares‹ an Hilfe, Trost, Frieden, Vergebung, Hoffnung und Liebe anzubieten hat, sondern in der Funktion des Vermittlers bleibt« (ebd., 149).

Als *zweite* Seelsorgekonzeption, die in der Praxis der (Kranken-)Seelsorge anzutreffen ist, ist die *ganzheitlich ausgerichtete Seelsorge* zu nennen, die u.a. in den Arbeiten von A.D. Müller und W. Trillhaas eine Darstellung fand (vgl. W. Trillhaas, Der Dienst der Kirche am Menschen, 1968; A.D. Müller, Ist Seelsorge lehrbar?, in: Forschung und Erfahrung im Dienst der Seelsorge. Festschrift für O. Haendler, 1961, 71–79). Diese Seelsorgekonzeption unterscheidet nicht rigoros zwischen dem ›Vorfeld‹ und dem ›Eigentlichen‹ der Seelsorge, weil Glaubens- und Lebensfragen in der menschlichen Wirklichkeit oft miteinander zusammenhängen und der christliche Glaube gerade auch bei der Bewältigung von Lebenskrisen Hilfen zur Deutung und Wertorientierung bietet. Die ganzheitliche Perspektive bewährt sich deshalb bei dieser Seelsorgekonzeption nicht nur in der theologisch-anthropologischen Grundlegung und in der Verschränkung von seelsorgerlichen und diakonischen Fragestellungen; sie leitet auch zur kritischen Auseinandersetzung mit humanwissenschaftlichen Erkenntnissen an.

Seit ca. 1968 hat schließlich ein *drittes* Grundmodell, nämlich die sog. *beratende Seelsorge* in unterschiedlichen Ausprägungen Eingang in die Seelsorgepraxis und speziell in die Praxis der Krankenseelsorge gefunden. Sie war zunächst einseitig auf die Gesprächsmethodik ausgerichtet. Damit nahm sie Impulse der nordamerikanischen und der holländischen Seelsorgebewegung auf, auch wenn diese partiell tiefenpsychologisch fundierter entfaltet wurden (vgl. die Veröffentlichungen von Thilo, Stollberg, Scharfenberg, Piper). 1970 gründete H.Chr. Piper das Pastoralklinikum Hannover. Weitere Ausbildungsstätten der Klinischen Seelsorge-Ausbildung (KSA) wurden wenig später auch in anderen Landeskirchen geschaffen.

Das besondere Interesse der sog. beratenden Seelsorge galt von Anfang an den Methoden- und Kommunikationsproblemen, aber auch der Einstellung und Haltung des Seelsorgers. Auf diese Weise wurden Defizite innerhalb der Seelsorgepraxis beseitigt, zugleich wurden aber die anthropologischen und theologischen Themen der Seelsorge vernachlässigt (als Beispiel sei nur genannt H.J. Clinebell, Modelle beratender Seelsorge, [2]1973). –

Inzwischen ist die Seelsorgetheorie wieder stärker von der Einsicht bestimmt, daß die Integration erfahrungswissenschaftlicher Methoden und Kenntnisse nicht von einer theologischen Selbstbegründung der Seelsorge dispensieren kann und darf. Der kurze Überblick über die verschiedenen Seelsorgekonzeptionen zeigt darüber hinaus, daß gegenwärtig keine Seelsorgekonzeption ein Monopol beanspruchen kann, sondern daß die verschiedenen Einzel- und Teilerkenntnisse in einer künftigen Theorie der (Kranken-) Seelsorge neu aufeinander zu beziehen sind. Die intensive Arbeit an den einzelnen Grund- und Detailproblemen der Seelsorge sollte darum die Basis einer künftigen Theorie der Seelsorge bilden.

3
Vertiefung
Fragen zur Weiterarbeit

1. Welches Verständnis von Krankheit ist heute in unserer Gesellschaft vorherrschend? Wie müßte, aufs ganze gesehen, die Einstellung gegenüber der eigenen und der fremden Krankheit und der Umgang mit Kranken verändert werden, damit Leben auch in diesen Krisensituationen besser gelingt? (Vgl. dazu E. Heim, Krankheit als Krise und Chance, 1980; U. Eibach, Medizin und Menschenwürde, 1976; H.E. Richter, Der Gotteskomplex, 1979.)

2. Welche Grundprobleme kommen sowohl in der ärztlichen Ethik als auch in der Theorie der Krankenseelsorge vor? (Vgl. dazu D. Rössler, Der Arzt zwischen Technik und Humanität, 1980.)

3. Nennen und erläutern Sie ausführlich die Faktoren, die bei der Bewältigung von Krankheiten maßgebend sein können (z.B. Art der Krankheit und des Krankheitserlebens, Lebensgeschichte, religiöse und theologische Anschauungen und Überzeugun-

gen, Umwelt usw.). Welche Rolle spielen dabei individuelle Einstellungen und Verhaltensweisen?

4. Welche Zielvorstellungen lassen sich gegenwärtig in der Krankenseelsorge erkennen? Wieweit beziehen sie sich einerseits auf die Heilung und Lebensentfaltung von Menschen und andererseits auf die Lebens- und Glaubensvergewisserung? (Dieser Gesichtspunkt sollte auch bei der Analyse von Gesprächsprotokollen berücksichtigt werden.)

Literatur
E. Adams, Befreiende Seelsorge, ⁴1977
U. Bach, »Heilende Gemeinde«? Versuch, einen Trend zu korrigieren, 1988
M. Balint, Der Arzt, sein Patient und die Krankheit, 1970
J.M. van den Berg, Der Kranke, 1976
O.H. Braun (Hg.), Seelsorge am kranken Kind. Was Ärzte, Psychologen und Seelsorger dazu sagen, 1983
U. Eibach, Medizin und Menschenwürde, 1976
A. Freud / Th. Bergmann, Kranke Kinder. Ein psychoanalytischer Beitrag zu ihrem Verständnis, 1972
R. Fuchs, Stationen der Hoffnung. Seelsorge an krebskranken Kindern, 1984
R. Gestrich, Am Krankenbett. Seelsorge in der Klinik, 1987
H. Gödan, Die sogenannte Wahrheit am Krankenbett, 1977
Handbuch der Seelsorge, bearb. von I. Becker u.a., 1983
E. Heim, Krankheit als Krise und Chance, 1980
M. Josuttis, Der Sinn der Krankheit. Ergebung oder Protest?, in: Praxis des Evangeliums zwischen Politik und Religion, 1974, 117–141
H. Luther, Alltagssorge und Seelsorge. Zur Kritik am Defizitmodell des Helfens, WzM 38, 1986, 2ff
J. Mayer-Scheu, Seelsorge im Krankenhaus, 1977
ders. / R. Kautzky, Vom Behandeln zum Heilen, 1980
U. Maymann / R. Zerfaß, Kranke Kinder begleiten, 1981
A. Mitscherlich, Krankheit als Konflikt, 1967
ders. / T. Brocher / O. von Merink / K. Horn, Der Kranke in der modernen Gesellschaft, 1972
H.-Chr. Piper, Kommunizieren lernen in Seelsorge und Predigt, 1981
I. und H.-Chr. Piper, Schwestern reden mit Patienten, ²1980
R. Preul, Seelsorge als Bewältigung von Lebenssituationen, in: J. Scharfenberg (Hg.), Freiheit und Methode, 1979, 61–81
R. Riess, Perspektiven der Pastoralpsychologie, 1974
D. Rössler, Der »ganze Mensch«. Das Menschenbild der neueren Seelsorgelehre und des modernen medizinischen Denkens im Zusammenhang der allgemeinen Anthropologie, 1962
ders., Rekonstruktion des Menschen. Ziele und Aufgaben der Seelsorge in der Gegenwart, WzM 25, 1973, 181–196
ders., Der Arzt zwischen Technik und Humanität, 1980
W. Schmidbauer, Die hilflosen Helfer. Über die seelische Problematik der helfenden Berufe, 1977
M. Seitz, Praxis des Glaubens, 1979
D. Stollberg, Wahrnehmen und Annehmen, 1978
H. Tacke, Glaubenshilfe als Lebenshilfe, 1975
ders., Mit den Müden zur rechten Zeit zu reden. Beiträge zu einer bibelorientierten Seelsorge, Neukirchen-Vluyn 1989
H.J. Thilo, Beratende Seelsorge, ²1975
E. Thurneysen, Seelsorge im Vollzug, 1968
K. Winkler, Karl Barth und die Folgen für die Seelsorge, PTh 75, 1986, 458ff
F. Wintzer, Sinn und Erfahrung. Aufgabe und Wege der Krankenseelsorge, in: Theologie und Wirklichkeit. FS W. Trillhaas, 1974, 209–225
ders., Seelsorge. Texte zum gewandelten Verständnis und zur Praxis der Seelsorge in der Neuzeit, ³1988

Ferner:
W. Kramp, Wider die Krebsangst. Chronik eines Kampfes, 1986

§ 13
Zum Seelsorgegespräch mit Sterbenskranken (F.W.)

1
Einführung

Sterben und Tod sind in den letzten Jahren in zunehmendem Maße Gegenstand öffentlicher Erörterung geworden. Zum einen weitet sich das allgemeine Bedürfnis, das Leben in seinen verschiedenen Bereichen und Phasen zu planen und menschlicher zu gestalten, auch auf das Sterben aus. Die neu entfachte Debatte über Probleme der Sterbehilfe sowie über die sogenannte passive Euthanasie verdeutlicht diese Bestrebungen. Prinzipiell handelt es sich dabei um die Frage, inwieweit und in welcher Weise in bestimmten Situationen das Sterben von Todkranken abgekürzt werden oder leidensfreier verlaufen könne.

Zum andern zeigt sich angesichts des Todes und des Sterbens ein Sinnverlust in unserer Gesellschaft, der mit der Problematisierung oder Infragestellung von christlichen Glaubensaussagen auch bei Mitgliedern der christlichen Großkirchen zusammenhängt. Denn die Frage nach der Wahrheit und Tragfähigkeit des christlichen Glaubens stellt sich nach wie vor besonders in den Lebenskrisen und kontingenten Situationen. J. Habermas hat als Soziologe von seinen Voraussetzungen her die Folgen dieses Sinnverlustes unter dem Aspekt der Trostlosigkeit beschrieben. Er urteilte, daß in Anbetracht »der individuellen Lebensrisiken . . . eine Theorie nicht einmal denkbar (sei), die die Faktizitäten von Einsamkeit und Schuld, Krankheit und Tod hinweginterpretieren könnte; die Kontingenzen, die an der körperlichen und der moralischen Verfassung des Einzelnen unaufhebbar hängen, lassen sich nur als Kontingenz ins Bewußtsein heben: mit ihnen müssen wir, prinzipiell trostlos, leben« (Legitimationsprobleme im Spätkapitalismus, 1973, 165). Die christliche Seelsorge ist durch solche Äußerungen auf ihr Menschenbild hin angesprochen. Denn kann ein Menschenbild dem Leben dienlich sein, das die Endlichkeit, Begrenztheit und Bedrohtheit menschlichen Lebens nur als ein Negativum auffaßt und es damit dem Betroffenen erschwert, sich auf Krankheit und kontingente Situationen überhaupt einzulassen?

Unterschieden wird in der gegenwärtigen Diskussion oft zwischen Tod und Sterben. Der Akzent scheint sich zunehmend auf die Aufgabe des Sterbens zu verlagern. Das Sterben mit seinen möglichen Qualen, Schmerzen und Ängsten wird gefürchtet und die Frage nach einem sogenannten würdevollen Sterben gestellt. Daraus ergibt sich die verbreitete Auffassung, daß das Sterben bedrohlich sei und nicht sosehr der Tod. Sie wird nicht selten durch die Überzeugung gestützt, daß die Vernunft den Tod als den Übergang in das Nichtseiende nicht begreifen könne. Bei dieser Argumentation wird der Tod pragmatisch hingenommen oder als nicht hinterfragbar angesehen. Es ist aber auch hier zu fragen: Kann es eine Zustimmung zum Leben geben, die den Tod außer acht läßt?

Indem die christliche Seelsorge in der Tätigkeit der Pfarrer und der anderen kirchlichen Mitarbeiter sowie im wechselseitigen seelsorgerlichen Handeln der Christen unterein-

ander sich den Sterbenden und den todkranken Menschen zuwendet, wird sie in besonderer Weise der Verlegenheiten und des Leidens von Menschen ansichtig. Darum gilt
es, die latenten und manifesten Erfahrungen von Menschen in solchen Grenzsituationen des Lebens zu erkunden und ernst zu nehmen. Wer an Menschen nicht vorbeire-
den will, sollte fähig sein, ihre Bewältigungsmöglichkeiten und ihre Krankheitsnot
wahrzunehmen. Erst dann ist in der Regel ein weiterführendes Gespräch möglich.
Grundsätzlich stellt sich die Frage, welchen kommunikativen Beistand, welchen Trost,
welche Sprachhilfe und welche Hoffnung Seelsorgegespräche angesichts des nahenden
Todes leisten und vermitteln können, ohne daß die schmerzliche Realität dieser Situation zugedeckt wird.

2
Entfaltung

2.1
Sozialwissenschaftliche und humanwissenschaftliche Implikationen

2.1.1
Ängste und Abwehrmechanismen der Gesunden

Das Gespräch mit Sterbenskranken stellt auch für die Gesunden in der Regel eine große
Belastung dar. Angst und Bitterkeit ist nicht nur den Todkranken bekannt, sondern gerade auch den Gesunden. Das Sterben eines anderen Menschen erinnert an den eigenen
Tod. Es kann darum eigene Ängste auslösen. Die Frage: Wie soll ich mich jetzt verhalten?, findet dann eine Ergänzung in der Überlegung: Könnte es mir auch einmal so er-
gehen? Umgekehrt wirken sich das Verhalten und die seelische Einstellung der Gesunden wiederum auf den Sterbeprozeß von Todkranken aus. Angehörige, Ärzte, Kranken-
schwestern und Seelsorger werden deshalb nur dann einen intensiven Kontakt mit den
Sterbenden haben, wenn sie ihre eigenen, individuell sehr verschiedenen Ängste und
Gefühle erkennen und mit ihnen umgehen können. Nur die bewußte Auseinandersetzung mit dem eigenen Erleben sowie die Bejahung der Begrenztheit der eigenen Lebenszeit können die Flucht in die Distanz, in die Gleichgültigkeit oder in den Zynismus verhindern. Nur auf diese Weise lassen sich auch die eigenen Ohnmachts- und Schuldgefühle sowie die Zorn- oder Haßgefühle erkennen und bewältigen. Sie entstehen z.B.
dann, wenn Angehörige, Ärzte oder das Pflegepersonal sich ungerecht von Sterbenskranken behandelt fühlen, obwohl die aggressive, vorwurfsvolle Haltung dieser Patienten im Grunde nur das Leiden an dem eigenen Geschick widerspiegelt. Die Flucht vor
der Auseinandersetzung mit dem eigenen, vorausgewußten Tod und Sterben hat also
nicht nur Folgen für die eigene Person. Aus ihr folgt nicht selten, daß andere einsam und
sprachlos sterben müssen. Denn wie sollen Sterbenskranke selbst eine realistische Einstellung zu der unabwendbaren Tatsache des nahen Todes finden, wenn die Gesunden
den Tod und das Sterben verdrängen? L.N. Tolstoi hat in seiner Erzählung »Der Tod des
Iwan Iljitsch« diese Not, die aus den billigen Vertröstungen der Gesunden resultiert,
zeitüberdauernd beschrieben. »Die Hauptqual für Iwan Iljitsch«, schreibt Tolstoi, »lag
in der Lüge, in der von allen anderen anerkannten Lüge, daß er nur krank und nicht ein

Sterbender sei, daß er sich nur ruhig verhalten und die Medizin nehmen solle, und alles müßte dann wieder gut werden. Er wußte, daß, was immer sie ihm eingäben, nichts anderes daraus für ihn folge, als noch quälenderes Leiden und der Tod. Und ihn peinigte diese Lüge, ihn peinigte es, daß sie das nicht offen bekennen wollten, was sie wußten und was er wußte, sondern ihn belogen und ihn selber zwangen, an dieser Lüge teilzuhaben. Die Lüge, die Lüge, die ihn bis zu seinem Tode nicht verließ, mit der sie immer wieder den furchtbaren, feierlichen Akt seines Todes in Beziehung brachten zu Doktorvisiten (und anderen Verrichtungen) – diese Lüge war furchtbar quälend für Iwan Iljitsch. Und merkwürdig, er war oft, wenn sie ihm wieder eines dieser Stücke aufspielten, nahe daran aufzuschreien: Hört doch auf zu lügen! Ihr wißt und ich weiß, daß ich sterbe! Hört wenigstens auf zu lügen! Aber er hatte niemals den Mut, das zu sagen. Der furchtbare, schreckliche Akt seines Sterbens, das sah er, war von allen in seiner Umgebung auf eine und dieselbe Stufe gebracht mit den zufälligen Unannehmlichkeiten, ja Taktlosigkeiten des Lebens, auf eine und dieselbe Stufe gebracht mit den ›Annehmlichkeiten‹, denen er sein ganzes Leben lang gedient hatte. Er sah, daß niemand mit ihm litt, weil niemand seine Lage begreifen wollte; nur Gerassim (der einfache Mann aus dem Volk) begriff seine Lage und litt mit ihm. Und darum war Iwan Iljitsch nur wohl mit Gerassim. Ihm tat es wohl, wenn Gerassim manchmal die ganze Nacht hindurch seine Beine hielt und nicht weggehen wollte, indem er sagte: ›Sorgt Euch nur nicht um mich, Iwan Iljitsch, ich werde schon noch schlafen!‹ oder, indem er plötzlich, ins Du übergehend, hinzufügte: ›Du bist doch krank, da muß ich dich doch pflegen.‹ Nur Gerassim log nicht. Aus allem konnte man erkennen, daß er allein begriff, worum es sich hier handle, und es darum nicht für notwendig hielt, es zu verbergen . . . Er sagte oft ganz direkt, wenn Iwan Iljitsch ihn wegschicken wollte: ›Wir alle müssen einmal sterben, warum soll ich nicht was für Euch tun?‹«« (L.N. Tolstoi, Der Tod des Iwan Iljitsch, übers. von R. Kassner, Insel-Bücherei 52, 1956, 53–55).

Zu dieser Erzählung gibt es auch heute Parallelen. In einer Teambesprechung mit den Schwestern, den Ärzten und den Krankenseelsorgern, über die H.Chr. Piper berichtet, kam z.B. die Rede immer wieder auf einen Patienten, der kurz zuvor gestorben war. Jeder hatte ihn gut gekannt. Mit einem Ton der Erleichterung stellte einer der Ärzte fest: »Er war bis zuletzt ahnungslos.« Nur der Seelsorger meldete Widerspruch an. Er erzählte, wie der Patient vor einem halben Jahr zu ihm gesagt habe: »Herr Pastor, ich muß sterben.« Diese Information rief Bestürzung hervor. Man fragte sich, wie es zu dieser falschen Einschätzung habe kommen können. Der Chefarzt fand die Erklärung: Der Patient habe wohl befürchtet, er würde aufgegeben, wenn feststünde, er sei ein hoffnungsloser Fall; und er sprach nicht über seine Todesahnung, weil er die Angst hatte, »vorzeitig ausgestoßen (zu werden) aus dem Lande der Lebenden« (H.Chr. Piper, Gespräche, 150).

Nur wenige Menschen sind fähig, ohne den Beistand anderer Menschen ihr Leben zu leben und ihren Tod zu sterben. Wenn aber die Gesunden eine Mauer des Schweigens aufrichten, kann der Todkranke sie schwerlich durchbrechen. Aus dieser Erkenntnis folgt, daß die Sterbehilfe als Auseinandersetzung mit dem Tod und mit dem Sterben nicht erst angesichts des bevorstehenden eigenen Todes einsetzen sollte. Auch diejenigen, die Sterbende begleiten, sind auf das Gespräch mit anderen Menschen angewiesen, um über ihre Empfindungen, Gedanken und Reaktionen offen sprechen zu können. Dazu kann z.B. die Erfahrung der eigenen Hilflosigkeit zählen oder die Einsicht in die Notwendigkeit, mit menschlicher Ohnmacht fertig werden zu müssen. Wer anderen Menschen beistehen will, braucht oft selber Trost. –

2.1.2

Phasen des Sterbens

Die Thanatologie, ein auf interdisziplinärer Zusammenarbeit gründender anthropologischer Wissenschaftszweig, versucht heute empirisch zu erkunden, wie Menschen sich mit dem unvermeidlichen Sterben auseinandersetzen und welche Krisenhilfen ihnen zuteil werden sollten. Erste Impulse hat diese Forschungsrichtung besonders von den Erfahrungsberichten erhalten, die Elisabeth Kübler-Ross im Anschluß an kontinuierliche Gespräche mit todkranken Patienten veröffentlicht hat. Dabei standen freilich Krankheiten im Vordergrund, die – wie beispielsweise Krebs oder Leukämie – nicht zu einem plötzlichen Tod führten. Die Kenntnis von solchen Erfahrungen kann dazu beitragen, daß die Wahrnehmungsfähigkeit von Angehörigen, Ärzten, Seelsorgern, Schwestern und Pflegern, die schwerkranke Menschen zu betreuen haben, verbessert wird. Denn auch E. Kübler-Ross hat ein kommunikatives Defizit im Umgang mit Schwerkranken aufgewiesen. Diesem Problem sollte deshalb in den entsprechenden Ausbildungsgängen mehr Aufmerksamkeit zuteil werden.

Drei Grunderkenntnisse werden von solchen Erfahrungsberichten bestätigt. Zum ersten ist die Angstbesetzung von Sterbesituationen zu beobachten. Es stellt sich die Frage, wie solche Angst ausgehalten oder bewältigt werden kann. Zum andern zeigt sich immer wieder, daß Todkranke, öfter als angenommen, die Diagnose erfahren wollen, wenn irgendeine Hoffnung bleibt und sie vor allem nicht allein gelassen werden. Drittens besteht oft die Bereitschaft bzw. der Wunsch, mit verständnisvollen Gesprächspartnern über diese Lebenssituation zu sprechen. Der Seelsorger sollte dabei aber nicht die Zuwendung mit Zudringlichkeit verwechseln.

Diese Erfahrungen beruhen in erster Linie auf Gesprächen mit Menschen, die aufgrund einer schweren, unheilbaren Krankheit das Ende ihres Lebens mehr oder weniger bewußt herannahen sahen. Andere Bedingungen sind bei dem unerwarteten bzw. bei dem schnellen Tod gegeben: wenn Menschen sterben, ohne wirklich Abschied nehmen zu können. So ist aufs Ganze gesehen das Verhalten von Sterbenden höchst unterschiedlich. Entsprechend differieren die Gesprächsmöglichkeiten. Diejenigen, die Sterbenskranke begleiten, sollten darum nicht von einem Schema ausgehen, sondern den Todkranken helfen, daß sie in personspezifischer Weise in dem letzten Stadium ihres Lebens den Mut zur Wahrheit und Wahrhaftigkeit haben können.

Die Unterschiede in dem Vollzug und Erleiden des Sterbens hängen von sehr verschiedenen Faktoren ab. E. Engelke nennt im Anschluß an J. Hinton   1. den immer unerträglicher werdenden Gesundheitszustand,   2. den Grad der Bewußtheit des Sterbenden über seine Situation. Das Verhalten hängt   3. von der emotionalen Antwort auf diese Situation, von der Ablehnung oder Bejahung ab sowie   4. von der Beziehung zwischen dem Sterbenden und den Menschen in seiner Umgebung. Einen wichtigen Faktor stellt   5. auch die gegenwärtige Umgebung dar (z.B. das Sterben in der Wohnung oder im Krankenhaus), und   6. kommen immer die personalen Charakteristika eines Menschen in dem Umgang mit Krisen zur Geltung (Engelke, Sterbenskranke und die Kirche, 19).

Daraus folgt, daß die Beschreibung von Phasen des Sterbens gegenüber naiven Verallgemeinerungstendenzen abgesichert werden muß. Das trifft auch für das von E. Kübler-Ross aufgestellte Phasenschema zu, das primär an bestimmte Krankheiten zum Tode gebunden ist, bei denen eine gewisse Zeit für den Ablösungs- und Verarbeitungsprozeß zur Verfügung steht. So ist noch einmal zu betonen: die Auseinandersetzung mit dem befürchteten, erahnten oder herbeigesehnten eigenen Tod ist *individuell sehr verschieden* ausgeprägt, wie sich auch verschiedene Verhaltensweisen überlagern können. Die Rede von den Phasen des Sterbens verweist auf bestimmte Faktoren in der Auseinandersetzung mit dem Sterben. Sie dürfen jedoch nicht in einer doktrinalen Verlaufsform zusammengefaßt werden. Es kann und darf nicht in bezug auf bestimmte Stadien des Sterbens heißen: nur ›wer so stirbt, der stirbt wohl‹.

Als Erkenntnishilfe für die Beurteilung der Situation von Sterbenskranken ist die Beschreibung von Phasenmomenten jedoch hilfreich. E. Kübler-Ross hat fünf Phasen bzw. Stadien genannt: 1. die Phase des Nicht-wahrhaben-wollens (»nicht ich«),   2. die Phase des Zorns (»warum ich?«),   3. die Phase des Verhandelns (»vielleicht ich doch nicht?«) und   4. die Phase der Depression (»was bedeutet Negatives für mich?«). Dem kann eine   5. Phase der Zustimmung folgen (»jetzt ist meine letzte Stunde gekommen!«).

In der Verlaufsinterpretation kommt auch bei E. Kübler-Ross partiell die Möglichkeit einer unterschiedlichen Reaktion zur Geltung und entsprechend das primäre Interesse an einer verständnisvollen Zuwendung zu den Sterbenskranken. Beispielsweise in der Beschreibung des Weges vom Zorn zum Verhandeln liegt ein Plädoyer für ein besseres Verstehen vor: »Wenn wir es lernen, diesem erbitterten Patienten zu helfen, statt ihn zu kritisieren, wenn wir lernen, seine Angst nicht als Kränkung unserer eigenen Person zu verstehen, dann wird (besser: ›kann‹) er fähig sein, in die ›Phase‹ des Verhandelns einzutreten.« (Vgl. E. Kübler-Ross, Was können wir noch tun?, 9.)

Um das idealtypische Mißverständnis und die doktrinale Starrheit des Phasenschemas von E. Kübler-Ross zu vermeiden, hat bereits vor einigen Jahren K. Nighswonger diese Phasenbeschreibung modifiziert. Er hat die unterschiedlichen Reaktionen und Fortgangsmöglichkeiten wie auch die Ambivalenzen der einzelnen Stadien beschrieben, weil im Seelsorgegespräch auf die individuellen Aspekte und die widersprüchlichen Verhaltensweisen eingegangen werden sollte. So ist Nighswongers Unterscheidung von sechs verschiedenen Stadien in erster Linie als Verstehens- und Wahrnehmungshilfe anzusehen. Allerdings geht auch er wiederum von bestimmten Krankheiten aus (z.B. Krebs, Leukämie usw. – Vgl. zum Folgenden die Darstellung von W. Becher, Sechs Phasen des Sterbens. Ist Seelsorge an Sterbenden lehrbar?, 28–33).

1.   In dem vom Schock geprägten Stadium nach dem Eintritt der schweren Krankheit bzw. nach der Mitteilung der Diagnose kann Verneinung oder eine panikartige Reaktion entstehen. Die (partielle) Verneinung oder das Nichtwahrhabenwollen können dabei ein Ausdruck des Versuchs sein, Kräfte zu sammeln, um sich schrittweise auf das Unvermeidliche einzulassen. Nur wenn die Verneinung länger andauert, zeigt sie an, daß der Sterbenskranke sich nicht mit seiner Situation arrangieren kann, wie dies beispielsweise auch bei verschiedenen Formen der Panik der Fall ist.

2. In einem zweiten Stadium können die Emotionen besonders ausgeprägt sein. Hier handelt es sich um Gefühle der Wut, der Bedrückung, des Ärgers, des Zornes oder auch der Schuld. Es ist gut, wenn Menschen angesichts des nahen Todes ihre Gefühle aussprechen. Denn wer redet und sprechen kann, verschließt sich nicht in sich selbst. Es ist deshalb kein Zufall, daß die biblischen Psalmen in besonderer Weise auch die Sprache der Klage kennen. Hier macht gerade der Gottesglaube Menschen im Leiden nicht sprachlos.

Der Zorn kann sich verschieden artikulieren, auch in der vorwurfsvollen Frage: Warum geschieht das mir? Diese Frage zielt nicht nur auf eine rationale Erörterung. Sie hängt nicht selten mit der Hoffnung zusammen, daß an die Stelle der Kritik das Verstehen, an die Stelle der Einsamkeit die bleibende Gemeinschaft mit anderen Menschen treten möchte, gerade auch angesichts der Unabwendbarkeit eines bestimmten Geschicks. – Werden solche Fragen und Gefühle jedoch nicht geäußert, so bleibt oft nur der Ausweg in die Depression.

3. Bei dem Stadium des Verhandelns geht es darum, daß ein Sterbenskranker auf verschiedene Weise Aufschub oder Abänderung sucht. Vielleicht soll die Diagnose noch einmal kontrolliert werden. Oder Menschen handeln mit Gott um die Verlängerung ihres Lebens. Sie bitten um weitere Jahre Lebenszeit, um in ihrem Leben noch einiges ändern zu können. Dieses Stadium kann ebenfalls einen verschiedenartigen Fortgang haben. Es kann sein, daß die Realität zunehmend angenommen wird, daß die Erkenntnis über den eigenen Zustand wächst. Es kann aber auch sein, daß sich die Bitterkeit steigert.

4. In dem 4. Stadium, das Nighswonger die Phase der Erkenntnis nennt, kann die Erkenntnis über den eigenen Zustand zu realistischer Hoffnung führen, z.B. zu der Hoffnung auf das Weiterbestehen der Gemeinschaft mit vertrauten Menschen. Oder aber es wächst die Verzweiflung. Es ist dies das Stadium, in dem gerade auch die Antworten des Glaubens nicht nur durchdacht, sondern einer Lebensprobe unterzogen werden.

5. In dem Stadium der sog. Verbindlichkeit geht es schließlich um die Annahme der Situation oder um das Überhandnehmen der Resignation. Beides kann sehr eng zusammenhängen und in einem Spannungsverhältnis stehen. Zugleich geht es darum, daß eine etwaige rationale Einsicht auch emotional vollzogen wird, daß ein Mensch sich mit dem »Kopf« und mit dem »Herzen« auf das Unabänderliche einläßt.

6. Die Phase des Abschlusses zeichnet sich oft dadurch aus, daß in ihr nur noch wenig oder gar nicht mehr gesprochen wird. Es handelt sich um das Stadium, in dem Menschen auch im Schweigen miteinander kommunizieren können. Das Dennoch des Glaubens kann in diesem Stadium ein besonderes Gewicht bekommen. Es kann aber auch sein, daß der Tod von sterbenden Menschen als das Ende der Einsamkeit und Verzweiflung herbeigesehnt wird. Damit stellt sich die Frage, warum bei uns viele Menschen einsam sterben.

Diese letztgenannte Frage verweist nicht nur auf ein individuelles Problem, sondern auf einen übergreifenden Zusammenhang, wie er in der Todeserfahrung und in dem Todesbewußtsein unserer Zeit gegeben ist.

2.1.3

Erwägungen zur Todeserfahrung und zum Todesverständnis in der Gegenwart

Soziologische Erhebungen lassen vermuten, daß die heutige Einstellung zum Tod durch zwei Faktoren gekennzeichnet ist. Zum einen läßt sich, wenn auch in deutlichen Abstufungen, ein Schweigen über den Tod feststellen, das sich von der Bereitschaft früherer Zeiten, über den Tod zu reden, unterscheidet. S. Freud hat diese Grundeinstellung als Eigenart des Kulturmenschen charakterisiert, der das Nichtbeherrschbare verdränge. »Wir betonen regelmäßig die zufällige Veranlassung des Todes, den Unfall, die Erkrankung, die Infektion, das hohe Alter und verraten so unser Bestreben, den Tod von einer Notwendigkeit zu einer Zufälligkeit herabzudrücken« (Gesammelte Werke 10, 1946, 342). Ursächlich hängt diese unterschiedlich praktizierte Verdrängung des Todes mit der neuzeitlichen Betonung der Schöpfermacht des Menschen und mit der Hilflosigkeit des homo faber gegenüber der unabänderlichen Tatsache des Todes zusammen. Der Tod läßt sich aufgrund der medizinischen Fortschritte hinauszögern. Er zeigt jedoch unerbittlich, daß für den Menschen nicht alles machbar ist.

Zum andern resultiert die Zurückdrängung der Todesthematik aus der strukturellen Absicherung des einzelnen vor dem Tod. A. Hahn hat gezeigt, daß das Todesbewußtsein mit dem Todeskontakt und dem Erleben des Todes korreliert. Der mittelbare Todeskontakt, beispielsweise die Fernsehnachricht von dem Sterben zahlreicher Menschen, wird in der Regel distanziert wahrgenommen. Die Abnahme der unmittelbaren Todeskontakte bestimmt insofern die gegenwärtige Todeserfahrung. Viele Menschen erleben das Sterben der Familienangehörigen oder der Nachbarn nicht mehr intensiv mit. Das Sterben wird weithin in den Kliniken verwaltet. Die These von der mehr oder weniger bewußten Verdrängung des Todes muß deshalb aufgrund dieser erfahrungswissenschaftlichen Einsichten relativiert werden.

Aus der Tatsache, daß das Sterben weitgehend in den Kliniken geschieht, resultiert oft eine Vereinsamung der Sterbenden. Die Vertrauten sind nur besuchsweise anwesend, und diejenigen, die die Pflege der Todkranken übernommen haben, führen sie berufsmäßig aus. Eine ausreichende Kenntnis der sterbenskranken Patienten, ihrer Lebensgeschichte und Lebensprobleme fehlt meistens. Dies ist die Kehrseite der Inanspruchnahme der ärztlichen und pflegerischen Hilfsmöglichkeiten, die in den Krankenhäusern bestehen. Der Hamburger Neurochirurg R. Kautzky hat in dem Band »Sterben im Krankenhaus« die Dokumentation von dem Sterben eines Mannes veröffentlicht; das Problem, wieweit und mit welchem Aufwand einerseits die tödliche Erkrankung zu behandeln sei, wieweit andererseits angesichts des großen technischen Aufwandes der Menschlichkeit Raum gelassen werden könne, wird eindringlich dargestellt (R. Kautzky, Sterben im Krankenhaus).

Die Zurückdrängung der Todeserfahrung wirkt sich schließlich auch auf die religiöse bzw. theologische Verarbeitung des Todes aus. M. Scheler hat darauf hingewiesen, daß die verminderten Todeskontakte und die daraus resultierende veränderte Einstellung zum Tod ein Grund für die Erosion des christlichen Auferstehungsglaubens in Kirche und Gesellschaft sein könne. Scheler urteilte, daß der Gedanke an eine Überwindung des Todes zurücktrete, wenn der Tod selbst ›in dieser unmittelbaren Form‹ nicht gegeben ist. Diese Feststellung mag für frömmigkeitsgeschichtliche Zusammenhänge partiell zutreffen. Die Theologie geht jedoch davon aus, daß nicht erst der Tod den Ernstfall des Glaubens darstellt. Zudem sind in der christlichen Tradition der christliche Glaube und die christliche Hoffnung nicht selten von einer zu einseitigen Bindung an die Sterbesituation bestimmt worden. Die Verdrängung des Todes wie auch die Verabsolutierung des Todesproblems sind unchristlich. Wer den Tod zum Grundmuster des Unberechenbaren und Unbeherrschbaren macht und auf diese Weise verhindert, daß Menschen mit letzter Anstrengung das Notwendige tun, räumt dem Tod eine Macht ein, die er für den christlichen Glauben verloren hat.

2.2
Grundsätzliche Erwägungen

Der seelsorgerliche Beistand in der letzten Lebensphase stellt eine zutiefst *kommunikative* Aufgabe dar. Er beginnt mit der Zuwendung zu dem Gesprächspartner und dem Versuch, sich in seine Lage einzufühlen und seine Situation zu verstehen. Diese unaufdringliche Zuwendung sollte mit dem Wissen darüber verbunden sein, daß die Bereitschaft und die Fähigkeit von Sterbenskranken, über ihre Krankheitsnot zu sprechen, im Einzelfall sehr unterschiedlich ausgebildet ist. Die einen können und wollen offen darüber sprechen, andere möchten dies (zunächst) nur in Andeutungen tun. Das Lebensalter und die Lebensgeschichte, die psychische Konstitution, die Art der Krankheit sowie die Glaubens- und Unglaubenserfahrungen des Gesprächspartners spielen dabei eine wesentliche Rolle. In nicht wenigen Gesprächen mit Schwerkranken oder Sterbenden kommen die Lebens- und Glaubensdefizite der Gesprächspartner verdeckt oder offen zur Sprache.

Eine wichtige Aufgabe besteht darin, menschliche Ohnmacht und Ratlosigkeit angesichts unheilbarer Krankheit mit dem Patienten gemeinsam auszuhalten. In diesem Zusammenhang können auch die ambivalenten Gefühle von Sterbenskranken zur Geltung kommen: die Todesfurcht wie auch die Sehnsucht nach dem Tod als Beendigung des Leidens.

Der Tod mag unabwendbar sein. Die kommunikative Zuwendung kann aber verhindern, daß die Aussichtslosigkeit hinsichtlich der Gesundung nicht auf eine Ausweglosigkeit hinsichtlich der Auseinandersetzung mit dem bevorstehenden Tod und Sterben hinausläuft. Die Wahrheit des seelsorgerlichen Gespräches läßt sich darum nicht einfach unter dem Gesichtspunkt der Richtigkeit der übermittelten Diagnose bestimmen. Der Prozeß des In-die-Wahrheit-Kommens schließt das Problem der Zustimmung zu dem Unabänderlichen mit ein. Diese Zustimmung ist nicht mit der passiven Ergebung in das Schicksal zu verwechseln. Zustimmung und Sicheinlassen auf eine notvolle Situation sind gerade vom christlichen Glauben her aktive Lebensvollzüge. Der Protest gegen den frühzeitigen Tod und gegen das als sinnlos erfahrene Leiden sind dabei nicht ausgeschlossen; sie müssen aber nicht selbstzerstörerische Züge annehmen.

Insgesamt macht das menschliche Sterben deutlich, wie sehr das menschliche Leben durch das *Empfangen* und *Hingebenkönnen* konstituiert ist. In der Auseinandersetzung mit dem Tod können Menschen zu Wissenden werden. Empfangen und Hingebenkönnen sind Grundcharakteristika des Lebens überhaupt, weil das Leben selbst letzthin eine Gabe darstellt. Wenn ein Mensch sein Leben als Ganzes annehmen und es trotz aller

Widersprüchlichkeit und trotz aller offenen Fragen im Glauben an Gottes Rechtfertigung als sinnvoll erfahren kann, dann wird es ihm in der Regel auch möglich sein, das Sterben als letzte Phase des Lebens anzunehmen. Oder aber er wird das Sterben wie auch das Leben als sinnlos ansehen. Angesichts des Todes stellt sich noch einmal verdichtet die Sinnfrage und damit für Christen die Frage nach der durchtragenden Wahrheit des christlichen Glaubens.

Aufgrund der gegenwärtig vorherrschenden privatistischen Deutungs- und Bewältigungsmuster des Lebens und des Sterbens begegnen in der volkskirchlichen Wirklichkeit allerdings verschiedene Einstellungen zum Sterben, in denen das Fremdeste, der Tod, als »unser Ureigenstes« (E. Jüngel) erkannt wird. Die Sinnantworten, die in den Sterbezimmern genannt werden, differieren erheblich. Sie werden zudem weithin in verschlüsselter symbolischer Sprache ausgesagt. Zu ihnen zählt der Glaube an die Treue Gottes, die den Menschen nicht im Tode läßt. Zu ihnen gehört die christliche Hoffnung, die sich nicht an die Grenzen des irdischen Lebens binden läßt. Zu ihnen zählen aber auch rein innerweltliche Antworten, wie z.B. der Hinweis auf das Eingefügtsein in die Kette der Generationen oder die Betonung der begrenzten Teilhabe an der Wirklichkeit menschlichen Lebens.

Bilder und geprägte Sprache spielen bei Seelsorgegesprächen mit Sterbenskranken eine große Rolle. Sie verweisen auf die Funktion der religiösen Sprache. Eine Frau schrieb beispielsweise nach dem Tod ihres Mannes: »Warum weiß ich nichts von einem (frei formulierten) Gebet (aus der Zeit der letzten Krankheit) zu berichten? Ich glaube, jeder Mensch hat seine eigene Weise zu beten. Eine eigene in der Kindheit, eine eigene in der Jugend, eine andere im Erwachsenenalter. Solange ich N. kannte, hat er nie ein Gebet absolviert. Viele würden sagen, er habe mit den Texten der Psalmen gelebt. Ich glaube eher, daß er sich selbst in der Welt der Psalmen erfuhr und seine Erfahrung von diesem Gott ein für allemal verbalisiert war in der Heiligen Schrift. Er lebte schlechthin in der Gegenwart dieses Gottes; in den letzten 4 Wochen seines Sterbens bedurfte es nicht mehr der Sprache, um diesem Umfangen-Sein Ausdruck zu verleihen.« Zu den Texten, zu denen N. eine besondere Beziehung hatte und in denen er dieses Überwältigt-Sein durch Gott zur Sprache gebracht fand, zählte u.a. ein Vers aus Ps 23 in der Übersetzung M. Bubers: »Auch wenn ich gehn muß durch Todschattenschlucht, fürchte ich nichts Böses, denn Du bist bei mir« (R. Kautzky, Sterben im Krankenhaus, 1976, 134f). Immer wieder ist zu beobachten, daß Menschen, die in den sog. mittleren Jahren ihres Lebens nur ein gebrochenes Verhältnis zur christlichen Hoffnung hatten, am Ende ihres Lebens zu früher einmal akzeptierten Glaubensinhalten zurückkehren (vgl. A. Hahn, Religion und der Verlust der Sinngebung, 88). In dem bewußten Erleben der Grenzsituationen scheint die Bereitschaft zum Wagnis des Vertrauens zu wachsen. Die Rückbesinnung auf einst akzeptierte christliche Glaubensgehalte bildet in den Sterbezimmern von Menschen keinen Ausnahmefall. Das hängt damit zusammen, daß angesichts des Sterbens, des Leidens und des Todes die Schwächen rein innerweltlicher Sinnantworten deutlich werden. Sie setzen den Menschen unter Druck, nicht nur diese Welt zu verbessern, sondern in ihr das Heil schlechthin zu verwirklichen. Der christliche Glaube vermag demgegenüber auch die fragmentarischen Heilserfahrungen anzuerkennen und sie als »Angeld des Zukünftigen« zu verstehen. Weil sich im christlichen Glauben die Hoffnung auf Gott und das Nichtwissen nicht gegenseitig ausschließen, ist die religiöse

Sprache komplex und mehrschichtig. Das läßt sich beispielsweise an der Rede vom ewigen Leben aufzeigen.

Das theologische Nachdenken angesichts des Leidens und Sterbens von Menschen gründet in besonderem Maße auf dem Christusglauben. In dem Sterben und in dem Leiden Jesu Christi bildet sich die Bedrohung menschlichen Lebens ab. Es muß sich deshalb kein Christ seiner Todesangst schämen. So nimmt auch der christliche Auferstehungsglaube die Lebensnot von Menschen ernst. Er ist aber zugleich durch die Gewißheit geprägt, daß der Tod nicht das letzte Wort behalten soll. Gottes Gemeinschaft mit den Menschen ist nicht an die Grenzen irdischen Lebens gebunden, zumal Gemeinschaft für biblisches Denken ein Hauptmerkmal des Lebens darstellt. Leben heißt in Beziehungen leben. So sind dieser Glaube und dieses Lebensverständnis dort besonders lebendig, wo Menschen heute alles tun, damit andere Menschen nicht vereinsamt sterben müssen.

Die christliche Hoffnung wird in unserer Zeit freilich der inneren Erosion ausgesetzt bleiben, wenn sie zu einseitig auf die Sterbe- und Trauersituation ausgerichtet ist und gleichsam die Rolle eines Spezialthemas in der Krisenbewältigung einnimmt. Weil die biblische Gottesverheißung nicht erst im Angesicht des Todes gültig ist, ist die christliche Hoffnung an das menschliche Leben als solches gebunden. Sie hat ihren ›Sitz im Leben‹ sowohl in den Erfahrungen erfüllten Lebens als auch in den Situationen der Klage angesichts der Defizienzen von Leben und Glauben. Durch diesen Lebensbezug ist die christliche Hoffnung von der Vertröstung unterschieden. Sie wendet sich auch kritisch gegen das Hoffnungsdenken, das nichts anderes darstellt als einen Ausdruck menschlicher Selbstbehauptung. Der geistlichen Sorge für das Wachsen des Gottesglaubens, der in der Person und in dem Geschick Jesu Christi eröffnet wurde, korrespondiert deshalb die Sorge für einen menschlichen Umgang des Menschen mit dem Menschen – und dies nicht erst in den Sterbesituationen.

3
Vertiefung
Fragen zur Weiterarbeit

1.   Welchen Wahrheitswert hat die These von der Verdrängung des Todes in der modernen Gesellschaft? Welche Faktoren sind bei der Beantwortung dieser Frage zu berücksichtigen? (Vgl. die Veröffentlichungen von A. Hahn, K. Dirschauer, E. Jüngel.)
2.   Warum ist es notwendig, daß Seelsorger, Ärzte und Schwestern, die Sterbenskranke begleiten, ihre eigene Einstellung zum Tod und Sterben reflektieren? Welche Gefühle und Verhaltensweisen können bei ihnen ausgelöst werden?
3.   In einer Zeit, in der die Vorstellung »von der Auferstehung der Toten unvollziehbar zu werden droht oder schon geworden ist«, möchte E. Jüngel die Auferstehung Jesu so zur Sprache bringen, daß sie eine neue Einstellung des Menschen zu Tod und Leben provoziert. Was bedeutet das für sein Todesverständnis, und welche Analogien finden sich in R. Leuenbergers Abhandlung »Der Tod«?
4.   Welche biblischen Texte eignen sich als Meditations- oder als Gebetstexte für Sterbenskranke? Es sollten mindestens drei alttestamentliche und drei neutestamentliche Texte genannt werden.

5. Stellen Sie im Anschluß an E. Engelke die Praxis der römisch-katholischen Krankensalbung dar, und überlegen Sie, welche Möglichkeiten der evangelische Seelsorger in solchen Situationen hat.

Literatur

Grundprobleme seelsorgerlicher Begleitung von Sterbenden
W. Becher, Ist Seelsorge an Sterbenden lehrbar?, WzM 24, 1972, 24–33
M.K. Bowers u.a., Wie können wir Sterbenden beistehen?, 1971
P. Christian-Widmaier, Krankenhausseelsorger und todkranker Patient. Im Spiegel ihrer wechselseitigen Wahrnehmung, 1988
U. Eibach, Recht auf Leben – Recht auf Sterben. Anthropologische Grundlegung einer medizinischen Ethik, 1974
E. Engelke, Sterbenskranke und die Kirche, 1980
R. Kautzky, Sterben im Krankenhaus. Aufzeichnungen über einen Tod, 1976
E. Kübler-Ross, Interviews mit Sterbenden, 1971
dies., Was können wir noch tun?, 1974
K. Lückel, Begegnung mit Sterbenden, ²1985
G. Otto, Sprache im Angesicht des Todes, PTh 76, 1987, 410ff
H.-Chr. Piper, Gespräche mit Sterbenden, 1977
A.P.L. Prest, Die Sprache der Sterbenden, 1977
P. Sporken, Hast du denn bejaht, daß ich sterben muß? Eine Handreichung für den Umgang mit Sterbenden, ²1985

Literatur über Todesverständnis und Todeserfahrung
Ph. Ariès, Studien zur Geschichte des Todes im Abendland, 1981
K. Dirschauer, Der totgeschwiegene Tod, 1973
N. Elias, Über die Einsamkeit der Sterbenden, 1982
W. Fuchs, Todesbilder in der modernen Gesellschaft, 1969
A. Hahn, Einstellung zum Tod und ihre soziale Bedingtheit, 1968
E. Jüngel, Tod, 1971
T. Kruse/H. Wagner (Hg.), Sterbende brauchen Solidarität. Überlegungen aus medizinischer, ethischer und juristischer Sicht, 1988
R. Leuenberger, Der Tod. Schicksal und Aufgabe, ²1973
J.E. Meyer, Todesangst und Todesbewußtsein der Gegenwart, 1979
J. Schwartländer (Hg.), Der Mensch und der Tod, 1976
D. Sudnow, Organisiertes Sterben, 1973
F. Wintzer, Art. »Auferstehung III. Praktisch-theologisch«, in: TRE 2, 1979, 529–547

Ferner:
J.Chr. Hampe, Sterben ist doch ganz anders. Erfahrungen mit dem eigenen Tod, 1975
W. Kramp, Der letzte Feind, 1969
P. Noll, Diktate über Sterben und Tod, 1984
F. Waller (Hg.), Alles ist nur Übergang. Gedichte und Texte über das Sterben, 1988
M. Wander, Leben wär' eine prima Alternative, 1980

V

Zur Religionspädagogik und zur Katechetik

§ 14
Der Religionsunterricht in der Schule (W.S.)

1
Einführung

1.1

Die institutionelle Stellung des Religionsunterrichts ergibt sich aus gesetzlichen Regelungen. Das Grundgesetz der Bundesrepublik Deutschland bestimmt in Artikel 7.3: »Der Religionsunterricht ist in den öffentlichen Schulen . . . ordentliches Lehrfach«. Damit gehört der Religionsunterricht als eigenes, abgegrenztes Unterrichtsfach zu den Pflichtfächern der Schule. Er darf gegenüber anderen Schulfächern nicht benachteiligt werden. Und da nach Artikel 7.1 GG das gesamte Schulwesen »unter der Aufsicht des Staates« steht, ist der Staat als Schulträger für die Erteilung des Religionsunterrichts verantwortlich. Der Staat ist verpflichtet, die notwendigen Einrichtungen und Lehrkräfte zur Verfügung zu stellen und für die Kosten aufzukommen, die aus der Erteilung des Religionsunterrichts entstehen. Als ordentliches Lehrfach ist der Religionsunterricht schließlich nach gegenwärtiger Rechtssprechung »grundsätzlich versetzungserheblich«. Die Religionsnote zählt im Zeugnis mit.
Ist der Religionsunterricht also ein integraler Bestandteil der Schulorganisation, ein Lehrfach wie jedes andere?
Die Regelungen des Grundgesetzes verankern den Religionsunterricht zwar in der pädagogischen Institution der Schule. Aber sie räumen ihm gegenüber den übrigen Unterrichtsfächern doch eine Sonderstellung ein. Denn das Grundgesetz legt auch die Beziehung des Religionsunterrichts zu den Kirchen fest. »Unbeschadet des staatlichen Aufsichtsrechts wird der Religionsunterricht in Übereinstimmung mit den Grundsätzen der Religionsgemeinschaften erteilt« (Art. 7.3). Aus dem Rechtsprinzip der Gewissensfreiheit (Art. 4) ergibt sich schließlich der Freiwilligkeitscharakter des Religionsunterrichts. »Kein Lehrer darf gegen seinen Willen verpflichtet werden, Religionsunterricht zu erteilen« (Art. 7.3). Umgekehrt wird den Erziehungsberechtigten und in gewissem Umfang auch den Schülern das Recht zur Abmeldung vom Religionsunterricht eingeräumt. Ist der Religionsunterricht also doch kein organischer Teil der schulischen Bildungsorganisation, sondern ein von der Kirche in der Schule veranstalteter freiwilliger Unterricht über die Grundsätze kirchlichen Glaubens und Lebens?

Die Bestimmungen des Grundgesetzes, die mit einigen Modifizierungen aus der Weimarer Verfassung (Art. 146–149) übernommen wurden, bilden einen Kompromiß zwischen der staatlichen Verantwortung für die schulische Erziehung und dem berechtigten Interesse der Kirchen an der religiösen Bildung ihrer Mitglieder. Die gesetzlichen Bestimmungen über den Religionsunterricht sind wie alle Kompromisse deutungsfähig und deutungsbedürftig. Sie lassen ebenso Spielraum für unterschiedliche juristische und politische Interpretationen wie für verschiedene pädagogische und theologische Auffassungen des Religionsunterrichts.

1.2

So finden sich *einerseits* in den gesetzlichen Regelungen der Bundesländer, in Verfassungen, Konkordaten und Staat-Kirchen-Verträgen Auslegungen des Grundgesetzes, die den Kirchen eine weitreichende Einflußnahme auf die Ziele und Inhalte des Religionsunterrichts und auf seine Gestaltung einräumen. Danach wird der Religionsunterricht nicht nur in »Übereinstimmung mit den Grundsätzen der Religionsgemeinschaften« erteilt, sondern von »Beauftragten« der Kirche, unter kirchlicher »Leitung und Beaufsichtigung« (Baden-Württemberg und Bayern).

Andererseits wird in politischen und auch in religionspädagogischen Stellungnahmen die konfessionelle Bindung des Religionsunterrichts als unvereinbar mit der weltanschaulichen Neutralität der staatlichen Schule angesehen und ein »nichtkonfessioneller« oder »überkonfessioneller« Religionsunterricht gefordert, auf dessen Gestaltung die Kirchen keinen direkten Einfluß nehmen dürfen (vgl. Esser, 1976).

Eine *dritte* schulpolitische Position schließlich plädiert zwar für die enge Verbindung des Religionsunterrichts mit den Grundsätzen kirchlichen Glaubens. Aber sie leitet daraus die Forderung nach einer Änderung des Art. 7.3 GG ab. Kirchlicher Unterricht könne nicht ordentliches Lehrfach an staatlichen Schulen sein. Die religiöse Erziehung solle daher nicht staatlicher, sondern kirchlicher Verantwortung unterstehen (Thesen der FDP zum Verhältnis von Kirche und Staat, vgl. Dörger, 44–54).

Für Berlin und Bremen gelten Regelungen, die von den Bestimmungen des Grundgesetzes abweichen. Während in Berlin die Erteilung des schulischen Religionsunterrichts den Kirchen obliegt, wird in Bremen ein »bekenntnismäßig nicht gebundener Unterricht in Biblischer Geschichte auf allgemein christlicher Grundlage« erteilt (vgl. dazu: Drygalski, 1967, 105ff, 125ff).

1.3

Ihre eigentliche Interpretation findet die ambivalente Einordnung des Religionsunterrichts zwischen Schule und Kirche allerdings nicht in juristischen und politischen Kompromißregelungen. Was Religionsunterricht ist, was er leisten kann und wo seine Grenzen liegen, dies entscheidet sich in der praktischen Wahrnehmung jenes Spielraums, der dem Religionsunterricht im Rahmen schulischer und kirchlicher Bildungsarbeit eingeräumt ist, und in seiner theoretischen Explikation. Die Praxis des Religionsunterrichts – jede Unterrichtsstunde, jedes Unterrichtsmodell, jeder Lehrplan – ist ein Ausdruck der Bemühung um eine sachgerechte Verwirklichung der religiösen Erziehung in der Schule. Jede religionspädagogische Theoriekonzeption gibt Antwort auf die Frage, wie religiöse Wirklichkeit pädagogisch vermittelt werden kann.

Dieses Grundproblem des Religionsunterrichts stellt sich auf den verschiedenen Ebenen des religionspädagogischen Theorie-Praxis-Zusammenhangs in unterschiedlicher Gestalt: für das subjektive Selbstverständnis von Lehrer und Schüler als die Frage nach der

Verbindung von religiösem Engagement und pädagogischem Verhalten; für die Unterrichtsgestaltung und ihre Planung als die Frage nach der Vermittlung religiöser Erfahrung in pädagogischen Prozessen; für die religionspädagogische Grundsatztheorie in der Frage nach der Integration pädagogischer und theologischer Erkenntnisse. Der Religionsunterricht fordert von Lehrern und Schülern eine besondere pädagogische und religiöse Einstellung, ein spezifisches Selbstverständnis. Er verlangt ebenso eine besondere didaktische Bestimmung des Unterrichtsstoffs und der Unterrichtsthemen und eine eigene methodische Gestaltung der Unterrichtsabläufe. Und er erfordert schließlich eine besondere theoretische Fundierung, eine schulische und kirchliche Begründung, eine pädagogische und theologische Legitimation.

Dieser vielschichtige Problemzusammenhang verdichtet sich in der Frage nach der Möglichkeit des Religionsunterrichts: Ist Religion lehrbar? Diese Frage ist nicht endgültig und nicht allgemeingültig zu lösen. Sie stellt sich unter den jeweiligen, sich ständig verändernden Bedingungen religionspädagogischer Praxis und Theorie immer neu. Und sie findet immer auch nur vorläufige Antworten.

Zur Lösung dieses Grundproblems neuzeitlicher Religionspädagogik bieten sich drei Modelle an (vgl. Kabisch-Tögel, 19–34). Das *erste Modell* geht von der Voraussetzung aus, daß es nicht die Aufgabe schulischen Religionsunterrichts sein kann, das religiöse Erleben unmittelbar herbeizuführen. Religion verwirklicht sich nicht in der Schule, sondern in der außerschulischen Wirklichkeit, in Familie, Kirche und anderen sozialen Institutionen wie z.B. den peer groups der Jugendlichen, in der Jugendkultur. Die Aufgabe des Religionsunterrichts besteht darin, die dort erlebte und entfaltete religiöse Welt zu reflektieren, sie durch begriffliche Klärung transparent und damit verstehbar zu machen. Der Religionsunterricht beschränkt sich dann auf seine pädagogische Zielsetzung. Er ist Unterricht über Religion: Information, Analyse und Kritik religiöser Lebens- und Kommunikationsprozesse.

Das *Gegenmodell* geht davon aus, daß religiöse Erfahrung nur in ihrer unmittelbaren Wahrnehmung realisiert werden kann, während sie der diskursiven Reflexion nur bedingt zugänglich ist. Macht der Religionsunterricht die Religion zum Objekt wissenschaftlich-kritischen Denkens, dann verliert er notwendig seinen spezifischen Gegenstand. Er gleicht sich dann an andere schulische Unterrichtsfächer wie Deutsch, Geschichte oder Sozialkunde an und geht schließlich darin auf. Als selbständiges Unterrichtsfach ist der Religionsunterricht nur zu legitimieren, wenn er nicht als Unterricht über Religion, sondern als unmittelbare Verwirklichung religiösen Erlebens begriffen wird. Der Gegenstand des Religionsunterrichts, die religiöse Wirklichkeit, darf daher nicht den pädagogischen Gegebenheiten der Schule untergeordnet werden. Vielmehr sind die pädagogischen Situationen und Prozesse des Religionsunterrichts umgekehrt als besondere Weisen religiöser Kommunikation zu fassen. Das pädagogische Verhalten von Lehrer und Schüler wird dann zum Ausdruck ihres religiösen Engagements. Der Religionsunterricht begleitet den Prozeß religiöser Sozialisation nicht nur durch seine kritische Bearbeitung, sondern er bildet in unmittelbarem Sinn einen wichtigen Faktor der religiösen Lebenswelt der Schüler.

Das *dritte* Modell sucht die Lösung des Problems in einer Vermittlungsposition. Sie verzichtet weder auf die unmittelbare Verwirklichung religiöser Erfahrung und religiöser Kommunikation im Unterricht noch auf deren kritische Reflexion. Ist Religion auch nicht wie andere Gegenstände unserer Lebenswelt lehrbar, so realisiert sie sich doch in ihrer pädagogischen Vermittlung. Die religiöse Dimension unserer Wirklichkeit ist in der Schule ebenso präsent wie in Familie, Kirche und Jugendkultur, allerdings in eigenen Formen individueller und sozialer Erfahrung. Die Aufgabe des Religionsunterrichts besteht dann darin, die religiösen Perspektiven der Welterkenntnis und Welterfahrung in ihrem unmittelbaren Vollzug zu entdecken, sie mit pädagogischen Mitteln darzustellen und zu bearbeiten.

1.4
In der Praxis des Religionsunterrichts verbinden sich pädagogische und religiöse Lebenswelt zu einem vielschichtigen Kommunikationsprozeß. Zum einen kommen die subjektiven lebensgeschichtlichen Bedingungen der Beteiligten im Religionsunterricht mehr zur Geltung als in anderen Unterrichtsfächern. Religionsunterricht kann sich nicht in einer abstrakt-objektiven Atmosphäre entfalten. Er verlangt von den Schülern und vom Lehrer innere Beteiligung. Zum andern wirken aber auch die soziokulturellen Bedingungen der schulischen Arbeitswelt, die soziale Struktur einer Schulklasse und ihr Kommunikationsmilieu wie die verschiedenen Bildungsvorstellungen in unterschiedlichen Schulformen und endlich die psychische und soziale Entwicklungsphase der Schüler in unmittelbarer Weise auf die Gestaltung des Religionsunterrichts ein.
Die vielfältigen Bedingungen der religionspädagogischen Praxis sind in ihrer Theorie zu reflektieren. Denn Theorie und Praxis des Religionsunterrichts leben nicht von prinzipiellen Lösungen des religionspädagogischen Grundproblems, sondern von seiner detaillierten Bearbeitung. Die Praxis des gegenwärtigen Religionsunterrichts und die Grundpositionen der gegenwärtigen Religionspädagogik sind daran zu messen, inwieweit es ihnen gelingt, tragfähige Kompromisse zwischen den verschiedenen Erwartungen an den Religionsunterricht, zwischen pädagogischen und religiösen Einstellungen, Orientierungen und Verhaltensweisen zu finden und zu praktizieren.
In der religionspädagogischen Theorie werden die Konstitutionsprobleme des Religionsunterrichts auf verschiedenen Ebenen des Theorie-Praxis-Zusammenhangs verhandelt. Religionspädagogische *Konzeptionen* widmen sich vorwiegend den Prinzipienfragen. Sie klären die Möglichkeit und die Notwendigkeit pädagogischer Vermittlung von Religion und deren Relevanz für die schulische Erziehung und den Sozialisationsprozeß im ganzen. Die religionspädagogischen Konzeptionen gehen zugleich von theologischen und pädagogischen Grundvoraussetzungen aus und entwickeln aus deren Integration Aufgabenstellungen, Zielsetzungen und Gestaltungsformen religiöser Erziehung in der Schule.
Religionspädagogische *Modelle* setzen die in einer Konzeption entfalteten Prämissen des Religionsunterrichts in methodische und didaktische Fragestellungen um. Sie umgrenzen das Feld religionspädagogischer Unterrichtsstoffe und Unterrichtsthemen und beschreiben im Zusammenhang damit die spezifischen Methoden des Religionsunterrichts. Didaktische und methodische Perspektiven sind nicht voneinander zu trennen. Ihre gegenseitige Verflechtung kommt in zwei unterschiedlichen Denkrichtungen zum Ausdruck, die die gegenwärtige Religionspädagogik kennzeichnen. *Entweder* gehen die didaktisch-methodischen Unterrichtsmodelle von einer bestimmten, dem Religionsunterricht angemessenen pädagogischen Vermittlungsweise aus und ordnen dieser den

Unterrichtsstoff unter. Die Bildungsziele solcher religionspädagogischer Modelle dek-ken sich mit den Methoden, in denen sich die im Unterricht zu erlernenden Umgangs-weisen mit gegenwärtiger Lebenswirklichkeit verdichten. (Solche kategorialen Bil-dungsziele sind etwa Kommunikationsfähigkeit mit anderen Menschen oder Fähigkeit zur Interpretation von Wirklichkeitszusammenhängen.) Den Unterrichtsstoffen kommt die Bedeutung von Medien zu, an denen die kategorialen Zielsetzungen einge-übt werden. *Umgekehrt* können didaktisch-methodische Unterrichtsmodelle von den Unterrichtsinhalten ausgehen und daraus die zu deren Vermittlung notwendigen me-thodischen Verfahrensweisen entwickeln. Die Unterrichtsziele werden dann durch die Definition der Themenkomplexe gewonnen, in die der Unterricht einführt. Das Me-dium des Lernprozesses ist dessen methodische Gestaltung. Beide Verfahrensweisen re-ligionspädagogischer Didaktik und Methodik entwickeln aber Unterrichtsziele und Ver-fahrensweisen immer in engem gegenseitigem Zusammenhang.

Religionspädagogische *Entwürfe* schließlich dienen der Planung und Gestaltung einzel-ner Unterrichtseinheiten und Unterrichtsstunden. Sie beziehen sich auf eine bestimmte religionspädagogische Grundkonzeption und auf deren didaktisch-methodische Impli-kation, setzen aber beide Reflexionsgänge voraus und richten ihr Interesse auf die mög-lichst praxisnahe Verwirklichung eines religionspädagogischen Programms in einer ge-nau formulierten Unterrichtssituation. –

Während die Studienmodelle »Problemorientierter Religionsunterricht« und »Die Bibel im Reli-gionsunterricht« mehr die didaktischen und methodischen Bedingungen des Religionsunterrichts an exemplarischen Problemstellungen aufzeigen, sollen in diesem ersten religionspädagogischen Studienmodell die Interdependenzen zwischen Konzeption, Modell und Entwurf vorgeführt und damit verschiedene Möglichkeiten zur Lösung jenes religionspädagogischen Grundproblems dar-gestellt werden, das sich in der Frage nach der Möglichkeit und Notwendigkeit schulischen Reli-gionsunterrichts artikuliert.

2

Entfaltung

Die religionspädagogische Theorie bietet gegenwärtig ein kaum überschaubares, facet-tenreiches Erscheinungsbild. In einer Fülle von Veröffentlichungen werden höchst un-terschiedliche Konzeptionen des Religionsunterrichts entfaltet. Prinzipielle Erörterun-gen über die Aufgaben und Ziele eines zugleich theologisch und pädagogisch begründe-ten Religionsunterrichts stehen neben praktischen Anleitungen und Unterrichtsmodel-len, Analysen gegenwärtiger Unterrichtspraxis neben Programmen eines neuen, eines besseren Religionsunterrichts. An die Stelle des klassischen katechetischen Lehrbuchs aus der Feder eines theologischen Lehrers ist das Genre des essayistischen Aufsatzes ge-treten.

Religionspädagogische Theorie artikuliert sich gegenwärtig vornehmlich in Positionen und Entwürfen. In ihnen verweben sich unterschiedliche Argumentationen, verschie-denartige pädagogische Theorien und gegensätzliche theologische Positionen miteinan-der.

Vier grundlegende Möglichkeiten der pädagogischen und theologischen Ortsbestim-mung des Religionsunterrichts lassen sich modellhaft voneinander unterscheiden. Sie ergeben sich aus der Einordnung des Religionsunterrichts in verschiedene Sinnzusammenhänge, aus denen seine Ziele, Inhalte und Methoden abgeleitet werden. Die Aufgabe des Religionsunterrichts kann 1. im Rahmen des *kirchlichen Lebens* und seiner Einübung definiert werden, 2. im Kontext des *neuzeitlichen Christentums*, der Auseinandersetzung mit seiner geistigen und sozialen Tradition, 3. im Zusammenhang der *schulischen Bildungsaufgabe*, der pädagogischen Relevanz religiöser Wirklichkeit und 4. im Horizont der psychischen, geistigen und sozialen *Entwicklung des Schülers*, der Bildung seiner religiösen Identität. Die verschiedenen Horizonte religiöser und pädagogischer Wirklichkeit stehen untereinander in einem engen Zusammenhang. Religionspädagogische Konzeptionen können weder auf eine theologische Begründung der Aufgaben und Ziele des Religionsunterrichts verzichten noch auf seine pädagogische Legitimierung als schulisches Unterrichtsfach. Erst die Gewichtung der einzelnen Aspekte religiöser Erziehung führt zu einem spezifischen Ansatz religionspädagogischer Theorie.

Die vier Grundtypen religionspädagogischer Theorie unterscheiden sich voneinander a) hinsichtlich der *Begründung* des Religionsunterrichts, b) durch die Bestimmung seiner *Unterrichtsgegenstände und -themen*, c) in der Entwicklung seiner eigenen *Unterrichtsmethoden* und d) durch eine besondere Fassung des *pädagogischen Verhältnisses* zwischen Schülern und Lehrern.

2.1
Religionsunterricht als Kirche in der Schule

2.1.1

»Evangelische Unterweisung, so heißt die neue uns gestellte Aufgabe – nie wieder Religionsunterricht!« In dieser Formulierung von *Helmuth Kittel* (1947, 8) verdichtet sich das zugleich polemische wie konstruktive Programm einer religionspädagogischen Konzeption, die den Religionsunterricht konsequent aus seinem »Zusammenhang mit dem *Leben der Kirche*« (25) begreift. Religionsunterricht soll »Kirche in der Schule« (M. Rang) sein, die Katechetik keine pädagogische, sondern eine theologische Fachdisziplin.

Der Titel von Kittels Programmschrift »Vom Religionsunterricht zur Evangelischen Unterweisung« (1947) drückt allerdings nicht nur eine sachliche Wende in der Religionspädagogik aus, sondern er bringt auch die historische Entwicklung, die die Religionspädagogik seit dem Entstehen der dialektischen Theologie kennzeichnete, auf einen Begriff. Kittel faßt in einem klassisch zu nennenden Entwurf die Diskussion um die Prinzipien einer theologisch begriffenen Theorie des Religionsunterrichts zusammen, die sich mit den Namen G. Bohne, O. Hammelsbeck, M. Rang u.a. verbindet. Der aus der dialektischen Theologie gewonnene Ansatz der Evangelischen Unterweisung bestimmte die religionspädagogische Diskussion auch in den folgenden beiden Jahrzehnten. Gerade die vehemente Kritik an der Evangelischen Unterweisung in der dann folgenden Epoche belegt indirekt noch die Bedeutung dieser zugleich sachlichen wie historischen Wende in der neueren religionspädagogischen Wissenschaftsgeschichte.

Kittels prinzipielle Kritik sowohl an der theoretischen Begründung wie an der praktischen Gestaltung des Religionsunterrichts ergibt sich aus der Erkenntnis, daß ein abstrakter Begriff von Religion nicht Gegenstand kirchlicher Unterweisung sein kann, sondern nur der gelebte Glaube in einer konkreten, kirchenbezogenen Ausprägung. Wollte der Religionsunterricht der »Pflege eines allgemeinen religiösen Bewußtseins und religiösen Gefühls« (6) dienen, dann gäbe er sich selbst auf. Er verlöre sich in unbestimmter Inhaltslosigkeit. Überkonfessioneller Unterricht ist demnach nicht mehr, sondern »weniger als konfessionell« (8). Er ist unverbindlich und wirkungslos. Nur die unbedingte Bindung an den Auftrag der Kirche, an die Verkündigung des Evangeliums, ermöglicht es, den Religionsunterricht sinnvoll von anderen Unterrichtsfächern abzugrenzen und ihn aus seiner spezifischen Aufgabe heraus als selbständiges Unterrichtsfach zu legitimieren. Daher darf sich der Religionsunterricht nicht den Bildungsidealen der schulischen Erziehung anpassen und in die pädagogische Institution der Schule hinein auflösen. Er würde sich sonst selbst überflüssig machen. Indem die Evangelische Unterweisung der Schule kritisch gegenübertritt, nimmt sie ihre bildungskritische Funktion wahr. Die »ständige Kritik der Fachweltanschauungen durch das Evangelium hat die größte Bedeutung für die Schule. Sie verhindert Entstellung und Verschleierung der Wirklichkeit« (24).

2.1.2

Ist es das erklärte Ziel der Evangelischen Unterweisung, nicht die »religiösen Anlagen des Kindes« (6) zu entwickeln, sondern dazu beizutragen, daß »das Evangelium Jesu Christi wieder Wort Gottes an uns« (8) wird, dann ist das Evangelium selbst Norm und Inhalt des Religionsunterrichts. Evangelische Unterweisung kann nichts anderes sein als »gemeinsames Hören von Lehrer und Kind auf Gottes Anrede in der Heiligen Schrift« (17). Der Unterrichtsinhalt wird so zum dominierenden pädagogischen Prinzip. »Die Überordnung des Kindes über die Sache ist in der Evangelischen Unterweisung ebenso falsch wie die Überordnung irgendeines Bildungssystems über sie« (28). Kirchlicher Unterricht ist sachlicher Unterricht, wobei Sachlichkeit die Erkenntnis »des wesensnotwendigen Hineingebundenseins Evangelischer Unterweisung in das Leben der Kirche« (27) meint. Sachgemäße Gegenstände des Religionsunterrichts sind deshalb allein die Urkunden kirchlichen Glaubens: die Bibel als »Heilige Schrift«, als »Offenbarung«; das Gesangbuch als »Gebetbuch der evangelischen Gemeinde«; der Katechismus als »summa und Auszug« des biblischen Evangeliums (8ff).

2.1.3

Der theologische und pädagogische Begründungszusammenhang »Kirche« bestimmt nicht nur die Inhalte des Religionsunterrichts, sondern ebenso seine Methode. Zwar treten im Programm der Evangelischen Unterweisung die methodischen Fragestellungen gegenüber den didaktischen Prämissen des Ansatzes zurück; der Religionsunterricht wird nicht durch eine besondere religionspädagogische Verfahrensweise definiert, sondern er steht unter dem »Gesetz der Sache« (28). Aber die Sache selbst, das Evangelium, bedingt eine eigene *Gestaltung* der Unterrichtsabläufe. Denn die biblischen Texte sind sachgemäß nicht als historische Dokumente im Unterricht zu behandeln, in kritisch-objektivierender Distanz, als »Sammlung religiöser Theorien« oder als »moralisches Gesetzbuch« (9). Die biblischen Texte müssen vielmehr in ihrer eigenen Intention wahrgenommen werden. Sie sind selbst schon Verkündigung. Religionsunterricht ist nichts anderes als »Unterweisung im rechten Umgang mit dem Evangelium« (8). Sein methodisches Prinzip läßt sich deshalb allenfalls graduell, nicht aber prinzipiell von anderen Formen der Verkündigung, von Predigt oder Seelsorge, unterscheiden. Daher bedarf der verkündigende Unterricht weder einer ausgeführten pädagogischen Technik noch der erzieherischen Begabung einer pädagogischen Persönlichkeit. Er duldet sie im Grunde gar nicht. Der Religionslehrer hat sich als »Zeuge«, als »Priester« und als »Herold« des Evangeliums zu begreifen (Heckel, 33). Er muß »sich selber die methodisch geschickten Hände binden« und »seine Kinder dem in der Gemeinde waltenden Geist Gottes ausliefern« (Kittel, 27).

2.1.4

Die sachliche Gebundenheit der *kirchlichen* Unterweisung kennzeichnet schließlich auch das *pädagogische Verhältnis* zwischen Schüler und Lehrer. Nicht die kommunikativen Beziehungen innerhalb der Lerngemeinschaft bestimmen das Unterrichtsgeschehen. Vielmehr wird die Verkündigung durch das individuelle Verhältnis zwischen dem einzelnen Schüler und seinem Lehrer vermittelt. Wie der Lehrer in der Rolle des Verkündigers gesehen wird, so wird auch der Schüler aus seiner Beziehung zur Kirche verstanden. Er wird als das »getaufte Kind«, als »Geschöpf Gottes« angesprochen. Der Unterricht verhilft ihm dazu, »sich selbst als solches zu verstehen« (28f).

Die Bindung an das Evangelium fordert vom Religionslehrer ein spezifisches Selbstverständnis, ein »Amtsbewußtsein« (31). Nicht sein pädagogischer Beruf, nicht seine Stellung im schulischen Bildungssystem legitimiert ihn zur Evangelischen Unterweisung, sondern der Auftrag Jesu, der Missionsbefehl. Daher kann nur derjenige Religionsunterricht erteilen, der selbst in einem lebendigen Zusammenhang mit der Gemeinde steht. –

Während Kittels Schrift von 1947 die Prinzipien der Evangelischen Unterweisung in der Form eines Programms entfaltet, behandelt seine »Evangelische Religionspädagogik« von 1970 das ganze Gebiet der Religionspädagogik in Gestalt eines breit angelegten Lehrbuchs. In der eingehenden Bearbeitung wissenschaftstheoretischer, erziehungswissenschaftlicher und theologischer Aspekte der Religionspädagogik und in der Auseinandersetzung mit der zeitgenössischen Diskussion wird die Bedeutung einer eigenständigen, theologisch argumentierenden Religionspädagogik hervorgehoben. Kittel möchte die für die Religionspädagogik unumgängliche »interdisziplinäre wissenschaftliche Arbeit« fördern, indem er einerseits den »Rückfall in eine theologische Autarkie« verhindert, andererseits aber auch vermeidet, vom Standpunkt der Religionspädagogik aus »die Erziehungswissenschaft in eigene Regie zu nehmen, sie also zu ›verdoppeln‹«. Kittel bemüht sich statt dessen um eine »redliche Kooperation« zwischen Pädagogik und Theologie (VIII).

2.2
Religionsunterricht in der christlichen Schule

2.2.1

Während die Vertreter der Evangelischen Unterweisung den Religionsunterricht aus seiner engen Verbundenheit mit der Kirche legitimieren und daher seine Ziele, Inhalte und Methoden aus einem theologisch gefaßten Begriff von Kirche ableiten, begründet Martin Stallmann (1958) den Religionsunterricht aus seinem pädagogischen Kontext, aus den »*Grundlagen der Schule*« (150). Stallmann teilt zwar mit der Evangelischen Unterweisung die Überzeugung, daß sich der Religionsunterricht als eigenständiges Unterrichtsfach nicht aus einem allgemeinen Religionsbegriff begründen läßt; der Religionsunterricht darf nicht in religiöser Sachkunde aufgehen. Umgekehrt kann der christliche Glaube als subjektiv erlebte Frömmigkeit aber nicht die Basis schulischer Bildungsarbeit darstellen. Religionsunterricht, der allein der kirchlichen Verkündigung dient, hat in der Schule keinen Platz. Was den Religionsunterricht innerhalb der schulischen Erziehungsarbeit legitimiert, ist das Christentum als geschichtliche und gegenwärtige Wirklichkeit, das »durch die christliche Verkündigung beeinflußte Denken und Verstehen« (150).

Im Rahmen dieser religionspädagogischen Konzeption werden Kirche und Schule anders als in der Evangelischen Unterweisung nicht aus ihrer Entgegensetzung, sondern aus ihrer gegenseitigen Entsprechung begriffen. Beide Institutionen haben, wenn auch in verschiedener Weise, mit dem Christentum zu tun. Die Schule ist nicht im Gegensatz zur Kirche als »weltliche« Organisation zu verstehen. Denn das Schulwesen hängt »in seinem Ursprung mit dem Christentum zusammen« (151). Selbst das von der Evangelischen Unterweisung als pädagogisches Ideal abgelehnte Menschenbild bürgerlich-idealistischer Prägung steht in einem engen historischen und sachlichen Zusammenhang mit dem neuzeitlichen Christentum (152ff).

Aus dieser Erkenntnis ergibt sich für die Ortsbestimmung des Religionsunterrichts eine doppelte Konsequenz. Einerseits muß die schulische Bildungsarbeit im ganzen und daher auch der Religionsunterricht als ein geschichtlicher Prozeß begriffen werden. Die schulische Arbeit hilft dem Menschen, die »Welt verfügbar zu machen«, sie zu verstehen, in ihr zu leben und zu handeln. Und dies ist nicht anders möglich als im Rückgriff auf die historischen Voraussetzungen gegenwärtiger Wirklichkeit. Insofern macht die geschichtlich gegebene Wirklichkeit das pädagogische Handeln notwendig. Das geschichtliche Christentum begründet den gegenwärtigen Religionsunterricht (127ff).

Nun erschließt sich andererseits die historische und gegenwärtige Wirklichkeit aber nicht von sich selbst aus, sondern nur aufgrund bestimmter Beobachtungsperspektiven und Lebenseinstellungen. Jeder Akt des Verstehens impliziert subjektive Vorentscheidungen. In der Vermittlung solcher Lebens- und Weltperspektiven liegt die erzieherische Bedeutung jedes Unterrichts, seine Verantwortung und seine Autorität (150ff). Das Christentum stellt ein solches Wirklichkeitsverständnis dar. Es ist nicht nur Gegenstand des Religionsunterrichts, sondern Thema der schulischen Bildung im ganzen. »Das Christentum wird in der Schule ausgelegt.« Und das bedeutet: »es wird verständlich gemacht von seinem Ursprung her« (186). Der Religionsunterricht nimmt an diesem Auslegungsprozeß teil. Er ist insofern ein Unterrichtsfach unter anderen und steht gleichberechtigt neben dem Geschichts- oder Sprachunterricht. Die spezifische pädagogische Bedeutung des Religionsunterrichts liegt nun aber in einer besonderen Akzentuierung des christlichen Lebensverständnisses. Der Religionsunterricht »darf sich weder als ein bloß historisches Fach noch als ein Fach der ›Lebenskunde‹ verstehen« (187). Seine Aufgabe besteht vielmehr darin, verständlich zu machen, »daß die höchst anspruchsvolle Tradition des Christentums ihren Anfang und ihren Ursprung in der Verkündigung hat« (190). Damit ist der Religionsunterricht als eigenes Schulfach legitimiert. Religionsunterricht ist »Unterricht über die von der Verkündigung herkommende Tradition« (190) des Christentums.

2.2.2

Die *didaktische und methodische Ausführung* des Konzepts »Religionsunterricht in der christlichen Schule« führt zu zwei unterschiedlichen Unterrichtstypen, die sich gegenseitig nicht ausschließen, sondern im Verhältnis kritischer Korrespondenz zueinander stehen. Beide Unterrichtsmodelle gehen davon aus, daß der Religionsunterricht das christliche Wirklichkeitsverständnis in allen Formen seiner historischen und gegenwärtigen Erscheinung umgreift. Die Geschichte des Christentums, biblische und kirchliche Tradition, gehören ebenso zum Themenbestand des Religionsunterrichts wie die gegenwärtig aktuellen Formen christlicher Frömmigkeit und Kirchlichkeit.

Beide didaktisch-methodischen Konzeptionen teilen auch die Erkenntnis, daß Auslegung von historischen Texten stets Auslegung von gegenwärtiger Wirklichkeit ist. Im Umgang mit Sprache wird Wirklichkeit erschlossen. Auslegung von Welt durch Sprache impliziert aber immer eine Selbstinterpretation des deutenden Subjekts. Sie betrifft die Existenz des Schülers und des Lehrers. »Die ›Dreiheit‹ von Text, Welt, Person im einen Vollzug fördert, profiliert, artikuliert sich gegenseitig« (Otto, 1968, 92). Das Zusammenspiel dieser Faktoren bestimmt den spezifischen Erkenntnisprozeß des Religionsunterrichts.

In der Unterrichtspraxis werden die Faktoren des Auslegungsprozesses allerdings verschieden gewichtet. Der Unterricht kann bei der historischen Tradition ansetzen und die gegenwärtige Existenz in der Auseinandersetzung mit biblischer und christlicher Überlieferung erhellen. Umgekehrt kann die christliche Deutung der Lebenswirklichkeit von gegenwärtigen Problemstellungen ausgehen. Der Tradition kommt dann die Funktion von Unterrichtsmedien zu. So ergeben sich zwei verschiedene Grundtypen religionspädagogischer Didaktik und Methodik (vgl. Nipkow, 1971, 236ff).

G. *Otto* (1968) sieht die Aufgabe des Religionsunterrichts darin, die Schüler zur »selbständigen Auslegung der Bibel« anzuleiten. Die *Interpretation biblischer Texte* ist daher die »didaktische Grundform des Religionsunterrichts« (79). Die Prävalenz der biblischen Texte ergibt sich – ähnlich wie im Konzept der Evangelischen Unterweisung – aus der sachlichen Gebundenheit des Religionsunterrichts. In seinem Zentrum steht nicht der Lehrer »mit seiner Ausstrahlungskraft«, nicht der Schüler »mit seinen schöpferischen Möglichkeiten«, sondern »der Inhalt selbst in seiner Härte« (82).

Dagegen fragt *H.B. Kaufmann* provozierend: »Muß die Bibel im Mittelpunkt des Religionsunterrichts stehen?« Die »traditionelle Mittelpunktstellung« der Bibel erscheint ihm als ein »Selbstmißverständnis« dieses religionspädagogischen Konzepts (1973, 23). Hat der Religionsunterricht die Aufgabe, gegenwärtige Wirklichkeit in christlicher Perspektive zu erschließen, dann darf die Situation der Schüler nicht nur methodisch relevant werden, als Anknüpfungspunkt für biblische Verkündigung oder im Sinne eines ungenügenden Vorverständnisses, dem die Aussagen der biblischen Texte kritisch gegenübergestellt werden. Vielmehr ist das gegenwärtige Welt- und Selbstverständnis »didaktisch in Ansatz zu bringen« (24). Der religionspädagogische Erkenntnisweg wird umgekehrt. Einführung in die christliche Überlieferung und Auslegung der Bibel sind nicht an sich die Aufgabe des Religionsunterrichts. Sie sind allerdings »notwendige Teilziele« (27) einer »auf das Ganze der Wirklichkeit und des Menschseins« (23) abzielenden religiösen Erziehung und behalten so ihre »konstitutive Funktion für den Religionsunterricht« (27).

2.2.3

K.E. *Nipkow* fordert deshalb neben dem »Unterricht über biblische Texte« eine zweite Grundform religionspädagogischer Praxis, den »Unterricht über das Christsein und Menschsein in der Gegenwart« (1971, 236ff), den »problemorientierten Religionsunterricht nach dem ›Kontexttypus‹« (1971, 264ff). Am Anfang dieses didaktisch-methodischen Modells steht die Analyse gegenwärtiger Wirklichkeit, die sich exemplarisch in einem aktuellen Thema oder Problem verdichtet. Die biblischen Texte werden als Hilfsmittel zum Verstehen gegenwärtiger Wirklichkeit eingeführt. Dabei kann es nicht darum gehen, »sich von den Welterfahrungen nur die Fragen, von der Bibel nur die Antworten geben zu lassen.« Im Zentrum des problemorientierten Religionsunterrichts stehen vielmehr die Grundfragen gegenwärtiger Existenz, die »durch verschiedene Texte aus verschiedenen Aspekten heraus« beleuchtet werden. Die christliche Deutung der Wirklichkeit ist dabei als »ein Deutungsaspekt unter anderen« (277) anzusehen.

Der problemorientierte Religionsunterricht kann als der gegenwärtig dominierende Unterrichtstypus gelten. In Verbindung mit der Curriculum-Forschung wurden zahlreiche Unterrichtsmodelle vorgelegt, in denen Themen gegenwärtiger Wirklichkeitsbewältigung mit der Interpretation biblischer Texte vermittelt werden. Die didaktische Öffnung des Religionsunterrichts für die verschiedenen Dimensionen christlichen Lebens und Glaubens spiegelt sich in einer methodischen Vielfalt wider, die sich aller Möglichkeiten neuzeitlicher Unterrichtsgestaltung, vielfältiger Medien und Unterrichtsformen bedient. Das Modell des problemorientierten Religionsunterrichts ermöglicht schließlich auch eine differenzierte Gestaltung der Themen und Unterrichtsverfahren in den verschiedenen Schulformen und Altersstufen (vgl. dazu das Studienmodell »Problemorientierter Religionsunterricht«).

2.2.4

Die vielfältige didaktische und methodische Gestaltung des problemorientierten Religionsunterrichts läßt eine Festlegung des *pädagogischen Verhältnisses* zwischen Lehrer und Schüler nicht in gleichem Maße zu, wie dies im Programm der Evangelischen Unterweisung gegeben ist. So beschreibt Stallmann die Position und das Selbstverständnis des Lehrers zwar auch mit Hilfe des Amtsbegriffs (1958, 182ff). Aber er faßt diesen Begriff nicht theologisch, sondern pädagogisch und begrenzt ihn damit nicht auf den Religionslehrer. Im Beruf des Lehrers sind Person und Amt prinzipiell nicht voneinander zu trennen. Jeder Lehrer kann sein Amt nur »mit dem Einsatz seiner Person« wahrnehmen. Denn die Vermittlung christlich verstandener Wirklichkeit ist nicht in »distanzierender Objektivität« oder in »historisierender Neutralität« möglich. Der Lehrer muß die christliche Interpretation der Welt nicht nur verstehen, er muß sie selbst im Unterricht »vergegenwärtigen«. Auch G. Otto betont die existentielle Komponente der religionspädagogischen Verantwortung. Verstehen ist ein Lebensvollzug, der Lehrer wie Schüler mit ihrer Person engagiert.

Die persönliche Betroffenheit des einzelnen, des Lehrers wie des Schülers, kennzeichnet aber nicht nur das pädagogische Verhältnis zwischen Lehrer und Schüler, sondern ebenso die Beziehungen innerhalb der Lerngruppe. Im problemorientierten Religionsunterricht werden die sozialen Verhältnisse der Schüler zueinander explizit thematisiert. Denn gegenwärtige Wirklichkeit erschließt sich nicht nur in ihrer subjektiven Vergegenwärtigung, sondern ebenso in der Wahrnehmung ihrer sozialen Dimensionen. In der Unterrichtspraxis wird die Schulklasse zum exemplarischen Modell sozialer Wirklichkeit.

2.3
Religionsunterricht als Ordnung der religiösen Vorstellungswelt

2.3.1
Das dritte Grundmodell religionspädagogischer Theorie begründet den Religionsunterricht ausschließlich aus seiner *pädagogischen* Notwendigkeit. Der Religionsunterricht wird nicht als kirchliche, sondern als schulische Veranstaltung begriffen. Diese schultheoretische Grundlegung des Religionsunterrichts wurde bezeichnenderweise nicht von Theologen erarbeitet. Sie verdankt sich dem Pädagogen Th. Wilhelm.

Wilhelm untersucht kritisch die »Verkirchlichung« (^{2}1969, 319) des Religionsunterrichts und seiner theologischen Fundierungsversuche in den vergangenen Jahrzehnten. Solange der Religionsunterricht als eine »Verlängerung der Veranstaltungen und Intentionen von Kirche und Gemeinde« (328) aufgefaßt wird, läßt er sich nach Wilhelms Überzeugung nicht als legitimer Bestandteil der Schule begreifen. Der Religionsunterricht ist aber ebensowenig aus seiner gegenstandsbedingten Sonderstellung zu begründen, als das »Ganz-Andere«, als ein Unterricht, der nicht auf Lernen, sondern auf »Entscheidung« abzielt. Die Kritik an der gegenwärtigen Religionspädagogik gilt zwar vornehmlich der Konzeption der Evangelischen Unterweisung. Aber sie richtet sich begrenzt auch gegen den hermeneutischen Religionsunterricht, sofern in diesem religionspädagogischen Modell »die Problematik der Zielsetzung und der Normen in der Theorie des Religionsunterrichts alles spezifische pädagogische Interesse überwuchert« (328).

Im Gegensatz zu allen Versuchen, die Aufgabe des Religionsunterrichts als Vermittlung von kirchlicher bzw. christlicher, immer aber im wesentlichen biblischer Tradition und gegenwärtiger Situation zu beschreiben, begreift Wilhelm den Religionsunterricht als Element schulischer Bildung. Und »im Mittelpunkt der Schule steht nicht das Recht der Kirchen und Eltern, sondern das Recht des Schülers und der Gesellschaft« (73). Schule ist ein »Weg der Jugend« (74). Ihre Aufgabe ist es, »eine geordnete Vorstellungswelt zur Grundlage des gesellschaftlichen Bewußtseins« zu machen (81).

Dient der schulische Unterricht allgemein der Klärung und Ordnung gegenwärtigen Weltbewußtseins, so thematisieren die einzelnen Unterrichtsfächer verschiedene Wirklichkeitsbereiche: den Horizont des Glaubens, des Rechts, der (mathematisch-naturwissenschaftlichen) Strukturen, der (sprachlichen und ästhetischen) Interpretation und der (geschichtlichen) Kontinuität. Gegenstand des Religionsunterrichts ist die »Welt als religiöse Vorstellung« (327). Der von Kittel abgelehnte und von Stallmann nur gelegentlich verwendete Begriff der Religion erhält damit grundlegende Bedeutung für die

Begründung des Religionsunterrichts. Und Begründung heißt hier nicht Nachweis der Legitimität, sondern Erweis der Notwendigkeit des Religionsunterrichts. »Religiosität im Sinne eines frommen, die zuhandene Welt überschreitenden, gemütstiefen, auf Gott hin orientierten Lebensgefühls« (332) bedarf keiner schulischen Bildung. Sie kann sich ebenso und besser in Familie und Gemeinde entfalten. »Schule ist dazu nicht unbedingt nötig«. Was die Schule im Gebiet der Religion leistet, ist anders zu bestimmen. Sie bietet dem Schüler »die Gelegenheit, seine zufälligen Vorstellungen in bezug auf das religiöse Weltverständnis zu systematisieren, ihre Begrenztheit zu erweitern, subjektive Voreinstellungen als solche zu erkennen« und damit zu einem »geordneten religiösen Vorstellungszusammenhang« zu gelangen (333).

Diese zugleich kritische wie konstruktiv-systematische Leistung wird nach Wilhelms Urteil im gegenwärtigen Religionsunterricht nicht erreicht. An die Stelle der kirchlichen oder christlichen Unterweisung ist daher ein Unterricht zu stellen, der nicht von kirchlichen Bindungen ausgeht. Denn die religiöse Vorstellungswelt geht nicht in kirchlicher Frömmigkeit und kirchengebundenem Glauben auf. Kirchliches Christentum ist im Religionsunterricht allenfalls als *ein* Element religiösen Weltbewußtseins zu thematisieren.

Kirche und Schule werden in Wilhelms schulpädagogischer Konzeption nicht wie in der Evangelischen Unterweisung einander entgegengesetzt. Beide Institutionen treten jedoch deutlicher auseinander als in Stallmanns Entwurf des Religionsunterrichts in der christlichen Schule. »Der Glaube, das Wort Gottes, die Verkündigung figurieren in Kirche und Schule zwar jeweils ungeteilt, aber in verschiedenen Aggregatzuständen« (333). Die kirchliche Verkündigung dient der »Andacht«, der »Öffnung der Herzen für die Offenbarung Gottes«. Im Religionsunterricht dagegen geht es darum, die »Welt als religiöse Vorstellung zu denken« (331).

2.3.2

Wird der Religionsunterricht nicht aus seinem Zusammenhang mit der kirchlichen Verkündigung, sondern aus seiner Notwendigkeit für die schulische Erziehung legitimiert, dann können seine Inhalte und Methoden nicht theologisch, sondern nur pädagogisch begründet werden. Die Ziele und Verfahrensweisen des Religionsunterrichts ergeben sich einerseits aus der Aufgabe der Schule im ganzen. Wie jedes andere Unterrichtsfach, so dient auch der Religionsunterricht der rationalen Ordnung gegenwärtigen Weltbewußtseins. Er bedarf insofern keiner besonderen religionspädagogischen Didaktik oder Methodik. Andererseits thematisieren die einzelnen Unterrichtsdisziplinen aber jeweils einen spezifischen Horizont gegenwärtiger Wirklichkeitserfahrung. Zur Systematisierung ihres Gegenstandsbereiches bedienen sich die schulischen Unterrichtsfächer der Erkenntnisse der entsprechenden Fachwissenschaften. Die spezifischen Unterrichtsinhalte des Religionsunterrichts ergeben sich daher aus einer religionswissenschaftlichen *Fachdidaktik* (263ff). In ihr sind Lehrpläne und Lehrverfahren des Religionsunterrichts wissenschaftlich zu begründen.

2.3.3

Hinsichtlich der *methodischen* Unterrichtsgestaltung führt der schultheoretische Ansatz Wilhelms in die Nähe des problemorientierten Religionsunterrichts. Im schulischen Religionsunterricht wird nicht Gottes Wort verkündigt, wird nicht primär die Auslegung biblischer Texte eingeübt oder christliche Tradition überliefert. Der sachgemäße Gegenstand des Religionsunterrichts ist die religiöse Gegenwartserfahrung der Schüler. Sie wird in der pädagogischen Arbeit strukturiert und damit rational verstehbar gemacht. Die Systematisierung der religiösen Welt verlangt daher eine Berücksichtigung aller Lebensbeziehungen der Schüler. Lernen und Leben verbinden sich organisch miteinander. Die Schüler sind zugleich Subjekt und Objekt des Unterrichts. Der Religionsunterricht bildet ein organisches Element der Schulwelt. Er ist ein eigener Horizont jugendlichen Erlebens.

2.4
Religionsunterricht als Bildung religiöser Identität

2.4.1
Das vierte Grundmodell gegenwärtiger Religionspädagogik verbindet den schultheoretischen Ansatz mit Elementen der übrigen Konzeptionen des Religionsunterrichts. Der Begriff der Religion bildet auch hier die konstitutive Kategorie des Entwurfs. Doch wird Religion weniger als ein universaler Aspekt gesellschaftlicher Wirklichkeit, sondern mehr in ihrer Bedeutung für die personale Identität des einzelnen Menschen begriffen. Gegenstand des Religionsunterrichts ist daher nicht die Welt als religiöse Vorstellung, sondern das *religiöse Subjekt* als eigener Lebenszusammenhang. Die Lebensgeschichte des Individuums ergibt den Stoff des Unterrichts. Die Aufgabe des Religionsunterrichts besteht in der pädagogischen Bearbeitung religiöser Identität.
Die Aufgabe des »therapeutischen Religionsunterrichts« läßt sich in drei miteinander eng zusammenhängenden Unterrichtszielen formulieren. Der therapeutische Religionsunterricht intendiert einmal »Gewinn an persönlicher Stabilität aufgrund von aufgearbeiteten Sozialisationsprozessen und aufgrund einer anerkannten Rolle in einer Gruppe (Klasse)«, sodann die »Vergrößerung der Sachkompetenz des Lernenden aufgrund verarbeiteter Information« und schließlich die Fähigkeit des Schülers, »sich selbst zu bestimmen und sich an den ihn selbst betreffenden Prozessen zu beteiligen« (Stoodt, 1973, 215). Werden kognitive Lernzielbestimmungen auch nicht ausgeschlossen, so dominiert im »sozialisationsbegleitenden Religionsunterricht« doch sein »seelsorgerlicher Akzent« (216). Im Gegensatz zu den anderen religionspädagogischen Konzeptionen wird der Religionsunterricht in diesem Modell nicht aus seiner Einordnung in Kirche oder Schule begründet, sondern aus der Entwicklung der Persönlichkeit des Schülers im Kontext seiner Sozialisation. Kirche und Schule, Familie und Gemeinde sind als soziale Institutionen zu begreifen, in denen sich die subjektive Entfaltung und die gesellschaftliche Integration des Individuums vollzieht. Das pädagogische Ziel des Religionsunterrichts besteht aber nicht in einer bloßen Vertiefung oder Fortsetzung der familialen und schulischen Sozialisationsprozesse. Die Bedeutung des Religionsunterrichts liegt vielmehr in seiner »kompensatorischen« oder »sozialtherapeutischen« Funktion. Der Stoff des Religionsunterrichts sind die Konflikte, die zwischen den Bedürfnissen des einzelnen und den Ansprüchen entstehen, die die Gesellschaft an ihn richtet. Religion wird als ein Faktor der Ich-Stärkung verstanden, als eine kritische Instanz, die sich gegen den Herrschaftsanspruch gesellschaftlicher Normen und Zwänge richtet. Im Reli-

gionsunterricht werden die Mechanismen sozialer Repression ideologiekritisch aufgedeckt (Vierzig), werden Konflikte im Prozeß der Identitätsbildung dargestellt und verarbeitet.

Der »konfliktverarbeitende« Religionsunterricht steht der Schule als Bildungsinstitution in ähnlicher Distanz gegenüber wie die Konzeption der Evangelischen Unterweisung. Wurden dort die humanistischen Erziehungsideale der »weltlichen« Schule kritisiert, so wendet sich der kompensatorische Religionsunterricht gegen die Leistungsorientierung und gegen das soziale Ausleseprinzip gegenwärtiger schulischer Erziehung. Ein Religionsunterricht, in dem »nicht nur unterrichtet, sondern auch erzogen wird«, bildet ein wichtiges Moment in jenem Prozeß, den Stoodt die »Entschulung der Schule« nennt (217). Der Religionsunterricht wird so zum Anwalt wahrer Humanität. In ihm geht es um die Verständigung, Vergewisserung und Auseinandersetzung über die Sinninterpretationen und Grundnormen für humane Existenz in der Gesellschaft (Vierzig).

Zur theoretischen Grundlegung ihres Ansatzes bedient sich diese religionspädagogische Konzeption denn auch nicht kirchlich-theologischer oder schulpädagogischer Argumente. Sie entwickelt vielmehr eine eigenständige religionspädagogische Theorie, in der sich psychologische und soziologische Momente der Identitätsbildung mit Erkenntnissen der Sozialisationsforschung verbinden. Religion wird nicht im Sinne pädagogischer Anthropologie als Grundelement personaler Konstitution, als individuelle Anlage oder Begabung aufgefaßt, sondern als emanzipatorisches Prinzip historischer und gesellschaftlicher Prozesse. In dieser kritischen Qualifizierung liegt auch die Bedeutung theologischer Sinngehalte für die religionspädagogische Theorie. Die biblischen Texte werden auf ihre emanzipatorischen Impulse hin ausgelegt, die konstitutiven Gehalte christlicher Tradition als gesellschaftskritische Potenzen interpretiert. So sollen die Schüler lernen, »aufgrund der biblisch-christlichen Tradition alternativ (zu) denken und das eigene Verhalten orientieren und erneuern (zu) können« (Stoodt, 218).

2.4.2

Wie der problemorientierte Religionsunterricht, so bedarf auch der konfliktverarbeitende Religionsunterricht einer ausgeführten Systematik seiner Lernziele. Sie ergeben sich nicht aus den Inhalten biblischer oder christlicher Tradition, sondern aus der Analyse gegenwärtiger Lebenssituationen und -probleme. Die Erarbeitung *exemplarischer Konfliktsituationen* in der Lebensgeschichte der Schüler erfolgt zwar im Unterricht selbst. Sie stellt einen wichtigen Lernschritt der Schulklasse dar. Aber die pädagogische Arbeit bliebe der Beliebigkeit subjektiver Eindrücke und der Oberflächlichkeit zufälliger Erscheinungen überlassen, wenn die Lernziele der einzelnen Unterrichtseinheiten nicht systematisch aufeinander bezogen würden. Der pädagogische Erfolg des kompensatorischen Religionsunterrichts verdankt sich der vorgängigen Organisation seiner Inhalte und Ziele. So kommt es zum Entwurf eigener religionspädagogischer Curricula, mit deren Hilfe emanzipatorische Verhaltensweisen eingeübt werden. Es entspricht der instrumentalen Intention des Ansatzes, daß kategoriale Bildungsziele, wie Selbstbestimmung, Ich-Stärke oder konfliktlösendes Verhalten, gegenüber den materialen Bildungsinhalten dominieren.

2.4.3

Daher kommt der *Unterrichtsmethode* in diesem Modell gegenwärtiger Religionspädagogik besondere Bedeutung zu. Im Gegensatz etwa zur Evangelischen Unterweisung dominiert im Unterrichtsablauf nicht die Sache, nicht der Stoff, nicht die biblische oder christliche Tradition, sondern der Schüler in seiner eigenen Situation. Der Religionsunterricht muß »schülerorientiert« gestaltet werden. Denn »das Thema des konfliktverarbeitenden Unterrichts über Religion ist die Religion der Schüler« (Reiser, 89). Die Schüler müssen sich selbst in den Unterricht einbringen. Und das Ausmaß ihrer Beteiligung, wie es sich etwa in einem Soziogramm des Unterrichtsablaufs niederschlägt, ist ein wichtiger Indikator für das Gelingen der religionspädagogischen Arbeit. Die »Selbststeuerung der Klasse« ist nur möglich in »entsicherten Lernprozessen, die zeitweilig jegliche Zensur durch den Lehrer während des Unterrichts ausschließen« und damit das in der schulischen Alltagswelt »ritualisierte« Lernverhalten durchbrechen (Stoodt, 217).

2.4.4

Der *Lehrer* übernimmt im schülerorientierten Religionsunterricht die Rolle eines Gesprächsteilnehmers. Er ist nicht Repräsentant der Kirche, nicht Zeuge einer Botschaft, sondern Anwalt der Schüler. Der Beruf des Religionslehrers verlangt eine besondere Sensibilität für die Lebenssituation der Jugendlichen. Der Lehrer muß die Sprache der Schüler verstehen, ihre Gefühle deuten lernen. Nur dann kann er jenes sokratische Verfahren praktizieren, das den Schülern dazu verhilft, »sich selbst finden und bejahen und sich mit anderen solidarisieren (zu) können« (218).

3
Vertiefung

3.1
Kriterien zur Beurteilung der religionspädagogischen Grundkonzeptionen

3.1.1

Die gegenwärtige religionspädagogische Theorie entfaltet sich in einer Vielzahl verschiedener Konzeptionen und Modelle, in einem Pluralismus unterschiedlicher Positionen. Mißt man sie an ihren eigenen Ansprüchen, so sind die dargestellten Theoriemodelle miteinander unvereinbar. Jede Konzeption beschreibt und begründet nicht nur den genau umgrenzten Rahmen ihrer theoretischen Erkenntnisse, sondern sie entwirft ebenso ein präzises Bild der intendierten Praxis. Und in der Konsistenz des Theorie-Praxis-Zusammenhangs, im Nachweis der Notwendigkeit, Praxis aufgrund einer bestimmten Theorie in genau festgelegter, methodisch explizierter Weise zu gestalten und umgekehrt die Theorie des Religionsunterrichts nach präzisen Erkenntnissen ihrer Praxis zu konzipieren, liegt die Leistung jedes einzelnen religionspädagogischen Modells. Jede religionspädagogische Position beansprucht nicht partielle, sondern allgemeine Gültigkeit ihrer Erkenntnisse und ihrer Methoden für die gegenwärtige Theorie und Praxis des Religionsunterrichts. Sie kann auf diesen Anspruch gar nicht verzichten.

Eine rein immanente Darstellung der verschiedenen Positionen würde allerdings zunächst den Adressaten der Theorie, den Religionslehrer, vor kaum lösbare Probleme stellen. Bliebe ihm nur die Entscheidung zwischen einander ausschließenden Theorieansätzen und Praxismodellen, so würden letztlich subjektive Auswahlkriterien gegenüber einer reflektierten und kritischen Auseinandersetzung mit den verschiedenen Konzeptionen dominieren. Aber auch die Situation der gegenwärtigen Religionspädagogik wäre durch eine rein immanente Deutung der religionspädagogischen Positionen nicht hinlänglich zu begreifen. Die eigene Dynamik der religionspädagogischen Theoriediskussion basiert auf der Auseinandersetzung verschiedener Theorieansätze untereinander, auf der gegenseitigen Beziehung verschiedener Perspektiven im Gesamtzusammenhang religionspädagogischer Theorie und Praxis.

Zur vergleichenden Beurteilung der dargestellten Positionen bieten sich drei Betrachtungsweisen an, die von unterschiedlichen Beurteilungskriterien ausgehen, in ihrer Gesamtheit aber erst eine Bewertung der Konzeptionen erlauben. Wir fragen im folgenden zunächst nach den *gemeinsamen prinzipiellen und didaktischen Prämissen* der verschiedenen religionspädagogischen Theoriemodelle und begreifen diese als verschiedene Lösungsmöglichkeiten gemeinsamer Grundprobleme. Wir suchen sodann nach der *Vermittlung verschiedener Unterrichtsverfahren* in der schulischen Praxis. Schließlich soll abschließend noch auf die *Leistung und die Grenzen* der religionspädagogischen Positionen aufmerksam gemacht werden.

3.1.2

Am einfachsten lassen sich die religionspädagogischen Positionen in einer *wissenschaftshistorischen* Betrachtungsweise einander zuordnen und zugleich voneinander abgrenzen. Es entspricht der Selbsteinschätzung der Positionen, ihren Anspruch auf allgemeine Gültigkeit nur für die jeweilige Gegenwart zu behaupten, ihn aber durch die Behauptung der Modernität und Aktualität gerade wieder zu legitimieren. Kittel schrieb sein religionspädagogisches Programm 1947 unter dem Eindruck einer historischen Wende in Kirche und Theologie, in Schule und Religionspädagogik und nannte seine Schrift folgerichtig: »Vom Religionsunterricht zur Evangelischen Unterweisung«. Die Vertreter des problemorientierten Religionsunterrichts konstatierten ihrerseits eine Wende in Theorie und Praxis des Religionsunterrichts (vgl. das Studienmodell »Problemorientierter Religionsunterricht«). Neuerdings wird die Rückkehr zum »biblischen Religionsunterricht« wieder mit einem Modernitätsanspruch verbunden, der sich aus dem konstatierten Ende des problemorientierten Religionsunterrichts begründet (vgl. das Studienmodell über »Die Bibel im Religionsunterricht«).

Dient die historische Relationierung den Konzeptionen immanent auch zur Legitimation ihrer Ansprüche, so weist sie doch zugleich auf die Konstanz religionspädagogischer Grundprobleme hin, die in positionellen Bearbeitungen nur zeitbedingt und auch sachlich nur begrenzt zu lösen sind. So kontrovers sich die Programme gegenwärtiger Religionspädagogik auch ausnehmen, sie bleiben doch durch ihre prinzipiellen, didaktischen und methodischen Prämissen untereinander verbunden.

Zu den *prinzipiellen Prämissen* gegenwärtiger Religionspädagogik gehört die Erkenntnis, daß der Religionsunterricht nicht als ein Sachkundefach angesehen werden kann, als bloße Information über religiöse Realität, sondern daß der religionspädagogische Kommunikationsprozeß von Schülern und Lehrern innere Beteiligung verlangt. Drückt Kittel diesen Sachverhalt mit dem Begriff der Entscheidung, der Anrede, der Verkündigung aus, so betonen Stallmann und die Repräsentanten des problemorientierten Religionsunterrichts die existentielle Komponente des pädagogischen Prozesses. Auch Wilhelms Konzeption der verstehenden Strukturierung religiöser Lebenswelt impliziert die subjektive Dimension jeder Deutung von Wirklichkeit. Der therapeutische Religionsunterricht schließlich lebt geradezu vom subjektiven Faktor religiöser Wirklichkeitsbewältigung.

Gehen die Konzeptionen also gemeinsam davon aus, daß die Spannung zwischen rationaler Interpretation und emotionalem Erleben religiöser Wirklichkeit im Religionsunterricht nicht aufgelöst werden kann, so interpretieren sie die Aufgabe religiöser Erziehung doch verschieden. Denn die religionspädagogischen Modelle bestimmen den Gegenstand des Religionsunterrichts, die Religion, in unterschiedlicher Weise: die Evangelische Unterweisung als Signum einer abstrakten Scheinwirklichkeit, der der konkret gefaßte kirchliche Glaube entgegengesetzt wird; der problemorientierte Religionsunterricht als vielschichtigen sozialen und personalen Wirklichkeitszusammenhang, dessen objektive Erscheinungen bei Wilhelm, dessen subjektive Faktoren im therapeutischen Religionsunterricht betont werden.

Auch ihre *didaktischen Festsetzungen* erweisen die religionspädagogischen Konzeptionen als alternative Lösungsversuche eines gemeinsam bewahrten Grundproblems. So stellt sich die Entgegensetzung von biblischem und gegenwartsbezogenem Religionsunterricht – eine in der Auseinandersetzung zwischen dem problemorientierten Religionsunterricht und anderen Konzeptionen gängig gewordene Figur – bei genauerer Betrachtungsweise als Scheinalternative dar. Der hermeneutische Grundsatz, daß die Auslegung gegenwärtiger Wirklichkeit nicht von deren historischen Bedingungen absehen und umgekehrt Historie nur unter gegenwärtigen Perspektiven gedeutet werden kann, gilt für alle Modelle. Er bildet ebenso die explizite Prämisse für Stallmanns und Ottos Konzeption wie für die Theorie des problemorientierten Religionsunterrichts und ist im Grunde auch für den sozialisationsbegleitenden Religionsunterricht, der die hermeneutische Voraussetzung auf die Lebensgeschichte der Schüler anwendet, so wenig strittig wie für die Evangelische Unterweisung, die ausdrücklich die biblische und kirchliche Tradition mit der Unmittelbarkeit religiösen Erlebens verbindet. Die Tatsache, daß die verschiedenen Konzeptionen die Unterrichtsgegenstände ganz unterschiedlich und durchaus kontrovers festlegen, läßt sich daher wieder als Differenzierung einer gemeinsamen Problemstellung begreifen.

Aber nicht nur die Erkenntnis gemeinsamer prinzipieller und didaktischer Prämissen legt nahe, weniger die Konturen der einzelnen Entwürfe und ihr unverwechselbares Profil zu betonen und sie statt dessen auf ihre gemeinsamen Grundlagen zurückzuführen. Vielmehr fordert gerade die *methodische Verwirklichung* der Modelle in der schulischen Praxis einen Ausgleich der scheinbar unvereinbaren Vorstellungen von Religionsunterricht. Die praktischen Bedingungen des Religionsunterrichts machen in verschiedenen Schulklassen, Altersstufen und Schultypen unterschiedliche Unterrichtsverfahren notwendig. Biblischer Unterricht etwa gestaltet sich in der Grundschule anders als in der Studienstufe des Gymnasiums (vgl. das Studienmodell über »Die Bibel im Religionsunterricht«). Bezeichnenderweise explizieren die vorgestellten Konzeptionen die methodische Realisierung ihres Programms jeweils vorwiegend an einer bestimmten Schulform und Altersstufe. Insofern könnte man geneigt sein, die Evangelische Unterweisung dem Religionsunterricht der Grundschule, den problemorientierten und sozialisationsbegleitenden Religionsunterricht der Sekundarstufe, Wilhelms Konzeption der Studienstufe zuzuordnen.

3.1.3

Gerade die methodische Einordnung der divergierenden religionspädagogischen Programme weist nun aber besonders deutlich auf *die Leistung und die Grenzen* der positionellen Ansätze hin. Sie relativiert nicht nur die allgemeine Gültigkeit einzelner Konzeptionen, sondern sie stellt die Sinnhaftigkeit positioneller religionspädagogischer Theorie überhaupt in Frage. Denn die Entwürfe leugnen ja keineswegs die Vielfalt religionspädagogischer Praxis. Sie setzen sie geradezu notwendig voraus. Ihre Intention besteht aber darin, die Praxis nicht in ihrer Vielfalt zu belassen, sondern die Vieldeutigkeit in Eindeutigkeit zu überführen und gerade dadurch Handlungsfähigkeit zu erreichen. Jedes Programm stellt Eindeutigkeit durch Abgrenzung gegenüber anderen Deutungen der religionspädagogischen Theorie und Praxis her. Die praktische Relationierung der theoretisch formulierten Positionen bringt damit ein Problem zum Ausdruck, das die Situation der gegenwärtigen Religionspädagogik im ganzen kennzeichnet. Die Religionspädagogik bedarf einer theoretischen Bearbeitung, die die Multiformität ihrer Praxis nicht in positionellen Programmen aufhebt, sondern im Sinne einer verstehenden Theorie gerade die Vielfalt und die Widersprüchlichkeit empirischer Wirklichkeit zu erfassen und begrifflich darzustellen vermag. Dazu bedarf es komplexer wissenschaftlicher Betrachtungsweisen. Die Voraussetzungen dazu scheinen in der Theorie des problemorientierten Religionsunterrichts eher gegeben als in Theorieansätzen, die ihre Legitimität aus ihrer Ausschließlichkeit und Kompromißlosigkeit gewinnen.

3.2
Überblicksliteratur

Eine Übersicht über die veschiedenen Problemkreise der gegenwärtigen religionspädagogischen Diskussion geben:
G. Adam / R. Lachmann (Hg.), Religionspädagogisches Kompendium, [2]1986
H.J. Dörger / I. Lott / G. Otto, Einführung in die Religionspädagogik (1977). H.J. Dörger (Religionsunterricht in der Schule, 1976) stellt die verschiedenen Konzeptionen der Religionspädagogik vor.
G. Bockwoldt (Religionspädagogik, 1977) gibt einen Abriß der religionspädagogischen Wissenschaftsgeschichte. Grundlegende Texte zur Entwicklung der Religionspädagogik finden sich in H. Gloy (Hg.), Evangelischer Religionsunterricht in einer säkularisierten Gesellschaft, [2]1972, und in K. Wegenast (Hg.), Religionspädagogik, 2 Bde, 1981/82.
U. Hemel, Religionspädagogik im Kontext von Theologie und Kirche, 1986
J. Ohlemacher/H. Schmidt (Hg.), Grundlagen der evangelischen Religionspädagogik, 1988
D. Stoodt, Arbeitsbuch zur Geschichte des evangelischen Religionsunterrichts in Deutschland, 1985
ders., Einführung in das Studium der evangelischen Religionspädagogik, 1980
Zum Studium der Probleme an einem exemplarischen religionspädagogischen Entwurf wird die Lektüre von Stallmann (Christentum und Schule, 1958) oder Kittel (Evangelische Religionspädagogik, 1970) empfohlen.

3.3
Fragen zur Weiterarbeit

1. Wie ist der Bildungsauftrag der Kirche zu beschreiben?
Dazu: K.E. Nipkow, Grundfragen der Religionspädagogik, 2 Bde, 1975, und E. Lange, Bildung als Problem und als Funktion der Kirche, in: J. Matthes (Hg.), Erneuerung der Kirche, 1975, 189–222
2. Welche Bildungsziele bestimmen die verschiedenen religionspädagogischen Konzeptionen?
Dazu: W. Klafki u.a. (Hg.), Funkkolleg Erziehungswissenschaften 2, 1970, und R. Preul, Religion – Bildung – Sozialisation, 1980
R. Larsson, Religion zwischen Kirche und Schule. Die Lehrpläne für den evangelischen Religionsunterricht in der Bundesrepublik Deutschland seit 1945, 1980
A. Bailer, Profile des Religionsunterrichts, 1980
3. Ist Religion lehrbar?
Dazu: Das klassische Buch von R. Kabisch / H. Tögel, Wie lehren wir Religion?, [6]1923, und K. Dienst, Die lehrbare Religion, 1976
H.-G. Heimbrock, Lern-Wege religiöser Erziehung, 1984

Literatur

a) Zur institutionellen Stellung des Religionsunterrichts
R. v. Drygalski, Die Einwirkungen der Kirche auf den Religionsunterricht an öffentlichen Schulen, 1967
W.G. Esser (Hg.), Religionsunterricht und Konfessionalität. Zum Religionsunterricht morgen VI, 1976
R. Kabisch/H. Tögel, Wie lehren wir Religion?, [6]1923
G. Martin (Hg.), Religionsunterricht – Ernstfall kirchlicher Bildungspolitik, 1984

b) Zu den verschiedenen religionspädagogischen Theorieansätzen
Th. Heckel, Zur Methodik des evangelischen Religionsunterrichts, [2]1930
H.-B. Kaufmann, Muß die Bibel im Mittelpunkt des Religionsunterrichts stehen?, in: ders. (Hg.), Streit um den problemorientierten Unterricht in Schule und Kirche, 1973, 23–27
H. Kittel, Vom Religionsunterricht zur Evangelischen Unterweisung, 1947
ders., Evangelische Religionspädagogik, 1970
K.E. Nipkow, Christlicher Glaubensunterricht in der Säkularität. Die zwei didaktischen Grundtypen des evangelischen Religionsunterrichts, in: ders., Schule und Religionsunterricht im Wandel, 1971, 236–263
ders., Problemorientierter Religionsunterricht nach dem »Kontexttypus«, a.a.O., 264–279
G. Otto, Schule – Religionsunterricht – Kirche, [3]1968
M. Rang, Handbuch des Biblischen Unterrichts, 2 Bde, 1939, [2]1947
H. Reiser, Identität und religiöse Einstellung. Grundlagen zu einem schülerorientierten Religionsunterricht, 1972
W.H. Ritter, Glaube und Erfahrung im religionspädagogischen Kontext, 1989
M. Stallmann, Christentum und Schule, 1958
ders., Evangelischer Religionsunterricht, 1968
D. Stoodt, Religiöse Sozialisation und emanzipiertes Ich, in: K.W. Dahm / N. Luhmann / G. Stoodt, Religion – System und Sozialisation, 1972, 189–237
ders., Umstrittene Therapie, EvErz, EvErz 25, 1973, 215–218
Therapeutischer Religionsunterricht, EvErz 25, 1973, Themaheft 3
S. Vierzig, Ideologiekritik und Religionsunterricht. Zur Theorie und Praxis eines kritischen Religionsunterrichts, 1975
Th. Wilhelm, Theorie der Schule, [2]1969

§ 15
Die Bibel im Religionsunterricht (W.S.)

1
Einführung

1.1

Kaum ein Problem beschäftigt die neuere Religionspädagogik so nachhaltig wie die Frage nach der Beziehung von Religionsunterricht und biblischer Tradition. Im Programm der Evangelischen Unterweisung wurde der Religionsunterricht theologisch aus dem Verkündigungsauftrag der Kirche abgeleitet. »Evangelische Unterweisung ist Unterweisung im rechten Umgang mit dem Evangelium« (Kittel, 1947, 8). Zwanzig Jahre später definierte G. Otto die Aufgabe des Religionsunterrichts im Horizont hermeneutischer Erwägungen in ähnlicher Weise. Der Religionsunterricht hat »zur selbständigen Auslegung der Bibel« anzuleiten. Die Interpretation biblischer Texte wurde daher zur »didaktischen Grundform des Religionsunterrichts« erklärt ([3]1968, 79). Die Kritik dieser Position und ihre Ablösung durch den problemorientierten Religionsunterricht schließlich ging ebenfalls von der Beziehung zwischen Religionsunterricht und Bibel aus. »Muß die Bibel im Mittelpunkt des Religionsunterrichts stehen?«, so fragte H.-B. Kaufmann 1966 und erklärte »die traditionelle Mittelpunktstellung der Bibel« im Religionsunterricht als »ein Selbstmißverständnis« der Religionspädagogik, das »weder theologisch noch didaktisch« zu rechtfertigen sei (1973, 23; vgl. das Studienmodell »Der Religionsunterricht in der Schule«).

So verschieden die Konzeptionen des Religionsunterrichts das Problem behandeln und lösen, es gibt keine religionspädagogische Theorie, die sich nicht ausführlich dem Thema »Religionsunterricht und Bibel« zuwenden würde. Aus der jeweiligen Beantwortung der Frage gewinnen die verschiedenen religionspädagogischen Konzeptionen ihren eigenen Ansatz. Sie begründen die Ziele und Aufgaben des Religionsunterrichts aus seiner Beziehung zur biblischen Tradition. Und sie grenzen sich durch eine eigene Verhältnisbestimmung zwischen Bibel und Religionsunterricht von anderen religionspädagogischen Positionen ab.

Gerade in jüngster Zeit kommt der Frage nach der sachgemäßen Behandlung biblischer Texte im Unterricht wieder neue Bedeutung zu. Nach einer Phase religionspädagogischer Praxis, in der der thematische Umgang mit der Bibel, die Erschließung der Texte über exemplarische Problemstellungen gegenwärtiger Wirklichkeit dominierte, wird die Hoffnung auf einen »biblischen Frühling« wieder lebendig. Das Thema »problemorientierter oder biblischer Religionsunterricht« – eine Alternative, die die Vertreter des thematischen Religionsunterrichts allerdings mit Recht ablehnen – wird zu einem neuen Diskussionsgegenstand religionspädagogischer Konzeptionen. Längst überholt geglaubte Positionen gewinnen auf überraschende Weise an Aktualität. Offenbar gehört das Thema »Bibel und Religionsunterricht« zu jenen Problemen, die nicht endgültig zu lösen sind, sondern die unter veränderten praktischen und wissenschaftlichen Bedingungen immer nur neu formuliert werden können.

1.2

In ihrer ursprünglichen Gestalt ist die Frage nach der Behandlung biblischer Texte im Religionsunterricht freilich kein Thema, dem sich vorwiegend die religionspädagogische Prinzipienlehre zu widmen hätte. Welche Bedeutung der Bibel für die religiöse Bildung der Schüler zukommt, wie biblische Tradition und gegenwärtige Wirklichkeit in der erzieherischen Arbeit aufeinander bezogen werden können und auf welche Weise endlich biblische Texte im Unterricht verarbeitet werden sollen – diese Fragen betreffen zunächst die Didaktik und Methodik des Religionsunterrichts. In der Praxis der Unterrichtsarbeit stellen sich diese Fragen daher eindringlicher und unmittelbarer als in der religionspädagogischen Grundsatzdiskussion. Jede Unterrichtsstunde über einen biblischen Text und jedes Unterrichtsmodell ist ein praktischer Versuch zur Lösung dieser Frage, jeder Lehrplan eine modellhafte Klärung des Problems.

In der Unterrichtspraxis kommt auch am deutlichsten zum Vorschein, wie vielschichtig der Problemzusammenhang ist, der sich in der Frage nach der pädagogischen Vermittlung biblischer Texte und Sinngehalte verdichtet. Er betrifft einerseits das *theologische* Selbstverständnis des Religionslehrers und die religiöse Einstellung der Schüler. Denn der Umgang mit biblischen Texten erschöpft sich nicht in deren erlernbarer Interpretation. So wichtig die Einübung von Interpretationsmethoden, vor allem die Einführung in die historisch-kritische Betrachtungsweise, für das Verständnis der Bibel ist, die biblischen Texte verlangen neben ihrer methodischen Erschließung eine innere Beteiligung des interpretierenden Subjekts. Die religionspädagogischen Konzeptionen, die den Religionsunterricht neuen exegetischen Erkenntnissen öffnen und den Schülern damit zu einer Erweiterung ihres Erkenntnishorizonts verhelfen wollen, betonen daher immer auch die existentielle Komponente des biblischen Unterrichts. In der Gegenüberstellung von »Verkündigung und Information« oder von »Distanz und Nähe« fand dieses Problem eine freilich nur vorläufige theologische und pädagogische Explikation.

Die Betonung der existentiellen Bedeutung biblischer Lebensperspektiven, des »Anredecharakters« der Bibel, führt nun aber andererseits notwendig zu der Erkenntnis, daß die Vermittlung biblischer Tradition keineswegs nur ein theologisches, sondern ebenso ein *pädagogisches* Problem darstellt. Die soziokulturellen Bedingungen gegenwärtiger Lebenswelt, die spezifischen Lebenssituationen der Schüler und die pädagogischen Bedingungen des Unterrichts dürfen nicht nur als methodische Faktoren in die Unterrichtsplanung eingehen, als Anknüpfungspunkte für das Verkündigungsgeschehen oder als bedingt gültige Fragen, auf die aus den biblischen Texten endgültige Antworten zu finden wären. Die pädagogischen Bedingungen des Auslegungs- und Vermittlungsprozesses sind vielmehr »didaktisch in Ansatz zu bringen« (Kaufmann, 1973, 24).

1.3

Das Problem der Beziehung von Bibel und Religionsunterricht läßt sich daher weder im Rahmen theologischer Theorie allein noch ausschließlich im Horizont pädagogischer Argumentation lösen. Die Erschließung biblischer Texte im Unterricht gelingt nur, wenn die pädagogischen Gegebenheiten schulischer Erziehung ebenso Berücksichtigung finden wie die theologischen Faktoren religiöser Bildung. Und nur eine Theorie, die pädagogische und theologische Erkenntnisse miteinander vermittelt, vermag die Problemstellung hinreichend zu klären.

Die Behandlung des Themas »Bibel und Religionsunterricht« in der gegenwärtigen religionspädagogischen Literatur, in Programmen, Unterrichtsmodellen und Schulbüchern, verdeutlicht exemplarisch die Arbeitsweise neuzeitlicher Religionspädagogik. Ihre Theoriekonzeptionen argumentieren durchweg zugleich theologisch und pädagogisch. Und sie bemühen sich um eine sachgemäße Integration von religionspädagogischer Theorie und Praxis, von Prinzipienlehre, Didaktik und Methodik des biblischen Unterrichts.

2
Entfaltung

2.1
Die Bedeutung der Bibel für den Religionsunterricht

2.1.1
Die Beziehung von Religionsunterricht und biblischer Tradition ist für die gegenwärtige Religionspädagogik von prinzipieller Bedeutung. Sie geht nicht in der Frage nach einer pädagogisch effizienten Methodik oder einer theologisch reflektierten Didaktik biblischer Texte auf. Methodische und didaktische Fragestellungen werden erst relevant, wenn geklärt ist, welche Bedeutung der Beschäftigung mit der Bibel im Religionsunterricht überhaupt beizumessen ist. Die religionspädagogische Diskussion der letzten zwanzig Jahre erbrachte eine Reihe von Gesichtspunkten, die zur Klärung dieser grundsätzlichen Frage beitragen. Sie lassen sich im wesentlichen in vier Thesen zusammenfassen. Jede dieser Thesen thematisiert die Beziehung von Religionsunterricht und Bibel im Kontext einer spezifischen Dimension religiöser Erziehung (vgl. Preul, 1977, 22f).
Erste These: Das Selbstverständnis und Weltverständnis des neuzeitlichen Menschen verdankt sich der kritischen Auseinandersetzung mit christlicher und biblischer Tradition. Die Lebenswelt des modernen Menschen ist daher nur in einem Horizont zu begreifen, der die biblisch-christliche Überlieferung in den Prozeß des Verstehens mit einbezieht.
Die kulturelle und wissenschaftlich-technische Lebenshaltung und Lebensgestaltung der modernen Gesellschaft ist von biblischen und christlichen Sinngehalten mitbestimmt. Christliches Lebensverständnis wird durchaus nicht nur in den explizit religiösen Institutionen, in der kirchlichen Verkündigung oder in der religiösen Erziehung wirksam. Implizit ist gerade jener gesellschaftliche Wandlungsprozeß, der mit dem schillernden Begriff der Säkularisierung bezeichnet wird, von christlichen und biblischen Motiven bestimmt. Darauf hat vor allem M. Stallmann (1968) hingewiesen. Er versteht das Christentum als einen Traditionsprozeß, aus dem neben anderen säkularen Institutionen auch die »weltliche« Schule entstanden ist. Daher kommt der biblischen Tradition nicht nur innerhalb des Religionsunterrichts eine große Bedeutung zu. Vielmehr hat sich die Schule im ganzen mit der christlichen Überlieferung auseinanderzusetzen. Ähnlich bestimmt G. Otto (³1968) die Bedeutung der Bibel für die schulische Erziehung. Die Schule ist eine »Stätte der Tradition«. Sie hat die Aufgabe, »die junge Generation eines ganzen Volkes durch Unterricht hineinzuführen in das kulturelle Erbe« (41, 43 im Anschluß an Giese). Die biblische Tradition ist ein wesentlicher Teil des

Überlieferungszusammenhangs, aus dem gegenwärtige Wirklichkeit erst zureichend begriffen werden kann.

Zweite These: In den ethischen Grundüberzeugungen, an denen wir uns orientieren, findet das neuzeitliche Christentum seinen lebenspraktischen Ausdruck. In ihnen spiegelt sich das biblische Menschenbild in vielfältigen Modifikationen wider.
Grundwerte wie »Persönlichkeit«, »Freiheit« oder »Gleichheit« sind zu selbstverständlichen Normen des privaten und öffentlichen Lebens geworden. Sie werden im Sozialisationsprozeß internalisiert. An ihrer Einübung hat die Schule im ganzen, vor allem aber der Religionsunterricht, einen wesentlichen Anteil. Sieht man – wie P. Biehl – das Ziel der schulischen Erziehung in der Vermittlung solcher »fundamentaler Wertorientierungen«, dann soll der Religionsunterricht, mit Hilfe einer »Hermeneutik des Daseins und des politischen Existierens, die Schüler dazu befähigen, die ihnen in den Grund- und Menschenrechten gewährte und zugemutete Freiheit wahrzunehmen« (1971, 36). Da die grundlegenden Wertvorstellungen aber weithin mit der biblisch-christlichen Wirklichkeitsinterpretation zusammenhängen, ist ihre Vermittlung nicht ohne die Auseinandersetzung mit biblischen Texten möglich.

Dritte These: Biblische Überlieferung geht nicht nur in die gesellschaftlichen Lebenszusammenhänge, sondern auch in die biographische Lebensgeschichte des einzelnen Menschen ein. Um sich selbst zu verstehen, muß er auf die Grundformen biblischer Lebensorientierung zurückgreifen, die ihn seit seiner Kindheit prägen.
Die schulische Erziehungsarbeit trifft die Schüler in einer biographischen Phase an, in der sie sich der Probleme ihrer personalen Identität reflektierend bewußt werden. Lernen meint den Erkenntnisprozeß, in dem schon gemachte Erfahrungen mit neuen Einsichten vermittelt werden. Die Ausbildung und Entwicklung personaler Identität greift daher immer auf die in der frühen Kindheit internalisierten Normen und Verhaltensmuster zurück. Sie sind weithin von biblischen und christlichen Lebenseinstellungen beeinflußt. Die Schüler setzen sich im Religionsunterricht mit der Genese ihrer eigenen Biographie auseinander. Und sie orientieren sich im Rahmen einer Jugendkultur, die selbst religiös motiviert ist. Die Beschäftigung mit den ursprünglichen Zeugnissen christlicher Überlieferung in der Bibel dient der Klärung und Vertiefung dieser Beziehungen und damit der Persönlichkeitsentwicklung der Schüler (Stoodt).

Vierte These: Unsere Sprache ist mehr, als es vordergründiger Betrachtung erscheint, von biblischen Begriffen und Motiven geprägt. Dies gilt nicht nur für die explizit kirchlich-religiöse Sprachwelt, sondern vor allem auch für die symbolische Darstellung unserer Lebenswirklichkeit in Literatur und Kunst. Selbst die Alltagssprache, mit der wir tagtäglich umgehen, enthält Elemente biblischer Sprache.
Durch Sprache bemächtigt sich der Mensch seiner Welt. Individuelle Empfindungen werden ebenso sprachlich artikuliert wie soziale Beziehungen. Der Assoziationsgehalt vieler Worte, der Bedeutungszusammenhang, der sich in ihrem Gebrauch erschließt, verweist vielfältig auf biblischen Sprachgebrauch und damit auf die vom Christentum bestimmte Deutung der individuellen und sozialen Welt. Indem die Schüler im Religionsunterricht mit biblischen Sprachzusammenhängen umgehen lernen, die Strukturen biblischer Texte methodisch analysieren oder aber auch biblische Texte meditativ erfassen, werden sie sich der Bedeutung ihrer eigenen Sprache bewußt. Biblischer Unterricht ist daher in einem elementaren Sinne Sprachunterricht (Grosch, 1971). –

Die aufgeführten Argumente zur Begründung des biblischen Religionsunterrichts ließen sich durch andere ergänzen und zu einem breiten Spektrum von Gesichtspunkten erweitern, die den gegenwärtigen Religionsunterricht kennzeichnen. Sie gehen in verschiedener Gewichtung in die Unterrichtsgestaltung ein und führen zu einer mehrdimensionalen Interpretation der biblischen Texte.

2.1.2

Die vier Thesen zur Bedeutung der Bibel für den Religionsunterricht stellen allerdings nicht nur relativ zufällige Charakteristika des biblischen Unterrichts heraus. Sondern sie beschreiben die Funktion biblischer Texte für die Unterrichtsarbeit in unterschiedlichen und jeweils deutlich abgegrenzten pädagogischen und theologischen Sinnzusammenhängen. Aus ihnen lassen sich vier grundlegende Ansätze des biblischen Unterrichts entwickeln. Die Art und Weise, wie das Verhältnis von Religionsunterricht und Bibel in den vier Thesen gedeutet wird, und der pädagogische Horizont, in dem dies geschieht, bestimmt zunächst die Auffassung vom *Sinn des biblischen Unterrichts*. Entweder besteht die Aufgabe des Religionsunterrichts in der Einführung in Traditionszusammenhänge oder in der Einübung ethischer Lebensorientierung, in der Ausbildung einer personalen Identität oder in der Sensibilisierung für den sprachlichen Umgang mit Wirklichkeit. Der Auslegung biblischer Texte kommt in jeder dieser Unterrichtskonzeptionen eine verschiedene Bedeutung zu.

Darüber hinaus verbinden sich mit den verschiedenen Grundansätzen auch ganz unterschiedliche *didaktische und methodische Gestaltungsmodelle* eines neuzeitlichen Bibelunterrichts. Entweder werden die biblischen Texte in ihre Überlieferungs- und Wirkungsgeschichte eingeordnet und als Elemente der geistigen Tradition unserer modernen Kultur begriffen. Oder sie werden viel unmittelbarer zu gegenwärtigen ethischen Lebenseinstellungen in Beziehung gesetzt. Die Aufdeckung biblischer Motive in der Genese subjektiver Biographie erfordert wieder eine eigene Vermittlungsweise biblischer Sinngehalte. Die Gestaltung eines biblischen Sprachunterrichts schließlich verläuft nach eigenen Kriterien. Sie verlangt eine besondere didaktische Auswahl geeigneter Texte, und sie bedingt auch besondere Methoden sprachlicher Interpretation.

Wird die Frage, wie im Unterricht methodisch sachgemäß mit den biblischen Texten umzugehen sei, auch kontrovers beantwortet, so zeichnen sich in der Diskussion um den biblischen Religionsunterricht doch einige Grundsätze ab, die allgemeine Anerkennung finden. Sie ergeben sich aus dem gemeinsamen Problem, das in den verschiedenen didaktischen und methodischen Modellen auf unterschiedliche Weise gelöst wird: wie können die Schüler in ihrer Lebenssituation die biblischen Texte verstehen lernen? Und wie können die Schüler mit Hilfe der biblischen Texte ihre eigene Lebenssituation verstehen lernen?

Beide Fragen sind untrennbar miteinander verbunden. Denn jeder Akt des Verstehens verläuft in einer doppelten Denkrichtung. Zum einen müssen die biblischen Texte als historische Dokumente begriffen werden. Sie geben Auskunft darüber, wie Menschen in einer anderen Zeit, in einer anderen Sprache und in einer anderen Kultur ihre Lebensprobleme artikulierten und bewältigten. Um den historischen Sinn der biblischen Texte erfassen zu können, bedarf es methodischer Interpretationsverfahren, die im Religionsunterricht eingeübt und angewandt werden. Elemente der historisch-kritischen

Theologie werden daher in allen Modellen des biblischen Unterrichts in verschiedener Weise eingeführt. Die Schüler sollen dadurch lernen, fremde Erfahrungen wahrzunehmen, sie aus ihrem eigenen Bedeutungszusammenhang zu verstehen und zu bewerten.

Aber dies ist nur die eine Seite des Auslegungsprozesses. Verstehen kann nur, wer die Erfahrungen anderer mit seinem eigenen Erleben in Beziehung bringt. Ihren aktuellen Sinn erhalten die biblischen Texte aus dem Kontext gegenwärtiger Wirklichkeit. Und erst aus ihrer Bedeutung für gegenwärtiges Erleben gewinnen die biblischen Texte auch ihre didaktische Relevanz. Während der Bibelunterricht in den fünfziger Jahren noch aus seinem allgemeinen Wert für die Bildung der Schüler begründet wurde, legitimieren die neuen Unterrichtsmodelle die Einführung biblischer Themen und Texte jeweils unmittelbar aus ihrer Relevanz für gegenwärtige Lebenswirklichkeit. Der aktuelle Sinn biblischer Texte motiviert die Schüler erst dazu, sich mit fremden Erfahrungen auseinanderzusetzen. Daher lassen sich die beiden Dimensionen des Verstehensprozesses im Unterricht nicht methodisch voneinander trennen, etwa nach dem Schema: was meinte der Text damals, was sagt er uns heute? Die Religionspädagogik steht damit vor der Aufgabe, Modelle des biblischen Unterrichts zu entwerfen, in denen beide Perspektiven der Texterschließung didaktisch und methodisch miteinander vermittelt werden.

2.2
Modelle des biblischen Unterrichts

2.2.1
Problemorientierter Bibelunterricht

Der problemorientierte Bibelunterricht geht davon aus, daß die Ziele und Inhalte des Unterrichts an ihrer didaktischen Relevanz zu messen sind (vgl. das Studienmodell »Problemorientierter Religionsunterricht«). Biblische Texte können nur dann im Unterricht Verwendung finden, wenn die darin ausgedrückten Sinngehalte den Interessen der Schüler in einer bestimmten Altersstufe entsprechen, wenn sich in ihnen Probleme der gegenwärtigen Alltagswelt widerspiegeln und wenn sie exemplarischen Charakter für bestimmte Perspektiven der christlichen Tradition besitzen. An der Auswahl der Texte und an ihrer didaktischen Explikation sind Schüler und Lehrer zu beteiligen. An die Stelle der herkömmlichen Lehrpläne, die vorwiegend aus biblischen Stoffsammlungen bestanden, sollen Modelle des biblischen Unterrichts treten, in denen die biblischen Texte mit Themen des gegenwärtigen Lebens verbunden und zugleich auch methodisch aufgearbeitet sind.

H.-B. *Kaufmann* (1971) hat ein exemplarisches Modell zur problemorientierten Behandlung des 8. Gebots für das 8. – 10. Schuljahr vorgelegt. Er begründet seinen Entwurf damit, daß in den 10 Geboten »Grundstrukturen der Regelung individuellen und sozialen Verhaltens zum Ausdruck (kommen), die sowohl für das Selbst- und Weltverstehen als auch für die Orientierung und Fähigkeit zum Handeln in gegenwärtigen und zukünftigen Lebenssituationen relevant sind« (148). Der Lernprozeß umfaßt *vier Dimensionen* gegenwärtiger Lebenswirklichkeit. Einmal sollen die Schüler über die im 8. Gebot angesprochenen Sachfragen informiert werden, sodann sollen sie an einem exemplarischen Fall Einsicht in die Wirkungsweise gesellschaftlicher Normen gewinnen, weiter wird der historische Wandel von sozialen Werten vorgestellt, und endlich soll der Unterricht zu einer Verhaltensänderung, zu einer »größeren Sensibilität und Verantwortungsbereitschaft« führen (149). Eine didaktische Analyse des Textes und seiner Bedeutung für die Erziehungsarbeit ergibt das Unterrichtsziel: »Der Schüler soll erfahren und erkennen, daß alle Menschen vom Wort des anderen leben und auf das Wort anderer angewiesen sind; daß das Wort zerstörende und heilende Macht hat« (156). Der Unterrichtsverlauf gliedert sich in *vier Phasen*. In der *Motivationsphase* machen sich die Schüler anhand von Karikaturen, selbsterfundenen Geschichten oder Hörszenen bewußt, wie leichtfertig Menschen in der Regel über andere reden. Die *Erarbeitungsphase* vertieft das Problembewußtsein der Schüler. An *Fallstudien*, vor allem am Beispiel der Schweigepflicht in manchen Berufen, wird die sozialethische Dimension des Themas verdeutlicht. Die Phase der *Problemlösung* soll im Vergleich christlicher und säkularer Texte zur Formulierung eigener Vorschläge für die Regelungen zwischenmenschlichen Verhaltens führen. Die *Vertiefungsphase* dient der Erfolgssicherung. An einem exemplarischen Fall (Wirkungsweise der Massenmedien) werden die verschiedenen Dimensionen des Problemhorizonts noch einmal durchgearbeitet.

Die Behandlung biblischer Texte im Rahmen gegenwärtiger Problemstellung eröffnet neue Perspektiven des Verstehens. Und sie ermöglicht eine genaue Planung und Kontrolle des Unterrichtsverlaufs. Da der Bibeltext stets aus seiner Relevanz für die Lebenssituation der Schüler erschlossen wird, begegnet der problemorientierte Bibelunterricht dem weit verbreiteten Desinteresse der Schüler an biblischen Texten, der »Bibelmüdigkeit«, die von den Vertretern des problemorientierten Religionsunterrichts als Indikator für mißlungene Verstehens- und Unterrichtsprozesse gewertet wird.

Der problemorientierte Umgang läßt die biblischen Texte freilich nur in einer bestimmten und damit notwendig auch begrenzten Perspektive begreifen. Die biblischen Texte werden nicht in ihrem eigenen, ursprünglichen Zusammenhang wahrgenommen; sie werden nicht als literarische Produkte verstanden, deren Teile sich nur aus dem Verständnis des Ganzen zureichend begreifen lassen. Neben den thematischen Modellen wurden daher Unterrichtseinheiten in die Lehrpläne aufgenommen, die der Einführung in die Bibel dienen. In mehrstündigen Kursen wird in die biblische Zeitgeschichte, Traditionsgeschichte und Literaturgeschichte eingeführt. Textvergleiche und Gattungsanalysen bedienen sich der Ergebnisse der exegetischen Theologie. Sie zielen auf eine biblische Bildung der Schüler ab, ohne die ein selbständiger Umgang mit biblischen Texten nicht möglich ist.

2.2.2
Bibelunterricht als Sprachlehre des Glaubens

Ein anderes Modell des biblischen Unterrichts hat *I. Baldermann* in seiner »Biblischen Didaktik« (³1966) vorgelegt. Auch Baldermann geht davon aus, daß nur Erfahrbares verstanden werden kann, daß also die Situation der Schüler als didaktisches Moment des Bibelunterrichts zu berücksichtigen ist. »Der Weg des Verstehens verläuft in jedem Falle so, daß Kategorien, die aus den Erfahrungen menschlichen Zusammenlebens gewonnen sind, dazu helfen müssen, die Erfahrung Gottes genauer zu beschreiben und zu verstehen« (1975, 144). Wer etwa den biblischen Begriff des Reiches Gottes verstehen will, muß selbst die Erfahrung von Herrschaft gemacht haben. Mehr noch: er muß sich diese Erfahrung bewußtgemacht haben, und das heißt: er muß sie sprachlich verarbeitet haben (145). Denn erst in seiner sprachlichen Form wird Erleben zur Erfahrung, wird es verstehbar und mitteilbar.

Der biblische Unterricht leitet zum bewußten sprachlichen Umgang mit gegenwärtiger Wirklichkeit an. Er vermittelt Erfahrung durch Sprache und bedient sich dazu der biblischen Texte. Er kann dies freilich nicht leisten, wenn einzelne biblische Worte oder Sprachfragmente aus ihrem Kontext gelöst und in Problemzusammenhänge eingeordnet werden, die den biblischen Texten selbst fremd sind. Eine »Sensibilisierung« für gegenwärtige Wirklichkeitserfahrung ist im biblischen Unterricht nur dadurch zu erreichen, daß die Texte in ihrer eigenen Intention wahrgenommen werden. Denn der Sinn biblischer Sprache besteht gerade darin, »die Augen zu öffnen, verborgene und verdrängte Wirklichkeit aufzudecken« (147).

Die *Notwendigkeit*, biblische Texte in ihrer eigenen Sprache wahrzunehmen, ergibt sich aus alltäglichen Erfahrungen im Umgang mit Sprache. Jede sprachliche Mitteilung ist einmal durch ihren Gegenstand bestimmt, zum anderen durch die Situation, in der gesprochen wird. Dies gilt auch für die biblischen Texte. Die Erfahrungen, die in ihnen vermittelt werden, sind von ihrer Sprachgestalt nicht zu lösen. Biblische Texte können daher im Unterricht nur in ihrer eigenen Sprache wahrgenommen werden.

Die *Möglichkeit* zur Vermittlung biblischer Sprache im Unterricht ergibt sich aus einer eigentümlichen Affinität zwischen Bibel und Religionsunterricht. Die Sprachformen biblischer Texte sind nämlich selbst »ausgesprochen didaktische Formen« (1966, 29). Die Aufgabe des biblischen Unterrichts kann deshalb nur darin bestehen, die »eigene Didaktik der Texte ungehindert zur Wirkung« (30) kommen zu lassen.

Baldermann entwickelt die didaktische Vermittlung bestimmter biblischer Texte aus deren sprachlicher Analyse. Er bedient sich dazu hermeneutischer Erkenntnisse und exegetischer, vor allem formgeschichtlicher Methoden und entwickelt aus der Bestimmung verschiedener biblischer Sprachformen (episch-konkrete Texte, Wundergeschichten, dialogisch-dramatische Texte, Gleichniserzählungen) verschiedene Modelle des Bibelunterrichts. Diese didaktischen Modelle gehen von der Prämisse aus, daß die biblische Sprache sachbezogen und situationsgebunden ist. Während etwa die Gleichnisse Jesu in ihrer ursprünglichen Redesituation unmittelbar wirkten, weil sich Redner und Hörer in einer gemeinsam erlebten Situation befanden und auch den Sinn der gebrauchten Worte unmittelbar nachvollziehen konnten, muß im Unterricht sowohl die Sprachsituation als auch der gemeinte Sinn der Sprache durch Information und Reflexion rekonstruiert werden.

Dieser Rekonstruktionsvorgang wird in den verschiedenen Altersstufen der Schüler auf unterschiedliche Weise und in verschiedenem Maße angestrebt. Während die Texte in der Grundschule (aber auch darüber hinaus) durch ihre unmittelbare Wiedergabe, durch Vorlesen und Erzählen, erfaßt werden, wird die Bibel später zum »Arbeitsbuch«. Das Schwergewicht des Bibelunterrichts liegt dann auf dem Unterrichtsgespräch, in dem bestimmte Züge des Textes und seine sprachliche Bewegung in den Vordergrund treten. Gegenstand des Unterrichts ist nun der geschriebene Text. Die dadurch gegebene Distanz zur biblischen Sprache fördert eine kritische Fragehaltung der Schüler.

Gegen Ende der Hauptschulzeit schließlich erreicht der Unterricht seine eigentliche reflexive Gestalt. Hermeneutische Fragestellungen kommen in den Blick. Die Besonderheiten der jeweiligen sprachlichen Form biblischer Texte werden nun ausdrücklich zum Gegenstand des Unterrichts.

2.2.3
Narrativer Bibelunterricht

In neuerer Zeit gewinnt eine Form des Bibelunterrichts zunehmend an Bedeutung, die vor allem dem problemorientierten Religionsunterricht, aber auch der reflexiven Analyse biblischer Sprachzusammenhänge kritisch gegenübersteht. Die Unmittelbarkeit des religiösen Erlebens – ein Element, das im praktischen Umgang mit biblischen Texten freilich nie fehlte – wird als eine eigene Dimension biblischen Unterrichts wiederentdeckt. Spielen und Feiern, die ästhetische Wahrnehmung biblischer Geschichten, Bild- und Textmeditationen, vor allem aber das Erzählen werden als eigene Gestaltungsformen des Religionsunterrichts gepflegt. Und sie werden theologisch und pädagogisch reflektiert.

Der »narrative« Bibelunterricht geht von der Erkenntnis aus, daß der Mensch seine Wirklichkeit nicht nur durch rationale Reflexion wahrnimmt, sondern auch in bildhafter Vorstellung. In der Sprache des Alltags werden Erfahrungen nicht über logische Begriffssysteme vermittelt, sondern sie werden in Erzählungen eingebettet. Zumal das religiöse Erleben entzieht sich der diskursiven Sprache. Symbole, Bilder und Mythen gehören von jeher zum unveräußerlichen Bestand christlicher Tradition. Die christliche Religion – so drückt es H. *Halbfas* in seinem »Plädoyer für eine narrative Unterrichtskultur« (1975) aus – war ursprünglich eine »Erzählgemeinschaft«. Jesus war »weder Philosoph noch Schriftsteller, sondern Erzähler«.

Damit ist das Recht diskursiver Sprache im Religionsunterricht nicht bestritten, sondern nur relativiert. Zur Analyse und Ordnung der Erfahrungswelt ist diskursive Sprache unentbehrlich. Wo der Religionsunterricht aber zum Problemunterricht wird und sich fast ausschließlich in logischer Begriffssprache bewegt, führt er notwendig zur »Verwüstung unserer Erfahrung«, zu einer Entfremdung menschlichen Erlebens. Die religiöse Wirklichkeit läßt sich nur erzählend in Worte fassen, in Geschichten, die vom Erzähler und vom Hörer »in die eigene Lebensgeschichte einbezogen, weitergesponnen, variiert und in die Zukunft hinein verlängert werden wollen«.

Wenn die erzählerische Vermittlung religiösen Erlebens im Unterricht auch in direkter, naiver Unmittelbarkeit verläuft, so erfordert der narrative Bibelunterricht doch wie alle anderen Formen des biblischen Unterrichts eine eingehende theologische und didaktische Reflexion und Planung. Denn gerade die narrativen Texte der Bibel, vor allem die Gleichnisse und die Wundergeschichten, erschließen sich dem Schüler nur dann in ihrem eigenen Sinn, wenn die ursprüngliche Intention der Texte mit Hilfe erzählerischer Gestaltungsmittel verdeutlicht wird. Die Schüler sollen Wundergeschichten nicht als Berichte über tatsächliche Geschehnisse, sondern als subjektive Deutungen von religiöser Wirklichkeit, als Glaubenszeugnisse erfassen. Und sie können die situationsgebundene Sprache der Gleichnisse nur verstehen, wenn die biblische Erzählung in ihrer eigenen Situation wahrgenommen wird. Der narrative Bibelunterricht bedient sich dazu ei-

gens konzipierter Rahmengeschichten, in denen die Situationen, die in den Gleichnissen interpretiert werden, erzählerisch rekonstruiert werden.
Erzählerische Gestaltungsformen eignen sich allerdings nicht nur für die Darbietung narrativer Bibeltexte. *H. Eggenberger* und *W. Neidhart* (1975) nennen vier Typen von Geschichten, die im Bibelunterricht Verwendung finden sollen. *Umweltgeschichten* bieten in Erzählung umgeformte Information über den zeitgeschichtlichen Hintergrund der biblischen Texte. Geschichten zur literarischen *Ursprungssituation* setzen die Erkenntnisse der exegetischen Theologie über die in einem Text vorausgesetzte Situation in erzählende Sprache um. *Rahmengeschichten* veranschaulichen das Problem, das in einem biblischen Text behandelt wird. *Verlaufsgeschichten* sind mit erzählerischen Mitteln gestaltete Paraphrasen biblischer Geschichten, die sowohl den veränderten Bedingungen der neuzeitlichen Lebenswelt als auch der jeweiligen Altersstufe der Schüler Rechnung tragen (10f; vgl. die Beispiele 117ff).
Erzählen ist eine Kunst. Sie bedarf daher einer ausgebildeten Technik. Die methodische Entfaltung erzählerischer Kunstregeln leistet eine auf psychologischen und pädagogischen Erkenntnissen beruhende Erzähltheorie, die sich freilich auch des theologischen Sinns des Erzählens und des Erzählten bewußt sein muß.
W. Neidhart hat eine solche Theorie des Erzählens vorgelegt. Sie beschreibt die Bedeutung des Erzählens im Leben des Kindes und entwickelt daraus methodische Gesichtspunkte für die Vorbereitung und Gestaltung des narrativen Bibelunterrichts.
Jede Erzählung enthält eine Mitteilung. Sie wird im Ablauf der Geschichte, in der Zeichnung individueller Charaktere und der detaillierten Beschreibung des Hergangs zwar »in eine Folge von Ereignissen« (18) zerlegt, vom Zuhörer aber zugleich als ein Ganzes wahrgenommen. Denn Geschichten wenden sich »beim Hörer stärker an seine emotionalen Schichten als an den Intellekt oder den Willen« (19). Gerade hierin besteht die besondere Bedeutung des Erzählens für die Entwicklung des Kindes. Der Vorgang des Hörens läßt sich als ein mehrdimensionaler Prozeß subjektiver Identifikation verstehen. Auf der personalen Ebene führt das Hören und Verarbeiten von Geschichten zu einer »Ich-Erweiterung«, auf der kulturellen Ebene zu einer Einordnung des einzelnen in die Welt der Vorstellungen und Orientierungen, auf der sozialen Ebene des Erziehungsprozesses zur Erprobung und Übernahme von Rollen (20f). Die verschiedenen Dimensionen pädagogischer Praxis – Individuation, Enkulturation und Sozialisation – lassen sich aber gerade bei der erzählerischen Vermittlung von Lebenswirklichkeit nicht voneinander trennen. Wie sich in der Erzählung Wirklichkeit als ganze präsentiert, so bezieht sie sich in ihrer Wahrnehmung auf den ganzen Menschen.
Deshalb erfordert die methodische Vorbereitung narrativer Unterrichtsstunden kreatives Engagement des Lehrers. Er muß sich »spielerisch phantasierend mit dem Verlauf der Geschichte« beschäftigen (41) und die unterrichtliche Erzählsituation in der Vorstellung durchspielen. Er muß den dramatischen Ablauf der Erzählung in ihren verschiedenen Phasen konstruieren, Charaktere modellieren, Spannungen in der Entwicklung der Geschichte erzeugen. Die kreative Unterrichtsvorbereitung basiert aber notwendig auf theologischer Reflexion. »Was mir an der Geschichte theologisch wichtig erscheint, muß eindrücklich werden« (49). Der narrative Unterricht erfordert daher eine eingehende exegetische und systematisch-theologische Analyse der biblischen Geschichten, zumal der Wunder- und Gleichniserzählungen. Nur dann kann der Lehrer die vielfälti-

gen methodischen Möglichkeiten des Erzählens bewußt im Unterricht anwenden. – So verdeutlicht das Programm des narrativen Bibelunterrichts exemplarisch das Grundproblem biblischen Unterrichts überhaupt. Die Behandlung biblischer Texte im Unterricht bedarf einer theologischen und einer pädagogischen Legitimation. Und sie bedarf zu ihrer Verwirklichung auch religionspädagogischer Programme und Konzeptionen, die die theologischen Prämissen des Religionsunterrichts mit seinen pädagogischen Voraussetzungen *praktisch* vermitteln. Beides versteht sich nicht von selbst. Theologische Zielsetzungen stoßen häufig an die Grenzen pädagogischer Möglichkeiten. Und umgekehrt lassen sich die pädagogischen Intentionen religiöser Erziehung nicht ohne weiteres mit dem theologischen Verständnis der biblischen Texte vereinen. Schließlich erweisen sich im Bibelunterricht die Grenzen zwischen Theologie und Religion als fließend. Die theologische Deutung biblischer Texte hebt die religiöse Beziehung zu dem darin Ausgedrückten nicht auf. Die Vermittlung religiöser Wirklichkeit im Bibelunterricht schließt umgekehrt Elemente theologischer Erkenntnis ein. Die Modelle des biblischen Unterrichts bestimmen die problematische Beziehung von Religion und Theologie auf unterschiedliche Weise. Aber sie artikulieren gemeinsam das Problem des gegenwärtigen Religionsunterrichts. Es besteht in der Integration von religiöser Erfahrung und theologischer Erkenntnis im Horizont pädagogischer Theorie und Praxis.

3
Vertiefung

Zur Einführung in den Problemzusammenhang wird eine Lektüre des Aufsatzes von R. Preul empfohlen. Verschiedene didaktische und methodische Modelle des Bibelunterrichts finden sich bei W. Langer, Praxis des Bibelunterrichts, 1975.

Fragen zur Weiterarbeit

1.   Wie läßt sich die hermeneutische Diskussion in der exegetischen und systematischen Theologie auf die Theorie und Praxis des Bibelunterrichts anwenden?
Erwägungen dazu finden sich bei G. Otto ([3]1968), I. Baldermann ([3]1966), M. Stallmann (1968) und H. Stock ([4]1967).
2.   Wie ist das Verhältnis von Religion und Theologie im biblischen Religionsunterricht zu bestimmen?
K. Wegenast ([3]1969) betont die Bedeutung theologischer, vor allem exegetischer Gesichtspunkte für den biblischen Unterricht. D. Stoodt (1972) und H. Halbfas (1976) begründen den Religionsunterricht in einer mehrdimensionalen Theorie der Religion.
3.   Welche Schritte sind zur Vorbereitung einer Unterrichtseinheit über einen biblischen Text notwendig?
Dazu: die unter c) angegebene Literatur.
4.   Welche Funktion haben die verschiedenen Unterrichtsmedien im biblischen Unterricht?
Eine Zusammenstellung von Unterrichtsmodellen des Religionsunterrichts findet sich in der vom Pädagogischen Institut der Evangelischen Kirche von Westfalen (Villigst) herausgegebenen Kartei.

Literatur

a) *Zur Bedeutung der biblischen Tradition für den Religionsunterricht*
B. Albers/R. Kiefer (Hg.), Problemorientierter oder bibelorientierter Religionsunterricht?, 1978
Die Bibel im Religionsunterricht, EvErz 26, 1974, Themaheft 3
P. Biehl, Zur theologischen Bestimmung des Religionsunterrichts an der öffentlichen Schule, in: K. Wegenast (Hg.), Religionsunterricht wohin?, 1971, 15–38, bes. 36ff
H. Grosch, Sprachliche Propädeutik, in: ders. (Hg.), Religion in der Grundschule, 1971, 43–50
H.-B. Kaufmann, Muß die Bibel im Mittelpunkt des Religionsunterrichts stehen?; in: ders. (Hg.), Streit um den problemorientierten Unterricht in Schule und Kirche, 1973, 23–27
H. Kittel, Vom Religionsunterricht zur Evangelischen Unterweisung, 1947, bes. 8ff
G. Klages, Die Bibel im Religionsunterricht, 1974
K.E. Nipkow, Christlicher Glaubensunterricht in der Säkularität. Die zwei didaktischen Grundformen des evangelischen Religionsunterrichts, in: ders., Schule und Religionsunterricht im Wandel, 1971, 236–263
G. Otto, Schule – Religionsunterricht – Kirche, [3]1968, bes. 35ff.79ff
R. Preul, Scriptura sacra im Unterricht – religionspädagogische Fragen zum Gegenwartsbezug der Bibel, in: C.-H. Ratschow (Hg.), Sola scriptura, 1977, 22–37
M. Stallmann, Evangelischer Religionsunterricht, 1968, bes. 27ff
H. Stock, Studien zur Auslegung der synoptischen Evangelien im Unterricht, [4]1967
D. Stoodt, Religiöse Sozialisation und emanzipiertes Ich, in: W. Dahm/N. Luhmann/D. Stoodt, Religion – System und Sozialisation, 1972, 189–237
K. Wegenast, Der biblische Unterricht zwischen Theologie und Didaktik, [3]1969

b) *Zu den Modellen des biblischen Unterrichts*
I. Baldermann, Biblische Didaktik, [3]1966
ders./G. Kittel, Die Sache des Religionsunterrichts, 1975
ders., Die Bibel – Buch des Lernens, 1980
H. Halbfas, Erfahrung und Sprache. Plädoyer für eine narrative Unterrichtskultur, in: ders. (Hg.), Sprache, Umgang und Erziehung, 1975, 170–187
ders., Religion, 1976
H.-B. Kaufmann, Thematisch-problemorientierter Religionsunterricht: Du sollst gegen deinen Nächsten kein falsches Zeugnis ablegen, in: W.G. Esser (Hg.), Zum Religionsunterricht morgen, II, 1971, 143–160
W. Langer, Praxis des Bibelunterrichts, 1975
W. Neidhart/H. Eggenberger (Hg.), Erzählbuch zur Bibel, 1975
G. Stachel, Der Bibelunterricht, 1967

c) *Zur Unterrichtsvorbereitung und Unterrichtsanalyse*
K. Aschersleben, Einführung in die Unterrichtsmethodik, 1976
P. Heimann/G. Otto/W. Schulz, Unterricht. Analyse und Planung, [5]1970
E. Meyer, Unterrichtsvorbereitung in Beispielen, 1961
G. Stachel, Die Religionsstunde – beobachtet und analysiert, 1976

§ 16
Problemorientierter Religionsunterricht (W.S.)

1
Einführung

Die Entwicklung der Religionspädagogik ist in neuerer Zeit von einer charakteristischen Reform gekennzeichnet. Sie betrifft die Praxis des Religionsunterrichts ebenso wie seine Theorie. Traditionelle Unterrichtsinhalte, Lernziele und -methoden wurden einer umfassenden Kritik unterzogen. An ihre Stelle traten neue Unterrichtsmodelle, in denen Themen und Verfahrensweisen des Religionsunterrichts enger als bisher aufeinander bezogen sind. Parallel zu diesem Wandel der Unterrichtspraxis vollzog sich eine Neubegründung der religionspädagogischen Theorie. Sie konstituierte sich als eigenständige wissenschaftliche Disziplin zwischen Theologie und Pädagogik.

1.1
K. Wegenast bezeichnete diesen Umbruch 1968 als »die empirische Wendung in der Religionspädagogik«. Er konstatierte damals eine »vielen leidvoll bewußte Krise des Fachs Evangelische Religion« (111) und fand die Ursachen dafür in einem ganzen Bündel verschiedenartiger Faktoren. Ungeklärt schien die institutionelle Stellung des Religionsunterrichts zwischen Schule und Kirche, undeutlich das Feld der praktischen Unterrichtsarbeit. Vor allem aber bedurfte die theoretische Grundlegung des Religionsunterrichts einer erneuten Reflexion. Auf allen drei Ebenen religionspädagogischer Wirklichkeit deutete sich eine Kluft zwischen herkömmlichen Prinzipien und gegenwärtiger Realität an. Während nach Wegenasts Diagnose in der modernen Gesellschaft eine »sich noch immer steigernde Entkirchlichung« festzustellen ist, besteht gleichwohl der »gesellschaftliche Druck und gesetzliche Zwang« zur Teilnahme am Religionsunterricht fort (112). Und dieser Unterricht war weithin nicht von pädagogischen Bedürfnissen, sondern von den kirchlichen Zielsetzungen geprägt, die sich aus der Konzeption der Evangelischen Unterweisung ergaben. Während die Schüler den traditionellen Stoffen des Religionsunterrichts, den biblischen Texten und kirchlichen Lehren, mit zunehmendem Desinteresse begegneten, wurde dennoch an den herkömmlichen Lehrplänen festgehalten. Der biblische Unterricht galt als didaktische Grundform des Religionsunterrichts schlechthin und wurde in allen Schulstufen und -formen erteilt. Während die theologische und pädagogische Wissenschaft längst neue Erkenntnisse über die pädagogische Vermittlung religiöser Wirklichkeit vorgelegt hatte, blieb der Fortschritt des wissenschaftlichen Denkens ohne sichtbare Wirkung auf die praktische Gestaltung des Unterrichts.
Wegenast forderte daher eine grundlegende Reform der religionspädagogischen Theorie und Praxis. Sie sollte von einer realistischen Bestandsaufnahme der religiösen Erziehung, von einer »empirischen Tatsachenforschung« ausgehen. Theologen, Soziologen, Psychologen und Pädagogen sollten sich an der Einrichtung pädagogischer Institutionen beteiligen, die die Praxis des Religionsunterrichts zu untersuchen hätten. Erst dann

schien es möglich, neue Formen eines zeitgemäßen Religionsunterrichts und neue Ansätze einer religionspädagogischen Theorie zu finden, die den pädagogischen Erfordernissen der Schule und dem Stand gegenwärtigen theologischen Denkens gerecht würde.

Nach einem Jahrzehnt grundlegender Reformen scheinen diese Forderungen weitgehend erfüllt. Das Erscheinungsbild des Religionsunterrichts hat sich entscheidend verändert. Der Religionsunterricht ist realistischer, seine Theorie wissenschaftlicher geworden. Dieser Wandel verdankt sich nicht zuletzt den religionspädagogischen Instituten, die von Staat, Kirche und Lehrerverbänden eingerichtet wurden. Sie erarbeiteten die Grundsätze und Verfahrensweisen eines pädagogisch und theologisch begründeten Religionsunterrichts.

1.2

Marie-Luise Kling-de Lazzer legte 1982 eine Bestandsaufnahme der Reform vor und ordnete den Wandel der neueren Religionspädagogik in deren Wissenschaftsgeschichte ein. Kling-de Lazzer nannte den Umbruch in der religionspädagogischen Theorie und Praxis »die zweite religionspädagogische Reformbewegung« und benannte damit zwei wesentliche Charakteristika der gegenwärtigen religionspädagogischen Situation. Zum einen wird die Entwicklung der Religionspädagogik zutreffend als eine »Bewegung« gekennzeichnet, an der sowohl die Praktiker des Unterrichts, Lehrer und Schüler, als auch seine Theoretiker, wissenschaftliche Theologen und Pädagogen, teilnahmen. Zum anderen läßt sich die Neukonstitution der Unterrichtspraxis und auch ihre theoretische Interpretation nicht als eine völlig originäre Reform, sondern nur als eine Entwicklung innerhalb der religionspädagogischen Wissenschaftsgeschichte begreifen. Die gegenwärtige Religionspädagogik knüpft, auch wenn sie sich dessen nicht immer in vollem Umfange bewußt ist, an die »erste Reformbewegung« des Religionsunterrichts an, deren theologische Grundlagen in der liberalen Theologie und deren pädagogische Ideen in der Reformpädagogik zu suchen sind.

Wenn die gegenwärtige Situation der Religionspädagogik auch nur aus ihrer Beziehung zu früheren Reformansätzen verständlich wird, so nimmt die historische Relationierung ihr doch nichts von ihrem Gewicht. Die Einordnung in die religionspädagogische Wissenschaftsgeschichte belegt im Gegenteil, wie umfassend die Beschreibung der religionspädagogischen »Krise« und die Versuche ihrer Bewältigung den Religionsunterricht und seine Theorie verändert haben. Denn gerade im Kontrast zur Konzeption der Evangelischen Unterweisung, dem religionspädagogischen Programm der dialektischen Theologie, erscheint die Anknüpfung an andere theologische Positionen, vor allem aber die enge Beziehung zur neueren Pädagogik noch deutlicher als eine in der Tat epochale Reform. Das Bewußtsein für die empirische Realität des Religionsunterrichts, für seine Chancen und Grenzen, ist allgemein geworden. Ebenso ist die Notwendigkeit einer genauen didaktischen und methodischen Planung der Unterrichtsabläufe und der rationalen Kontrolle von Lernerfolgen kaum noch umstritten. Der Religionsunterricht wurde in die pädagogische Institution der Schule integriert. Aus dem kirchlichen Unterricht wurde ein »ordentliches Lehrfach« der staatlichen Schule (Art. 7.3 GG).

1.3

Seinen *theoretischen* Ausdruck findet dieses neu entstandene Bewußtsein für die schulische Unterrichtspraxis in einer Theorie des Religionsunterrichts, die ihre Prinzipien nicht allein aus theologischen Prämissen ableitet. Sie argumentiert zugleich pädagogisch und theologisch und versucht, verschiedene wissenschaftliche Denkansätze in Korrelation zueinander zu bringen. Religion als Gegenstand des Religionsunterrichts wird theologisch und sozialwissenschaftlich beschrieben, die pädagogische Vermittlung religiöser Erfahrungen und Erkenntnisse als Grundprobleme religiöser Erziehung neu formuliert.

Ihren *praktischen* Niederschlag fand die religionspädagogische Reformbewegung in einem Unterrichtsmodell, das als der dominierende Typus gegenwärtigen Religionsunterrichts bezeichnet werden kann, im »problemorientierten thematischen Religionsunterricht«. Dieser Ansatz des schulischen Religionsunterrichts ist zwar hinsichtlich seiner theologischen wie pädagogischen Implikation nicht unbestritten. Aber selbst die Kritik belegt seine Bedeutung in der gegenwärtigen Unterrichtspraxis. Denn kein Entwurf der Religionspädagogik kommt umhin, sich kritisch oder zustimmend mit den Grundsätzen des problemorientierten Religionsunterrichts auseinanderzusetzen und sich entweder als Variante dieses Unterrichtstypus oder als Gegenentwurf auszuweisen.

2
Entfaltung

2.1
Die Grundsätze des problemorientierten thematischen Religionsunterrichts

2.1.1

Wer versucht, die Konturen und Grundlinien des problemorientierten Religionsunterrichts in einer kurzen Skizze zu umreißen, stößt zunächst auf eine charakteristische Besonderheit dieses religionspädagogischen Modells. Das Erscheinungsbild der problemorientierten Unterrichtspraxis ist vielschichtig und durchaus auch widersprüchlich. Denn das Programm des problemorientierten Unterrichts verdankt sich gerade der Kritik an einer Unterrichtskonzeption, die ihre Prinzipien unmittelbar aus einem theologischen System deduziert und daraus ein in sich geschlossenes Unterrichtsverfahren ableitet. Ihre konstitutiven Theorieelemente gewinnt die neue religionspädagogische Konzeption aus einer empirischen Analyse der Unterrichtspraxis. Und die Realität des Religionsunterrichts wird nicht aus der Perspektive eines bestimmten theologischen Entwurfs beschrieben, sondern mit einem Bündel verschiedenartiger sozialwissenschaftlicher Methoden untersucht. Der Vielfalt gegenwärtiger religionspädagogischer Praxis gerecht zu werden, ist das dezidierte Ziel des problemorientierten Religionsunterrichts. Er läßt daher nicht nur verschiedenartige Formen pädagogischer Verfahren und unterschiedliche theologische und pädagogische Zielsetzungen zu. Der problemorientierte Religionsunterricht fordert geradezu eine große Variabilität der Unterrichtspraxis in verschiedenen Unterrichtsstufen, Schultypen und Lernsituationen. Und sein Programm ist durchaus mit unterschiedlichen theologischen Positionen zu vermitteln. Der empirische Anspruch des Reformmodells macht es unmöglich, die Grundsätze des

Religionsunterrichts einlinig aus den Prinzipien eines theologischen oder pädagogischen Systems zu deduzieren. Sein Programm ist aus der Korrelation von Theorie und Praxis des Religionsunterrichts gewonnen.

2.1.2
Trotzdem beruht die Konzeption des problemorientierten Religionsunterrichts auf präzisen Grundsätzen. Der problemorientierte Religionsunterricht geht 1. von der *Praxis* des Religionsunterrichts aus, von einer Analyse seiner pädagogischen und theologischen Determinanten. Er ordnet 2. den Religionsunterricht in die pädagogische Institution der *Schule* ein und begreift ihn als eine Unterrichtsdisziplin im schulischen Fächerkanon. Daraus ergibt sich 3. die Notwendigkeit zur *didaktischen* Organisation des Unterrichts, zur genauen Bestimmung und Abgrenzung seiner Lernziele, und 4. die Forderung nach einer ebenso präzisen *methodischen Unterrichtsgestaltung*. Lernziele und Methoden des Religionsunterrichts sind schließlich 5. an der religionspädagogischen Leitvorstellung der Konzeption zu messen. Der problemorientierte Religionsunterricht zielt auf eine *rationale Einstellung* gegenüber der Wirklichkeit ab. Er dient nicht der Pflege des unmittelbaren religiösen Erlebens, sondern dem bewußten Umgang mit der religiösen Welt. Deshalb bedarf der problemorientierte Religionsunterricht 6. einer ständigen *wissenschaftlichen Begleitung* und *Kontrolle*.

2.1.3
H.-B. Kaufmann (1973) faßt die Prinzipien des problemorientierten Religionsunterrichts in einigen Thesen zusammen. Die erste These lautet: »Inhalte und Ziele des Unterrichts müssen zunächst vier Kriterien standhalten, die als didaktische Konstanten anzusehen sind« (36). Diese didaktischen Konstanten des Religionsunterrichts sind einmal die Bedürfnisse, Interessen und Perspektiven der Schüler, sodann die soziokulturellen Bedingungen des schulischen Unterrichts, weiter die Beziehung der Unterrichtsthemen auf ihren historischen und wissenschaftlichen Kontext und endlich die Beteiligung von Lehrer und Schülern am Unterricht entsprechend ihrer Kompetenz. Diese Kriterien eines sachgemäßen Religionsunterrichts bezeichnen notwendige, aber nicht hinreichende Bedingungen der religionspädagogischen Praxis. Sie beschreiben nicht detaillierte Grundsätze zur didaktischen Organisation des Unterrichts und geben auch keine genauen Anweisungen für seine methodische Gestaltung. Sondern sie stecken die Grenzen ab, innerhalb derer sich eine realistische Konzeption gegenwärtigen Religionsunterrichts zu bewegen hat.
Die inhaltlichen Ziele des Religionsunterrichts ergeben sich aus den »allgemeinen Aufgaben der Erziehung und der Schule« (These 2). Dabei treten kategoriale Bildungsziele gegenüber den materialen Bildungsinhalten in den Vordergrund. Vier Grundfähigkeiten des Menschen sind in der schulischen Erziehung zu verwirklichen: die Fähigkeit, Freiheitsspielräume zu erkennen und zu nutzen; die Fähigkeit, vorfindliche Wirklichkeit kompetent zu deuten; die Fähigkeit, sich innerhalb eines vorgegebenen soziokulturellen Realitätshorizonts zu orientieren; die Fähigkeit zu realistischem Verhalten und Handeln in spezifischen Situationen des privaten und öffentlichen Lebens. Materiale Bildungsinhalte wie die biblische und christliche Tradition sind diesen formalen Zielsetzungen unterzuordnen. Während die kategorialen Bildungsfunktionen innerhalb der

Erziehungsprozesse als Konstanten zu betrachten sind, bleiben die jeweils gewählten Inhalte variabel. Deshalb sind innerhalb des bezeichneten religionspädagogischen Bezugsrahmens positionelle »Kontroversen möglich, ja unvermeidbar« (37). Die Aufgabe der Schule und damit auch des Religionsunterrichts besteht gerade darin, »über diese Alternativen und Kontroversen im Welt- und Selbstverständnis, in der Orientierung des Denkens und Handelns aufzuklären und eine eigene kritische Entscheidung zu ermöglichen«.

Um den Unterricht für solche Alternativen offenzuhalten, darf die Zuordnung von Zielen und Inhalten allerdings nicht subjektiven Urteilen und zufälligen Entscheidungen überlassen bleiben. Zwischen den konstanten Unterrichtszielen einerseits und den variablen Unterrichtsinhalten und Verfahrensweisen andererseits besteht eine sachliche und pädagogische Interdependenz. »Inhalte, Medien und Methoden, Organisations- und Sozialformen des Unterrichts müssen in ihrer wechselseitigen Zuordnung und Abhängigkeit interpretiert werden« (These 3). Ihre planmäßige Anordnung führt zu Curricula, in denen nicht (wie in herkömmlichen Lehrplänen des Religionsunterrichts) Unterrichtsinhalte aufgereiht werden, sondern in denen die Vermittlung der Ziele mit bestimmten Inhalten, Unterrichtsmethoden und Medien organisiert wird. Ziele und Inhalte einer Unterrichtseinheit sind in einem wechselseitigen Korrespondenzverfahren zu ermitteln. Und da die religionspädagogischen Curricula stets auf bestimmte Gegenwartssituationen bezogen sind, bedürfen sie einer ständigen Fortentwicklung, einer permanenten Revision. Die Curricula des Religionsunterrichts können sich somit nicht gegenüber der pädagogischen Realität verselbständigen, wirklichkeitsfremd und abständig werden.

Der Wert schulischer Curricula ist daran zu messen, inwieweit es mit ihrer Hilfe gelingt, die Schüler zu »mehr Freiheit und Selbstbestimmung« zu führen (These 4). Das Subjekt der Bildung im ganzen und der einzelnen Lernprozesse ist daher nicht der Lehrer, sondern der Schüler. Die religionspädagogischen Curricula dürfen daher nicht nur Unterrichtspläne enthalten, sondern sie müssen zugleich auch die spezifischen Bedingungen des Unterrichts benennen, unter denen »Fremdbestimmung in Selbstbestimmung, Unmündigkeit in Freiheit übergehen kann«. Lehrpläne und Lernverfahren, die dieser Intention nicht gerecht werden, verfallen einer Kritik, die innerhalb der Reformdiskussion oft recht zugespitzt geäußert wird. Sie sind »Instrumente der Indoktrination«.

Wie an die schulischen Curricula, so stellt die Konzeption des problemorientierten Religionsunterrichts auch an das Selbstverständnis und an das pädagogische Verhalten des Lehrers und schließlich an die religionspädagogische Theoriebildung spezifische Anforderungen. Die Religionspädagogik muß sich einer Verobjektivierung von Zielsetzungen widersetzen und »offene Lehrsysteme« entwickeln, die sich im Unterrichtsprozeß selbst verändern lassen. Solche produktiven Veränderungen liegen in der Verantwortung der Religionslehrer. Sie müssen »selbst mit den Lernenden und durch sie lernen und dies durch ihr Verhalten und in entsprechenden Sozialformen artikulieren« (38).

Die operationale Organisation des Religionsunterrichts zwingt Schüler und Lehrer zu einem rationalen Umgang mit der religiösen Wirklichkeit. Sie übt einen »heilsamen Zwang zur Rationalität« aus, läßt aber »politische, weltanschauliche oder ethische Alternativen« in der eigenen Lebenseinstellung und in der gesellschaftlichen Orientierung zu (These 5). Glaubensüberzeugungen und Glaubenssysteme werden im Religionsunterricht nicht unreflektiert überliefert. Sie müssen im Unterricht von Lehrern und Schülern so verarbeitet werden, daß ihre »Relevanz für das Weltverstehen und für die Orientierung und Fähigkeit zum Handeln in gegenwärtigen und zukünftigen Lebenssituationen« sichtbar wird. Wenn der problemorientierte Religionsunterricht religiöse Wirklichkeit auch immer an exemplarischen Situationen des gegenwärtigen Lebens aufzeigt, so wird darin doch biblische und christliche Tradition verarbeitet. Die Alternative »biblischer oder problemorientierter Religionsunterricht« wird deshalb den pädagogischen und theologischen Zielsetzungen des problemorientierten Religionsunterrichts nicht gerecht (These 6). Denn historische Tradition erschließt sich nur in gegenwärtiger Perspektive. Ohne Bezug zur gegenwärtigen Lebenswirklichkeit bleibt die Tradition stumm, der Umgang mit ihr unreflektiert und unbewußt.

In seiner siebten These geht Kaufmann abschließend auf die Beziehung von religionspädagogischer Theorie und Praxis ein. Der problemorientierte Religionsunterricht »kann und braucht nicht theologisch begründet zu werden«. Denn er begründet sich aus der pädagogischen Wirklichkeit. Allerdings verlangt auch der problemorientierte Religionsunterricht eine theologische Legitimation. Der Unterricht muß »theologisch verantwortet« werden. An der Ausarbeitung der religionspädagogischen Theorie sind aber nicht nur die einschlägigen theologischen Fachdisziplinen, vor allem die exegetische und die systematische Theologie, sondern auch Religionswissenschaft, Religionssoziologie und andere humanwissenschaftliche Disziplinen zu beteiligen (39). Die verschiedenen Fachwissenschaften haben gemeinsam über die Aufgaben und Gegenstände des Religionsunterrichts zu befinden.

2.1.4

Diese letzte Forderung der religionspädagogischen Reformbewegung verdeutlicht, daß der problemorientierte Religionsunterricht nicht nur eine Erneuerung der Unterrichtspraxis intendiert, sondern ebenso eine Neukonstitution seiner Theorie. Zwar treten die praktischen Erfolge der Reformbewegung deutlicher zu Tage als ihre Auswirkungen auf die Theorie. Die Grundsätze des problemorientierten Religionsunterrichts wurden vor allem schulpraktisch und schulpolitisch wirksam. Sie führten zur Erstellung neuer Richtlinien und Unterrichtspläne für alle Schulstufen und Schulformen. Und die nach den Prinzipien des problemorientierten Religionsunterrichts entworfenen Unterrichtsmodelle, Schulbücher und Lehrerhefte finden weite Verbreitung. Doch sind die Konsequenzen des neuen Ansatzes für die religionspädagogische Theoriediskussion von gleicher Bedeutung. Die Erkenntnis, daß die Wirklichkeit religiöser Erziehung nicht allein unter theologischen Gesichtspunkten zureichend beschrieben werden kann, sondern daß es zu ihrer Wahrnehmung eines breitgefächerten Instrumentariums verschiedener wissenschaftlicher Methoden bedarf, führte zu einem komplexen Ansatz wissenschaftlicher Religionspädagogik. Die Theoriebildung ist allerdings ebensowenig als abgeschlossen und endgültig zu betrachten wie die praktische Seite der Reform. Das Konzept des poblemorientierten Religionsunterrichts fordert eine ständige Weiterentwicklung seines Praxismodells. Und es verlangt daher auch eine kritische Fortführung seiner theoretischen Ansätze.

2.2
Die wissenschaftlichen Rahmentheorien des problemorientierten Religionsunterrichts

2.2.1

Der problemorientierte Religionsunterricht legitimiert sich wissenschaftlich durch zwei verschiedenartige Rahmentheorien. Dies sind die *Curriculumtheorie* und die *Sozialisationstheorie*. Beide Theorieansätze sind aus der Pädagogik entlehnt. Sie werden auf die Religionspädagogik angewandt und begründen in ihrer gegenseitigen Beziehung die Lernziele und die Unterrichtsverfahren des Religionsunterrichts. Während sich die Curriculumtheorie im Zusammenhang einer sozialwissenschaftlichen Pädagogik um die didaktische Systematisierung der Unterrichtsziele und ihrer Verwirklichung bemüht, widmet sich die aus psychologischen und soziologischen Erkenntnissen gewonnene Theorie der religiösen Sozialisation der Analyse und Gestaltung pädagogischer Prozesse. Beide Theorieansätze stehen jedoch in enger Korrespondenz zueinander. Eine Unterrichtspraxis, in der sich Inhalte und Methoden gegenseitig bedingen, ist nur durch eine Theorie zu legitimieren, in der Ziele und Verfahrensweisen des Unterrichts aus ihrer wechselseitigen Entsprechung gewonnen werden.

2.2.2

Die verschiedenen Forschungsansätze der *Curriculumtheorie* wurden zuerst in der angelsächsischen Pädagogik entwickelt. Sie fanden Mitte der sechziger Jahre, vor allem durch die Arbeiten des Berliner Max-Planck-Instituts für Bildungsforschung, Eingang in die pädagogische Diskussion der Bundesrepublik und lösten hier sogleich eine weitreichende Diskussion aus. Die grundlegende Intention dieser Theorie besteht darin, die traditionellen schulischen Lehr- und Stoffpläne durch neue Formen pädagogischer Organisation zu ersetzen. In diesen Curricula sollen die Binnenstrukturen der pädagogischen Prozesse – Lernziele (aims, objectives), Lerngegenstände (contents) und Lernerfahrungen (learning experiences) – mit deren Außenbeziehungen, den Voraussetzungen (sources), und der Wirkungskontrolle (evaluation) verbunden werden. Das Interesse der Curriculumforschung gilt der Interdependenz von pädagogischer Theorie und Praxis, von intendierten Zielen und erreichtem Wirkungsgrad. Die Kriterien des schulischen Unterrichts werden in einem Regelkreis festgelegt. Angesichts bestimmter pädagogischer Voraussetzungen werden Unterrichtsziele (Qualifikationen) formuliert, die umgekehrt wieder unter den Bedingungen ihrer pädagogischen Verwirklichung kritisch reflektiert und revidiert werden müssen. Dieses Kontrollverfahren ermöglicht es, realistische Ziele und Verfahrensweisen des Unterrichts zu finden.

Die Rezeption der Curriculumforschung in der deutschsprachigen Pädagogik verbindet sich mit der 1967 erschienenen Programmschrift von *S.B. Robinsohn* »Bildungsreform als Revision des Curriculum«. Nach Robinsohn besteht die Aufgabe der Schule darin, zur Bewältigung von Lebenssituationen zu befähigen. »Bildung als Vorgang, in subjektiver Bedeutung, ist Ausstattung zum Verhalten in der Welt« (13). Lernziele sind daher nicht material, sondern formal, nicht als Unterrichtsstoff, sondern als »Qualifikationen« zu fassen. Die Qualifikationen, zu denen die Schüler durch den Unterricht befähigt werden sollen, lassen sich im Sinne einer hierarchischen Struktur anordnen. An der

Spitze des Lernzielsystems stehen sehr allgemeine Formulierungen wie »Mündigkeit«, »Fähigkeit zur Selbstbestimmung« oder »Fähigkeit zur Kommunikation mit Mitmenschen«. Diese allgemeinen Formulierungen menschlicher Qualifikationen werden in einem Differenzierungsverfahren so lange zergliedert, bis Grob- und Feinziele definiert werden können, die in einer bestimmten Unterrichtseinheit erreichbar erscheinen. Das Verfahren der Lernzielgewinnung muß wissenschaftlich reflektiert werden. Und die einzelnen Lernziele sind so zu operationalisieren, daß der Unterrichtserfolg methodisch kontrolliert werden kann.

S. Vierzig und E. Kreis (²1971) haben ein solches System von Lernzielen für den Religionsunterricht aufgestellt. Ihr Globalziel lautet: »Fähigkeit, die religiöse Frage in den jeweiligen Entscheidungs- und Konfliktsituationen zu stellen und in Auseinandersetzung mit vorgegebenen Antworten religiöser und weltanschaulicher Traditionen, vornehmlich der biblischen Botschaft, zu einer eigenen Antwort zu kommen« (61). Diese Zielhypothese wird in ihre einzelnen Faktoren zerlegt. Aus deren Operationalisierung ergeben sich dann Grob- und Feinziele von Unterrichtseinheiten. Ein Beispiel: Aus dem Teilziel 2.1 »religiöse Vorstellungen als übernommene erkennen« ergeben sich etwa die Feinziele 2.1.1 »erkennen, daß jeder Mensch von Traditionen abhängig ist« oder 2.1.2 »erkennen, daß jeder Mensch auch von spezifisch religiösen Traditionen, insbesondere von religiösen Vorstellungen, geprägt ist« (64). Auf der Grundlage eines solchen Lernzielkatalogs lassen sich dann einzelne Unterrichtseinheiten entwickeln, die aufeinander abgestimmt sind und somit einerseits Überschneidungen und Wiederholungen der Unterrichtsthemen verhindern, andererseits die schulische Erziehung als kontinuierlichen Prozeß menschlicher Qualifikation gestalten helfen.

Von einer solchen rationalen Organisation der pädagogischen Prozesse erhofft sich K. E. Nipkow (1971, 187ff) die Überwindung der »akuten Krise«, in die der Religionsunterricht in neuerer Zeit durch eine »Dysfunktionalität zwischen Theorie und Praxis«, durch seine »schulische Isolierung« und seine »theologische Rückständigkeit« geraten ist (187). Die Praxis des Religionsunterrichts hat sich nach Nipkows Urteil gegenüber seiner vorwiegend theologisch formulierten Theorie verselbständigt. Der Unterricht weicht häufig »in undurchdachter Weise auf die Behandlung aktueller Fragen aus« (188). Drücken sich in dieser Entwicklung der Unterrichtspraxis auch die berechtigten Bedürfnisse von Schülern und Lehrern aus, so ist eine bewußte Bearbeitung der Themen und Probleme gegenwärtigen Lebens doch nur unter den Bedingungen einer rationalen Organisation des Unterrichts möglich. Der wissenschaftlichen Religionspädagogik stellt sich daher die Aufgabe, die verschiedenen Erwartungen, die dem Religionsunterricht von kirchlichen Gremien, von Lehrerverbänden, Elterngruppen und nicht zuletzt von den Schülern selbst entgegengebracht werden, aufeinander zu beziehen, indem die »Korrespondenz der beim Religionsunterricht mitspielenden Curriculum-Determinanten« aufgezeigt wird.

Nipkow weist zunächst auf die Schwierigkeiten hin, die sich für die Curriculumforschung aus der Komplexität der verschiedenen pädagogischen Faktoren religiöser Unterrichtsprozesse ergeben. Er sieht jedoch eine enge Beziehung zwischen gegenwärtigen Entwicklungen in der Pädagogik einerseits, den Erwartungen und Bedürfnissen der Schüler andererseits und schließlich den Veränderungen des theologischen Problembewußtseins. Die Curriculumforschung hat daher nicht von außen neue Lernziele und

-verfahren in den Unterricht einzubringen. Ihre wissenschaftliche Qualität liegt vielmehr gerade in ihrer empirischen Intention. Die Curriculumforschung leitet Inhalte und Ziele des Religionsunterrichts aus seiner gegenwärtigen Praxis ab. Und sie erhebt daher den Anspruch, zwischen Theorie und Praxis des Religionsunterrichts zu vermitteln.

Die Curriculumforschung sieht in diesem Vermittlungsprozeß geradezu ihre eigentliche wissenschaftliche Aufgabe. Denn nur wenn die Gewinnung der Lernziele unter strengen wissenschaftlichen Kriterien erfolgt, kann der Unterricht erfolgreich gestaltet und auch überprüft werden.auf welchem Wege man zu Kriterien einer curricularen Unterrichtsplanung gelangt, ist allerdings unter den Theoretikern selbst noch kontrovers.

Robinsohn geht davon aus, daß die Globalziele schulischer Erziehung in einer ersten Phase der Curriculumentwicklung aus dem Diskurs der entsprechenden Fachwissenschaften hervorgehen müssen, »weil vorrangig durch ihre verschiedenen Disziplinen die Beobachtung und Interpretation der Wirklichkeit . . . systematisch unternommen wird, und weil durch ihre Methoden und Resultate der Mensch diese Wirklichkeit zu bewältigen unternimmt« (46). Aus der wissenschaftlichen Analyse gegenwärtiger Wirklichkeit ergeben sich begründete Hypothesen über die notwendigen Unterrichtsziele. In einer zweiten Phase der Curriculumentwicklung werden diese hypothetischen Lernziele dann unter Hinzuziehung von pädagogischen Praktikern verifiziert oder falsifiziert.

Dagegen möchte *Doris Knab*, die im übrigen dem Ansatz von Robinsohn folgt, die Fachwissenschaften erst in der zweiten Phase der Curriculumentwicklung ins Spiel bringen. Sie schlägt vor, im ersten Schritt unmittelbar bei Situationen der alltäglichen Lebenswelt anzusetzen. Die Curriculumplanung beginnt dann mit der Abgrenzung und Beschreibung von »Lebens- und Verwendungssituationen« (176). Den wissenschaftlichen Experten fällt die Aufgabe der Kontrolle zu. Mit Hilfe der einschlägigen Fachwissenschaften soll »das Bedingungsgefüge durchleuchtet werden«, das die beschriebenen Lebenssituationen kennzeichnet (177).

In der gegenwärtigen Religionspädagogik finden sich beide Verfahrensweisen der Curriculumentwicklung. Meist neigen die vorliegenden Lernzielsysteme aber dem Ansatz von Robinsohn zu. Ausgehend von einem mit Hilfe verschiedener wissenschaftlicher Disziplinen definierten und operationalisierten Begriff der religiösen Wirklichkeit, werden Qualifikationen formuliert, die zur kompetenten Deutung der religiösen Welt, zu religiös motiviertem Handeln und zur religiösen Selbstidentifikation des Menschen notwendig sind. Dem Begriff der Religion kommt damit in der neueren Religionspädagogik wieder eine zentrale Bedeutung zu.

2.2.3

Wie die Curriculumtheorie so gewinnt auch die *Sozialisationstheorie* ihre wissenschaftlichen Erkenntnisse aus der Analyse empirischer Wirklichkeit. Ihre Theorieansätze dienen einerseits dem deutenden Verstehen der sozialen und personalen Entwicklung des Menschen. Andererseits formuliert die Sozialisationstheorie Forschungshypothesen, mit deren Hilfe die komplexen Zusammenhänge der Sozialisation und Personalisation aufgeschlüsselt werden können.

Erziehung wird im Rahmen der Sozialisationstheorie als umfassender gesellschaftlicher Prozeß begriffen, »durch den potentiell handlungsfähige Subjekte in Interaktionsbeziehungen eingegliedert werden, Wertorientierungen verinnerlichen, Motive des Handelns herausbilden und so etwas wie eine Identität als handlungsfähige Personen entwickeln« (Arndt, 1975, 7). Das Kernproblem der Sozialisationstheorie ist die Beziehung von einzelnem und Gesellschaft, ihr Schlüsselbegriff ist »Identität«. Zur Klärung dieses Begriffs dienen verschiedene soziologische oder psychologische Theorieansätze. So kann das Wesen personaler Identität im Rahmen einer Theorie der sozialen Rollen beschrieben werden. Dann meint Sozialisation den lebensgeschichtlichen Prozeß der Einübung von Rollen. Das Ziel schulischer Sozialisation besteht dann in der kompetenten Wahrnehmung von Rollen in sozial definierten Situationen, in rollengerechtem Verhalten und Handeln. Oder aber Identität wird vorwiegend unter dem Aspekt der psychischen Entwicklung des Menschen begriffen. Dann läßt sich in Anlehnung an psychoanalytische Erkenntnisse ein Phasenmodell der Persönlichkeitsentwicklung entwerfen, aus dem sich verschiedene Stadien der Sozialisation ergeben. Aus der Entwicklungslogik des Lebenslaufs werden Stufentheorien des religiösen Urteils der Glaubensüberzeugungen gewonnen, die einerseits die religiöse Entwicklung von Kindern und Jugendlichen zum Verstehen bringen, andererseits dem Entwurf von Curricula auf der Basis des curriculum vitae dienen. Ziel der schulischen Erziehung ist dann die pädagogische Begleitung und Förderung der Identitätsfindung, zumal an den krisenhaften Übergängen aus einer Phase der Identitätsbildung in die nächste.

Die Bedeutung der Sozialisationstheorie für die gegenwärtige Religionspädagogik liegt vor allem in der Ausweitung der pädagogischen Perspektive. Wie die Sozialisation des Menschen als ein vielschichtiger Lebensprozeß aufgefaßt werden muß, an dem verschiedene soziale und pädagogische Instanzen mitarbeiten, so ist auch die schulische Arbeit im Religionsunterricht nur aus dem Zusammenhang der religiösen Bildung im ganzen zu begreifen. Die religiöse Entwicklung und Entfaltung der Persönlichkeit erfolgt nur zu einem begrenzten Teil im schulischen Unterricht. An ihr wirken ebenso die Familie, die Kirche und die peer groups der Jugendlichen mit. Die Lernziele des Religionsunterrichts, die lebensnotwendigen »Qualifikationen« und »Kompetenzen«, müssen daher im Rahmen der übrigen Sozialisationsinstanzen und -faktoren bestimmt werden.
D. Stoodt (Arndt, 1975, 13) nennt sechs Grundsätze, auf denen die gegenwärtige Sozialisationsforschung basiert. Sie geht 1. davon aus, daß die Vorgänge der Erziehung einer wissenschaftlichen Reflexion bedürfen. Pädagogisches Handeln setzt Klarheit über die Bedingungen seiner Praxis voraus. Diese Grundbedingungen der Sozialisation sind 2. in den für eine Gesellschaft oder für ein Kultursystem verbindlichen Regeln, Wertvorstellungen und Handlungsmustern festgelegt. Die Internalisierung der gesellschaftlichen Normen vollzieht sich vorwiegend in der Phase der Kindheit. Daher werden in der Sozialisationstheorie 3. die Beziehungen des Kindes zu seinen primären Kontaktpersonen (Eltern und Familie) als die wesentlichen Determinanten der Identitätsbildung angesehen. Aus diesen grundlegenden Erkenntnissen über die Identitätsbildung des Menschen wird 4. ein Erklärungsmodell entworfen, das den Sozialisationsprozeß transparent machen soll. Die Deutungshypothesen der Sozialisationstheorie sind 5.

durch *interdisziplinäre Forschung* empirisch abzusichern. Erst dann läßt sich 6. eine *Handlungstheorie* aufstellen, die Kriterien zur bewußten Wahrnehmung der religiösen Sozialisation in bestimmten Institutionen wie z.b. im Religionsunterricht liefert.

Bei der Durchführung dieses Forschungsansatzes stößt die Sozialisationstheorie auf zwei charakteristische Grundprobleme der Identitätsbildung, die die gegenwärtige Diskussion weithin bestimmen. Ein beherrschendes Thema der Sozialisationstheorie ist der Zusammenhang von *Identität und Sprache.* Die Entwicklung der Persönlichkeit hängt eng mit ihrer Sprachkompetenz zusammen. Durch die Sprache bemächtigt sich der Mensch seiner Welt, und durch sprachliche Zeichen stellt er sich in sozialen Situationen selbst dar. Die sprachliche Wahrnehmung religiöser Sinnzusammenhänge bildet daher eine Qualifikation, die der Religionsunterricht anzustreben hat. Die religiöse Erziehung muß einerseits die Symbole und Sprachmuster gegenwärtiger religiöser Wirklichkeit einüben. Sie greift dabei aber andererseits immer auf überkommene Sprachformen, auf Texte der biblischen und christlichen Tradition zurück.

Das zweite Grundproblem der religiösen Sozialisation hängt eng mit der Sprachkompetenz der Schüler zusammen. Die verschiedenen Forschungsprojekte der Sozialisationstheorie, auch die Hospitalismusforschungen, belegen, daß die Entwicklung der Persönlichkeit nicht nur allgemein durch die bestehenden gesellschaftlichen Verhältnisse bestimmt wird, sondern vor allem durch die Zugehörigkeit zu einer bestimmten *sozialen Schicht* determiniert ist. Dies drückt sich in schichtspezifischen Sprachmustern und Verhaltensweisen aus, die durch die gegenwärtige Organisation des Schulwesens nicht aufgelöst, sondern gefestigt werden. In der Überwindung solcher schichtspezifischer Barrieren sieht der sozialisationsbegleitende »therapeutische« Religionsunterricht eine seiner wesentlichen Funktionen (vgl. das Studienmodell »Der Religionsunterricht in der Schule«).

3
Vertiefung

Zur Einführung in die Konzeption und in die Probleme des thematisch-problemorientierten Religionsunterrichts eignet sich das von D. Zilleßen herausgegebene »Religionspädagogische Werkbuch« (1972). –
Ein nach den Grundsätzen des problemorientierten Religionsunterrichts ausgeführtes Unterrichtsmodell von H.-B. Kaufmann findet sich in: W.G. Esser (Hg.), Zum Religionsunterricht morgen II (1971), 143–160.

Fragen zur Weiterarbeit
1. Wie ist die Rolle des Lehrers im Religionsunterricht zu beschreiben?
Dazu: K. Betzen / K.E. Nipkow (Hg.), Der Lehrer in Schule und Gesellschaft (⁴1976), und H.-H. Groothoff, Funktion und Rolle des Erziehers (²1974)
H.-G. Heimbrock (Hg.), Religionslehrer – Person und Beruf, 1982
Themaheft: Beruf Religionslehrer, EvErz 35, 1983, H. 4
G. Lämmermann, Religion in der Schule als Beruf, 1985
G. Adam, Der Religionslehrer: Beruf und Person, in: G. Adam / R. Lachmann (Hg.), Religionspädagogisches Kompendium, 1984, 96ff

2. Wie ist das Verhältnis von materialen und kategorialen Unterrichtszielen zu bestimmen?

Dazu: R. Preul, Kategoriale Bildung im Religionsunterricht (1973)

3. Welche Funktion hat die biblische Tradition im problemorientierten Religionsunterricht?

Dazu: Die zum Kapitel »Die Bibel im Religionsunterricht« angegebene Literatur und H. Buß, Die Bedeutung und Funktion der biblischen Überlieferung, in: H.K. Berg / F. Doedens (Hg.), Unterrichtsmodelle im Religionsunterricht, 1974

4. Wie lassen sich Lernziele für eine bestimmte Unterrichtseinheit gewinnen?

Dazu: die Unterrichtsmodelle in Heinemann/Stachel/Vierzig, Lernziele und Religionsunterricht, 1970

Literatur

a) Zur »Reform« der Religionspädagogik
M.L. Kling-de Lazzer, Thematisch-problemorientierter Religionsunterricht, 1982
K. Wegenast, Die empirische Wendung in der Religionspädagogik, EvErz 20, 1968, 111–124

b) Zu den Grundsätzen des problemorientierten Religionsunterrichts
H. Angermeyer, Der thematisch-problemorientierte Religionsunterricht, 1973
H.-B. Kaufmann (Hg.), Streit um den problemorientierten Unterricht in Schule und Kirche, 1973. Darin: ders., Thesen zum thematisch-problemorientierten Religionsunterricht, 36–39
K.E. Nipkow, Problemorientierter Religionsunterricht nach dem »Kontexttypus«, in: ders.: Schule und Religionsunterricht im Wandel, 1971, 264–279
D. Zilleßen (Hg.), Religionspädagogisches Werkbuch, 1972

c) Zur Curriculumtheorie
H. Heinemann/G. Stachel/S. Vierzig, Lernziele und Religionsunterricht, 1970, darin: S. Vierzig/E. Kreis, Lernziele des Religionsunterrichts, 57–72
H.A. Hesse/W. Manz, Einführung in die Curriculumforschung, [3]1974
D. Knab, Curriculumforschung und Lehrplanreform, Neue Sammlung 9, 1969, 169–185
K.E. Nipkow, Curriculumforschung und Religionsunterricht, in: ders., Schule und Religionsunterricht im Wandel, 1971, 187–212
ders., Perspektiven der Lernzieldiskussion in Schule und Religionsunterricht, ebd., 212–235
R. Preul, Religion – Bildung – Sozialisation, 1980
S.B. Robinsohn, Bildungsreform als Revision des Curriculum, [2]1970
G. Stachel, Curriculum und Religionsunterricht, 1971

d) Zur Sozialisationstheorie
M. Arndt (Hg.), Religiöse Sozialisation, 1975
R. Preul, Sozialisation und religiöse Entwicklung, EvErz 25, 1973, 180–195
D. Stoodt, Religiöse Sozialisation und emanzipiertes Ich, in: K.W. Dahm/ N. Luhmann/D. Stoodt, Religion – System und Sozialisation, 1972, 189–237
ders., Religionsunterricht als Interaktion, 1975
ders., Information und Interaktion im Religionsunterricht, in: K. Wegenast (Hg.), Religionsunterricht wohin?, 1971, 293–310
ders., Von der religiösen Erziehung zur religiösen Sozialisation, in: M. Arndt (Hg.), Religiöse Sozialisation, 1975, 11–25
P. Biehl u.a., Symbole geben zu lernen, 1989
H.-J. Iraas, Glaube und Identität, 1983
W. Loch, Lebenslauf und Erziehung, 1979
F. Maurer (Hg.), Lebensgeschichte und Identität, 1981
K.E. Nipkow, Erwachsenwerden ohne Gott? Gotteserfahrung im Lebenslauf, 1987
ders. u.a. (Hg.), Glaubensentwicklung und Erziehung, 1988
F. Schweizer, Lebensgeschichte und Religion, 1987

§ 17
Konfirmandenunterricht und Konfirmation (W.S.)

1
Einführung

1.1

Konfirmandenunterricht und Konfirmation unterliegen gegenwärtig einem tiefgreifenden *Wandel*. Der Konfirmandenunterricht wurde in den letzten beiden Jahrzehnten zu einem Experimentierfeld neuer pädagogischer Ideen und Methoden, die Konfirmationsfeier zum Gegenstand einer liturgischen Reform. Verändert hat sich nicht nur das theologische und pädagogische Verständnis von Konfirmandenunterricht und Konfirmation. Vor allem die Praxis der Konfirmandenarbeit bietet weithin ein neues Erscheinungsbild.

An die Stelle des herkömmlichen Konfirmationsbuchs, in dem bis zu hundert Lernfragen aneinandergereiht waren, traten Arbeitsbücher und Arbeitsblätter, in denen die Themen christlicher Glaubens- und Lebensgestaltung exemplarisch behandelt werden. Die Konzentration des Unterrichtsstoffes bildete die Voraussetzung für eine Unterrichtspraxis, die vielfältige Formen sozialen Lernens in die pädagogischen Gruppenprozesse einführte und in Verbindung mit einem lebendigeren Unterrichtsstil die Lebenssituation der Konfirmanden mit den Grundfragen christlicher und kirchlicher Tradition vermittelt. Aus der Konfirmandenstunde wurde die Konfirmandenarbeit, die nicht nur die Freizeit der Konfirmanden mit einbezieht, sondern auch die Eltern der Konfirmanden und häufig auch die Kirchenvorstände und Mitarbeiter der Kirchengemeinde am Konfirmandenunterricht beteiligt.

Die Erneuerung der Konfirmationspraxis schlägt sich in einer Fülle von Reformvorschlägen nieder, in empirischen Untersuchungen der gegenwärtigen Situation, in der Kritik des traditionellen, des »alten« Katechismusunterrichts und in Programmen eines »neuen«, eines besseren Konfirmandenunterrichts.

Was zu erneuern ist und wie dies geschehen soll, ist in der theologischen und pädagogischen Theorie allerdings ebenso umstritten wie in der Unterrichtspraxis. Die Forderungen reichen von der Rückkehr zu den herkömmlichen Themen und Stoffen des Katechismusunterrichts bis zur Einführung einer offenen, an der kirchlichen Jugendarbeit orientierten Konfirmandenarbeit, von einer Vorverlegung des Konfirmandenalters in die Zeit der schulischen Orientierungsstufe bis zur Eingliederung des Konfirmandenunterrichts in die Erwachsenenbildung, von der Verbindung des Unterrichts mit einer intensiven Beteiligung der Konfirmanden am kirchlichen Leben bis zur Auflösung der gesellschaftlichen Verpflichtung der Konfirmation und der Einführung von freiwilligen Konfirmandenkursen. Nicht weniger kontrovers artikulieren sich die Zielvorstellungen, die theologischen Prämissen und die kirchlichen Erwartungen, die eine neue Theorie und Praxis des Konfirmandenunterrichts erfüllen sollen.

1.2

Aber so verschieden sich die Analysen und Programme auch ausnehmen, sie gehen doch gemeinsam von einem positiven und von einem negativen *Konsens* aus. *Positiv* besteht Einhelligkeit hinsichtlich der allgemeinen Wertschätzung von Konfirmandenunterricht und Konfirmation. Kein Bereich kirchlicher Bildungsarbeit erreicht die Kirchenmitglieder so umfassend wie der Konfirmandenunterricht. So gut wie alle erwachsenen evangelischen Christen haben am Konfirmandenunterricht teilgenommen. Und die Konfirmandenzeit ist für ihre kirchliche und religiöse Orientierung keineswegs so belanglos, wie die Kritik am Konfirmandenunterricht vermuten lassen könnte. Die religiöse Weltanschauung der Kirchenmitglieder, ihr Verständnis von Glauben und Kirche verdankt sich weithin den Einsichten und Urteilsweisen, die im Konfirmandenunterricht erlernt wurden. Vor allem aber ist die Verbundenheit der Mitglieder mit ihrer Kirche – wie neuere soziologische Untersuchungen belegen (Hild, 1974, 149ff) – wesentlich von den Erfahrungen bestimmt, die sie in der Konfirmandenzeit mit der Kirche und dem Pfarrer machten. Im Konfirmandenunterricht erfährt die religiöse Identität der Jugendlichen ihre entscheidende Prägung. Die Konfirmationsfeier bildet ein biographisches Datum, in dem sich die Verbundenheit der Mitglieder mit ihrer Kirche sinnbildlich verdichtet.

Die hohe Einschätzung von Konfirmandenunterricht und Konfirmation für die religiöse Bildung der Kirchenmitglieder und für ihre kirchliche Verbundenheit vermag die *negative* Bewertung der gegenwärtigen Konfirmationspraxis trotz aller Reformen allerdings nicht aufzuheben. Sie verschärft geradezu die Kritik an Konfirmandenunterricht und Konfirmation. Denn an den hohen Ansprüchen gemessen, scheinen die Wirkungen der Konfirmandenarbeit vergleichsweise gering. Vor allem aber haben die vielfältigen Bemühungen um eine Erneuerung der Konfirmationspraxis die unvereinbaren Erwartungen an den Konfirmandenunterricht deutlich zutage treten lassen und damit die Kritik an den reformerischen Tendenzen geradezu belebt.

Nach wie vor führen viele Pfarrer Klage über die Unlust und Passivität der Konfirmanden, über ihre fehlende Lernbereitschaft und ein ausgeprägtes Desinteresse an religiösen und kirchlichen Fragestellungen. Kirchenvorstände beklagen den abnehmenden Gottesdienstbesuch der Konfirmanden und ihre Abneigung gegen eine regelmäßige Teilnahme am kirchlichen Leben. Die Konfirmanden selbst fühlen sich im Konfirmandenunterricht nicht ernst genommen. Sie finden oft ihre Lebenssituation im kirchlichen Unterricht zu wenig berücksichtigt. Die Konfirmanden werden offenbar nicht in das kirchliche Leben eingeführt, sie werden anscheinend aus der Kirche »hinauskonfirmiert«. In diesem zum Schlagwort gewordenen Urteil und in der Klage über die Sinnentleerung des Konfirmationstags findet der negative Konsens der Kritiker und Reformer seine Zuspitzung.

Sind diese kritischen Beurteilungen des gegenwärtigen Konfirmandenunterrichts auch aus relativ zufälligen und widersprüchlichen Eindrücken gewonnen und können sie daher keine allgemeine Gültigkeit beanspruchen, so verweisen sie doch auf das Ensemble von Problemen, das sich aus der ambivalenten Einschätzung der Konfirmandenarbeit ergibt. Den Dissens zwischen der hohen Bewertung der Konfirmationspraxis auf der einen Seite und seiner kritischen Beurteilung auf der anderen Seite zu überwinden, ist die Aufgabe, die sich der Praxis und der Theorie der Konfirmandenarbeit gleichermaßen stellt. Diese Aufgabe wurde zum Impuls pädagogischer Reformbestrebungen, die den

Konfirmandenunterricht nicht nur methodisch lebendiger und vielseitiger gestalten wollen, sondern die ihn zugleich in den Lebenszusammenhang der Konfirmanden und in den Kontext kirchlichen Lebens zu integrieren sich bemühen.

Durch pädagogische Erneuerungen allein ist diese Aufgabe allerdings nicht zu lösen. Die pädagogischen Forderungen an die gegenwärtige Konfirmationspraxis sind nur der Ausdruck theologischer, genauer: ekklesiologischer Prämissen. Denn die Aufgaben und Ziele des Konfirmandenunterrichts und die Bedeutung der Konfirmation werden nicht aufgrund pädagogischer Vorstellungen allein definiert. Sie sind nur im Zusammenhang eines bestimmten Bildes von Kirche zu beschreiben. Gerade die allgemein anerkannte Notwendigkeit, die Kofirmanden mit ihrer Kirche nicht nur bekannt und vertraut zu machen, sondern sie in die Kirche einzuführen, macht eine theologische Beurteilung der gegenwärtigen Konfirmationspraxis unumgänglich.

1.3

Versucht man, die *Bedeutung von Konfirmandenunterricht und Konfirmation* für die religiöse Bildung und die Kirchenverbundenheit genauer zu beschreiben, so findet man einerseits den ambivalenten Eindruck der gegenwärtigen Konfirmationspraxis bestätigt und andererseits die Verflechtung pädagogischer und theologischer Aspekte belegt. Die Bedeutung des Konfirmandenunterrichts liegt nach Auskunft der Konfirmierten nicht in erster Linie in seiner materialen Bildungsfunktion, sondern in seinem subjektiven Erlebnisgehalt. Den Lerninhalten des Konfirmandenunterrichts stehen die Kirchenmitglieder – allerdings in der Erinnerung an die vorwiegend an den Lernfragen orientierte Unterrichtspraxis – überwiegend kritisch gegenüber. »Hohe Zustimmung findet (dagegen) vor allem das Gruppenerlebnis, überhaupt der Erlebnisaspekt des Konfirmandenunterrichts« (Hild, 154). Der Erlebnisgehalt der Konfirmandenzeit verdichtet sich in der personalen Beziehung zum Pfarrer, in der Figur des Konfirmators. Die Kritik am Inhalt des Konfirmandenunterrichts wird durch die positive Bewertung dieser Beziehung kompensiert und in einer insgesamt guten Erinnerung an die Konfirmandenzeit aufgehoben. Die empirische Beschreibung seiner Bedeutung verdeutlicht damit die theologische Problematik des Konfirmandenunterrichts. Denn sie impliziert eine spezifische Form kirchlicher Verbundenheit und ein bestimmtes Bild von Kirche. »In der Konfirmationserfahrung begegnet die Kirche als Pfarrer. Und so prägt sie sich den Evangelischen grundlegend ein« (155).

Die Konfirmation schließlich wird von der überwiegenden Mehrheit der Kirchenmitglieder nicht sosehr als Eintritt in das kirchliche Leben oder in die Gemeinschaftsformen der Ortsgemeinde, auch nicht als Ausweis religiöser Mündigkeit, sondern vielmehr analog den anderen Amtshandlungen (Taufe, Trauung, Bestattung) im Kontext familiärer und gesellschaftlicher Konvention, als Element eines Lebenszyklus begriffen, der sich in den kirchlichen Feiern symbolisch verdichtet (Matthes).

Die verschiedenen Ansätze zur Reform von Konfirmandenunterricht und Konfirmation können diese empirische Beschreibung der Konfirmandenarbeit nicht außer acht lassen. Indem sie die pädagogischen Verfahrensweisen des Konfirmandenunterrichts mit seinen theologischen Zielsetzungen vermitteln, entwerfen sie – allerdings notwendig begrenzte – Konzeptionen, in denen die ambivalente Beurteilung der Konfirmationspraxis aufgehoben und der Konfirmandenunterricht zugleich pädagogisch und theologisch begründet wird.

2
Entfaltung

Kritik und Reform des Konfirmandenunterrichts werden gegenwärtig auf drei verschiedenen Ebenen entfaltet: 1. im Zusammenhang pädagogischer Problemstellungen, 2. im Rahmen kirchlicher und theologischer Zielsetzungen und 3. im Horizont einer Erneuerung der Gottesdienst- und Konfirmationspraxis. Auf jeder dieser Ebenen artikulieren sich gegensätzliche Konzeptionen des Konfirmandenunterrichts. Sie verbinden sich vielfältig miteinander und bestimmen die Diskussion um Konfirmation und Konfirmandenunterricht in der Gegenwart.

Die verschiedenen Ansätze zur Reform der Konfirmandenarbeit lassen sich allerdings nicht allein aus gegenwärtig aktuellen pädagogischen und theologischen Prinzipien begründen. Sie gehen vielmehr 4. auf Problemstellungen und Lösungsversuche zurück, die die Geschichte von Konfirmandenunterricht und Konfirmation seit mehr als einem Jahrhundert kennzeichnen. Schließlich 5. lassen sich die spezifischen Aufgaben und Ziele des Konfirmandenunterrichts nicht isoliert, sondern nur im Kontext der vielfältigen Formen kirchlicher Bildungsarbeit, im Zusammenhang mit Religionsunterricht, Jugendarbeit und Erwachsenenbildung, bestimmen.

2.1
Die pädagogische Erneuerung des Konfirmandenunterrichts

Unter *pädagogischen* Gesichtspunkten wird vor allem eine Aktivierung der Konfirmanden gefordert. Die Auseinandersetzung mit der religiösen und kirchlichen Lebenswelt, mit den Grundformen christlicher Lebenseinstellung und den fundamentalen Inhalten der kirchlichen Verkündigung verlangt eine innere und äußere Beteiligung der Konfirmanden am Unterricht. Ziele und Inhalte des Unterrichts können nicht abgesehen von den Konfirmanden, nicht ohne Berücksichtigung ihrer Situation, ihrer Lebensprobleme und ihres Wirklichkeitsverständnisses gewonnen werden. Und sie können nicht ohne die aktive Mitwirkung der Konfirmanden an der Gestaltung des Unterrichts vermittelt werden. Der Konfirmandenunterricht muß in die Jugendkultur eingebettet, er muß zum Unterricht der Konfirmanden werden, zu einem Exempel christlicher Lebenspraxis, in dem Erfahrung und Erkenntnis, Leben und Lernen miteinander verbunden sind.

Die Forderung nach mehr Lebensnähe ist in der gegenwärtigen Debatte um den Konfirmandenunterricht unbestritten. Sie wurde zum pädagogischen Grundprinzip des Konfirmandenunterrichts und findet in der Unterrichtspraxis auf vielfältige Weise Anwendung. An die Stelle des traditionellen, »frontalen« Katechismusunterrichts sind verschiedene Formen sozialen Lernens getreten, in denen nicht nur das Verhältnis zwischen Pfarrer und Konfirmanden, sondern vor allem auch die Beziehungen der Konfirmanden untereinander lebendiger gestaltet und im Unterricht reflektiert werden. Gemeindepraktika führen in die Lebenswelt der Kirchengemeinde ein. Freizeiten intensivieren die sozialen Erfahrungen in der Konfirmandengruppe. In Konfirmandenkursen, die über mehrere Wochen angelegt sind und teilweise auch die Wochenenden in den Unterricht einbeziehen, werden die verschiedenen Elemente der Konfirmandenarbeit didaktisch und methodisch integriert (Butenuth; Horst/Keller; Dienst, 1973, 44ff).

2.2
Aufgaben und Ziele der Konfirmandenarbeit

So vielschichtig sich die Konfirmandenarbeit pädagogisch gestaltet, so differenziert stellen sich auch ihre kirchlich-theologischen Zielsetzungen dar. K. Dienst (1974, 7) nennt sechs grundlegende Aufgaben, die der Konfirmandenunterricht auf verschiedenen Ebenen des Lernprozesses zu verwirklichen hat:

»– Zusammenwachsen zu einer Gruppe (z.b. durch Freizeiten, Spiele, gemeinsame Projekte, Fest- und Feiergestaltung, Andachten);
– Teilnahme an Lebensformen der Gemeinde und Begegnung mit Erwachsenen, die ihren Glauben leben wollen (aktive Beteiligung am Gottesdienst, Gemeindebefragung, Nichtpfarrer als Mitarbeiter im KU, Praktika);
– Exemplarische Einführung in die Bibel und in das Verständnis der Bekenntnisse, Symbole und Gottesdienstformen (Unterricht, gemeinsame Vorbereitung und Durchführung von Gottesdiensten);
– Orientierung über Gestalt und Aufgabe der Kirche sowie Einführung in Fragen der Ökumene (unterrichtliche Auswertung von Beobachtungen und Erfahrungen bei Erkundungsgängen, Begegnungen mit einzelnen und Gruppen anderer Konfessionen);
– Erkundung der Wirklichkeit der heutigen Welt mit dem Ziel, den Konfirmanden Hilfe zur Bewältigung dieser Wirklichkeit im Horizont des christlichen Glaubens zu geben (Verknüpfung von Unterricht und Erfahrung: Interviews, Projekte, Praktika);
– Wahrnehmung von diakonischen Aufgaben (diakonische Einsätze).«

Finden diese Ziele der Konfirmandenarbeit in der gegenwärtigen Diskussion auch allgemeine Anerkennung, so bleibt doch die Gewichtung der Aufgabenstellung umstritten. Die Beziehung von kognitivem und erlebnismäßigem Lernen, von Gemeindebindung und Orientierung an der Lebenssituation der Konfirmanden, von Sozialisation und Individuation stellt sich gerade angesichts der neuen didaktischen und methodischen Gestaltung des Konfirmandenunterrichts als sein eigentliches Problem dar. Es findet seine Lösung in *drei Grundmodellen* gegenwärtiger Konfirmandenarbeit, in denen pädagogische und theologische Zielsetzungen miteinander verbunden werden.

2.2.1
Das erste Modell gewinnt die Aufgabenstellung des Konfirmandenunterrichts aus seiner engen Beziehung zum Leben der *Kirchengemeinde*. In seiner Schrift »Gemeindeaufbau durch Konfirmandenunterricht« (1962) führt E. Rosenboom die Ineffektivität der Konfirmandenarbeit zum einen auf ihre individualistische Orientierung am einzelnen Konfirmanden zurück, die ebenso im Unterricht wie in der Konfirmationsfeier zum Ausdruck kommt. Zum anderen besteht nach Rosenbooms Beurteilung ein Dissens zwischen den Zielen des Konfirmandenunterrichts und der Wirklichkeit des gemeindlichen Lebens. »Die gewünschte Integration junger Christen in das Leben der Gemeinde und Kirche läßt sich nur dann verwirklichen, wenn die Konfirmation wieder als Eingliederung eines getauften jungen Christen in die Gemeinde der mitarbeitenden mündigen Gemeindeglieder verstanden wird und dieses Konfirmationsverständnis die Gestaltung des Unterrichts bestimmt« (7). Der gemeindebezogene Konfirmandenunterricht setzt eine mündige und aktive Ortsgemeinde voraus, die den Konfirmanden die Möglichkeit zur Mitarbeit einräumt. Umgekehrt führt die Konfirmandenarbeit aber zu einer Akti-

vierung des Gemeindelebens. Zwischen Konfirmandenunterricht und Gemeinde besteht eine Interdependenz. »Ohne Gemeindeaufbau keine wirksame Konfirmation und auch kein wirksamer Unterricht, und ohne Unterricht kein wirksamer Gemeindeaufbau!« (14).

Hinsichtlich der Didaktik und Methodik des Konfirmandenunterrichts plädiert Rosenboom für »einen partnerschaftlichen Dialog zwischen Theologie und Reformpädagogik« (3) und damit für eine Reduktion des Stoffpensums. »Die Wirkung des Konfirmandenunterrichts hängt . . . niemals ab von der Quantität des Unterrichts- und Merkstoffs, sondern von der Qualität seiner Verarbeitung« (20). Und die Verarbeitung der Unterrichtsthemen kann nicht im Sinne einer »prophylaktische(n) Glaubensunterweisung« Probleme behandeln, die sich den Konfirmanden in ihrer Lebenssituation noch gar nicht stellen. Vielmehr ergeben sich die Inhalte des Unterrichts aus der Beziehung der Konfirmanden zum gemeindlichen Leben. Der Stoffkatalog, den Rosenboom aufstellt, umfaßt die traditionellen Themenkreise des Konfirmandenunterrichts: Wort Gottes, Taufe, Glaubensbekenntnis, Gebote, Amt, Abendmahl, Gebet, diakonischer und apostolischer Dienst der Gemeinde, Konfirmation.

2.2.2
Ist die Konzeption des auf die Ortsgemeinde bezogenen Konfirmandenunterrichts realistisch? Ihre Kritiker bezweifeln dies. Sie gehen davon aus, daß die überwiegende Zahl der Konfirmierten nicht an den Lebensformen der Kerngemeinde, am Gottesdienst und an kirchlichen Gruppen, wohl aber am Leben der *Volkskirche* teilnimmt. Der Konfirmandenunterricht kann und soll nicht in die »Kerngemeinde« einführen. Er hat vielmehr den »Nachwuchs der Volkskirche« (Bäumler, 1973) auszubilden. Die Konfirmandenarbeit soll den Jugendlichen helfen, »auch wenn sie später nicht als aktive Kirchenglieder oder als bekennende Christen leben werden, bewußter, verantwortungsvoller und menschlicher in der Gegenwart zu leben« (Neidhart, 1970, 12). Kerngemeinde und Volkskirche werden in dieser Konzeption des Konfirmandenunterrichts als verschiedenartige Formen religiöser Gemeinschaft begriffen. Der Konfirmandenunterricht hat dann die Aufgabe, Möglichkeiten einer differenzierten Teilnahme am kirchlichen Leben und verschiedene Weisen kirchlicher Verbundenheit kennenzulernen und einzuüben. Die Konfirmandenarbeit wird damit zu einem »Vermittlungsfeld zwischen einer offenen Volkskirche und ihrem Nachwuchs«, in dem die »Auseinandersetzung mit der kirchlichen Institution und der von ihr repräsentierten Überlieferung« stattfindet (Bäumler, 1973, 242).

2.2.3
Sowohl die an einer aktiven Kirchengemeinde als auch die an einer offenen Volkskirche orientierte Konzeption des Konfirmandenunterrichts gehen theologisch und pädagogisch vom Prinzip der Lebensnähe aus. Soll der Konfirmandenunterricht die Jugendlichen in Beziehung zu ihrer Kirche bringen und diese Beziehung darstellen und reflektieren, dann können Kirchlichkeit und Frömmigkeit nicht als Attribute der Erwachsenenwelt begriffen werden, als Einstellungen und Verhaltensweisen, die den Jugendlichen fremd wären und ihnen erst von außen nahegebracht werden müßten. Die Themen und Fragestellungen des Konfirmandenunterrichts ergeben sich vielmehr aus der Lebenssi-

tuation der Konfirmanden. Die religiöse Deutung gegenwärtiger Wirklichkeit muß daher im Horizont jugendlichen Erlebens artikuliert, bewußtgemacht und kritisch reflektiert werden.

In einer subjektiven Zuspitzung dieser Erkenntnisse läßt sich die Konfirmandenarbeit schließlich als »kirchliche Begleitung Jugendlicher in der puberalen Ablösephase« (Stoodt) begreifen. Im Konfirmandenunterricht wird der Versuch unternommen, »das Evangelium in der Situation der Pubertierenden zur Geltung zu bringen und den Konfirmanden zum Gegenstand des Unterrichts zu machen«. Als Lernziele nennt Stoodt »Gewinnung von Gruppen-Identität; Gewinn von handlungsorientierendem Wissen; Gewinn alternativer, schöpferischer Verhaltensmöglichkeiten«. Methodisch tendiert ein so begriffener Konfirmandenunterricht zu einer Selbsterfahrungsgruppe. Der Pfarrer wird zum Seelsorger. Von ihm wird vor allem »Sensibilität gegenüber den Phänomenen der Konfirmanden(-gruppe)« gefordert (375f).

Die verschiedenen theologischen und pädagogischen Zielsetzungen des Konfirmandenunterrichts bilden sich in unterschiedlichen Auffassungen der Konfirmation ab. Die Erkenntnis, daß der Konfirmandenunterricht in einem inneren Zusammenhang mit der Konfirmation steht, Unterricht und Feier also nur aus ihrer gegenseitigen Beziehung begriffen werden können, gilt als gemeinsame Prämisse der verschiedenen kirchlichen und theologischen Positionen. Strittig ist dagegen, welcher Sinn der Konfirmation einerseits im Zusammenhang kirchlicher Lebensordnung, andererseits im Erlebnishorizont der Konfirmanden zukommt. Die jeweilige Einordnung der Konfirmation in einen dieser Deutungszusammenhänge definiert zugleich das Verhältnis von Konfirmandenunterricht und Konfirmationsfeier. Ist der Unterricht Vorbereitung auf die Konfirmation, dann ergeben sich seine Ziele und Inhalte aus dem Ablauf der Konfirmationsfeier. Wird die Konfirmation umgekehrt als feierlicher Abschluß der Konfirmandenzeit verstanden, dann ergibt sich der Ablauf des Konfirmationsgottesdienstes aus dem gemeinsam erlebten Unterricht.

Als Feier der Kirchengemeinde steht die Konfirmation in einem engen Zusammenhang mit Taufe und Abendmahl. Der Konfirmandenunterricht ist zum einen nachgeholter Taufunterricht, zum anderen Vorbereitung auf die erste Teilnahme an der Abendmahlsfeier. In der Konfirmation werden beide Sakramente realisiert. Die Konfirmanden bekräftigen mit ihrem Ja-Wort die Einwilligung in ihre Taufe; in der gemeinsamen Mahlfeier werden sie in die gottesdienstliche Gemeinde aufgenommen. Die Vermittlung von Taufe und Abendmahl, von Grund und Ziel der Konfirmation geschieht im Konfirmandenunterricht und in der regelmäßigen Teilnahme der Konfirmanden am Sonntagsgottesdienst. Die religiöse Mündigkeit der Konfirmanden schließlich wird in der Katechismusprüfung belegt, die entweder in einer eigenen Gemeindeveranstaltung vor der Konfirmation oder im Konfirmationsgottesdienst selbst stattfindet.

Wird die Aufgabe des Konfirmandenunterrichts dagegen aus der religiösen Lebenswirklichkeit der Konfirmanden abgeleitet, dann erhält die Konfirmation und damit auch der Zusammenhang von Unterricht und Feier einen anderen Sinn. Denn die pädagogische Prämisse, daß nur Selbsterlebtes Thema individuellen und gemeinsamen Lernens sein kann, verlangt nicht nur eine jugendgemäße Gestaltung des Unterrichts, sondern ebenso die Integration des Konfirmationsgottesdienstes in die Erlebnis- und Gestaltungsformen der Jugendkultur. Nicht die Gemeinde veranstaltet die Konfirmationsfeier für ihre neuen mündigen Mitglieder, sondern die Konfirmanden stellen sich umgekehrt der Gemeinde vor, genauer: der Konfirmationsgesellschaft. Denn die Konfirmationsfeier ist kein Gottesdienst der Kerngemeinde, sondern der kirchliche Teil eines Rituals, das von gesellschaftlichen Konventionen bestimmt ist und von ihnen auch seinen Sinn erhält. Die traditionellen Elemente des Konfirmationsgottesdienstes, die Katechismusprüfung als Abschluß des Taufunterrichts und das Gelöbnis der Konfirmanden als persönliche Bekräftigung der Taufe, treten im Ablauf der Feier in den Hintergrund oder werden durch andere liturgische Elemente ersetzt. Im Mittelpunkt des Gottesdienstes stehen jugendgemäße Formen religiösen Lebens und Feierns. Wie der Unterricht in der Verantwortung der Konfirmanden lag, so ist der Konfirmationsgottesdienst nun ihre Feier.

2.3
Die historischen Grundlagen der gegenwärtigen Reform

2.3.1
So verschieden die gegenwärtig gültigen theologischen Konzeptionen die Aufgaben und Ziele des Konfirmandenunterrichts beschreiben, sie begreifen ihre Programme immer als Beiträge zur Reform von Konfirmandenunterricht und Konfirmation. Unter dem Eindruck des reformerischen Engagements geraten aber die historischen Grundlagen der gegenwärtigen Situation und ihrer Deutung allzuleicht in Vergessenheit. Auf der Suche nach einer zeitgerechten Unterrichtspraxis und einer jugendgemäßen Gestaltung der Konfirmationsfeier schwindet das Interesse an der Verknüpfung von Tradition und Reform, der Sinn für die historische Einordnung gegenwärtiger Entwürfe. Die aktuellen Konzeptionen und Programme des Konfirmandenunterrichts sind aber keineswegs so originell, wie sie sich oft geben. Sie haben alle ihre Geschichte, ihre Vorläufer in historischen Modellen. Mehr noch: gerade das gegenwärtig herrschende Reformbewußtsein ist selbst historisch bedingt. Denn die Geschichte des Konfirmandenunterrichts war immer eine Geschichte seiner Reform.

2.3.2
Die Verbindung von Konfirmandenunterricht und Konfirmation mit Taufe und Abendmahl geht ebenso auf altkirchliche Tradition zurück wie der Grundbestand der liturgischen Elemente des Konfirmationsgottesdienstes, Glaubensversprechen und Handauflegung. Zum Taufritual der *Alten Kirche* gehören neben dem Taufakt im engeren Sinne, dem Untertauchen, verschiedene Formen religiösen Brauchtums, wie Exorzismus, Salbung und Friedenskuß (Hippolyt). Die Handauflegung, ursprünglich ebenfalls ein Element des Taufrituals, gewinnt in der weiteren kirchlichen und liturgischen Entwicklung besondere Bedeutung. Sie verselbständigt sich und wird zur zentralen Handlung eines eigenen Sakraments, der Firmung.
Während der katechetische Unterricht in der Alten Kirche im Zusammenhang mit der (Erwachsenen-)Taufe erteilt wird, verbindet die *mittelalterliche* Kirche die Unterweisung mit dem Sakrament der Beichte. Taufe, Beichte und Eucharistie bilden eine Kette von Gnadenmitteln, die den Menschen durch sein Leben begleiten, einen lebenszyklischen Zusammenhang. »Durch die Taufe werden wir geistlich wiedergeboren; durch die

Firmung wachsen wir in der Gnade und werden im Glauben stark gemacht; nachdem
wir wiedergeboren und gestärkt sind, werden wir durch die göttliche Speise der Eucharistie ernährt« (Konzil von Florenz, 1439).
Die *Reformatoren* üben zwar am sakramentalen Charakter der Firmung Kritik. Sie behalten aber die Segenshandlung der Handauflegung zumeist bei. Kritik und Neugestaltung der Konfirmationspraxis ergeben sich aus einer neuen Fassung ihrer Bedeutung,
aus ihrer pädagogischen Akzentuierung. Die reformatorische Forderung, daß die getauften Christen in den Grundwahrheiten des christlichen Glaubens sorgfältig unterrichtet werden müßten, wird zur Prämisse der neuen Praxis. An die Stelle der sakramentalen Handlung tritt der regelmäßige Katechismusunterricht mit Examen, das jährliche Abendmahlsverhör.
Eine eigene kirchliche Handlung im Sinne der heutigen Konfirmation findet sich bei
Erasmus. Er empfiehlt, jeweils in der Zeit vor Ostern Predigten über die christliche
Lehre zu halten, an denen vor allem die Jugendlichen teilnehmen sollen. Wenn die Katechumenen ihr Taufbekenntnis nicht nur verstanden haben, sondern es auch persönlich anerkennen, sollen sie vor der Gemeinde öffentlich geloben, was ihre Paten einst an
ihrer Stelle versprachen. Diese öffentliche Erneuerung und Befestigung des Taufbekenntnisses soll mit feierlichen Zeremonien ausgestaltet werden. In *Bucers* Kirchenordnung wird dieser Akt des öffentlichen Bekenntnisses mit Handauflegung und Fürbitte der Gemeinde zu einem festen Bestandteil des kirchlichen Lebens. Er bildet die
Voraussetzung zum ersten Abendmahlsbesuch, durch den die Katechumenen in die
Gemeinde aufgenommen werden.
Pietismus und Aufklärung nehmen das reformatorische Grundverständnis der Konfirmation und die liturgischen Momente der Kirchenordnungen auf. Doch tritt nun die
Entwicklung der subjektiven Glaubensüberzeugung gegenüber dem Katechismusunterricht in den Vordergrund. Nach *Spener* dient der Konfirmandenunterricht der persönlichen Anrede, der Erbauung und dem Bekenntnis des einzelnen Konfirmanden. Der Unterrichtsstoff soll sich daher nicht auf den Katechismus beschränken, sondern durch die
Behandlung biblischer Texte erweitert werden. Die methodische Gestaltung des Unterrichts soll lebendiger, persönlicher werden. Wie die pietistischen, so heben auch die
Theologen der Aufklärung den Verpflichtungscharakter der Konfirmation hervor. Das
Gelübde der Konfirmanden, ihr »Eidschwur« macht den Sinn des Konfirmationsgottesdienstes aus.
Im Laufe des *18. Jahrhunderts* wird die Konfirmation Element bürgerlicher Konvention. Der kirchliche Akt wird zum gesellschaftlichen Ritual. Die Konfirmation steht am
Abschluß der Schulzeit. Sie regelt den Übergang aus der Kindheit in die Gesellschaft der
mündigen Bürger. Konfirmandenanzug und Konfirmationsurkunde bestätigen symbolhaft den Status des Erwachsenen.
Dieser Entwicklung gilt die Kritik der Reformbewegung des *19. Jahrhunderts*. Wenn,
wie etwa *Wichern* feststellt, »die ganze Welt jener der Kirche Entfremdeten . .. nichts
anderes als die Masse der Konfirmierten« ist (164), dann kann eine Reform der Kirche
nur über eine Reform der Konfirmationspraxis verwirklicht werden. Die Konfirmation
darf nicht länger Schulabschlußfeier bleiben. Sie muß wieder ihre ursprüngliche Bedeutung zurückgewinnen, die Verpflichtung zur Abendmahlsgemeinde. Die »Würdigkeit
zu einem Akte, wie das Gelübde in der Konfirmation, kann nicht aus irgendeinem Le-

bensalter resultieren« (166). Unterricht und Konfirmation sind daher voneinander zu trennen. Am Ende des Unterrichts soll lediglich eine öffentliche Prüfung der Jugendlichen stattfinden, die von der Fürbitte der Gemeinde begleitet wird. »Das Glaubensbekenntnis und das dazu gehörige Gelübde der Treue gegen den Herrn, woran sich die Gestattung des Zutritts zum Sakrament des Altars schließt«, soll dagegen einem späteren kirchlichen Akt »von hoher und höchster Bedeutung für den Gelobenden und für die Gemeinde« vorbehalten bleiben und im übrigen auf einer freiwilligen Entscheidung des einzelnen Konfirmanden beruhen (167).

2.3.3
Die gegenwärtige Reformdiskussion knüpft in doppelter Weise an die historische Entwicklung des Konfirmandenunterrichts an. Einerseits beziehen sich die unterschiedlichen Konzeptionen des Konfirmandenunterrichts auf verschiedene Epochen seiner Entwicklung. So knüpfen die an der kirchlichen Lehre und den Lebensformen der Kirchengemeinde orientierten Unterrichtskonzeptionen an den Katechismusunterricht der Reformationszeit an. Der auf die religiöse Erfahrung des einzelnen Konfirmanden abzielende Unterricht nimmt theologische und pädagogische Erkenntnisse der Aufklärung und des Pietismus auf. Der in den Kontext volkskirchlicher Frömmigkeit eingeordnete Konfirmandenunterricht bezieht sich auf seine Entwicklung im 18. und 19. Jahrhundert. Die auf eine aktive Freiwilligkeitskirche abzielenden Konzeptionen schließlich spiegeln die konstruktive Kritik wider, die etwa Wichern an der Situation des Konfirmandenunterrichts in seiner Zeit übte. Insofern könnte man die gegenwärtigen Reformpositionen als Reproduktionen historischer Problemkonstellationen begreifen. Andererseits lassen sich die gegenwärtig gültigen Konzeptionen des Konfirmandenunterrichts aber doch nicht so eindeutig verschiedenen Entwicklungsstadien der Reformdiskussion zuordnen. Denn die wesentlichen Grunderkenntnisse, die in den verschiedenen Epochen formuliert wurden, bestimmen das gegenwärtige Reformbewußtsein im ganzen. Ihre Gültigkeit ist nicht auf einzelne Positionen beschränkt. Charakteristisch für die gegenwärtige Reformdiskussion ist zunächst die hohe Bewertung des Konfirmandenunterrichts, seine pädagogische Akzentuierung. In allen Konzeptionen dominieren didaktische und methodische Fragen der Unterrichtsgestaltung, und zwar auch dort, wo der Konfirmandenunterricht vorwiegend theologisch begründet wird. Die liturgischen Probleme der Konfirmationsfeier treten dagegen in den Hintergrund. Der Unterricht wird weniger als Vorbereitung auf die Konfirmation verstanden. Er erhält einen eigenen Stellenwert im kirchlichen Bildungssystem. Und die Konfirmation wird in diesen pädagogischen Zusammenhang eingeordnet. Sie wird zum festlichen Abschluß der Konfirmandenzeit. Drückt sich diese Bewertung von Konfirmandenunterricht und Konfirmation in den Theoriemodellen auch in verschiedenartigen Modifikationen aus, so kommt darin doch der reformatorische Standpunkt insgesamt zur Geltung: die Kritik am sakramentalen Charakter der Firmung und das dezidierte Interesse an der religiösen Bildung der Kirchenmitglieder. In diesem Zusammenhang kommt der Diskussion um eine Erneuerung des lutherischen Katechismus als pädagogischer Kommunikationsform christlichen Glaubens wieder aktuelle Bedeutung zu (Jetter, Stallmann).
Die in der Zeit der Aufklärung und des Pietismus gewonnene Erkenntnis, daß sich reli-

giöse Bildung im Zusammenhang der biographischen Entwicklung des Menschen vollzieht, gehört ebenso zu den unaufgebbaren Prämissen der gegenwärtigen Reform. Wird die Individualisierung von Konfirmandenunterricht und Konfirmation auch gelegentlich kritisiert (Rosenboom), so belegen doch die empirischen Untersuchungen zur Situation des Konfirmandenunterrichts seine Bedeutung für die Entwicklung der religiösen Individualität der Konfirmanden. Das Ziel des Unterrichts wird zwar nicht mehr in den pietistischen Begriff der Bekehrung gefaßt. Doch gewinnt die Entfaltung der Individualität wieder den Stellenwert eines zugleich pädagogischen wie theologischen Bildungsziels, das sowohl die Auswahl der Unterrichtsinhalte als auch die Prinzipien seiner methodischen Gestaltung bestimmt.

Schließlich gehört die Forderung nach einer Entzerrung von Unterricht und Konfirmation, vor allem nach einer Trennung von Abendmahlsfeier und Konfirmationsgottesdienst, zu den Reformvorschlägen, die gegenwärtig auf breite Zustimmung rechnen können. Wurde in einer ersten Phase der Reform die Belastung der Konfirmanden durch ein zu großes Lernpensum kritisiert und die Erneuerung der Konfirmationspraxis durch eine Reduktion des Stoffs angestrebt, so gilt die Kritik nun der erlebnismäßigen Überlastung der Konfirmanden durch die Konfirmationsfeier. Sie ist Familienfest und Übergangsritus, Taufbestätigung, öffentliches Bekenntnis des persönlichen Glaubens und erste Abendmahlsteilnahme in einem und engagiert damit die Konfirmanden in vielfacher Weise. Die einzelnen Elemente der Konfirmationszeremonie auseinanderzunehmen und sie jeweils in einen eigenen Horizont des Erlebens einzubetten, ist das Ziel einer Reformkonzeption, die gerade durch die Entzerrung der Konfirmation Unterricht und Feier wieder organisch miteinander zu verbinden sucht (Neidhart, 1966, 1970).

2.4
Die liturgische Erneuerung des Konfirmationsgottesdienstes

2.4.1

In der wechselhaften Geschichte des Konfirmandenunterrichts und seiner Reform erscheint die Konfirmation als ein stabiles Element, als Garant geschichtlicher Kontinuität im Wandel zeitbedingter Reformprogramme. Die Konzeptionen des Konfirmandenunterrichts bringen ihren reformerischen Anspruch zur Geltung, indem sie durch ein neues Programm die bestehende Praxis abzulösen versprechen. Ihre Kritik formuliert sich als Widerspruch gegen die Tradition. Obwohl die programmatischen Konzeptionen der Konfirmationspraxis im ganzen gelten und ihre Verwirklichung insofern auch eine Veränderung der Konfirmationsliturgie bedingt, folgte die Erneuerung des Konfirmationsgottesdienstes im Laufe seiner Geschichte doch anderen Gesetzen. Die jeweils neue Akzentuierung seiner Bedeutung kam nicht in einem von Epoche zu Epoche sich ablösenden gänzlich veränderten rituellen Ablauf zum Ausdruck. Der Wandel der liturgischen Praxis kam vielmehr dadurch zustande, daß jede Reformepoche ein neues, für ihr Verständnis charakteristisches Moment in die Konfirmationsliturgie einführte, die traditionellen Elemente aber beibehielt, sie auf das intendierte Ziel der Konfirmation zentrierte und damit zu einer neuen Interpretation der gesamten Liturgie führte.

So entstand das Ritual der Firmung, indem sich der Segnungsakt der Handauflegung aus dem Zusammenhang des Taufrituals löste und im Kontext eines neuen zeremoniellen Ablaufs zu derjenigen zentralen Handlung wurde, in der sich Taufgedächtnis und Abendmahlszulassung symbolisch verdichteten. – Die Reformatoren rückten – ihrer Kritik am sakramentalen Charakter der Firmung und ihrer pädagogischen Akzentuierung der Konfirmation entsprechend – die Katechismusprüfung in den Mittelpunkt des Gottesdienstes. Taufe und Abendmahl waren nun nicht mehr nur im liturgischen Akt der Handauflegung implizit vermittelt. Ihre Bedeutung für den christlichen Glauben kam vielmehr in Frage und Antwort explizit zum Ausdruck. – Pietismus und Aufklärung schließlich sahen in der subjektiven Prononcierung des religiösen Bewußtseins den zentralen Akt der Konfirmationsfeier. Der »Eidschwur« der Konfirmanden wurde nun zu jenem zentrierenden Element der Feier, in dem Taufgedächtnis, Abendmahlszulassung und religiöse Mündigkeit in einem Akt aufgehoben wurden. Der individuelle Gedenkspruch, der den Konfirmanden nach ihrer Einsegnung überreicht wird, wurde zum Sinnbild der biographischen Bedeutung der Konfirmation.

Legte auch jede Reformkonzeption dem Konfirmationsritual einen spezifischen Sinn bei, indem sie die verschiedenen liturgischen Elemente in eine genaue Ordnung brachte, so büßten die einzelnen Elemente der Feier dadurch ihren eigenen Bedeutungsgehalt doch nicht ein. Taufgedächtnis, Abendmahlszulassung, Katechismusprüfung, Predigt, Gelöbnis, Handauflegung und Überreichung des Gedenkspruchs entwickelten in ihrem Vollzug selbständige Erlebnis- und Verstehensweisen. Die Konfirmationsfeier wurde im Prozeß ihrer historischen Ausdifferenzierung pluriform, ihr Sinn wurde vieldeutig. Die neueren Reformvorschläge versuchen daher, die Geschlossenheit des liturgischen Ablaufs und damit die Einheitlichkeit des rituellen Erlebens durch eine Reduktion der gottesdienstlichen Elemente, durch eine Konzentration der Liturgie auf ihre wesentlichen Momente zu erreichen. Sie gehen – ihren positionellen Konzeptionen entsprechend – von verschiedenen Bewertungen der traditionellen gottesdienstlichen Elemente aus und kommen damit zu unterschiedlichen Konzepten eines bereinigten liturgischen Ablaufs der Konfirmationsfeier.

2.4.2
Die Kritik des traditionellen Konfirmationsgottesdienstes gilt im wesentlichen drei verschiedenen liturgischen Elementen: der Katechismusprüfung, dem Gelöbnis der Konfirmanden und der in den Gottesdienst integrierten Abendmahlsfeier. Für die Ausgliederung dieser liturgischen Teile aus dem Konfirmationsritual bzw. für ihre Neufassung führen die Reformkonzeptionen pädagogische und theologische Gründe an. Die Verknüpfung von pädagogischen und theologischen Erkenntnissen verleiht den Reformvorschlägen ihr eigenes Gewicht.
– Die pädagogisch begründete Kritik an der Rezitation des lutherischen *Katechismus* entzündet sich vor allem an der Fremdartigkeit seiner Sprache und seines Weltbildes. Das Denken und Erleben der Konfirmanden läßt sich in Luthers Formulierungen und den dahinterstehenden Beurteilungen individueller und sozialer Wirklichkeit nicht unmittelbar ausdrücken. Die Auseinandersetzung mit den Katechismustexten verlangt zum einen eine kritische Einstellung gegenüber ihren inhaltlichen Aussagen, zum anderen eine Neufassung ihrer Ausdrucksweise. Eine solche kritische Auseinandersetzung und Neuformulierung ist Aufgabe des Konfirmandenunterrichts. Das Ergebnis der gemeinsamen Arbeit wird dann häufig anstelle der traditionellen Katechismusprüfung in

Form eines Berichts im Konfirmationsgottesdienst vorgetragen. Die Gliederung des Katechismus wird in der Regel beibehalten, seine Kernstücke werden in den von den Konfirmanden verfaßten Arbeitsbericht eingeordnet.

Theologische Erwägungen führen zu ähnlichen Entscheidungen. Die Katechismusprüfung legt den Schluß nahe, als bestehe der christliche Glaube aus einer Sammlung korrekt wiedergegebener feststehender Wahrheiten. Der Korrespondenz von Glauben und Lehre muß aber die Beziehung von Glauben und Leben zur Seite gestellt werden. Im Begreifen der christlichen Tradition und in der eigenen Formulierung gegenwärtigen Glaubens kommt dann sowohl die Spannung wie die Einheit des religiösen Erlebnis- und Erkenntnisakts zum Ausdruck.

– Ist die Kritik an der Katechismusprüfung vom Interesse der Lebensnähe christlicher Glaubensaussagen geleitet, so erscheint das *Gelöbnis* der Konfirmanden, die Zuspitzung des Konfirmationsrituals, umgekehrt als eine emotionale Überlastung des einzelnen Konfirmanden und dazu als eine dem theologisch reflektierten Verständnis christlichen Glaubens inadäquate Ausdrucksform. Mit seinem Ja-Wort wird von dem Konfirmanden eine irrationale Entscheidung gefordert, zu der er – zumal in seiner biographischen Situation – nicht in der Lage ist. Der Glaube wird so als ein Akt einmaliger Entscheidung, als Ergebnis eines Bekenntnisaktes verstanden, auf dem die religiöse Entwicklung der Persönlichkeit fortan beruht. An die Stelle der traditionellen Entscheidungsfrage und ihrer (notwendig) bejahenden Beantwortung tritt daher in neueren Konfirmationsformularen ein Vorhalt (die in indirekte Rede verkleidete Fragestellung), an die Stelle der Antwort etwa der Satz: »Die Antwort auf diese Frage werdet ihr mit eurem ganzen Leben geben müssen.« Der Hinweis auf die lebenspraktische Realisierung des Glaubens entspricht theologischen und pädagogischen Erkenntnissen, die sowohl für den Unterricht als auch für die Konfirmationsfeier gelten.

Der Inhalt der Gelöbnisfrage vereint in seiner traditionellen Form den biographischen und den sozialen Kontext der Konfirmationsfeier: Taufbestätigung und Aufnahme in die Gemeinde. Lassen sich auch beide Aspekte der Bedeutung des Konfirmationsgottesdienstes nicht voneinander trennen, so drücken sich in ihnen doch unterschiedliche Sinngebungen der Konfirmation aus. Neuere Agenden (wie z.B. die der Württembergischen Landeskirche) stellen daher verschiedene Formulierungen zur Wahl. Die Frage an die Konfirmanden kann entweder lauten: »Wollt Ihr im Glauben annehmen, was der Herr in der Taufe Euch geschenkt hat?«, oder: »Wollt Ihr als Getaufte zur Kirche und ihrem Herrn gehören?« Beide Fragen können auch als Vorhalt formuliert werden. Eine dritte Variante des Konfirmationsformulars vereint beide Fragen in einer, eine vierte schließlich verknüpft die Frage mit der Rekapitulation von Lerninhalten des Unterrichts. Die Konfirmanden antworten auf eine Fragenkette mit biblischen Kernsätzen und belegen damit die Kontinuität des christlichen Glaubens im Wandel seiner zeitgemäßen Interpretationen.

– Die Forderung nach einer Ausgliederung der *Abendmahlsfeier* aus dem Konfirmationsgottesdienst ist für das Verständnis und den Ablauf der Konfirmationsfeier ebenfalls von großem Gewicht. Sie wird wiederum pädagogisch und theologisch begründet. So betont etwa W. Neidhart, daß die »Hinführung von Jugendlichen auf das Abendmahl« nur möglich ist, »wenn sie Erfahrungen mit dem Abendmahl machen und das Erlebte reflektierend verarbeiten können«. »Wir lernen Verhalten nicht durch Belehrung über den Intellekt, sondern durch Handeln und nachträgliche Besinnung darüber« (1970, 145). Schließt der Unterricht mit der Abendmahlszulassung ab, dann fehlt den Konfirmanden die notwendige Gelegenheit, ihre Eindrücke, Erlebnisse und Erfahrungen nach ihrer ersten Abendmahlsfeier zu verarbeiten. Neidhart plädiert daher dafür, das Abendmahl im Laufe der Konfirmandenzeit – teils im Rahmen der Konfirmandengruppe, teils im Zusammenhang von Gemeindegottesdiensten – mehrmals zu feiern (1966, 441). Eine solche Praxis entspräche auch einem theologisch reflektierten Verständnis des Abendmahls. Es würde dann von den Konfirmanden als christliches Gemeinschaftsmahl, als Element ihres Gemeinschaftserlebnisses begriffen und nicht als eine »Veranstaltung von Erwachsenen«, die dem Jugendlichen »aus Gründen, die ihm nicht einsichtig zu machen sind, bis zu diesem Tag vorenthalten« wird (1970, 145).

2.4.3

Die Verbindung von theologischen und pädagogischen Erkenntnissen in der Reformdiskussion führt schließlich zu einer neuen Betrachtungsweise der Konfirmationsfeier im ganzen. Sie ergibt sich aus der Beachtung ihrer »nicht-theologischen Faktoren«, auf die vor allem W. Neidhart hingewiesen hat (1966). Neidhart geht davon aus, daß der Konfirmation von der Gesellschaft eine hohe Bedeutung zugemessen wird. Sie deckt sich aber nicht ohne weiteres mit ihrem kirchlichen und theologischen Verständnis. »Die Konfirmation ist bekanntlich deshalb im Kirchenvolk so populär, weil sie in den Rang eines Familienfestes erster Klasse aufgerückt ist und als Feier des Übergangs von der Kindheit zum Erwachsenenalter verstanden wird« (435). Dieses von den Konfirmanden, ihren Eltern und der Konfirmationsgesellschaft geteilte Verständnis kann von Theologie und Kirche nicht ignoriert werden. Vielmehr ist nach der »theologischen Bedeutung dieser Sachverhalte« zu fragen (436).

Neidhart votiert dafür, die Konfirmation »konsequent als Kasualhandlung zu deuten: sie ist Abschlußfeier des kirchlichen Unterrichts und enthält Fürbitte und Segen für junge Menschen. Sie fragt in Predigt und Liturgie nach der Hilfe des Evangeliums im Wechsel der Generationen« (1970, 147). Nach Neidharts Vorschlag sind daher nicht nur Abendmahlsfeier und Gelöbnis der Konfirmanden aus der Konfirmationsliturgie zu streichen. Auch das Taufbekenntnis soll im Konfirmationsgottesdienst nicht explizit artikuliert, sondern in »Taufgedächtnisfeiern« der Gemeinde verlegt werden, in denen »Erwachsene regelmäßig über die Bedeutung ihrer Taufe meditieren«. In solchen Gemeindegottesdiensten würden Taufbekenntnis und Gelübde wiederholt und erneuert (146).

Der Konfirmationsgottesdienst dagegen soll sich ausschließlich an die Konfirmanden in ihrer spezifischen Lebenssituation richten. »Die Feier soll nichts enthalten, was für einen einzigen Konfirmanden unzumutbar ist« (147). In ihr wird Fürbitte für die Konfirmanden und für ihre Eltern geübt. Beides drückt sich in einem liturgischen Element aus, das Neidhart beibehalten möchte: in der Austeilung von Gedenksprüchen. Sie sind zugleich »eine individuelle Erinnerung an (die) Beschäftigung mit der Bibel im Unterricht« (148).

2.5
Die institutionelle Stellung des Konfirmandenunterrichts

Die verschiedenen kirchlichen und theologischen Zielsetzungen des Konfirmandenunterrichts und die unterschiedlichen Modelle seiner Gestaltung sind durch die eigentümliche *institutionelle Stellung des Konfirmandenunterrichts* bedingt.

2.5.1

Zum einen steht der Konfirmandenunterricht in einer engen Verbindung mit dem *Religionsunterricht*, im Schnittpunkt von Kirche und Schule. Der Konfirmandenunterricht knüpft an die religiöse Bildung der Konfirmanden, an ihr religiöses Wissen und ihre religiöse Urteilsfähigkeit an. Er überschneidet sich sowohl hinsichtlich seines Stoffs als auch hinsichtlich seiner Gestaltung mit dem Religionsunterricht der Sekundarstufe I. Um im Konfirmandenunterricht an den schulischen Religionsunterricht bewußter anknüpfen und gleichzeitig Überschneidungen vermeiden zu können, bedarf es einer genauen Bestimmung seiner Inhalte und seiner Methoden. Sie findet ihren Niederschlag in Rahmenordnungen und Leitlinien für den Konfirmandenunterricht, wie sie in den letzten Jahren von allen Landeskirchen erarbeitet worden sind (Comenius-Institut, 1977).

Zum anderen besteht eine deutliche Affinität zwischen Konfirmandenunterricht und *Jugendarbeit*. Die an den Problemen der Jugendlichen orientierte Konfirmandenarbeit übernimmt auf vielfältige Weise Elemente der kirchlichen Jugendarbeit: Spiel und Feier, Freizeiten und andere Formen gemeinsamen Lebens. Auch die gegenüber dem strenger normierten schulischen Unterrichtsstil beweglichere Situation des Konfirmandenunterrichts nähert die Konfirmandenarbeit den sozialen Begegnungsformen der Jugendarbeit an. Daher bedarf auch das Verhältnis zwischen Konfirmandenunterricht und Jugendarbeit einer genaueren Klärung.

Abgrenzung und Beziehung des Konfirmandenunterrichts zum schulischen Religionsunterricht einerseits und zur kirchlichen Jugendarbeit andererseits ergeben sich aus den unterschiedlichen Funktionen der verschiedenen Bildungsbereiche. Doch lassen sich die spezifischen Aufgaben und Ziele der religiösen Bildungsinstitutionen nicht allgemeinverbindlich definieren. Denn schon hinsichtlich der Beschreibung eines gemeinsamen Rahmens, innerhalb dessen Religionsunterricht, Konfirmandenunterricht und Jugendarbeit eine jeweils besondere Zielsetzung erhalten, herrscht in der gegenwärtigen Konfirmationsdebatte keine Übereinstimmung. Inwiefern können die verschiedenen Bildungsbereiche als Teile eines Ganzen begriffen werden? Was ist ihr Spezifikum?

2.5.2

Das Modell des »Gesamtkatechumenats« (Jetter, 60ff), der Religionsunterricht, Konfirmandenunterricht und Jugendarbeit umfaßt, geht von der gemeinsamen Aufgabe der verschiedenen pädagogischen Sektoren aus. »Sie sind alle Hilfeleistungen zur Gliedschaft am Leibe Christi, zur Einübung dessen, was in der Taufe geschehen ist« (Frör, 1963, 51). Träger aller Formen des Katechumenats ist die *Gemeinde*. Die Differenzierung der einzelnen Bildungsaufgaben ergibt sich zum einen aus den verschiedenen Altersstufen der Gemeindemitglieder, zum anderen aus den unterschiedlichen pädagogi-

schen Möglichkeiten der Bildungsbereiche. Der Religionsunterricht dient vor allem der
Unterweisung in der christlichen Lehre, der Konfirmandenunterricht der Erziehung
zum Leben in der Gemeinde, die Jugendarbeit der persönlichen Lebenshilfe. Im Religionsunterricht steht die kognitive Dimension des Lernens im Vordergrund, im Konfirmandenunterricht die soziale Komponente pädagogischer Prozesse, in der Jugendarbeit der seelsorgerliche Aspekt kirchlichen Lebens.

2.5.3
Ein anderer Ansatz zur Klärung der Eigenart der religionspädagogischen Praxisfelder
und ihrer gegenseitigen Beziehungen ergibt sich aus deren Einordnung in die Institution
»Volkskirche«. Religionsunterricht, Konfirmandenunterricht und Jugendarbeit sind
Arbeitsfelder der Kirche. Aber in ihnen kommen ganz verschiedene Ausprägungen gegenwärtigen volkskirchlichen Christentums zum Ausdruck. Während die Mehrzahl der
Schüler im Religionsunterricht die distanzierte Kirchlichkeit ihrer Eltern praktiziert
und reflektiert, kommen die Konfirmanden viel enger mit Frömmigkeitsformen in Kontakt, die sich aus der Beteiligung am Leben der Kirchengemeinde ergeben. Im Konfirmandenunterricht setzen sich die Jugendlichen mit der Kirchlichkeit und Frömmigkeit
der »Kerngemeinde« auseinander. Die kirchliche Jugendarbeit schließlich gibt sowohl
den kirchlich distanzierten als auch den in der Kirchengemeinde engagierten Jugendlichen Möglichkeiten zur Ausübung und zur Reflexion ihrer spezifischen Glaubens- und
Lebensformen und zur Kommunikation verschiedener religiöser Lebensstile untereinander. Die Bildung der religiösen Identität der Jugendlichen vollzieht sich im Religionsunterricht, im Konfirmandenunterricht und in der Jugendarbeit auf unterschiedliche
Weise.
Die Differenzierung der kirchlichen Bildungsbereiche nach verschiedenen Formen
volkskirchlichen Christentums verbindet sich – ähnlich wie im Modell des Gesamtkatechumenats – mit einem zweiten Kriterium ihrer gegenseitigen Abgrenzung und Beziehung, mit der Berücksichtigung *unterschiedlicher Bildungsdimensionen*. Die Lernziele
des Religionsunterrichts haben ihren Schwerpunkt in der kognitiven Dimension der Erziehung. In der Schule werden Sachkompetenz und intellektuelle Mündigkeit angestrebt. Der Konfirmandenunterricht dagegen bewegt sich vorwiegend auf der affektiven
Ebene des Lernens. In ihm wird »Selbstkompetenz« und moralische Mündigkeit ausgebildet. In der Jugendarbeit schließlich steht die »pragmatische« Dimension des Lebens
im Mittelpunkt des gemeinsamen Lernens. Die kirchliche Jugendarbeit verhilft den Jugendlichen zur Gewinnung von »Sozialkompetenz« (Caspary).
Die unterschiedliche Gestaltung pädagogischer Praxis in den drei Funktionsbereichen
volkskirchlicher Bildungsarbeit ist schließlich aufgrund des jeweiligen *Verhältnisses
von institutioneller Normierung und Selbstbestimmung der Lernenden* zu differenzie-
ren. Die Lernziele und die pädagogischen Situationen des Religionsunterrichts sind
Lehrern und Schülern durch die weitreichende Institutionalisierung des schulischen Systems vorgeschrieben. Dagegen werden Ziele und Arbeitsformen der Jugendarbeit im
kommunikativen Prozeß von den Jugendlichen selbst gesetzt. Der Konfirmandenunterricht steht dazwischen. Sein Lernprogramm setzt sich aus Pflicht- und Wahlkursen zusammen. Über die verschiedenen Themen und ihre Behandlung befinden die Konfirmanden gemeinsam mit dem Pfarrer.

3
Vertiefung

Eine Einführung in die Debatte um Konfirmandenunterricht und Konfirmation gibt J. Schildmann/B. Wolf, Konfirmandenarbeit, 1979, und K. Dienst, Moderne Formen des Konfirmandenunterrichts, 1973.
Die geschichtliche Entwicklung von Konfirmation und Konfirmandenunterricht sowie gegenwärtige Konzeptionen des Konfirmandenunterrichts werden in einer Sammlung klassischer Texte (mit Einführung) dargestellt:
Chr. Bäumler / H. Luther (Hg.), Konfirmandenunterricht und Konfirmation, 1982

Fragen zur Weiterarbeit

1. Wie verbinden sich die pädagogischen und theologischen Ziele des Konfirmandenunterrichts mit seinen Unterrichtsmethoden?
Dazu: Ein Vergleich der »Unterrichtsblätter für Konfirmanden« von G. Achtnich/E. Haug (1972), des Arbeitsbuchs »Fundamente. Christsein heute« von R. Hedtke/M. Sorg/H. Eichhorn (1975) und »Meine Welt – Mein Leben – Mein Glaube« von W. Pioch ([13]1971)
2. Wie sind Konfirmandenunterricht und Konfirmation ins Berufsfeld des Pfarrers einzuordnen?
Vgl. dazu das Studienmodell »Amt und Beruf des Pfarrers«.
3. Welches sind die Aufgaben und die Arbeitsweisen gegenwärtiger kirchlicher Jugendarbeit?
Dazu: O. Seydel, Kirchliche Jugendarbeit (1974), H. Steinkamp, Jugendarbeit als soziales Lernen (1977) und M. Affolderbach, Kirchliche Jugendarbeit im Wandel (1977)
4. Vergleichen Sie die Leitlinien für den Konfirmandenunterricht in Baden und in Schleswig-Holstein.
Dazu: Comenius-Institut, Dokumentation 1, 21ff und 231ff, und Comenius-Institut, Dokumentation 2 (Kommentarband) 186ff
5. Welche Bedeutung kommt Luthers Katechismus für den gegenwärtigen Konfirmandenunterricht zu?
Dazu: Hareide, Jetter, Stallmann
6. Stellen Sie die Situation von Christenlehre und Katechumenat in der DDR dar.
Dazu: P.C. Bloth (Hg.), Christenlehre und Katechumenat in der DDR, 1975; J. Henkys/G. Kehnscherper, Die Unterweisung, in: Praktisch-theologisches Handbuch III, 1978, 7–139

Literatur
Zur empirischen Untersuchung von Konfirmandenunterricht und Konfirmation
H. Hild (Hg.), Wie stabil ist die Kirche, 1974, bes. 149ff
J. Matthes, Volkskirchliche Amtshandlungen, Lebenszyklus und Lebensgeschichte, in: ders. (Hg.), Erneuerung der Kirche, 1975, 83–112

Zur Reform des Konfirmandenunterrichts
G. Adam, Der Unterricht der Kirche, [3]1984
Chr. Bäumler, Der Nachwuchs der Volkskirche, ThPr 8, 1973, 230–242

A. Butenuth u.a., Lernen mit Konfirmanden, 1974

Comenius-Institut, Neue Rahmenordnungen, Leitlinien und Rahmenpläne zum Konfirmandenunterricht (CID 1), 1977

Comenius-Institut, Kommentarband (CID 2), 1978

K. Dienst, Religionsunterricht und Konfirmandenunterricht, EvErz 26, 1974, 1–10

Handbuch für die Konfirmandenarbeit, hrsg. vom Comenius-Institut in Verbindung mit dem Verein KU-Praxis, 1985

P. Horst/L Keller, Konfirmandenkurse in Baunatal, 1972

Zur Reform der Konfirmationsfeier

W. Neidhart, Zur Bedeutung der nichttheologischen Faktoren für die Konfirmation, MPTh 55, 1966, 435–446

ders., Aufgaben, Ziele und Möglichkeiten des Konfirmandenunterrichts heute, in: H. Eggenberger (Hg.), Neue Modelle für den Konfirmandenunterricht, 1970, 9–26

Zur Geschichte von Konfirmandenunterricht und Konfirmation

K. Frör (Hg.), Confirmatio, 1959

ders., (Hg.), Zur Geschichte und Ordnung der Konfirmation in den lutherischen Kirchen, 1962

B. Hareide, Die Konfirmation in der Reformationszeit, 1971

L. Vischer, Die Geschichte der Konfirmation, 1958

J.H. Wichern, Die Aufgabe der evangelischen Kirche, die ihr entfremdeten Angehörigen wiederzugewinnen, 1869, in: ders., Sämtliche Werke, hrsg. von P. Meinhold, III/2, 1969, 143–168

Zur institutionellen Stellung des Konfirmandenunterrichts

Chr. Bäumler, Zum Verhältnis von kirchlicher Jugendarbeit, Konfirmandenunterricht und Religionsunterricht, in: ders., Unterwegs zu einer Praxistheorie, 1977, 220–229

H.-N. Caspary, Konfirmandenunterricht zwischen schulischem Religionsunterricht und kirchlicher Jugendarbeit, EvErz 26, 1974, 11–25

K. Frör, Die Integration von Unterweisung und Erziehung im kirchlichen Katechumenat, in: H. Schnell (Hg.), Kirche und Jugend, 1963, 45–63

4. Auflage, VIII, 288 Seiten, Paperback DM 36,80; SFr 38,30; öS 287,–

Das Buch versucht dem Studierenden die Fähigkeit zu vermitteln, anhand von exemplarischen Themen die erlernten Kenntnisse und Methoden problembezogen einzusetzen. Es vermeidet deshalb bewußt den in einigen neutestamentlichen Lehrbüchern der jüngsten Zeit beschrittenen Weg der kompendienhaft verdichteten Darbietung des Stoffes der klassischen Teildisziplinen wie Einleitung, Zeitgeschichte oder Theologie. Statt dessen bietet es anhand von 18 ausgewählten Themen Durchblicke durch die neutestamentliche Forschung. Anhand dieser Themen sollen jeweils Problemstrukturen aufgezeigt, Arbeitsschritte vorgeführt, Lösungsversuche diskutiert und übergreifende Zusammenhänge herausgestellt werden.
Roloffs Buch ist als »Arbeitsbuch« gekennzeichnet und dies in einem vorzüglichen Sinne. Vorwiegend eignet es sich für die Hand des Theologiestudenten oder desjenigen, der tiefer in die Auslegung des Neuen Testaments eindringen will.

Neukirchener Verlag